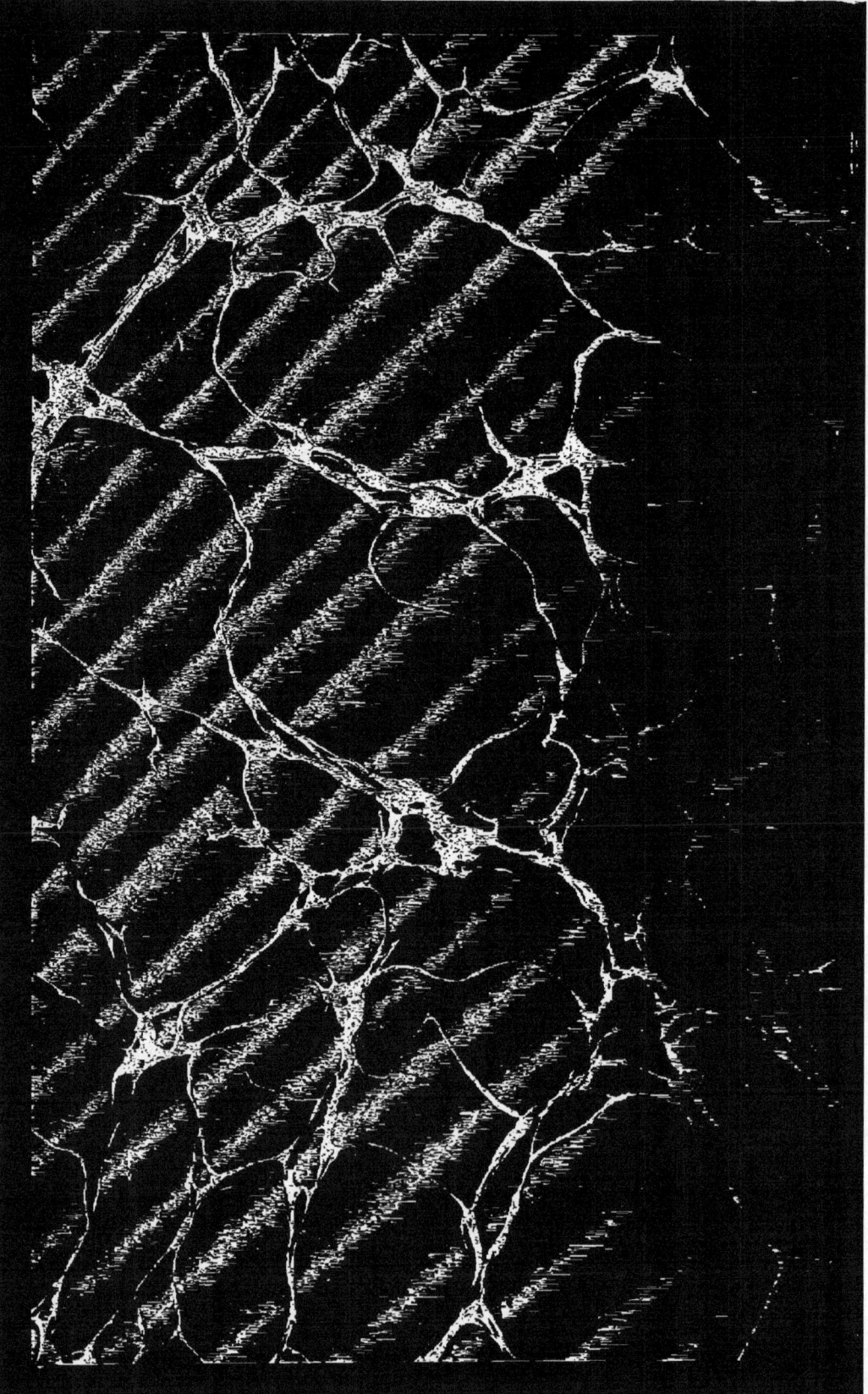

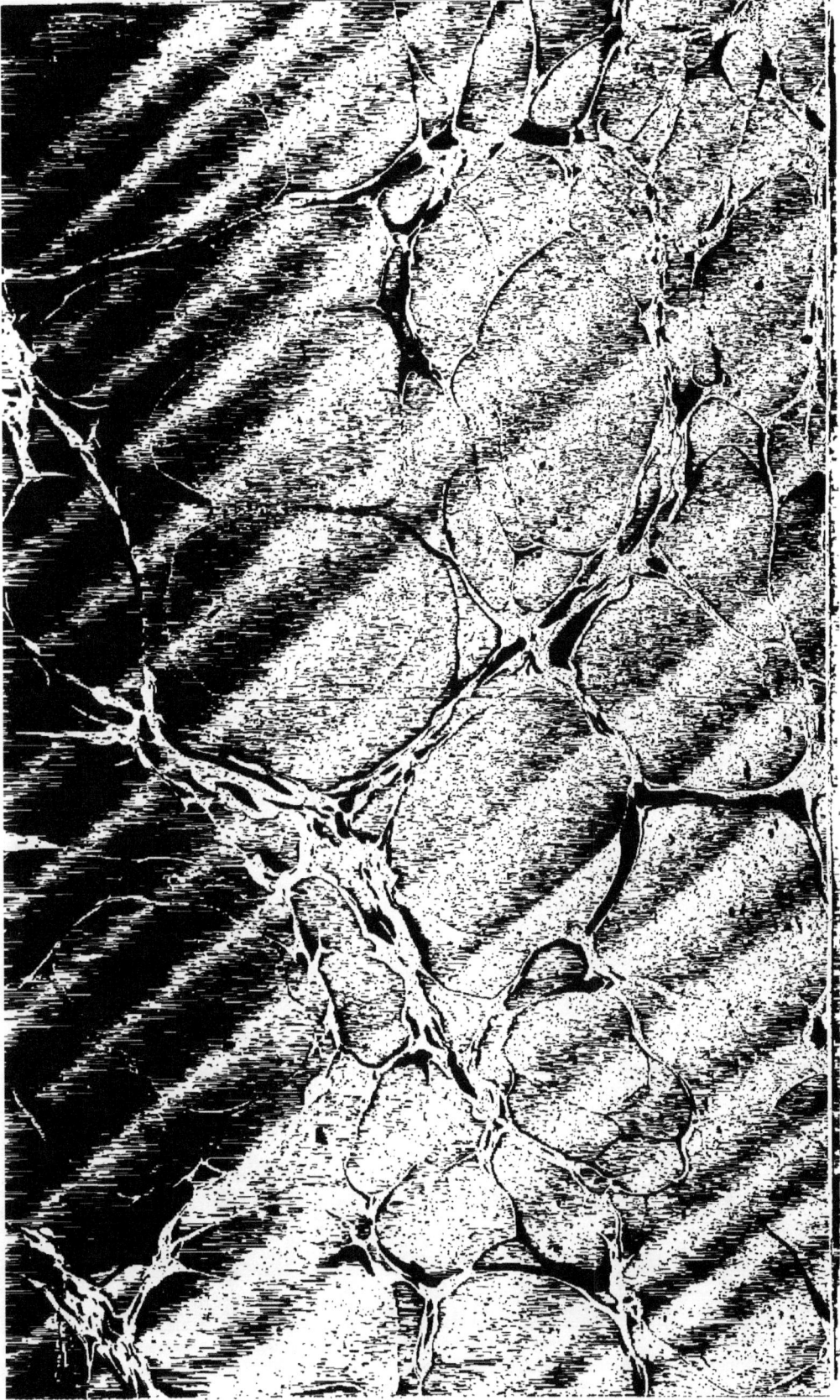

28188

MORCEAUX CHOISIS.

CLASSE DE SECONDE.

On trouve à la même librairie :

Morceaux choisis des Prosateurs et Poëtes français, *à l'usage des classes élémentaires*, recueillis et annotés par M. *Léon Feugère*, ancien professeur au lycée Napoléon et censeur des études au lycée Bonaparte : quatorzième édition; ouvrage publié spécialement pour les élèves des classes de huitième et de septième des lycées et des colléges; 1 vol. in-18.

Morceaux choisis des Classiques français, *à l'usage des classes de grammaire*, Extraits des prosateurs et des poëtes du dix-septième siècle, recueillis et publiés avec des notices historiques, des appréciations littéraires et des remarques, par *M. Léon Feugère* : vingt et unième édition; ouvrage approuvé et recommandé par le ministre de l'instruction publique pour l'usage des classes de sixième, de cinquième et de quatrième des lycées et des colléges; 2 vol. in-12.

Chaque Partie et chaque Classe se vendent séparément.

Morceaux choisis des Classiques français, *à l'usage des classes supérieures des lettres et des classes de mathématiques*, Chefs-d'Œuvre des prosateurs et des poëtes du dix-septième et du dix-huitième siècle, recueillis et publiés avec des notices historiques, des appréciations littéraires et des remarques, par *M. Léon Feugère* : quatorzième édition; ouvrage destiné spécialement aux classes de troisième, de seconde, de rhétorique et de mathématiques des lycées et colléges; 2 forts vol. in-12.

Chaque Partie et chaque Classe se vendent séparément.

MORCEAUX CHOISIS
DES
CLASSIQUES FRANÇAIS

A L'USAGE DES CLASSES SUPÉRIEURES

CHEFS-D'OEUVRE DES PROSATEURS ET DES POÈTES
DU DIX-SEPTIÈME ET DU DIX-HUITIÈME SIÈCLE

RECUEILLIS ET ANNOTÉS

Par LÉON FEUGÈRE

ANCIEN PROFESSEUR AUX LYCÉES NAPOLÉON ET LOUIS-LE-GRAND
ET CENSEUR DES ÉTUDES AU LYCÉE BONAPARTE.

NOUVELLE ÉDITION.

—

CLASSE DE SECONDE.

—

PARIS.

IMPRIMERIE ET LIBRAIRIE CLASSIQUES

De JULES DELALAIN et FILS

RUE DES ÉCOLES, VIS-A-VIS DE LA SORBONNE.

M DCCC LXVI.

Tout contrefacteur ou débitant de contrefaçons de cet Ouvrage sera poursuivi conformément aux lois; tous les exemplaires sont revêtus de notre griffe.

> Multa magis quam multorum lectione formanda
> mens et ducendus est color.... Paucos, qui sunt
> eminentissimi, excerpero in animo fuit; facile autem erit studiosis, qui sint his simillimi, judicare[1].
> QUINTILIEN, *Inst. orat*, X, 1.

Les plans d'études les plus récents de l'enseignement secondaire ont établi qu'il serait fait usage, dans toutes les classes des lycées et des colléges, pour que la connaissance de notre langue et de notre littérature y fût plus répandue et plus approfondie, de recueils de morceaux choisis, empruntés à nos meilleurs écrivains, prosateurs et poëtes, à ceux que nous pouvons appeler nos classiques.

Cette prescription était conforme aux plus saines traditions de l'enseignement public et privé : les maîtres les plus accrédités de la jeunesse l'avaient hautement recommandée. « Jamais il ne faut permettre, a dit Nicole, que les enfants apprennent rien par cœur qui ne soit excellent; car les choses qu'ils ont apprises sont comme des moules ou des formes que prennent leurs pensées lorsqu'ils les veulent exprimer. » Rollin demandait, d'après ce motif, des recueils français « qui, composés exprès, épargnassent aux maîtres la peine nécessaire pour feuilleter beaucoup de volumes, et aux élèves des frais considérables pour se les procurer. » Rien n'était plus efficace, selon le judicieux auteur du *Traité des études*, pour donner aux jeunes gens

---

[1]. « C'est en lisant beaucoup, plutôt qu'en lisant beaucoup d'auteurs, qu'il convient de former son esprit et de donner de la couleur à son style... Notre intention, pour nous, n'a été que de choisir un petit nombre d'écrivains, les plus remarquables de tous. Les personnes amies de l'étude reconnaîtront ensuite aisément quels sont ceux qui ont le plus approché de ces modèles. »

a.

de bons principes et l'habitude d'un bon langage, que « des extraits faits avec soin et qui pourraient avoir quelquefois une longueur raisonnable. »

En applaudissant à une pratique d'enseignement confirmée par de tels suffrages et très-sagement rétablie, il nous sera permis de nous féliciter d'avoir reçu du ministre une haute marque de confiance, lorsqu'il a bien voulu nous inviter à composer un recueil de morceaux choisis, pour les classes de grammaire particulièrement, et en recommander l'usage à MM. les proviseurs et principaux.

Cette œuvre modeste, qui n'a pas paru inutile, se complète par deux recueils du même genre, où domine, avec de légères modifications de méthode, une pensée commune : d'un côté, par un recueil plus simple, rédigé pour les classes élémentaires ; de l'autre, par le présent recueil plus élevé, spécialement destiné aux classes supérieures [1].

Dans ces trois publications distinctes, mais formant un ensemble qui embrasse le cercle classique tout entier, nous avons eu pour but de réunir, en les graduant suivant l'âge et l'intelligence de ceux qui les doivent étudier, les modèles les plus incontestés et les plus purs, les morceaux les plus propres à former le cœur autant que l'esprit de la jeunesse. Nous avons voulu qu'au sortir de leurs cours, les élèves des lycées et des collèges connussent, avec les plus grands noms de notre littérature, ce qu'elle a produit de plus parfait ; et ce sera là, nous l'espérons, le fruit d'une étude attentive de ces recueils, conçus dans un dessein unique, malgré quelques différences de compositions qu'il a semblé à propos d'y introduire.

Pour les enfants des classes élémentaires, convaincu qu'il fallait avant tout les former à l'usage de la langue de nos jours, nous avons, sans acception de temps, choisi chez ceux

---

[1]. Pour répondre à la demande qui nous en a été faite par un grand nombre de professeurs, nous avons réimprimé ces Morceaux choisis, en réunissant dans le même volume les morceaux de prose et de poésie plus particulièrement convenables à chaque classe ; quelques morceaux nouveaux ont pris place parmi les anciens. Ce travail a été fait sous la direction de M. G. Feugère fils *(Note de l'éditeur.)*

qui l'ont le mieux écrite, même chez les auteurs contemporains, ce qui nous a paru en rapport avec leur jeune intelligence. Dans la disposition des morceaux, nous n'avons apporté d'autre ordre que celui qui semblait indiqué par la nature des idées, selon que leur simplicité et leur clarté plus parfaites les rendaient plus faciles à saisir.

Pour les classes de grammaire, où commence à s'éveiller le goût, où les élèves, par l'exercice de la version, s'essayent à écrire, nous avons jugé nécessaire, en vue de leur donner les premières leçons de style, d'être très-rigoureux dans nos choix; nous les avons donc restreints à l'époque où, d'un accord unanime, le plus haut degré de perfection a été atteint parmi nous, au dix-septième siècle.

Pour les classes supérieures, le cercle des auteurs où nous avons puisé a dû être un peu élargi; mais nous n'y avons fait entrer toutefois, avec le dix-septième siècle, que l'élite du dix-huitième. Cette circonspection sévère n'a pas besoin d'être excusée. Puisque de légitimes désirs de réformes ont préoccupé de nos jours la conscience publique sur tout ce qui regarde l'éducation et l'instruction, il fallait mettre au premier rang de ces réformes un soin plus vigilant à ne présenter aux jeunes intelligences que des modèles accomplis sous le rapport moral ainsi que sous le rapport littéraire.

Dans les recueils destinés aux classes de grammaire et aux classes supérieures des lettres, nous avons pensé qu'il convenait d'adopter, pour le classement des auteurs, l'ordre chronologique, comme favorable à l'exercice de la mémoire et susceptible d'ajouter à l'utilité de la lecture, en plaçant sous les regards, avec la marche insensible de notre idiome parvenu à sa maturité, le magnifique développement de notre littérature arrivée à son plus grand éclat.

On ne perdra pas de vue qu'aux termes de l'instruction générale du 15 novembre 1854 on doit expliquer le français dans les classes[1] : ce qu'on s'était trop généra-

---

[1] Cet exercice est des plus importants, et on ne saurait trop le recommander au zèle des professeurs. C'est par l'explication, jadis nulle ou trop incomplète, des textes français, qu'ils peuvent former

lement borné à faire jusqu'ici pour le latin et pour le grec. Parmi nos textes, il en est qui pourront être uniquement la matière d'explications et d'analyses, tandis que d'autres, et les plus parfaits, serviront en outre à la culture et à l'ornement de la mémoire. Ce choix appartient au bon goût du professeur.

C'est là le plan que nous avons cru devoir suivre, en ne négligeant rien peur obtenir le succès le plus flatteur à nos yeux, celui de répondre aux intentions du ministre. Nous nous estimerons heureux si nous paraissons à nos collègues n'être pas demeuré trop loin du but que nous avions à cœur d'atteindre, et si ces recueils en particulier, rédigés pour les classes supérieures, sont considérés comme un manuel de composition et de style, où les jeunes gens puissent apprendre, non par d'arides théories, mais par la pratique des chefs-d'œuvre de notre langue, à penser et à écrire.

L. F.

à la fois l'intelligence et le style des élèves, en leur montrant le sens précis des mots et souvent les acceptions successives qu'ils ont prises, surtout en leur faisant apercevoir l'enchaînement des idées et leur développement régulier.

TABLE DES MATIÈRES.

CHEFS-D'ŒUVRE DE PROSE.

BALZAC (1594-1655).	1
De la persévérance dans les desseins.	1
De la malignité naturelle aux hommes.	5
VOITURE (1598-1648).	8
A un ennemi de Richelieu.	8
MOLIÈRE (1622-1673).	17
Appréciation de la comédie de l'École des Femmes.	17
Jusqu'à quel point faut-il observer les règles dans une comédie?	20
PASCAL (1623-1662).	22
De l'homicide.	23
Ennui incurable de l'homme; son besoin de divertissements: témoignage de sa misère.	27
Une prédiction d'Isaïe traduite par Pascal, ou l'Église de Jésus-Christ annoncée dans les prophéties.	32
Mme DE SÉVIGNÉ (1626-1696).	34
A monsieur de Pomponne.	35
Au même.	36
A monsieur de Coulanges.	38
A madame de Grignan.	39
A monsieur et madame de Grignan.	42
BOSSUET (1627-1704).	45
La providence divine régit le monde.	45
Causes de la grandeur romaine.	48
Fin de la république à Rome: naissance de Jésus-Christ.	49
Influence de Louis XIV sur la fortune de la France. Bombardement d'Alger.	51

Anne de Gonzague convertie par une vision.	52
La Jeunesse.	54
De la dureté du cœur et de ses causes.	56
Image de l'âme humaine.	60

BOURDALOUE (1632-1704).   62

Sermon sur la cérémonie des cendres.	63
Sermon sur la passion de Jésus-Christ.	64

LA BRUYÈRE (1646-1696).   74

Des ouvrages de l'esprit.	74
Du vrai mérite dans les actions et les qualités des hommes.	83
Spectacle de la nature : ce qu'il nous enseigne.	84
Les grands écrivains du siècle de Louis XIV.	90

FÉNELON (1651-1715).   92

Saint Louis.	92
Le fantasque.	94
De la perfection du goût.	97
Sermon pour la fête de l'Épiphanie.	100

ROLLIN (1661-1741).   104

Rollin fait hommage de son Traité des études aux chefs de l'Université.	105

MASSILLON (1663-1742).   110

Massillon aux membres de l'Académie française.	110
Sermon sur le petit nombre des élus.	114
Sermon sur le malheur des grands qui abandonnent Dieu.	116
Sermon sur la mort.	119

MONTESQUIEU (1689-1755).   122

Politique des Romains. Causes de leur agrandissement.	122
Lysimaque.	126

VOLTAIRE (1694-1778).   130

Bataille de Rocroy (1643).	131
Première conquête de la Franche-Comté (1668).	133
De la Grâce et de l'Élégance.	136
A M. Cideville.	139
A mademoiselle ***.	140
A M. de Vauvenargues.	141

TABLE DES MATIÈRES.

BUFFON (1707-1788).	143
Contraste de la nature sauvage et de la nature cultivée.	143
L'homme.	147
Comparaison du lion et du tigre.	149
Le héron.	150
Le cygne.	151
ROUSSEAU (1712-1778).	155
Le bien et le mal sur la terre. Justification de la Providence.	156
Séjour de J. J. Rousseau dans l'île de Saint-Pierre.	161
BARTHÉLEMY (1716-1795).	166
Eschyle, Sophocle et Euripide.	167

CHEFS-D'ŒUVRE DE POESIE.

MALHERBE (1555-1628).	173
A la reine régente Marie de Médicis.	174
Les Saints Innocents.	179
CORNEILLE (1606-1684).	182
Le chrétien à son Dieu.	183
Horace.	185
Cinna.	190
ROTROU (1609-1650).	202
Venceslas.	203
LA FONTAINE (1621-1695).	209
Les loups et les brebis.	210
Les deux pigeons.	211
Le vieillard et les trois jeunes hommes.	214
Élégie aux nymphes de Vaux.	216
MOLIÈRE (1622-1673).	219
Les femmes savantes.	220
BOILEAU (1636-1711).	248
Épître IV (fragment).	249
Épître VII.	253
L'Art poétique.	256

TABLE DES MATIÈRES.

J. RACINE (1639-1699). 260
De jeunes Israélites célèbrent les louanges d'un grand roi. 261
Britannicus. 263

J. B. ROUSSEAU (1671-1741). 279
Vanité du bonheur des méchants. 280
Au comte du Luc. 282
Appel aux rois chrétiens contre les Turcs. 287

DESTOUCHES (1680-1754). 289
Le Glorieux. 290

VOLTAIRE (1694-1778). 303
Épître à Horace. 304
Mérope. 307

A. CHÉNIER (1762-1794). 322
La jeune captive. 323
Les Législateurs. 325
Vœux du poëte. 326
La dernière prière du poëte à ses amis. 327

FIN DE LA TABLE.

MORCEAUX CHOISIS
DES CLASSIQUES FRANÇAIS

A L'USAGE DE LA CLASSE DE SECONDE.

CHEFS-D'OEUVRE DE PROSE.

BALZAC.
(1594-1655.)

Balzac, dont l'éloquence a excité l'enthousiasme de son époque, peut offrir à la nôtre plus d'un modèle oratoire. Né à Angoulême (1594) vers le temps où Henri IV faisait sa rentrée dans Paris, il mourut en 1655 lorsque Louis XIV, majeur, laissait encore son pouvoir aux mains de Mazarin. C'est le premier de nos auteurs qui ait écrit supérieurement, dans ses moments heureux, notre langue parvenue à sa maturité. Ses principaux ouvrages sont le *Socrate chrétien*, où une teinte antique relève la beauté de la morale moderne ; le *Prince*, où il trace à Louis XIII ses devoirs et célèbre Richelieu son protecteur ; ses *Dissertations politiques et critiques* ; *Aristippe ou la Cour*, et la *Relation à Ménandre*, en d'autres termes sa justification ou sa réponse aux ennemis que lui avait faits sa gloire. « On trouve dans ce dernier livre, remarque M. Nisard, de grands traits de mélancolie que semble avoir recueillis Pascal[1]. »

De la persévérance dans les desseins.

La patience est absolument nécessaire pour exécuter les hautes et importantes entreprises ; pour s'avancer tout droit

---

1. Nous avons suivi l'édition in-folio des *OEuvres* de Balzac, 2 vol., Paris, 1665. — Parmi ceux qui se sont occupés spécialement

vers le but, sans s'arrêter de côté ni d'autre par les chemins; pour faire ce qui a été résolu, et se moquer des bruits que l'on fait courir; pour préférer la gloire durable et la solidité des effets à une courte réputation et à la vanité de l'apparence; pour ne s'émouvoir ni des murmures des siens ni des bravades de l'ennemi; pour venir à bout de son opiniâtreté, après avoir consumé sa force; pour vaincre finalement ce qui se veut et se sait défendre.

Mais que sert-il de le dissimuler? Cette vertu, que le roi met aujourd'hui en usage, nous est aussi nouvelle qu'elle était inconnue à nos pères. La voix publique nous reproche le vice contraire, et toute l'antiquité les en a blâmés. Car, bien que tantôt ils jurassent solennellement de ne descendre jamais leurs baudriers qu'ils n'eussent monté au Capitole, et que tantôt ils promissent à leur dieu de lui consacrer les armes des Romains et de lui présenter un carcan[1] fait de leur butin; bien qu'encore depuis, vivant sous les lois chrétiennes, ils s'obligeassent par serment de prendre des villes, et qu'ils fissent vœu de ne se déshabiller point, et de ne boire ni de manger, qu'elles ne fussent à eux, ce qu'ils appelaient « Jurer et vouer un siége, » néanmoins, le plus souvent, ils rompaient leur vœu et violaient leur serment; et si quelquefois ils ont emporté les places qu'ils assiégeaient, ç'a plutôt été par impétuosité que par raison, plutôt en perdant des hommes qu'en ménageant le temps, et plus à cause que la science de les fortifier était ignorée, que pour ce qu'ils sussent bien les attaquer.

Quant à moi, je ne saurais louer cette valeur fortuite et désordonnée. Il n'est pas difficile d'être courageux pour un temps, mais il est difficile de l'être toujours, et l'égalité a été estimée à tel point par certains sages, qu'ils ont cru même que c'était quelque chose de plus excellent de persévérer dans le mal que de n'être pas assuré en la vertu. Il y a une infinité de gens qui feraient de bonnes actions, pourvu qu'elles ne durassent qu'un jour; mais il n'y en a guère qui soient capables de conduire un long dessein; il n'y en a guère de si ardents dont l'émotion ne passe, et qui aient des fougues continues; il n'y en a quasi point qui n'aiment mieux entreprendre plusieurs affaires, et changer souvent d'occupation, que de s'attacher à un objet et de continuer le même travail.

---

de cet auteur, on remarque MM. Malitourne et Geruzez, qui lui ont consacré chacun une notice. On lira aussi avec intérêt sur l'influence de Balzac au dix-septième siècle le 5ᵉ chapitre *des Prédicateurs du dix-septième siècle avant Bossuet*, par M. P. Jacquinet.

1. Autrefois chaîne ou collier : on disait un *carcan* de pierreries.

La plupart des septentrionaux agissent ainsi, et n'ont que des transports et des mouvements soudains. Ils ne se servent point de leur raison à la guerre ; mais recueillant toute leur vigueur ensemble, et jetant dehors toute leur bile, ils font d'abord un extrême effort, après lequel trouvant plus de résistance qu'ils n'en attendaient, et le propre de la violence étant de durer fort peu, comme ils ont été plus qu'hommes au commencement, ils deviennent moins que femmes dans la suite de leur action ; et comme s'ils sortaient d'un accès de fièvre, ils languissent après avoir été agités. Ils fuient d'ordinaire, s'ils ne font fuir, et se rendent, s'ils ne prennent. Au moins veulent-ils hasarder leur fortune et leurs espérances tout à la fois, et demandent un assaut général ou une bataille, pour n'avoir rien à faire le lendemain[1]. Ils ne songent point à vaincre : ils ne songent qu'à finir la guerre et à sortir des incommodités présentes, voire par leur défaite, voire par leur mort.

Ce brave Gaulois[2] le reconnaît bien dans les commentaires de son ennemi, où, répondant aux objections de ses accusateurs, il avoue qu'il n'a voulu laisser la charge de l'armée à personne, de peur que celui à qui il l'eût laissée, pressé de l'importunité de la multitude, n'eût été contraint de combattre ; à quoi il voyait que tous inclinaient, pour n'avoir pas assez de courage et pour ne pouvoir endurer les fatigues de la guerre. En un autre endroit des mêmes écrits, on peut voir que c'est souvent lâcheté, et non hardiesse, de vouloir tout remettre à la décision d'une bataille, et qu'il se trouve beaucoup plus de gens qui se présentent de leur bon gré à la mort que de ceux qui souffrent virilement la douleur[3].

L'empereur Othon fut vaincu, parce qu'il n'eut pas la patience de vaincre[4]. Il se tua par délicatesse, et aima mieux promptement périr que de se donner de la peine quelque temps. Sans montrer de peur, ni se mettre en fuite, il ne laissa pas d'être déserteur de son parti et fugitif de son armée. Il ne manquait ni de conseil ni de forces ; il avait

1. C'est à peu près ce que dit le marchand d'Horace (Satires I, 1) quand il fait l'éloge de la vie militaire, qu'il regrette de n'avoir pas embrassée :

Militia est potior. Quid enim? Concurritur ; horæ
Momento cita mors venit aut victoria læta.

2. C'est Vercingétorix : *Comment.* de César, VII, 20.
3. *Comment.* de César, VII, 77.
4. Voy. le disc. de Mucien, Tacite, *Hist.*, II 76 : « Othonem præpropera ipsius desperatione victum... »

les plus belles troupes et les plus désireuses de bien faire qu'on eût jamais vues ; et néanmoins, pour une journée qui ne leur fut pas heureuse, il abandonna la victoire à un ennemi qui, en toutes choses, lui était inférieur, et quitta la partie, à cause qu'il[1] ne gagna pas du premier coup. Il renonça à l'empire, à l'honneur et à la vie, pour ne pouvoir plus supporter le doute et l'incertitude de l'avenir ; et le soin de penser tous les jours à ses affaires lui sembla si fâcheux que, pour être de loisir en quelque façon, il résolut de s'ôter du monde.

Nous voyons par là que la mollesse, aussi bien que la nécessité, porte les hommes à désirer les choses extrêmes, et que non-seulement les vaillants et les désespérés méprisent la mort, mais aussi les dégoûtés et ceux qui s'ennuient. Le soupçon du mal touche les esprits infirmes plus violemment que le mal même ; ils croient faire beaucoup de se garantir de l'agitation par la chute, et préfèrent une condition mauvaise à une condition incertaine. Il leur est impossible de laisser arriver les événements et d'attendre la maturité des choses ; ils voudraient hâter le cours de la providence et avancer ses effets ; ils voudraient conduire à leur plaisir ses mouvements et ses périodes ; ils voudraient la mener et non pas la suivre, et que ce fût leur providence, et non pas celle de Dieu.

Les sages font autrement, et David se rend ce témoignage à soi-même, « qu'il a patiemment attendu l'Éternel, lequel ne l'a point trompé. » Et néanmoins cette impatience est si naturelle à l'homme et si malaisée à surmonter, qu'il confesse que les succès qu'on lui avait fait espérer ont lassé plusieurs fois ses espérances, que son esprit s'est égaré dans la considération de l'avenir, et sa foi affaiblie par la longueur d'un temps qui ne venait point ; que souvent il lui est échappé des murmures, jusques à douter de la vérité de son onction[2] et de la parole de Samuel, en disant : « Tout homme est menteur, » jusques à dire à Dieu même : « Dors-tu, Seigneur ? As-tu oublié ta promesse ? Veux-tu fausser ton serment ? »

Or, puisqu'un prince qui était assuré du dessein de Dieu par des révélations expresses et par une connaissance infaillible, voyant que les effets des choses promises allaient un peu plus lentement qu'il n'eût désiré, s'est ennuyé d'espérer et a eu des doutes et un commencement d'impatience, quelles louanges donnerons-nous à un roi qui, ne sachant point si les actions qu'il entreprend doivent être heureuses,

1. Tour tombé en désuétude.
2. C'est-à-dire *s'il était véritablement l'oint du Seigneur*.

mais sachant seulement qu'elles sont justes, ne sachant point si Dieu les récompensera en ce monde, mais sachant seulement qu'il les approuve, y apporte une fermeté et une persévérance invincible; n'en peut être détourné ni par la longueur du temps, ni par la grandeur de la dépense, ni par le nombre des adversaires qui croissent, ni par le défaut des amis qui manquent?

Le Prince, ch. XXII.

De la malignité naturelle aux hommes.

Ne désavouons point l'imperfection de notre nature. Nous prenons tous quelque plaisir à ouïr mal parler d'autrui, à cause que nous nous estimons tous, et que nous sommes tous capables de jalousie. Or est-il que le mépris qu'on fait d'un autre semble nous relever en l'humiliant, et nous laisser prendre je ne sais quelle supériorité sur lui, par une secrète comparaison que nous faisons en nous-mêmes de lui à nous, c'est-à-dire d'un homme qu'on maltraite à un homme qui se favorise; de sorte que cette comparaison ne se faisant pas à notre désavantage, peu s'en faut que nous ne sachions autant de gré à qui médit, voire d'un ami, qu'à qui nous adjuge la préséance sur un concurrent.

C'est une des vieilles maladies du genre humain, et qui presque a commencé avec le monde. Interrogez là-dessus des témoins qui ne sont point suspects; enquérez-vous-en aux hommes des autres siècles. Ils vous diront que les plus légitimes louanges sentent quelque chose d'intéressé et de mercenaire, et sont estimées lâches et serviles, mais que les plus injustes blâmes passent pour effets de liberté, et sont mis au nombre des actions généreuses. Vous saurez d'un d'eux que les accusations ont été les délices des républiques, et que la médisance est la félicité des oreilles.

L'audace de l'ancienne comédie a eu beaucoup plus d'applaudissements que la modestie de la nouvelle. Les plus misérables poëtes de ces premiers temps étaient suivis à grosses troupes, et maintenus par la faction du peuple contre l'autorité des magistrats. Et tout cela, comme vous savez, parce qu'ils faisaient profession publique de médisance, et qu'ils mordaient effrontément les principaux et les plus estimés de la république. Ils ne se contentaient pas de les désigner sur la scène, tantôt par des équivoques qu'il était aisé de deviner, tantôt avec des masques faits exprès, qui représentaient la forme de leur visage; mais ils les montraient souvent au doigt, et les nommaient par leur propre nom. Et cette licence scandaleuse était si agréable aux Athéniens qu'ils en quittaient leurs affaires domestiques, et ne se souvenaient pas quelquefois d'aller dîner, étant attachés des journées entières à la bouche d'un mauvais bouffon qui se moquait d'un homme de bien[1].

Quand, à Rome, un capitaine général recevait de la reconnaissance publique le plus grand de tous les honneurs extérieurs, et qu'étant assis dans un chariot d'or, il traînait après soi les trésors des rois, et les rois chargés de chaînes, il était permis aux soldats qui l'accompagnaient de faire des chansons de lui en cet état-là et de le diffamer par des vers injurieux : à quoi le peuple malin prenait bien plus de plaisir qu'à toute la pompe et à toute la magnificence du triomphe.

Mais ce n'est rien au prix de cette brutale volupté qu'ils recevaient à paître leurs yeux de la mort des hommes contre lesquels ils irritaient la fureur des bêtes, et à regarder égorger jusqu'à deux cents paires de gladiateurs qui se découpaient à grands coups d'épée, et combattaient à outrance, pour faire passer le temps à des personnes oisives. Encore m'avouerez-vous que notre siècle est plus innocent que celui-là. Ses plaisirs sont moins cruels et moins violents; et la joie que quelques-uns ont eue à voir mettre mes écrits en pièces par un impitoyable grammairien[2] n'est point si inhumaine que celle que recevaient les Romains à voir démembrer un homme par une bête sauvage.

Ces vérités reconnues, et les exemples qui les confirment bien considérés, je ne puis trouver étrange qu'un livre qui me dit des injures ait été reçu avec faveur; et pour cela je n'en ai pas meilleure opinion du livre, ni plus mauvaise de moi. Cet heureux succès n'a garde de venir d'où quelques-uns se figurent. Ce n'est pas le mérite de l'auteur, c'est l'avantage de la médisance; ce n'est pas qu'il soit estimé, mais c'est qu'elle plaît. Et pour preuve infaillible de ce que je dis, qu'on se transporte sur les lieux, et qu'on fasse en-

---

1. Cette licence de l'ancienne comédie grecque a été également flétrie par Cicéron : « Græci quidem antiquiores vitia ipsi sua quodam modo fatebantur, apud quos fuit etiam lege concessum, ut quod vellet comœdia, de quo vellet, nominatim diceret. » Cicéron rappelle plus loin et approuve la loi des *Douze Tables* qui prononçait la peine de mort contre quiconque diffamait un citoyen dans ses vers.

2. Allusion à Dominique-Jean Goulu, général des Feuillants et auteur de traités religieux. Il était ennemi de Balzac, et il avait composé, sous le titre de *Lettres de Philarque à Ariste*, un ouvrage où il le critiquait avec amertume.

quête au pays latin, on trouvera que depuis Saint-Yves[1] jusqu'à Sainte-Geneviève une commune voix crie des deux côtés de la rue que, de quantité de volumes dont mon adversaire s'est délivré, celui-ci seul a eu à sa naissance le ciel favorable. Il est le seul de ses frères qui a réussi. Tous les autres ont fait généralement mauvaise fin; ils ont tous été la ruine des marchands et le déshonneur de leurs boutiques.

Avouons donc encore une fois la corruption humaine et le vice de notre origine. Il n'est que trop vrai que la moitié du monde croit être heureuse du malheur d'autrui, et que ceux qui n'en font pas leur bonne fortune en font pour le moins leur passe-temps. Il y en a qui ne s'occupent qu'à harceler les chiens contre les passants. Il y en a qui ne sont pas si aisés d'être à couvert quand il pleut que de voir mouiller les autres qui sont dehors. Et si toute une compagnie est affligée, il faut seulement que quelqu'un de la troupe se laisse choir, pour faire venir la joie où était l'affliction.

Relation à Ménandre, troisième partie.

1. C'était une église placée vers le bas de la rue Saint-Jacques, à la hauteur de la rue des Noyers : elle n'a été abattue qu'assez récemment.

VOITURE.

(1598-1648.)

Voiture, né en 1598 à Amiens, fut le plus bel esprit de la cour de Louis XIII. Il sut réunir la faveur de ce prince à celle d'Anne d'Autriche, du duc d'Orléans et de Richelieu; il devint même par la suite l'objet des bonnes grâces de Mazarin. Comme Balzac, il fut membre de l'Académie française dès la naissance de ce corps, qui a exercé une si heureuse influence sur l'idiome et sur le génie national. De son temps Voiture fut très-célèbre par ses poésies, qui, après avoir été longtemps vantées, sont presque entièrement tombées dans l'oubli. Il a conservé plus de réputation par ses lettres, écrites en prose [1]. Dans la plupart de celles-ci règne une vivacité spirituelle, mêlée parfois d'affectation; mais dans celle que l'on va lire, cet auteur s'est élevé au-dessus de son ton et de son mérite habituels : à la gravité historique il a joint des considérations politiques pleines de noblesse et de grandeur. Telle était la célébrité de Voiture que l'Académie française prit le deuil à sa mort (1648), hommage qui ne fut rendu à aucun autre membre de l'illustre compagnie.

A un ennemi de Richelieu [2].

Je vous avoue que j'aime à me venger, et qu'après avoir souffert durant deux mois que vous vous soyez moqué de la bonne espérance que j'avais de nos affaires, vous en avoir ouï condamner la conduite par les événements, et vous avoir vu triompher des victoires de nos ennemis, je suis bien aise de vous mander que nous avons repris Corbie. Cette nouvelle vous étonnera sans doute, aussi bien que toute l'Europe; et vous trouverez étrange que ces gens que vous tenez si sages, et qui ont particulièrement cet avantage sur nous, de bien garder ce qu'ils ont gagné, aient

---

1. M. Campenon en a donné un choix (1807). — M. Ubicini, et en outre M. A. Roux ont réimprimé ses œuvres (1855).

2. Cette lettre a été écrite après la reprise de la ville de Corbie sur les Espagnols par l'armée du roi : elle est datée du 24 décembre 1636. — Le nom de celui à qui elle était adressée a été prudemment omis; mais on ne saurait douter que ce ne fût à un des serviteurs du duc d'Orléans.

laissé reprendre une place sur laquelle on pouvait juger que tomberait tout l'effort de cette guerre, et qui, étant conservée ou étant reprise, devait donner, pour cette année, le prix et l'honneur des armes à l'un ou à l'autre parti. Cependant nous en sommes les maîtres. Ceux que l'on avait jetés dedans ont été bien aises que le roi leur ait permis d'en sortir, et ont quitté avec joie ces bastions qu'ils avaient élevés, et sous lesquels il semblait qu'ils se voulussent enterrer.

Considérez donc, je vous prie, quelle a été la fin de cette expédition, qui a tant fait de bruit. Il y avait trois ans que nos ennemis méditaient ce dessein, et qu'ils nous menaçaient de cet orage. L'Espagne et l'Allemagne avaient fait pour cela leurs derniers efforts. L'empereur y avait envoyé ses meilleurs chefs et sa meilleure cavalerie. L'armée de Flandre avait donné toutes ses meilleures troupes. Il se forme de cela une armée de vingt-cinq mille chevaux, de quinze mille hommes de pied et de quarante canons. Cette nuée, grosse de foudres et d'éclairs, vient fondre sur la Picardie, qu'elle trouve à découvert, toutes nos armes étant occupées ailleurs. Ils prennent d'abord la Capelle et le Catelet. Ils attaquent et prennent Corbie en neuf jours. Les voilà maîtres de la rivière. Ils la passent. Ils ravagent tout ce qui est entre la Somme et l'Oise; et, tant que personne ne leur résiste, ils tiennent courageusement la campagne, ils tuent nos paysans et brûlent nos villages. Mais sur le premier bruit qui leur vient que Monsieur s'avance avec une armée et que le roi le suit de près, ils se retirent, ils se retranchent derrière Corbie, et quand ils apprennent que l'on ne s'arrête point, et que l'on marche à eux tête baissée, nos conquérants abandonnent leurs retranchements. Ces peuples si braves et si belliqueux, et que vous dites qui sont nés pour commander à tous les autres, fuient devant une armée qu'ils disaient être composée de nos cochers et de nos laquais. Et ces gens si déterminés, qui devaient percer la France jusqu'aux Pyrénées, qui menaçaient de piller Paris et d'y venir reprendre jusque dans Notre-Dame les drapeaux de la bataille d'Avein[1], nous permettent de faire la circonvallation d'une place qui leur est si importante, et ensuite nous la laissent attaquer et prendre par force à leur vue. Voilà où se sont terminées les bravades de Piccolomini[2], qui nous envoyait dire par ses trompettes, tantôt qu'il souhaitait que nous eussions de la

1. C'est un village du Luxembourg où les Français battirent les Espagnols en 1635.
2. Octave était le prénom de ce général, natif de Sienne, et l'un

poudre, tantôt qu'il nous vînt de la cavalerie; et quand nous avons eu l'un et l'autre, il s'est bien gardé de nous attendre. De sorte, monsieur, que hors la Capelle et le Catelet, qui sont de nulle considération, tout l'effet qu'a produit cette grande et victorieuse armée a été de prendre Corbie pour la rendre, et pour la remettre entre les mains du roi, avec une contrescarpe, trois bastions et trois demi-lunes qu'elle n'avait point. S'ils avaient pris encore dix autres de nos places avec un pareil succès, notre frontière en serait en meilleur état, et ils l'auraient mieux fortifiée que ceux qui jusques ici en ont eu commission.

Vous semble-t-il que la reprise d'Amiens[1] ait été en rien plus importante ou plus glorieuse que celle-ci? Alors la puissance du royaume n'était point divertie[2] ailleurs : toutes nos forces furent jointes ensemble pour cet effet; et toute la France se trouva devant une place. Ici, au contraire, il nous a fallu reprendre celle-ci dans le fort d'une infinité d'autres affaires qui nous pressaient de tous côtés, en un temps où il semblait que cet Etat fût épuisé de toutes choses, et en une saison en laquelle, outre les hommes, nous avions encore le ciel à combattre. Et au lieu que devant Amiens les Espagnols n'eurent une armée que cinq mois après le siége, pour nous le faire lever, ils en avaient une de quarante mille hommes à Corbie, avant que celui-ci fût commencé. Je m'assure que, si cet événement ne vous fait pas devenir bon Français, au moins vous aurez dépit de vous être affectionné à des gens qui ont si peu de vigueur et qui savent si mal se servir de leur avantage. Cependant, ceux qui, en haine de celui qui gouverne, haïssent leur propre pays, et qui, pour perdre un homme seul, voudraient que la France se perdît, se moquaient de tous les préparatifs que nous faisions pour remédier à cette surprise. Quand les troupes que nous avions ici levées prirent la route de Picardie, ils disaient que c'étaient des victimes que l'on allait immoler à nos ennemis; que cette armée se fondrait aux premières pluies; et que ces soldats, qui n'étaient point aguerris, fuiraient au premier aspect des

---

des plus distingués de ceux qui commandèrent les Impériaux dans la guerre de Trente ans.

1. Elle eut lieu en 1597, et sur les mêmes Espagnols, par Henri IV : voy. à ce sujet les *Mémoires de Sully*, au liv. IX. Dans une *Chronique d'Amiens*, que conserve en manuscrit la bibliothèque de cette ville, on trouve de très-curieux détails sur ce point historique.

2. Détournée : sens primitif de ce mot conforme à son étymologie (*dis-vertere*).

troupes espagnoles. Puis, quand ces troupes dont on nous menaçait se furent retirées, et que l'on prit dessein de bloquer Corbie, on condamna encore cette résolution. On disait qu'il était infaillible que les Espagnols l'auraient pourvue de toutes les choses nécessaires, ayant eu deux mois de loisir pour cela, et que nous consommerions devant cette place beaucoup de millions d'or et beaucoup de milliers d'hommes pour l'avoir peut-être dans trois ans. Mais quand on se résolut de l'attaquer par force, bien avant dans le mois de novembre, alors il n'y eut personne qui ne criât. Les mieux intentionnés avouaient qu'il y avait de l'aveuglement, et les autres disaient qu'on avait peur que nos soldats ne mourussent pas assez tôt de misère et de faim, et que l'on les voulait faire noyer dans leurs propres tranchées.

Pour moi, quoique je susse les incommodités qui suivent nécessairement les siéges qui se font en cette saison, j'arrêtai mon jugement. Je pensai que ceux qui avaient présidé à ce conseil avaient vu les mêmes choses que je voyais, et qu'ils en voyaient encore d'autres que je ne voyais pas; qu'ils ne se seraient pas engagés légèrement au siége d'une place sur laquelle toute la chrétienté avait les yeux; et dès que je fus assuré qu'elle était attaquée, je ne doutai plus qu'elle ne dût être prise. Car, pour en parler sainement, nous avons vu quelquefois monsieur le cardinal se tromper dans les choses qu'il a fait faire par les autres; mais nous ne l'avons jamais vu encore manquer dans les entreprises qu'il a voulu exécuter lui-même et qu'il a soutenues de sa présence. Je crus donc qu'il surmonterait toutes sortes de difficultés, et que celui qui avait pris la Rochelle, malgré l'Océan, prendrait encore bien Corbie, en dépit des pluies et de l'hiver[1]. Mais puisqu'il vient à propos de parler de lui, et qu'il y a trois mois que je ne l'ai osé faire, permettez-le-moi à cette heure, et trouvez bon que, dans l'abattement où vous met cette nouvelle, je prenne mon temps de dire ce que je pense.

Je ne suis pas de ceux qui ayant dessein, comme vous dites, de convertir des éloges en brevets[2], font des miracles de toutes les actions de monsieur le cardinal, portent ses louanges au delà de ce que peuvent et doivent aller celles des hommes, et à force de vouloir trop faire croire

1. Il y a quelques vers de Corneille sur la *reprise de Corbie* dans les *Inscriptions* qu'il a faites, d'après la demande du jeune Louis XIV, pour rappeler les exploits militaires de Louis XIII.
2. C'est-à-dire en brevets de pensions, se faire de leurs éloges des titres à des récompenses.

de bien de lui n'en disent que des choses incroyables. Mais aussi n'ai-je pas cette basse malignité de haïr un homme à cause qu'il est au-dessus des autres, et je ne me laisse pas non plus emporter aux affections ni aux haines publiques, que je sais être presque toujours fort injustes. Je le considère avec un jugement que la passion ne fait pencher ni d'un côté ni d'autre, et je le vois des mêmes yeux dont la postérité le verra. Mais lorsque, dans deux cents ans, ceux qui viendront après nous liront en notre histoire que le cardinal de Richelieu a démoli la Rochelle et abattu l'hérésie, et que par un seul traité, comme par un coup de rets, il a pris trente ou quarante de ses villes pour une fois; lorsqu'ils apprendront que, du temps de son ministère, les Anglais ont été battus et chassés, Pignerol conquis, Casal secouru, toute la Lorraine jointe à cette couronne, la plus grande partie de l'Alsace mise sous notre pouvoir, les Espagnols défaits à Veillane et à Avein[1], et qu'ils verront que, tant qu'il a présidé à nos affaires, la France n'a pas un voisin sur lequel elle n'ait gagné des places ou des batailles; s'ils ont quelque goutte de sang français dans les veines et quelque amour pour la gloire de leur pays, pourront-ils lire ces choses sans s'affectionner à lui; et, à votre avis, l'aimeront-ils ou l'estimeront-ils moins, à cause que de son temps les rentes sur l'hôtel de ville se seront payées un peu plus tard, ou que l'on aura mis quelques nouveaux officiers dans la chambre des comptes[2]?

Toutes les grandes choses coûtent beaucoup; les grands efforts abattent, et les puissants remèdes affaiblissent. Mais si l'on doit regarder les États comme immortels, y considérer les commodités à venir comme présentes, comptons combien cet homme, que l'on dit qui a ruiné la France, lui a épargné de millions par la seule prise de la Rochelle, laquelle d'ici à deux mille ans, dans toutes les minorités des rois, dans tous les mécontentements des grands et dans toutes les occasions de révolte, n'eût pas manqué de se rebeller et nous eût obligés à une éternelle dépense. Ce royaume n'avait que deux sortes d'ennemis qu'il dût

1. Les Français furent vainqueurs en 1630 à Veillane, qui est un bourg du Piémont. Pour Avein, rev. la note de la p. 9.

2. Balzac semble partager le sentiment de Voiture sur Richelieu, lorsqu'il parle ainsi de lui dans une de ses Lettres (1, 12) : « Quand M. le cardinal ne serait qu'auprès des affaires sans y toucher, il n'y a point de doute qu'il ne porte bonheur à toute la France, et qu'encore qu'il ne conseille pas le roi, il ne lui inspire tout ce qui sera nécessaire pour le bien de ses sujets et la dignité de sa couronne. »

craindre, les huguenots et les Espagnols. Monsieur le cardinal, entrant dans les affaires, se mit dans l'esprit de ruiner tous les deux[1]. Pouvait-il former de plus glorieux ni de plus utiles desseins? Il est venu à bout du premier, et il n'a pas achevé l'autre.....

Mais jugeons, je vous supplie, s'il a tenu à lui ou à la fortune qu'il ne soit venu à bout de ce dernier dessein. Considérons quel chemin il a pris pour cela, quels ressorts il a fait jouer. Voyons s'il s'en est fallu beaucoup qu'il n'ait renversé ce grand arbre de la maison d'Autriche, et s'il n'a pas ébranlé jusques aux racines ce tronc, qui de deux branches couvre le septentrion et le couchant et qui donne de l'ombrage[2] au reste de la terre. Il fut chercher jusque sous le pôle ce héros qui semblait être destiné à y mettre le fer et à l'abattre[3]. Il fut l'esprit mêlé à ce foudre qui a rempli l'Allemagne de feux et d'éclairs, et dont le bruit a été entendu par tout le monde. Mais quand cet orage fut dissipé et que la fortune en eut détourné le coup, s'arrêta-t-il pour cela? Et ne mit-il pas encore une fois l'empire en plus grand hasard qu'il n'avait été par les pertes de la bataille de Leipsick et de celle de Lutzen[4]? Son adresse et ses pratiques nous firent voir tout d'un coup une armée de quarante mille hommes dans le cœur de l'Allemagne, avec un chef qui avait toutes les qualités qu'il faut pour faire un changement dans un État. Que si le roi de Suède s'est jeté dans le péril plus avant que ne devait un homme de ses desseins et de sa condition, et si le duc de Friedland, pour trop différer son entreprise, l'a laissé découvrir, pouvait-il charmer[5] la balle qui a tué celui-là au milieu de sa victoire, ou rendre celui-ci impénétrable aux coups de

1. Ajoutons, pour ne pas laisser dans l'ombre une partie importante de l'œuvre de Richelieu, que ce grand ministre eut un troisième dessein qui était d'affermir l'autorité royale par l'abaissement des grands; « dessein, dit La Bruyère, dont ni les partis, ni les conjurations, ni les trahisons, ni le péril de la mort, ni ses infirmités n'ont pu le détourner. »

2. On notera, comme caractère du temps, l'équivoque de mauvais goût renfermée dans cette expression. C'est à peu près, avec deux ou trois archaïsmes, la seule tache qui paraîtrait aujourd'hui déparer ce morceau plein de mouvement et de chaleur.

3. Bossuet rappelle, dans l'oraison funèbre d'Anne de Gonzague, le souvenir de ce héros, Gustave-Adolphe, *dont le nom*, dit-il, *fait encore trembler l'Allemagne.*

4. La première eut lieu en 1631, la seconde en 1632 : ce fut en gagnant celle-ci contre Wallenstein (le duc de Friedland plus bas nommé) que fut tué le *grand* Gustave.

5. Détourner par un charme...

pertuisane[1] ? Que si ensuite de tout cela, pour achever de perdre toutes choses, les chefs qui commandaient l'armée de nos alliés devant Nordlingen donnèrent la bataille à contre-temps[2], était-il au pouvoir de monsieur le cardinal, étant à deux cents lieues de là, de changer ce conseil et d'arrêter la précipitation de ceux qui, pour un empire (car c'était le prix de cette victoire), ne voulurent pas attendre trois jours? Vous voyez donc que pour sauver la maison d'Autriche et pour détourner ses desseins, que l'on dit à cette heure avoir été si téméraires, il a fallu que la fortune ait fait, depuis, trois miracles, c'est-à-dire trois grands événements, qui, vraisemblablement, ne devaient pas arriver : la mort du roi de Suède, celle du duc de Friedland, et la perte de la bataille de Nordlingen.

Vous me direz qu'il ne se peut pas plaindre de la fortune, pour l'avoir traversé en cela, puisqu'elle l'a servi si fidèlement dans toutes les autres choses; que c'est elle qui lui a fait prendre des places, sans qu'il en eût jamais assiégé auparavant; qui lui a fait commander heureusement des armées, sans aucune expérience; qui l'a mené toujours comme par la main, et sauvé d'entre les précipices où il s'était jeté; et enfin, qui l'a fait souvent paraître hardi, sage et prévoyant. Voyons-le donc dans la mauvaise fortune, et examinons s'il y a eu moins de hardiesse, de sagesse et de prévoyance. Nos affaires n'allaient pas trop bien en Italie; et comme c'est le destin de la France de gagner des batailles et de perdre des armées, la nôtre était fort dépérie depuis la dernière victoire qu'elle avait remportée sur les Espagnols. Nous n'avions guère plus de bonheur devant Dôle, où la longueur du siège nous en faisait attendre une mauvaise issue, quand on sut que les ennemis étaient entrés en Picardie, qu'ils avaient pris d'abord la Capelle, le Catelet et Corbie; et que ces trois places, qui les devaient arrêter plusieurs mois, les avaient à peine arrêtés huit jours. Tout est en feu jusque sur les bords de la rivière d'Oise. Nous pouvons voir de nos faubourgs la

1. Il s'agit de Wallenstein, qui fut assassiné en 1634, à Égra, par l'ordre de l'empereur Ferdinand II : voy. la IIIe partie de la trilogie que Schiller a consacrée à ce général. Pour son *entreprise*, il faut lire la *Conspiration de Wallenstein*, par Sarrazin, que M. A. de Latour a réimprimée dans les *Petits chefs-d'œuvre historiques*, publiés chez M. Didot.
2. Le maréchal suédois de Horn, et Bernard, duc de Saxe-Weimar, fort renommé toutefois comme capitaine, y furent vaincus, à la fin de 1634, par les Impériaux. Mais dans ce même lieu, onze ans après, Condé et Turenne devaient battre ceux-ci et tuer Mercy, leur général.

fumée des villages qu'ils nous brûlent. Tout le monde prend l'alarme et la capitale du royaume est en effroi. Les mauvaises nouvelles viennent en foule, le ciel est couvert de tous côtés. Durant cette tempête, monsieur le cardinal n'a-t-il pas toujours tenu le gouvernail d'une main et la boussole de l'autre? S'est-il jeté dedans l'esquif pour se sauver? et si le grand vaisseau qu'il conduisait avait à se perdre, n'a-t-il pas témoigné qu'il y voulait mourir devant tous les autres? Est-ce la fortune qui l'a tiré de ce labyrinthe; ou si ç'a été sa prudence, sa constance et sa magnanimité?

Nos ennemis sont à quinze lieues de Paris, et les siens sont dedans. Il a tous les jours avis que l'on y fait des pratiques pour le perdre. La France et l'Espagne, par manière de dire [1], sont conjurées contre lui seul. Quelle contenance a tenue, parmi tout cela, cet homme que l'on disait qui s'étonnerait au moindre mauvais succès, et qui avait fait fortifier le Havre pour s'y jeter à la première mauvaise fortune? Il n'a pas fait une démarche en arrière pour cela. Il a songé aux périls de l'Etat, et non pas aux siens; et tout le changement que l'on a vu en lui, durant ce temps-là, est qu'au lieu qu'il n'avait accoutumé de sortir qu'accompagné de deux cents gardes, il se promena tous les jours suivi seulement de cinq ou six gentilshommes. Il faut avouer qu'une adversité soutenue de si bonne grâce, et avec tant de force, vaut mieux que beaucoup de prospérités et de victoires. Il ne me sembla pas si grand, ni si victorieux, le jour qu'il entra dans la Rochelle, qu'il me le parut alors; et les voyages qu'il fit de sa maison à l'arsenal me semblent plus glorieux pour lui que ceux qu'il a faits delà les monts, et desquels il est revenu avec Pignerol et Suse.

Ouvrez donc les yeux, je vous supplie, à tant de lumière. Ne haïssez pas plus longtemps un homme qui est si heureux à se venger de ses ennemis; et cessez de vouloir du mal à celui qui le sait tourner à sa gloire, et qui le porte si courageusement : quittez votre parti devant [2] qu'il vous quitte. Aussi bien une grande partie de ceux qui haïssaient monsieur le cardinal se sont convertis par le dernier miracle qu'il vient de faire. Et si la guerre peut finir comme il y a apparence de l'espérer, il trouvera moyen de gagner bientôt tous les autres. Etant si sage qu'il est, il a connu après tant d'expériences ce qui est le meilleur, et il tournera ses desseins à rendre cet Etat le plus florissant de

---

1. Pour ainsi dire...
2. *Devant* et *avant* étaient employés indifféremment l'un pour l'autre à cette époque.

tous, après l'avoir rendu le plus redoutable. Il s'avisera d'une sorte d'ambition qui est plus belle que toutes les autres, et qui ne tombe dans l'esprit de personne : de se faire le meilleur et le plus aimé d'un royaume, et non pas le plus grand et le plus craint[1]. Il connaît que les plus nobles conquêtes sont celles des cœurs et des affections. Il voit qu'il n'y a pas tant de sujets de louange à étendre de cent lieues les bornes d'un royaume qu'à diminuer un sou de taille, et qu'il y a moins de grandeur et de véritable gloire à défaire cent mille hommes qu'à en mettre vingt millions à leur aise et en sûreté. Aussi ce grand esprit qui n'a été occupé jusqu'à présent qu'à songer aux moyens de fournir aux frais de la guerre, à lever de l'argent et des hommes, à prendre des villes et à gagner des batailles, ne s'occupera désormais qu'à rétablir le repos, la richesse et l'abondance. Alors les ennemis de monsieur le cardinal ne sauront plus que dire contre lui, comme ils n'ont su que faire jusqu'à cette heure. Alors les bourgeois de Paris seront ses gardes; et il connaîtra combien il est plus doux d'entendre ses louanges dans la bouche du peuple que dans celle des poëtes. Prévenez ce temps-là, je vous conjure, et n'attendez pas à être de ses amis jusques à ce que vous y soyez contraint. Que si vous voulez demeurer dans votre opinion, je n'entreprends pas de vous l'arracher par force. Mais aussi, ne soyez pas si injuste que de trouver mauvais que j'aie défendu la mienne; et je vous promets que je lirai volontiers tout ce que vous m'écrirez, quand les Espagnols auront repris Corbie.

Lettre LXXIV.

1. On remarquera ici l'habileté avec laquelle des conseils de clémence sont indirectement adressés au cardinal.

MOLIÈRE.

(1622-1673.)

Molière n'a pas seulement surpassé tous ses devanciers par la richesse de son invention et la force de sa verve comique ; il s'est encore placé, par la franchise nerveuse et l'originalité piquante de son style, au premier rang des écrivains qui ont illustré la grande époque où il a vécu. Sa prose se recommande par un tour net et vif, admirablement approprié au génie de notre langue. Tel est, en outre, le mérite de ses vers : aussi aurons-nous l'occasion de parler de nouveau et plus longuement de Molière, en le considérant comme poëte. Bornons-nous à dire que, né à Paris en 1622, il termina sa carrière en 1673.

Appréciation de la comédie de l'École des Femmes.

Le marquis, le chevalier ou Dorante.

Dorante. Jamais on n'a rien vu de si plaisant que la diversité des jugements qui se font là-dessus : car enfin j'ai ouï condamner cette comédie à certaines gens par les mêmes choses que j'ai vu d'autres estimer le plus.

Le marquis. Il est vrai. Je la trouve détestable, morbleu! détestable, du dernier détestable, ce qu'on appelle détestable.

Dorante. Et moi, mon cher marquis, je trouve le jugement détestable.

Le marquis. Quoi! chevalier, est-ce que tu prétends soutenir cette pièce?

Dorante. Oui, je prétends la soutenir.

Le marquis. Parbleu! je la garantis détestable.

Dorante. Mais, marquis, par quelle raison, de grâce, cette comédie est-elle ce que tu dis?

Le marquis. Pourquoi elle est détestable?

Dorante. Oui.

Le marquis. Elle est détestable, parce qu'elle est détestable.

Dorante. Après cela, il n'y a plus rien à dire : voilà son procès fait. Mais encore, instruis-nous, et nous dis les défauts qui y sont.

Le marquis. Que sais-je, moi! Je ne me suis pas seulement donné la peine de l'écouter[1]. Mais enfin je sais bien que je n'ai jamais rien vu de si méchant, Dieu me sauve! et Dorilas, contre qui j'étais[2], a été de mon avis.

Dorante. L'autorité est belle, et te voilà bien appuyé!

Le marquis. Il ne faut que voir les continuels éclats de rire que le parterre y fait. Je ne veux point d'autre chose pour témoigner qu'elle ne vaut rien.

Dorante. Tu es donc, marquis, de ces messieurs du bel air qui ne veulent pas que le parterre ait du sens commun, et qui seraient fâchés d'avoir ri avec lui, fût-ce de la meilleure chose du monde? Je vis l'autre jour sur le théâtre un de mes amis qui se rendit ridicule par là. Il écouta toute la pièce avec un sérieux le plus sombre du monde; et tout ce qui égayait les autres ridait son front. A tous les éclats de risée, il haussait les épaules et regardait le parterre en pitié; et quelquefois aussi, le regardant avec dépit, il lui disait tout haut : *Ris donc, parterre, ris donc.* Ce fut une seconde comédie que le chagrin de notre ami : il la donna en galant homme à toute l'assemblée, et chacun demeura d'accord qu'on ne pouvait pas mieux jouer qu'il fit. Apprends, marquis, je te prie, et les autres aussi, que le bon sens n'a point de place déterminée à la comédie; que la différence du demi-louis d'or et de la pièce de quinze sous ne fait rien du tout au bon goût; que debout ou assis on peut donner un mauvais jugement; et qu'enfin, à le prendre en général, je me fierais assez à l'approbation du parterre, par la raison qu'entre ceux qui le composent il y en a plusieurs qui sont capables de juger d'une pièce selon les règles, et que les autres en jugent par la bonne façon d'en juger, qui est de se laisser prendre aux choses, et de n'avoir ni prévention aveugle, ni complaisance affectée, ni délicatesse ridicule.

Le marquis. Te voilà donc, chevalier, le défenseur du parterre! Parbleu! je m'en réjouis, et je ne manquerai pas de l'avertir que tu es de ses amis. Hai, hai...

Dorante. Ris tant que tu voudras. Je suis pour le bon sens, et ne saurais souffrir les ébullitions de cerveau de nos marquis de Mascarille[3]. J'enrage de voir de ces gens

---

1. Cf. La Bruyère, ch. I des *Caractères* (des ouvrages de l'esprit) : « Que dites-vous du livre d'Hermodore? — Qu'il est mauvais, répond Anthime; qu'il est mauvais. — Mais l'avez-vous lu? — Non, dit Anthime... »

2. A côté de qui j'étais...

3. C'est un personnage des *Précieuses ridicules.*

qui se traduisent en ridicules[1] malgré leur qualité; de ces gens qui décident toujours et parlent hardiment de toutes choses sans s'y connaître; qui, dans une comédie, se récrieront aux méchants endroits et ne branleront pas à ceux qui sont bons; qui, voyant un tableau ou écoutant un concert de musique, blâment de même, et louent tout à contre-sens, prennent par où ils peuvent les termes de l'art qu'ils attrapent, et ne manquent jamais de les estropier et de les mettre hors de place. Hé! morbleu! messieurs, taisez-vous. Quand Dieu ne vous a pas donné la connaissance d'une chose, n'apprêtez point à rire à ceux qui vous entendent parler; et songez qu'en ne disant mot on croira peut-être que vous êtes d'habiles gens.

Le marquis. Parbleu! chevalier, tu le prends là...

Dorante. Mon Dieu! marquis, ce n'est pas à toi que je parle; c'est à une douzaine de messieurs qui déshonorent les gens de cour par leurs manières extravagantes, et font croire parmi le peuple que nous nous ressemblons tous. Pour moi je m'en veux justifier le plus qu'il me sera possible; et je les dauberai tant en toutes rencontres, qu'à la fin ils se rendront sages.

Le marquis. Dis-moi un peu, chevalier: crois-tu que Lysandre ait de l'esprit?

Dorante. Oui, sans doute, et beaucoup.

Le marquis. Demande-lui ce qu'il lui semble de l'*École des Femmes;* tu verras qu'il te dira qu'elle ne lui plaît pas.

Dorante. Hé! mon Dieu! il y en a beaucoup que le trop d'esprit gâte, qui voient mal les choses à force de lumières, et même qui seraient bien fâchés d'être de l'avis des autres, pour avoir la gloire de décider. Notre ami est de ces gens-là. Il veut être le premier de son opinion, et qu'on attende par respect son jugement. Toute approbation qui marche avant la sienne est un attentat sur ses lumières, dont il se venge hautement en prenant le contraire parti. Il veut qu'on le consulte sur toutes les affaires d'esprit; et je suis sûr que si l'auteur lui eût montré sa comédie avant que de la faire voir au public, il l'eût trouvée la plus belle du monde.

Le marquis. Enfin, chevalier, tu crois défendre ta comédie en faisant la satire de ceux qui la condamnent...

La *Critique de l'École des femmes* (1663), sc. VI.

1. *Ridicule* était fort bien employé, au dix-septième siècle, comme substantif. Molière a dit encore dans l'*Ecole des femmes*, 1, 5:

Et l'on en a parlé comme d'un *ridicule.*

Cf. le *Misanthrope,* II, 5, et Boileau, à la fin de son *Discours sur la satire.*

Jusqu'à quel point faut-il observer les règles dans une comédie ?

Lysidas, poëte; *Dorante, Uranie.*

Lysidas. Ceux qui possèdent Aristote et Horace voient d'abord que cette comédie [1] pèche contre les règles de l'art....

Dorante. Vous êtes de plaisantes gens, avec vos règles dont vous embarrassez les ignorants et nous étourdissez tous les jours. Il semble, à vous ouïr parler, que ces règles de l'art soient les plus grands mystères du monde; et cependant ce ne sont que quelques observations aisées que le bon sens a faites sur ce qui peut ôter le plaisir que l'on prend à ces sortes de poëmes [2]; et le même bon sens qui a fait autrefois ces observations les fait fort aisément tous les jours sans le secours d'Horace et d'Aristote. Je voudrais bien savoir si la grande règle de toutes les règles n'est pas de plaire, et si une pièce de théâtre qui a attrapé son but n'a pas suivi un bon chemin ? Veut-on que tout un public s'abuse sur ces sortes de choses, et que chacun n'y soit pas juge du plaisir qu'il y prend?

Uranie. J'ai remarqué une chose de ces messieurs-là: c'est que ceux qui parlent le plus des règles, et qui les savent mieux que les autres, font des comédies que personne ne trouve belles.

Dorante. Et c'est ce qui marque, madame, comme on doit s'arrêter peu à leurs disputes embarrassantes. Car, enfin, si les pièces qui sont selon les règles ne plaisent pas, et que celles qui plaisent ne soient pas selon les règles, il faudrait, de nécessité, que les règles eussent été mal faites. Moquons-nous donc de cette chicane où ils veulent assujettir le goût du public, et ne consultons, dans une comédie, que l'effet qu'elle fait sur nous. Laissons-nous aller de bonne foi aux choses qui nous prennent par les entrailles, et ne cherchons point de raisonnement pour nous empêcher d'avoir du plaisir [3].

Uranie. Pour moi, quand je vois une comédie, je regarde seulement si les choses me touchent; et lorsque je m'y suis bien divertie, je ne vais point demander si j'ai eu tort, et si les règles d'Aristote me défendaient de rire.

1. *L'École des femmes.*
2. Les comédies....
3. La Bruyère dit également: « Le plaisir de la critique nous ôte celui d'être vivement touché de très-belles choses. »

Dorante. C'est justement comme un homme qui aurait trouvé une sauce excellente, et qui voudrait examiner si elle est bonne sur les préceptes du *Cuisinier françois*.

Uranie. Il est vrai, et j'admire les raffinements de certaines gens sur des choses que nous devons sentir nous-mêmes.

Dorante. Vous avez raison, madame, de les trouver étranges, tous ces raisonnements mystérieux : car enfin, s'ils ont lieu, nous voilà réduits à ne nous plus croire ; nos propres sens seront esclaves en toutes choses ; et, jusqu'au manger et au boire, nous n'oserons plus rien trouver de bon sans le congé de messieurs les experts.

Lysidas. Enfin, monsieur, toute votre raison, c'est que l'*Ecole des Femmes* a plu ; et vous ne vous souciez point qu'elle ne soit pas dans les règles, pourvu....

Dorante. Tout beau[1], monsieur Lysidas, je ne vous accorde pas cela. Je dis bien que le grand art est de plaire, et que, cette comédie ayant plu à ceux pour qui elle est faite, je trouve que c'est assez pour elle et qu'elle doit peu se soucier du reste. Mais, avec cela, je soutiens qu'elle ne pèche contre aucune des règles dont vous parlez.

Ibid., sc. VII.

---

[1]. Cette locution triviale aujourd'hui était admise au dix-septième siècle, même dans le grand style. Ainsi dans *Polyeucte* (acte VI, scène III) :

..... *Tout beau*, Pauline, il entend vos paroles.

PASCAL.

(1623-1662.)

L'illustration de Pascal a été, en quelque sorte, renouvelée de nos jours par les nombreuses publications dont il a été le sujet. On ne s'en étonnera pas, s'il est vrai, comme il faut le reconnaître avec Vauvenargues, « qu'il ait été l'homme de la terre qui sut mettre la vérité dans un plus beau jour et raisonner avec le plus de force. » Né à Clermont-Ferrand en 1623, il précéda tous les grands prosateurs du règne de Louis XIV, et ne fut dépassé par aucun d'eux : sa courte carrière, vouée aux découvertes scientifiques aussi bien qu'aux travaux des lettres, ne lui a permis toutefois que de laisser deux ouvrages, les *Provinciales* et les *Pensées*. Aucun livre n'atteste plus que le premier la puissance du style : car c'est par le style seul qu'a vécu et que demeurera immortelle cette œuvre de polémique religieuse, qui autrement eût péri depuis longtemps comme beaucoup d'autres. Les *Pensées*, quoique restées imparfaites, ont mis le comble à la gloire de Pascal comme écrivain. L'empreinte du génie marque ces pages inachevées ; dans ces pierres d'attente, dans ces premières assises du monument qu'il voulait élever à la religion chrétienne, on peut apercevoir quelle en eût été la grandeur [1].

---

[1]. Boileau préférait Pascal à tous les prosateurs de son temps. Madame de Sévigné nous raconte à ce sujet une anecdote qui témoigne de l'admiration qu'il professait pour lui : « Despréaux, dit-elle en rendant compte d'un dîner chez M. de Lamoignon, soutint les anciens, à la réserve d'un seul moderne qui surpassait, à son goût, et les vieux et les nouveaux. » Fort interrogé sur cet auteur, il finit par le nommer : c'était Pascal. Lettre du 15 janvier 1690. — Le texte original des *Pensées* avait été fort altéré par ses premiers éditeurs : M. Prosper Faugère l'a rétabli scrupuleusement dans son excellente édition. On peut citer, parmi ses nombreux appréciateurs, M. Villemain, qui a traité « de Pascal considéré comme écrivain et comme moraliste ; » M. Havet, qui a donné une édition nouvelle des *Pensées* de Pascal, précédée d'une étude ; M. Sainte-Beuve, qui lui a consacré tout un livre, le troisième de son *Port-Royal*, et M. Cousin, qui parle ainsi dans son remarquable ouvrage sur les *Pensées* de Pascal : « Il est venu à cette heureuse époque de la littérature et de la langue où l'art se joignait à la nature dans une juste mesure pour produire des œuvres accomplies. Avant lui et après lui, cette parfaite harmonie, qui dure si peu dans la vie littéraire d'un peuple, ou n'est pas encore ou bientôt n'est plus... »

De l'homicide.

Il est certain que Dieu seul a le droit d'ôter la vie, et que néanmoins, ayant établi des lois pour faire mourir les criminels, il a rendu les rois ou les républiques dépositaires de ce pouvoir; et c'est ce que saint Paul nous apprend lorsque, parlant du droit que les souverains ont de faire mourir les hommes, il le fait descendre du ciel en disant que « ce n'est pas en vain qu'ils portent l'épée, parce qu'ils sont ministres de Dieu pour exécuter ses vengeances contre les coupables[1]. »

Mais comme c'est Dieu qui leur a donné ce droit, il les oblige à l'exercer ainsi qu'il le ferait lui-même, c'est-à-dire avec justice, selon cette parole de saint Paul au même lieu : « Les princes ne sont pas établis pour se rendre terribles aux bons, mais aux méchants. Qui veut n'avoir point sujet de redouter leur puissance n'a qu'à bien faire; car ils sont ministres de Dieu pour le bien[2]. » Et cette restriction rabaisse si peu leur puissance, qu'elle la relève, au contraire, beaucoup davantage, parce que c'est la rendre semblable à celle de Dieu, qui est impuissant pour faire le mal et tout-puissant pour faire le bien; et que c'est la distinguer de celle des démons, qui sont impuissants pour le bien et n'ont de puissance que pour le mal. Il y a seulement cette différence entre Dieu et les souverains, que Dieu étant la justice et la sagesse même, il peut faire mourir sur-le-champ qui il lui plaît, quand il lui plaît, et en la manière qu'il lui plaît; car, outre qu'il est le maître souverain de la vie des hommes, il est sans doute qu'il ne la leur ôte jamais ni sans cause ni sans connaissance, puisqu'il est aussi incapable d'injustice que d'erreur. Mais les princes ne peuvent pas agir de la sorte, parce qu'ils sont tellement ministres de Dieu qu'ils sont hommes néanmoins, et non pas dieux. Les mauvaises impressions les pourraient surprendre, les faux soupçons les pourraient aigrir, la passion les pourrait emporter; et c'est ce qui les a engagés eux-mêmes à descendre dans les moyens humains, et à établir dans leurs Etats des juges auxquels ils ont communiqué ce pouvoir, afin que cette autorité que Dieu leur a donnée ne soit employée que pour la fin pour laquelle ils l'ont reçue.

Concevez donc que, pour être exempt d'homicide, il faut agir tout ensemble et par l'autorité de Dieu et selon la justice de Dieu, et que si ces deux conditions ne sont jointes,

1. Rom., XIII, 4.
2. Rom., XIII, 3.

on pèche, soit en tuant avec son autorité, mais sans justice, soit en tuant avec justice, mais sans son autorité. De la nécessité de cette union il arrive, selon saint Augustin, que « celui qui sans autorité tue un criminel se rend criminel lui-même, par cette raison principale qu'il usurpe une autorité que Dieu ne lui a pas donnée[1]; » et les juges, au contraire, qui ont cette autorité sont néanmoins homicides, s'ils font mourir un innocent contre les lois qu'ils doivent suivre.

Voilà les principes du repos et de la sûreté publique qui ont été reçus dans tous les temps et dans tous les lieux, et sur lesquels tous les législateurs du monde, sacrés et profanes, ont établi leurs lois, sans que jamais les païens mêmes aient apporté d'exception à cette règle, sinon lorsqu'on ne peut autrement éviter la perte de la pudicité ou de la vie, parce qu'ils ont pensé qu'alors, comme dit Cicéron, « les lois mêmes semblent offrir leurs armes à ceux qui sont dans une telle nécessité[2]. »

Mais que hors cette occasion, dont je ne parle point ici, il y ait jamais eu de loi qui ait permis aux particuliers de tuer, et qui l'ait souffert, pour se garantir d'un affront, et pour éviter la perte de l'honneur ou du bien, quand on n'est point en même temps en péril de la vie, c'est ce que je soutiens que jamais les infidèles mêmes n'ont fait. Ils l'ont, au contraire, défendu expressément, car la loi des Douze Tables de Rome portait qu'il n'est « pas permis de tuer un voleur de jour qui ne se défend point avec des armes : » ce qui avait déjà été défendu dans l'Exode[3]. Et la loi *Furem, ad legem Corneliam*, qui est prise d'Ulpien, « défend de tuer même les voleurs de nuit qui ne nous mettent pas en péril de mort[4]. »

Cette chaste épouse du Fils de Dieu (l'Eglise), qui, à l'imitation de son époux, sait bien répandre son sang pour les autres, mais non pas répandre pour elle celui des autres, a pour le meurtre une horreur toute particulière, et proportionnée aux lumières particulières que Dieu lui a communiquées. Elle considère les hommes non-seulement comme hommes, mais comme images du Dieu qu'elle adore. Elle a pour chacun d'eux un saint respect qui les lui rend tous vénérables, comme rachetés d'un prix infini pour être

---

1. Ce passage se trouve dans les Lettres de saint Augustin, *Epist.* classis III, ccIV, tome II, p. 1161 de l'édition donnée à Paris en 1836 ; cf. ibid., p. 167.
2. Voy le *pro Milone*, c. 3. « Quum videat aliquando gladium nobis ad occidendum hominem ab ipsis porrigi legibus. »
3. Chap. XXII.
4. Voyez-le dans Cujas, *in tit. Dig. de Justit. et Jure, ad leg.* 3...

faits les temples du Dieu vivant. Et ainsi elle croit que la mort d'un homme que l'on tue sans l'ordre de son Dieu n'est pas seulement un homicide, mais un sacrilége qui la prive d'un de ses membres : puisque, soit qu'il soit fidèle, soit qu'il ne le soit pas, elle le considère toujours, ou comme étant l'un de ses enfants, ou comme étant capable de l'être.

Ce sont ces raisons toutes saintes qui, depuis que Dieu s'est fait homme pour le salut des hommes, ont rendu leur condition si considérable à l'Eglise, qu'elle a toujours puni l'homicide qui les détruit comme un des plus grands attentats qu'on puisse commettre contre Dieu. J'en rapporterai quelques exemples, non pas dans la pensée que toutes ces sévérités doivent être gardées, je sais que l'Eglise peut disposer diversement de cette discipline extérieure, mais pour faire entendre quel est son esprit immuable sur ce sujet. Car les pénitences qu'elle ordonne pour le meurtre peuvent être différentes selon la diversité des temps ; mais l'horreur qu'elle a pour le meurtre ne peut jamais changer par le changement des temps.

L'Eglise a été longtemps à ne réconcilier qu'à la mort ceux qui étaient coupables d'un homicide volontaire. Le célèbre concile d'Ancyre les soumet à la pénitence durant toute leur vie ; et l'Eglise a cru depuis être assez indulgente envers eux en réduisant ce temps à un très-grand nombre d'années. Mais, pour détourner encore davantage les chrétiens des homicides volontaires, elle a puni très-sévèrement ceux même qui étaient arrivés par imprudence, comme on peut voir dans saint Basile, dans saint Grégoire de Nysse, dans les décrets du pape Zacharie et d'Alexandre II. Les canons rapportés par Isaac, évêque de Langres, t. II, chap. XIII, ordonnent « sept ans de pénitence pour avoir tué en se défendant. » Et on voit que saint Hildebert, évêque du Mans, répondit à Yves de Chartres : qu'il a « eu raison d'interdire un prêtre pour toute sa vie, qui, pour se défendre, avait tué un voleur d'un coup de pierre.... »

L'esprit de l'Eglise est entièrement éloigné des maximes séditieuses qui ouvrent la porte aux soulèvements auxquels les peuples sont si naturellement portés. Elle a toujours enseigné à ses enfants qu'on ne doit point rendre le mal pour le mal ; qu'il faut céder à la colère ; ne point résister à la violence ; rendre à chacun ce qu'on lui doit, honneur, tribut, soumission ; obéir aux magistrats et aux supérieurs, même injustes, parce qu'on doit toujours respecter en eux la puissance de Dieu qui les a établis sur nous. Elle leur défend encore plus fortement que les lois civiles de se faire justice à eux-mêmes : et c'est par son esprit que les rois chrétiens ne se la font pas dans les crimes même de lèse-majesté au premier chef, et qu'ils remettent les criminels entre les mains des juges pour les faire punir selon les lois et dans les formes de la justice.

Tout le monde sait qu'il n'est jamais permis aux particuliers de demander la mort de personne, et que quand un homme nous aurait ruinés, estropiés, brûlé nos maisons, tué notre père, et qu'il se disposerait encore à nous assassiner et à nous perdre d'honneur, on n'écouterait point en justice la demande que nous ferions de sa mort : de sorte qu'il a fallu établir des personnes publiques qui la demandent de la part du roi, ou plutôt de la part de Dieu. Est-ce par grimace et par feinte que les juges chrétiens ont établi ce règlement; et ne l'ont-ils pas fait pour proportionner les lois civiles à celles de l'Evangile, de peur que la pratique extérieure de la justice ne fût contraire aux sentiments intérieurs que des chrétiens doivent avoir?

Supposez que ces personnes publiques demandent la mort de celui qui a commis tous ces crimes : que fera-t-on là-dessus? lui portera-t-on incontinent le poignard dans le sein? non : la vie des hommes est trop importante, on y agit avec plus de respect; les lois ne l'ont pas soumise à toutes sortes de personnes, mais seulement aux juges dont on a examiné la probité et la naissance. Et croyez-vous qu'un seul suffise pour condamner un homme à mort? Il en faut sept pour le moins. Il faut que de ces sept il n'y en ait aucun qui ait été offensé par le criminel, de peur que la passion n'altère ou ne corrompe son jugement. Et vous savez qu'afin que leur esprit soit aussi plus pur, on observe encore de donner les heures du matin à ces fonctions : tant on apporte de soin pour les préparer à une action si grande, où ils tiennent la place de Dieu, dont ils sont les ministres, pour ne condamner que ceux qu'il condamne lui-même.

Et c'est pourquoi, afin d'y agir comme fidèles dispensateurs de cette puissance divine, d'ôter la vie aux hommes, ils n'ont la liberté de juger que selon les dépositions des témoins, et selon toutes les autres formes qui leur sont prescrites; ensuite desquelles[1], ils ne peuvent en conscience prononcer que selon les lois, ni juger dignes de mort que ceux que les lois y condamnent. Et alors, si l'ordre de Dieu les oblige d'abandonner au supplice les corps de ces misérables, le même ordre de Dieu les oblige de prendre soin de leurs âmes criminelles; et c'est même parce qu'elles sont criminelles qu'ils sont plus obligés d'en prendre soin : de

---

1. A la suite desquelles, dirait-on maintenant : *ensuite* ne s'emploie plus aujourd'hui comme préposition que dans ces tours familiers, *ensuite de cela, ensuite de quoi*.

sorte qu'on ne les envoie à la mort qu'après leur avoir donné moyen de pourvoir à leur conscience. Tout cela est bien pur et bien innocent; et néanmoins l'Eglise abhorre tellement le sang, qu'elle juge encore incapables du ministère de ses autels ceux qui auraient assisté à un arrêt de mort, quoique accompagné de toutes ces circonstances si religieuses [1] : par où il est aisé de concevoir quelle idée l'Eglise a de l'homicide [2].

Quatorzième provinciale [3] (sur l'homicide).

Ennui incurable de l'homme; son besoin de divertissements : témoignages de sa misère.

On charge les hommes, dès l'enfance, du soin de leur honneur, de leur bien, de leurs amis, et encore du bien et de l'honneur de leurs amis. On les accable d'affaires, de l'apprentissage des langues et des sciences, et on leur fait entendre qu'ils ne sauraient être heureux sans que leur santé, leur honneur, leur fortune et celle de leurs amis soient en bon état, et qu'une seule chose qui manque les rendrait malheureux. Ainsi on leur donne des charges et des affaires qui les font tracasser dès la pointe du jour. Voilà, direz-vous, une étrange manière de les rendre heureux! Que pourrait-on faire de mieux pour les rendre malheureux? Comment! ce qu'on pourrait faire? il ne faudrait

---

1. De là vient que dans nos anciennes cours de magistrature, où siégeaient des ecclésiastiques et des laïques, les premiers, dans les causes capitales, avaient coutume de se retirer.
2. On peut lire, au sujet de ce morceau, des considérations pleines d'intérêt de M. Villemain (*Tableau de la littérature au dix-huitième siècle*, XVe leçon) sur la dureté de nos anciennes lois pénales, et l'absence trop générale alors, dans la société, de ces sentiments de philanthropie qui ont été peut-être un peu exagérés à d'autres époques. « C'est, remarque cet écrivain, dans la fameuse lettre de Pascal sur l'homicide qu'on voit paraître au plus haut degré, avant Montesquieu, le respect de la vie de l'homme. » Ailleurs, M. Villemain revient avec admiration sur la puissance de dialectique qui se montre dans ce passage : voy. *Mélanges littéraires*, discours d'ouverture du cours d'éloquence en 1822. — On sait l'estime que madame de Sévigné accordait à l'ouvrage auquel ce fragment est emprunté : « Bon Dieu, quel charme! Je songe toujours à ma fille, et combien cet excès de justesse et de raisonnement serait digne d'elle. Peut-on avoir un style plus parfait ?... Quelle solidité, quelle force, quelle éloquence! » Lettre du 21 décembre 1689 ; cf. celle du 15 janvier 1690.
3. Les *Provinciales* parurent en 1656 et 1657.

que leur ôter tous ces soins : car alors ils se verraient, ils penseraient à ce qu'ils sont, d'où ils viennent, où ils vont ; et ainsi on ne peut trop les occuper et les détourner ; et c'est pourquoi, après leur avoir tant préparé d'affaires, s'ils ont quelque temps de relâche, on leur conseille de l'employer à se divertir[1], à jouer et à s'occuper toujours tout entiers.

Quand je me suis mis quelquefois à considérer les diverses agitations des hommes et les périls et les peines où ils s'exposent, dans la cour, dans la guerre, d'où naissent tant de querelles, de passions, d'entreprises hardies et souvent mauvaises, j'ai dit souvent que tout le malheur des hommes vient d'une seule chose, qui est de ne savoir pas demeurer en repos dans une chambre. Un homme qui a assez de bien pour vivre, s'il savait demeurer chez soi avec plaisir, n'en sortirait pas pour aller sur la mer ou au siége d'une place. On n'achètera une charge à l'armée si cher que parce qu'on trouvera insupportable de ne bouger de la ville ; et on ne recherche la conversation et les divertissements des jeux que parce qu'on ne peut demeurer chez soi avec plaisir.

Mais quand j'ai pensé de plus près, et qu'après avoir trouvé la cause de tous nos malheurs, j'ai voulu en découvrir la raison[2], j'ai trouvé qu'il y en a une bien effective, qui consiste dans le malheur naturel de notre condition faible et mortelle, et si misérable que rien ne peut nous consoler, lorsque nous y pensons de près.

Quelque condition qu'on se figure, si l'on assemble tous les biens qui peuvent nous appartenir, la royauté est le plus beau poste du monde ; et cependant qu'on s'imagine un roi accompagné de toutes les satisfactions qui peuvent le toucher, s'il est sans divertissement et qu'on le laisse considérer et faire réflexion sur ce qu'il est, cette félicité languissante ne le soutiendra point[3], il tombera par néces-

---

1. Ici ce verbe est pris dans son acception étymologique ; c'est *se détourner, se distraire*. Il en est de même, un peu plus bas, du substantif *divertissement*, qui ne signifie qu'une occupation étrangère, propre à jeter l'âme hors d'elle-même.

2. Il faut ici, pour suivre la liaison rigoureuse des idées développées dans ce morceau, se rendre bien compte de la différence établie par Pascal entre la *cause* et la *raison* de nos malheurs : la *cause* de nos misères est cette inquiète activité qui nous chasse hors de chez nous, leur *raison* est la conscience de notre misérable condition mortelle, et la crainte de nous retrouver face à face avec nous-mêmes.

3. Remarquez la parfaite correspondance de tous les termes de la métaphore.

sité dans les vues qui le menacent, des révoltes qui peuvent arriver, et enfin de la mort et des maladies qui sont inévitables : de sorte que, s'il est sans ce qu'on appelle divertissement, le voilà malheureux, et plus malheureux que le moindre de ses sujets qui joue et qui se divertit.

De là vient que le jeu et la conversation des femmes, la guerre, les grands emplois, sont si recherchés. Ce n'est pas qu'il y ait en effet du bonheur, ni qu'on s'imagine que la vraie béatitude soit dans l'argent qu'on peut gagner au jeu ou dans le lièvre qu'on court. On n'en voudrait pas s'il était offert. Ce n'est pas cet usage mol et paisible, et qui nous laisse penser à notre malheureuse condition, qu'on recherche, ni les dangers de la guerre, ni la peine des emplois, mais c'est le tracas qui nous détourne d'y penser[1] et nous divertit.

De là vient que les hommes aiment tant le bruit et le remuement; de là vient que la prison est un supplice si horrible; de là vient que le plaisir de la solitude est une chose incompréhensible. Et c'est enfin le plus grand sujet de félicité de la condition des rois, de ce qu'on essaye sans cesse à les divertir et à leur procurer toutes sortes de plaisirs.

Le roi est environné de gens qui ne pensent qu'à divertir le roi et l'empêchent de penser à lui : car il est malheureux, tout roi qu'il est, s'il y pense.

Voilà tout ce que les hommes ont pu inventer pour se rendre heureux. Et ceux qui font sur cela les philosophes, et qui croient que le monde est bien peu raisonnable de passer tout le jour à courir après un lièvre qu'ils ne voudraient pas avoir acheté, ne connaissent guère notre nature. Ce lièvre ne nous garantirait pas de la vue de la mort et des misères, mais la chasse nous en garantit. Et ainsi quand on leur reproche que ce qu'ils cherchent avec tant d'ardeur ne saurait les satisfaire, s'ils répondaient, comme ils devraient le faire s'ils y pensaient bien, qu'ils ne cherchent en cela qu'une occupation violente et impétueuse qui les détourne de penser à soi[2], et que c'est pour cela qu'ils se proposent un objet qui les charme et les attire avec ardeur, ils laisseraient leurs adversaires sans repartie. Mais ils ne répondent pas cela, parce qu'ils ne se connaissent pas eux-mêmes; ils ne savent pas que ce n'est que la chasse, et non la prise, qu'ils recherchent.

1. C'est-à-dire de penser *à notre malheureuse condition*.
2. *A eux*, dirions-nous aujourd'hui. Mais au dix-septième siècle, le pronom réfléchi était préféré, comme plus conforme à la construction latine.

Ils s'imaginent que s'ils avaient obtenu cette charge, ils se reposeraient ensuite avec plaisir, et ne sentent pas la nature insatiable de leur cupidité. Ils croient chercher singulièrement le repos, et ne cherchent en effet que l'agitation.

Ils ont un instinct secret qui les porte à chercher le divertissement et l'occupation au dehors, qui vient du ressentiment de leurs misères continuelles ; et ils ont un autre instinct secret, qui reste de la grandeur de notre première nature, qui leur fait connaître que le bonheur n'est en effet que dans le repos, et non dans le tumulte : et de ces deux instincts contraires il se forme en eux un projet confus, qui se cache à leur vue dans le fond de leur âme, qui les porte à tendre au repos par l'agitation et à se figurer toujours que la satisfaction qu'ils n'ont point leur arrivera, si, en surmontant quelques difficultés qu'ils envisagent, ils peuvent s'ouvrir par là la porte au repos[1].

Ainsi s'écoule toute la vie. On cherche le repos en combattant quelques obstacles ; et, si on les a surmontés, le repos devient insupportable : car, ou l'on pense aux misères qu'on a, ou à celles qui nous menacent. Et quand on se verrait même assez à l'abri de toutes parts, l'ennui, de son autorité privée, ne laisserait pas de sortir au fond du cœur, où il a des racines naturelles, et de remplir l'esprit de son venin[2].

Le conseil qu'on donnait à Pyrrhus, de prendre le repos qu'il allait chercher par tant de fatigues, recevait bien des difficultés.

Ainsi l'homme est si malheureux qu'il s'ennuierait même sans aucune cause d'ennui, par l'état propre de sa complexion ; et il est si vain qu'étant plein de mille causes essentielles[3] d'ennui, la moindre chose, comme un billard et une balle qu'il pousse, suffit pour le divertir.

Mais, direz-vous, quel objet a-t-il en tout cela ? Celui de se vanter demain entre ses amis de ce qu'il a mieux joué qu'un autre. Ainsi les autres suent dans leur cabinet pour montrer aux savants qu'ils ont résolu une question d'algèbre qu'on n'aurait pu trouver jusqu'ici ; et tant d'autres s'exposent aux derniers périls pour se vanter ensuite d'une place qu'ils auront prise, et aussi sottement à mon gré. Et enfin les autres se tuent pour remarquer toutes ces choses, non pas pour en devenir plus sages, mais seulement pour montrer qu'ils les savent ; et ceux-là sont les plus sots de la

---

1. De même le poëte Manilius a dit :
  Victuros agimus semper, nec vivimus unquam.
2. Cf. Lucrèce, *de rerum Natura*, IV, 1129.
3. C'est-à-dire qui tiennent à l'essence de sa nature.

bande, puisqu'ils le sont avec connaissance, au lieu qu'on peut penser des autres qu'ils ne le seraient plus s'ils avaient cette connaissance.

Tel homme passe sa vie sans ennui, en jouant tous les jours peu de chose. Donnez-lui tous les matins l'argent qu'il peut gagner chaque jour, à la charge qu'il ne joue point : vous le rendez malheureux. On dira peut-être que c'est qu'il cherche l'amusement du jeu et non pas le gain. Faites-le donc jouer pour rien, il ne s'y échauffera pas et s'y ennuiera. Ce n'est donc pas l'amusement seul qu'il recherche : un amusement languissant et sans passion l'ennuiera. Il faut qu'il s'y échauffe et qu'il se pipe[1] lui-même, en s'imaginant qu'il serait heureux de gagner ce qu'il ne voudrait pas qu'on lui donnât à condition de ne point jouer, afin qu'il se forme un sujet de passion et qu'il excite sur cela son désir, sa colère, sa crainte, pour l'objet qu'il s'est formé, comme les enfants qui s'effrayent du visage qu'ils ont barbouillé.

D'où vient que cet homme qui a perdu depuis peu de mois son fils unique, et qui, accablé de procès et de querelles, était ce matin si troublé, n'y pense plus maintenant? Ne vous en étonnez pas : il est tout occupé à voir par où passera ce sanglier que les chiens poursuivent avec tant d'ardeur depuis six heures. Il n'en faut pas davantage : l'homme, quelque plein de tristesse qu'il soit, si l'on peut gagner sur lui de le faire entrer en quelque divertissement, le voilà heureux pendant ce temps-là. Et l'homme, quelque heureux qu'il soit, s'il n'est diverti et occupé par quelque passion ou quelque amusement qui empêche l'ennui de se répandre, sera bientôt chagrin et malheureux. Sans divertissement il n'y a point de joie, avec le divertissement il n'y a point de tristesse. Et c'est aussi ce qui forme le bonheur des personnes de grande condition, qu'ils ont un nombre de personnes qui les divertissent et qu'ils ont le pouvoir de se maintenir en cet état....

La seule chose qui nous console de nos misères est donc le divertissement, et cependant c'est la plus grande de nos misères : car c'est cela qui nous empêche principalement de songer à nous, et qui nous fait perdre[2] insensiblement.

---

1. Ce verbe fort goûté de Montaigne et de Pascal a, peu après eux, presque entièrement cessé d'être en usage, quoiqu'il fût plus vif et plus gracieux que *tromper*. *Pipeur, piperie*, méritaient bien aussi d'être conservés.

2. *Nous* est sous-entendu devant ce verbe. — Ces pensées ont été rappelées par Nicole, dans son Traité *de la Connaissance de soi-même*, c. 1er.

Sans cela nous serions dans l'ennui, et cet ennui nous pousserait à chercher un moyen plus solide d'en sortir. Mais le divertissement nous amuse et nous fait arriver insensiblement à la mort[1].

Pensées choisies (édit. classique, publiée par M. P. Faugère).

Une prédiction d'Isaïe traduite par Pascal, ou l'Église de Jésus-Christ annoncée dans les prophéties.

Écoutez, peuples éloignés, et vous, habitants des îles de la mer : le Seigneur m'a appelé par mon nom dès le sein de ma mère, il me protége sous l'ombre de sa main, il m'a dit : « Tu es mon serviteur ; c'est par toi que je ferai paraître ma gloire. » Et j'ai dit : « Seigneur, ai-je travaillé en vain ? est-ce inutilement que j'ai consommé toute ma force ? faites-en le jugement, Seigneur, le travail est devant vous. » Lors le Seigneur, qui m'a formé lui-même pour être tout à lui, afin de ramener Jacob et Israël, m'a dit : « Tu seras glorieux en ma présence, et je serai moi-même ta force ; c'est peu de chose que tu convertisses les tribus de Jacob : je t'ai suscité pour être la lumière des gentils, et pour être mon salut jusqu'aux extrémités de la terre. » Ce sont les choses que le Seigneur a dites à celui qui a humilié son âme, qui a été en mépris et en abomination aux gentils. « Les princes et les rois t'adoreront, parce que le Seigneur qui t'a élu est fidèle. » Le Seigneur m'a dit encore : « Je t'ai exaucé dans les jours de salut et de miséricorde, et je t'ai établi pour être l'alliance du peuple, et te mettre en possession des nations les plus abandonnées, afin que tu dises à ceux qui sont dans les chaînes : Sortez en liberté ; et à ceux qui sont dans les ténèbres : Venez à la lumière et possédez des terres abondantes et fertiles. » Ils ne seront plus travaillés de la faim, ni de la soif, ni de l'ardeur du soleil, parce que celui qui a eu compassion d'eux sera leur conducteur : il les mènera aux sources vivantes des eaux et aplanira les montagnes devant eux.

Voici que les peuples aborderont de toutes parts, d'orient, d'occident, d'aquilon et de midi. Que le ciel en rende

---

[1]. Jamais homme ne nous a mis ainsi face à face avec nos misères ; et, comme l'a dit M. Villemain dans ses *Mélanges* : « Nul n'a mieux pénétré l'homme tout entier d'un vaste et triste regard. » *De Pascal considéré comme écrivain et comme moraliste.*

gloire à Dieu ; que la terre s'en réjouisse, parce qu'il a plu au Seigneur de consoler son peuple, et qu'il aura enfin pitié des pauvres qui espèrent en lui. Et cependant Sion a osé dire : « Le Seigneur m'a abandonnée et n'a plus mémoire de moi. » Une mère peut-elle mettre son enfant en oubli, et peut-elle perdre la tendresse pour celui qu'elle a porté dans son sein ? Mais quand elle en serait capable, je ne t'oublierai pourtant jamais, Sion : je te porte toujours entre mes mains, et tes murs sont toujours devant mes yeux. Ceux qui doivent te rétablir accourent, et tes destructeurs seront éloignés. Lève les yeux de toutes parts et considère toute cette multitude qui est assemblée pour venir à toi. Je jure que tous ces peuples te seront donnés comme l'ornement duquel[1] tu seras à jamais revêtue : tes déserts et tes solitudes, et toutes tes terres qui sont maintenant désolées seront trop étroites pour le grand nombre de tes habitants, et les enfants qui te naîtront dans les années de ta stérilité te diront : « La place est trop petite, écarte les frontières, et fais-nous place pour habiter. » Alors tu diras en toi-même : « Qui est-ce qui m'a donné cette abondance d'enfants, moi qui étais stérile, transportée et captive ? et qui est-ce qui me les a nourris, moi qui étais délaissée sans secours ? D'où sont donc venus tous ceux-ci ? » Et le Seigneur te dira : « Voici, j'ai fait paraître ma puissance sur les gentils, et j'ai élevé mon étendard sur les peuples, et ils t'apporteront des enfants dans leurs bras. Les rois et les reines seront tes nourriciers, ils t'adoreront le visage contre terre et baiseront la poussière de tes pieds ; et tu connaîtras que je suis le Seigneur, et que ceux qui espèrent en moi ne seront jamais confondus[2]. »

Ibid.[3].

1. On mettrait de préférence, aujourd'hui, *dont...*
2. C'est la traduction du XLIXe chapitre d'Isaïe, et l'original de la seconde partie de la prophétie de Joad, dans l'*Athalie* de Racine, acte III, sc. vii :

    Quelle Jérusalem céleste
 Sort du fond du désert, brillante de clartés.....

3. Pascal espérait, comme on sait, dans son grand ouvrage sur la religion, dans cette apologie du christianisme dont il nous reste seulement des parties éparses, ne laisser sans réponse aucun des doutes du scepticisme. « On ne peut se défendre d'une émotion douloureuse, a dit M. Cousin, en portant ses regards sur ce grand in-folio, où la main défaillante de Pascal a tracé, pendant l'agonie de ses quatre dernières années, les pensées qui se présentaient à son esprit, et qu'il croyait lui pouvoir servir un jour dans la composition de l'œuvre qu'il méditait. »

Mme DE SÉVIGNÉ.

(1626-1696.)

La célébrité que beaucoup s'épuisent à poursuivre en vain, madame de Sévigné a su l'obtenir sans contrainte et sans effort pénible. C'est en conversant, de Paris ou de la Bretagne, avec ses amis absents et surtout avec sa fille, c'est en les entretenant des nouvelles de la cour élégante de Louis XIV, ou des sentiments dont son âme de mère était remplie, qu'elle a rencontré la gloire. Par un rare privilége, elle en a joui de son vivant. On se passait, on se disputait ses lettres : souvent même on les surprenait avant qu'elles fussent fermées, pour en tirer des copies. Le temps n'a fait que sanctionner le jugement de son époque. Grâce à elle, grâce à sa plume naturelle et fine, délicate et ferme, courant toujours et ne s'égarant jamais, la lettre, écrite jusqu'alors avec emphase, négligence ou affectation, est devenue l'un des genres dont la littérature française a le plus droit d'être fière. Un autre avantage des lettres de madame de Sévigné, c'est qu'elles nous font bien connaître et fort admirer le siècle qu'elle a honoré par ses talents. Elles nous donnent aussi de leur auteur, malgré quelques mots sur lesquels on a fondé des accusations très-injustes de dureté et d'égoïsme, l'idée la plus favorable à tout égard. En effet, à la vivacité si brillante qui la distingue, à son enjouement si hardi et si spirituel, quel tendre dévouement aux maux de ceux qui l'entourent, quelles solides qualités d'un cœur droit, généreux et vraiment chrétien ne joint-elle pas ? On peut dire que ses lettres ne charment pas seulement l'esprit du lecteur, mais qu'elles le purifient et l'élèvent [1]. Née à Paris le 5 février 1626, Mme de Sévigné mourut en 1696, la même année que La Bruyère.

[1]. Sur cette femme qui fut, comme l'a dit M. Villemain, « un grand écrivain dans le siècle de Bossuet, » on peut voir les *Éloges* imprimés de Mme Tastu et de M. Caboche, et surtout le travail si riche et si complet de M. Walckenaer : « Mémoires touchant la vie et les écrits de Marie de Rabutin-Chantal, marquise de Sévigné. » MM. Nisard et Sainte-Beuve l'ont aussi appréciée avec beaucoup de justesse. Déjà de son temps Mme de La Fayette l'avait peinte avec autant de finesse que de grâce. Il suffirait de rappeler pour son éloge que, sur la fin de sa belle vie, M. Royer-Collard, cet excellent juge des ouvrages d'esprit, lisait chaque soir, après une page de Tacite, quelque lettre de Mme de Sévigné. Contentons-nous d'ajouter que les étrangers ont partagé notre admiration pour Mme de Sévigné : on sait qu'un des auteurs anglais les plus ingénieux, Horace Walpole, lui rendait une espèce de culte, en l'invoquant, comme son modèle de prédilection, sous le nom de *Notre-Dame des Rochers*.

A Monsieur de Pomponne[1].

Procès du surintendant Fouquet[2].

Il y a deux jours que tout le monde croyait que l'on voulait tirer l'affaire de M. Fouquet en longueur; présentement ce n'est plus la même chose, c'est tout le contraire : on presse extraordinairement les interrogations. Ce matin, M. le chancelier[3] a pris son papier et a lu, comme une liste, dix chefs d'accusation, sur quoi il ne donnait pas le temps de répondre. M. Fouquet a dit : « Monsieur, je ne prétends pas tirer les choses en longueur; mais je vous supplie de me donner le loisir de vous répondre : vous m'interrogez, et il semble que vous ne vouliez pas écouter ma réponse; il m'est important que je parle. Il y a plusieurs articles qu'il faut que j'éclaircisse, et il est juste que je réponde sur tous ceux qui sont dans mon procès. » Il a donc fallu l'entendre, contre le gré des malintentionnés; car il est certain qu'ils ne sauraient souffrir qu'il se défende si bien. Il a fort bien répondu sur tous les chefs : on continuera de suite; et la chose ira si vite, que je compte que les interrogations finiront cette semaine. Je viens de souper à l'hôtel de Nevers[4];

---

1. Sur la disgrâce essuyée dans la suite par M. de Pomponne, qui était devenu ministre des affaires étrangères, on peut voir une curieuse lettre de Mme de Sévigné, datée du 22 novembre 1679. — Déjà celle que nous avons donné confirme l'éloge ingénieux que La Harpe a fait de Mme de Sévigné : « Elle est toujours affectée de ce qu'elle dit et de ce qu'elle raconte; elle peint comme si elle voyait et l'on croit voir ce qu'elle peint..... Rien n'est égal à la vivacité de ses tournures et au bonheur de ses expressions. »

2. Appelé à l'administration des finances en 1633 par la protection d'Anne d'Autriche, Fouquet avait pu subvenir quelques années aux dépenses de l'État; mais un déficit considérable, bientôt reconnu, le fit accuser de dilapidation. Il fut arrêté le 5 septembre 1661 : l'instruction de son procès dura plus de trois ans, et le jugement ne commença que le 14 novembre 1664. — Cette disgrâce éclatante a inspiré à La Fontaine sa belle Épître aux nymphes de Vaux, et à Pellisson, la célèbre défense du surintendant qu'il adressa à Louis XIV lui-même.

3. Le chancelier Seguier qui présidait la commission chargée de juger Fouquet.

4. C'est à présent l'hôtel d'Argicourt, sur le quai Malaquais, au coin de la rue des Saints-Pères. La maîtresse du logis était Anne de Gonzague, plus connue sous le nom de *Princesse palatine*.

nous avons bien causé, la maîtresse du logis et moi, sur ce chapitre. Nous sommes dans des inquiétudes qu'il n'y a que vous qui puissiez comprendre; car je viens de recevoir votre lettre : elle vaut mieux que tout ce que je puis écrire. Vous mettez ma modestie à une trop grande épreuve, en me mandant de quelle manière je suis avec vous et avec votre cher solitaire[1]....

Notre cher et malheureux ami a parlé deux heures ce matin, mais si admirablement, que plusieurs n'ont pu s'empêcher de l'admirer. M. Renard[2] a dit entre autres : « Il faut avouer que cet homme est incomparable; il n'a jamais si bien parlé dans le parlement; il se possède mieux qu'il n'a jamais fait. » C'était encore sur les six millions et sur ses dépenses. Il n'y a rien de comparable à ce qu'il a dit là-dessus. Je vous écrirai jeudi et vendredi, qui seront les deux derniers jours de l'interrogation, et je continuerai encore jusqu'au bout.

Dieu veuille que ma dernière lettre vous apprenne ce que je souhaite le plus ardemment! Adieu, mon très-cher monsieur; priez notre solitaire de prier Dieu pour notre pauvre ami.

Lettres des 1er et 2 décembre 1664.

Au même.

Fin du procès de Fouquet.

(*Jeudi.*) Tout le monde s'intéresse dans cette grande affaire. On ne parle d'autre chose; on raisonne, on tire des conséquences, on compte sur ses doigts, on s'attendrit, on craint, on souhaite, on hait, on admire, on est triste, on est accablé; enfin, mon pauvre monsieur, c'est une chose extraordinaire que l'état où l'on est; mais c'est une chose divine que la résignation et la fermeté de notre cher malheureux. Il sait tous les jours ce qui se passe, et tous les jours il faudrait faire des volumes à sa louange......

---

1. Arnauld d'Andilly, le père de M. de Pomponne : il avait quitté le monde à cinquante-cinq ans pour se retirer dans la solitude de Port-Royal. On lui doit, entre autres ouvrages, deux traductions estimées, celles des *Confessions* de saint Augustin et de l'*Histoire des Juifs* de Josèphe.

2. Conseiller de la grand' chambre et membre de la commission. Il fut l'un de ceux qui sauvèrent la vie de Fouquet.

(*Samedi.*) Louez Dieu, monsieur, et le remerciez : notre pauvre ami est sauvé[1]. Je suis si aise que je suis hors de moi..... Je mourais de peur qu'un autre que moi vous eût donné le plaisir d'apprendre la bonne nouvelle. Mon courrier n'a pas fait une grande diligence. Enfin il est arrivé le premier, à ce qu'il m'a dit. Mon Dieu! que cette nouvelle vous a été sensible et douce, et que les moments qui délivrent tout d'un coup le cœur et l'esprit d'une si terrible peine font sentir un inconcevable plaisir! De longtemps je ne serai remise de la joie que j'eus hier; tout de bon, elle est trop complète : j'avais peine à la contenir. Le pauvre homme apprit cette nouvelle par l'air[2] peu de moments après, et je ne doute pas qu'il ne l'ait sentie dans toute son étendue. Ce matin le roi a envoyé son chevalier du guet à mesdames Fouquet leur recommander de s'en aller toutes deux à Montluçon en Auvergne, et le jeune Fouquet à Joinville en Champagne. La bonne femme a mandé au roi qu'elle avait soixante et douze ans; qu'elle suppliait Sa Majesté de lui donner son dernier fils, pour l'assister sur la fin de sa vie, qui apparemment ne serait pas longue. On dit que demain on le fait conduire à Pignerol; car le roi change l'exil en une prison[3]. Mais gardez-vous bien de rien rabattre de votre joie pour tout ce procédé : la mienne est augmentée, s'il se peut, et me fait bien mieux voir la grandeur de notre victoire. Je vous manderai fidèlement la suite de cette histoire : elle est curieuse..... (*Lundi au soir.*) A onze heures, il y avait un carrosse prêt, où M. Fouquet est entré avec quatre hommes, M. d'Artagnan à cheval avec cinquante mousquetaires. Il le conduira jusqu'à Pignerol, où il le laissera en prison sous la conduite d'un nommé Saint-Mars, qui est fort honnête

---

1. Les amis de Fouquet avaient longtemps craint pour sa tête; il ne fut condamné qu'au bannissement perpétuel et à la confiscation de ses biens, grâce aux efforts de d'Ormesson. Plusieurs membres de la commission avaient montré contre le surintendant une partialité révoltante. « Pussort, écrivait Mme de Sévigné le 17 décembre, a parlé quatre heures, mais avec tant de véhémence, tant de chaleur, tant d'emportement, tant de rage, que plusieurs juges en furent scandalisés; et on croit que cette furie peut faire plus de bien que de mal à notre pauvre ami. »

2. Par des signaux convenus.

3. Le roi, contrairement aux principes de notre législation, changea en une détention perpétuelle la peine du bannissement prononcé par la commission. Selon l'opinion générale, Fouquet mourut dans sa prison, à Pignerol, en 1680. Voy. la lettre de Mme de Sévigné du 3 avril 1680.

homme, et qui prendra cinquante soldats pour le garder.....
Voilà une grande rigueur. *Tantæne animis cœlestibus iræ* [1] !

Mais non, ce n'est point de si haut que cela vient. De telles vengeances rudes et basses ne sauraient partir d'un cœur comme celui de notre maître [2]. On se sert de son nom, et on le profane, comme vous voyez. Je vous manderai la suite : il y aurait bien à causer sur tout cela ; mais il est impossible par lettres.

(Lettres des 17, 19, 22 décembre 1664.)

A Monsieur de Coulanges.

La prairie : ce que c'est que faner [3].

Ce mot sur la semaine est par-dessus le marché de vous écrire seulement tous les quinze jours, et pour vous donner avis, mon cher cousin, que vous aurez bientôt l'honneur de voir *Picard* [4] ; et comme il est frère du laquais de madame de Coulanges, je suis bien aise de vous rendre compte de mon procédé. Vous savez que madame la duchesse de Chaulnes est à Vitré ; elle y attend le duc, son mari, dans dix ou douze jours, avec les états de Bretagne : vous croyez que j'extravague ; elle attend donc son mari avec tous les états, et, en attendant, elle est à Vitré toute seule, mourant d'ennui. Vous ne comprenez pas que cela puisse jamais revenir à Picard. Elle meurt donc d'ennui ; je suis sa seule consolation, et vous croyez bien que je l'emporte d'une grande hauteur sur mademoiselle de Kerbone et de Kerqueoison. Voici un grand circuit, mais pourtant nous arriverons au but. Comme je suis donc sa seule consolation, après l'avoir été voir, elle viendra ici, et je veux qu'elle trouve mon parterre net et mes allées nettes, ces grandes allées que vous aimez. Vous ne comprenez pas

---

1. Virgile, *Æn.*, l. I., v. 11.
2. L'histoire accuse Colbert, qui aspirait à la succession de Fouquet, d'avoir été auprès de Louis XIV l'ennemi le plus acharné du surintendant.
3. C'est cette lettre que Mme de Thianges envoyait demander à Mme de Coulanges, ainsi que celle *du Cheval*, qui malheureusement est perdue. — Fort goûtée des connaisseurs, la lettre de *la Prairie* est un modèle de grâce sémillante et d'esprit fin et délié, se jouant sur un fond léger à travers les digressions avec une délicate raillerie.
4. Domestique de Mme de Sévigné.

encore où cela peut aller; voici une autre petite proposition incidente : vous savez qu'on fait les foins; je n'avais point d'ouvriers; j'envoie dans cette prairie, que les poëtes ont célébrée, prendre tous ceux qui travaillaient, pour venir nettoyer ici; vous n'y voyez encore goutte; et, en leur place, j'envoie mes gens faner. Savez-vous ce que c'est, faner? Il faut que je vous l'explique : faner est la plus jolie chose du monde, c'est retourner du foin en batifolant dans une prairie; dès qu'on en sait tant, on sait faner. Tous mes gens y allèrent gaiement; le seul Picard me vint dire qu'il n'irait pas, qu'il n'était pas entré à mon service pour cela, que ce n'était pas son métier, et qu'il aimait mieux s'en aller à Paris. Ma foi! la colère m'a monté à la tête : je songeai que c'était la centième sottise qu'il m'avait faite, qu'il n'avait ni cœur ni affection; en un mot, la mesure était comble. Je l'ai pris au mot, et, quoi qu'on m'ait pu dire pour lui, je suis demeurée ferme comme un rocher, et il est parti. C'est une justice de traiter les gens selon leurs bons ou mauvais services. Si vous le revoyez, ne le recevez point, ne le protégez point, ne me blâmez point, et songez que c'est le garçon du monde qui aime le moins à faner, et qui est le plus indigne qu'on le traite bien.

Voilà l'histoire en peu de mots : pour moi, j'aime les relations où l'on ne dit que ce qui est nécessaire; où l'on ne s'écarte point ni à droite ni à gauche; où l'on ne reprend point les choses de si loin; enfin je crois que c'est ici, sans vanité, le modèle des narrations agréables.

Lettre du 22 juillet 1671.

A Madame de Grignan.

Goût de madame de Sévigné pour la nature; son appréciation de Corneille et de La Fontaine.

J'ai fait un fort joli voyage. Je partis hier assez matin de Paris; j'allai dîner à Pomponne; j'y trouvai notre bonhomme[1] qui m'attendait; je n'aurais pas voulu manquer à lui dire adieu. Je le trouvai dans une augmentation de sainteté qui m'étonna : plus il approche de la mort, plus il s'épure. Il me gronda très-sérieusement; et, transporté de zèle et d'amitié pour moi, il me dit que j'étais folle de ne

---

1. C'est Arnauld d'Andilly déjà cité, et alors âgé de quatre-vingt-trois ans. Il mourut deux ans après.

point songer à me convertir; que j'étais une jolie païenne; que je faisais de vous une idole dans mon cœur; que cette sorte d'idolâtrie était aussi dangereuse qu'une autre, quoiqu'elle me parût moins criminelle; qu'enfin je songeasse à moi : il me dit tout cela si fortement, que je n'avais pas le mot à dire. Enfin, après six heures de conversation très-agréable, quoique très-sérieuse, je le quittai et vins ici, où je trouvai tout le triomphe du mois de mai : le rossignol, le coucou, la fauvette, ont ouvert le printemps dans nos forêts[1]; je m'y suis promenée tout le soir toute seule; j'y ai trouvé toutes mes tristes pensées : mais je ne veux plus vous en parler. J'ai destiné une partie de cette après-dînée à vous écrire dans le jardin, où je suis étourdie de trois ou quatre rossignols qui sont sur ma tête. Ce soir je m'en retourne à Paris, pour faire mon paquet et vous l'envoyer.

Je vais toujours mon train, et mon train aussi pour la Bretagne; il est vrai que nous ferons des vies bien différentes : je serai troublée dans la mienne par les états, qui me viendront tourmenter à Vitré[2] sur la fin du mois de juillet; cela me déplaît fort. Votre frère n'y sera plus en ce temps-là. Ma fille, vous souhaitez que le temps marche, pour nous revoir; vous ne savez ce que vous faites, vous y serez attrapée : il vous obéira trop exactement, et quand vous voudrez le retenir, vous n'en serez plus la maîtresse[3].

1. Un trait qui distingue Mme de Sévigné est le goût de la nature, qui fut trop rare de son temps : elle en sent à merveille les grâces et les beautés. On peut en offrir bien d'autres preuves que cette lettre. Ailleurs, elle écrit à sa fille, le 15 novembre 1671 : « Vous voulez savoir si nous avons encore des feuilles vertes; oui, beaucoup : elles sont mêlées d'aurore et de feuille morte. Cela fait une étoffe admirable. » (Cf. une lettre à de Bussy du 3 novembre 1677.) Et le 13 janvier 1672 : « J'ai été à Livry; il y faisait très-beau, quoique très-froid; mais le soleil brillait, tous les arbres étaient parés de perles et de cristaux. » Enfin le 22 avril de la même année : « J'étouffe, je suis triste : il faut que le vert naissant et les rossignols me redonnent quelque douceur dans l'esprit. » Et le 1er juin 1674 : « J'étais dans le milieu du jardin, comme vous l'avez imaginé; et les rossignols et les petits oiseaux ont reçu avec un grand plaisir, mais sans beaucoup de respect, ce que je leur ai dit de votre part. » On sait aussi avec quel charme elle regrette ses vieux arbres : voy. sa lettre du 27 mai 1680.

2. Mme de Sévigné redoutait fort, par ce motif, le séjour de Vitré, dont sa propriété des Rochers était très-voisine. Elle dit encore dans une autre lettre du 12 juillet 1671 « qu'elle n'est point contente de passer un mois dans un tel tracas : quand je suis hors de Paris, ajoute-t-elle, je ne veux que la campagne. »

3. Ce regret mélancolique des années qui s'en vont se retrouve dans la lettre à Mme de Grignan du 10 janvier 1682, où elle parle « de cette dissipation et de cette magnificence d'heures et de jours »

J'ai fait autrefois les mêmes fautes que vous, je m'en suis repentie ; et, quoique le temps ne m'ait pas fait tout le mal qu'il fait aux autres, il ne laisse pas de m'avoir ôté mille petits agréments qui ne laissent que trop de marques de son passage. Vous trouvez donc que vos comédiens ont bien de l'esprit de dire des vers de Corneille. En vérité, il y en a de bien transportants; j'en ai apporté ici un tome qui m'amusa fort hier au soir[1]. Mais n'avez-vous point trouvé jolies les cinq ou six fables de La Fontaine qui sont dans un des tomes que je vous ai envoyés? Nous en étions ravis l'autre jour chez M. de La Rochefoucauld; nous apprîmes par cœur celle *du Singe et du Chat*[2].

Et le reste. Cela est peint; et *la Citrouille* : cela est digne du premier tome[3]. Je suis bien folle de vous écrire de telles bagatelles; c'est le loisir de Livry qui vous tue. Vous avez écrit un billet admirable à Brancas[4]; il vous écrivit l'autre jour une main tout entière de papier : c'était une rapsodie assez bonne; il nous la lut à madame de Coulanges et à moi. Je lui dis : « Envoyez-la-moi donc tout achevée pour

à laquelle, par un genre de libéralité funeste, nous ne sommes que trop enclins.

1. Cf. la lettre de Mme de Sévigné à Mme de Grignan du 9 mars 1672. « Je suis folle de Corneille... il faut que tout cède à son génie. » Et encore la lettre du 16 mars 1672 : « Vive notre vieil ami Corneille! Pardonnons-lui de méchants vers en faveur des divines et sublimes beautés qui nous transportent : ce sont des traits de maître qui sont inimitables. Despréaux en dit encore plus que moi; et en un mot, c'est le bon goût, tenez-vous-y. »

2. C'est la 17e fable du livre IX :

> D'animaux malfaisants c'était un très-bon plat :
> Ils n'y craignaient tous deux aucun, tel qu'il pût être[1].
> Trouvait-on quelque chose au logis de gâté,
> L'on ne s'en prenait point aux gens du voisinage :
> Bertrand dérobait tout; Raton, de son côté,
> Était moins attentif aux souris qu'au fromage.

3. Cf. la lettre de Mme de Sévigné au comte de Bussy du 20 juillet 1679 : « Faites vous envoyer promptement les fables de La Fontaine; elles sont divines. On croit d'abord en distinguer quelques-unes, et, à force de les relire, on les trouve toutes bonnes. C'est une manière de narrer, et un style à quoi l'on ne s'accoutume pas.. »

4. Le duc de Brancas était l'homme le plus distrait de son temps. La Bruyère a fait dans ses *Caractères*, ch. XI, *de l'Homme*, son portrait sous le nom de Ménalque. On peut voir sur lui une autre lettre de Mme de Sévigné à sa fille, du 10 avril 1671.

1. Quel qu'il pût être, avait écrit La Fontaine, et ce tour était, en effet, plus usité dès cette époque.

mercredi. » Il me dit qu'il n'en ferait rien, qu'il ne voulait pas que vous la vissiez; que cela était trop sot et trop misérable. « Pour qui nous prenez-vous? vous nous l'avez bien lue. — Tant y a que je ne veux pas qu'elle la lise. » Voilà toute la raison que j'en ai eue; jamais il ne fut si fou. Il sollicita l'autre jour un procès à la seconde des enquêtes; c'était à la première qu'on le jugeait : cette folie a fort réjoui les sénateurs; je crois qu'elle lui a fait gagner son procès. Que dites-vous, mon enfant, de l'infinité de cette lettre? Si je voulais, j'écrirais jusqu'à demain. Conservez-vous, c'est ma ritournelle continuelle.

Maître Paul[1] mourut il y a huit jours; notre jardin en est tout triste.

Extrait de la lettre du 29 avril 1671.

A Monsieur et Madame de Grignan.

Mort de Turenne.

C'est à vous que je m'adresse pour vous écrire une des plus fâcheuses pertes qui pût arriver en France : c'est la mort de M. de Turenne, dont je suis assurée que vous serez aussi touché et aussi désolé que nous le sommes ici. Cette nouvelle arriva lundi à Versailles[2] : le roi en a été affligé, comme on doit l'être de la mort du plus grand capitaine et du plus honnête homme du monde; toute la cour fut en larmes, et M. de Condom[3] pensa s'évanouir. On était près d'aller se divertir à Fontainebleau, tout a été rompu; jamais un homme n'a été regretté si sincèrement; tout ce quartier où il a logé[4], et tout Paris, et tout le peuple, était

---

1. C'était le jardinier de Livry. On sait que Livry, où Mme de Sévigné a fait de fréquents séjours, était l'abbaye de son oncle de Coulanges, que dans ses lettres elle appelle le *bien bon*, parce qu'*elle lui avait*, dit-elle en écrivant à son cousin de Bussy (le 13 novembre 1687), *des obligations infinies*. Livry est à peu de distance de Paris.

2. Par un billet du marquis de Vaubrun à Louvois, daté du 27 juillet 1675 (jour de la mort), à trois heures après midi. On le trouvera imprimé dans les *Lettres militaires de Louis XIV*, t. III, p. 216.

3. Bossuet. Il avait continué à être désigné par ce nom, quoiqu'il eût résigné son évêché peu après avoir été, en 1670, chargé de l'éducation du grand Dauphin.

4. L'hôtel de Turenne était situé rue Saint-Louis, au Marais, au coin de la rue Saint-Claude.

dans le trouble et dans l'émotion; chacun parlait et s'attroupait pour regretter ce héros. Je vous envoie une très-bonne relation de ce qu'il a fait quelques jours avant sa mort. C'est après trois mois d'une conduite toute miraculeuse, et que les gens du métier ne se lassent point d'admirer, qu'arrive le dernier jour de sa gloire et de sa vie.

Il monta à cheval le samedi à deux heures, après avoir mangé, et comme il avait bien des gens avec lui, il les laissa tous à trente pas de la hauteur où il voulait aller, et dit au petit d'Elbeuf : « Mon neveu, demeurez là; vous ne faites que tourner autour de moi, vous me feriez reconnaître. » M. d'Hamilton, qui se trouva près de l'endroit où il allait, lui dit : « Monsieur, venez par ici; on tire du côté où vous allez. — Monsieur, lui dit-il, vous avez raison; je ne veux point du tout être tué aujourd'hui : cela sera le mieux du monde. » Il eut à peine tourné son cheval, qu'il aperçut Saint-Hilaire, le chapeau à la main, qui lui dit : « Monsieur, jetez les yeux sur cette batterie que je viens de faire placer là. » M. de Turenne revint; et dans l'instant, sans être arrêté, il eut le bras et le corps fracassés du même coup qui emporta le bras et la main qui tenaient le chapeau de Saint-Hilaire[1]. Ce gentilhomme, qui le regardait toujours, ne le voit point tomber; le cheval l'emporte où il avait laissé le petit d'Elbeuf; il n'était point encore tombé, mais il était penché le nez sur l'arçon : dans ce moment, le cheval s'arrête; le héros tombe entre les bras de ses gens; il ouvre deux fois deux grands yeux et la bouche, et demeure tranquille pour jamais : songez qu'il était mort, et qu'il avait une partie du cœur emportée. On crie, on pleure; M. d'Hamilton fait cesser le bruit et ôter le petit d'Elbeuf, qui s'était jeté sur le corps, qui ne voulait pas le

---

1. Mme de Sévigné raconte ce fait avec plus de détails dans sa lettre du 9 août 1675. « Écoutez, je vous prie, une chose qui est, à mon sens, fort belle : il me semble que je lis l'histoire romaine. Saint-Hilaire, lieutenant-général de l'artillerie, fit arrêter M. de Turenne, qui avait toujours galopé, pour lui faire voir une batterie; c'était comme s'il eût dit : Monsieur, arrêtez-vous un peu, car c'est ici que vous devez être tué. Le coup de canon vient donc et emporte le bras de Saint-Hilaire qui montrait cette batterie, et tue M. de Turenne : le fils de Saint-Hilaire se jette à son père, et se met à crier et à pleurer. *Taisez-vous, mon enfant*, lui dit-il; *voyez*, en lui montrant M. de Turenne roide mort : *voilà ce qu'il faut pleurer éternellement, voilà ce qui est irréparable!* et sans faire nulle attention sur lui, se met à crier et à pleurer cette grande perte. M. de La Rochefoucauld pleure lui-même en admirant la noblesse de ce sentiment. »

quitter, et se pâmait de crier¹. On couvre le corps d'un manteau, on le porte dans une haie; on le garde à petit bruit; un carrosse vient, on l'emporte dans sa tente : ce fut là où M. de Lorges, M. de Roye et beaucoup d'autres pensèrent mourir de douleur; mais il fallut se faire violence, et songer aux grandes affaires qu'on avait sur les bras. On lui a fait un service militaire dans le camp, où les larmes et les cris faisaient le véritable deuil : tous les officiers avaient pourtant des écharpes de crêpe; tous les tambours en étaient couverts, ils ne battaient qu'un coup; les piques traînantes et les mousquets renversés : mais ces cris de toute une armée ne se peuvent pas représenter, sans que l'on en soit tout ému. Ses deux neveux étaient à cette pompe, dans l'état que vous pouvez penser. M. de Roye tout blessé s'y fit porter; car cette messe ne fut dite que quand ils eurent repassé le Rhin. Je pense que le pauvre chevalier² était bien abîmé de douleur. Quand ce corps a quitté son armée, ç'a été encore une autre désolation, et partout où il a passé on n'entendait que des clameurs; mais à Langres ils se sont surpassés : ils allèrent au-devant de lui en habits de deuil au nombre de plus de deux cents, suivis du peuple, tout le clergé en cérémonie; il y eut un service solennel dans la ville, et en un moment ils se cotisèrent tous pour cette dépense, qui monta à cinq mille francs, parce qu'ils reconduisirent le corps jusqu'à la première ville et voulurent défrayer tout le train. Que dites-vous de ces marques naturelles d'une affection fondée sur un mérite extraordinaire? Il arrive à Saint-Denis ce soir ou demain; tous ses gens l'allaient reprendre à deux lieues d'ici; il sera dans une chapelle en dépôt, on lui fera un service à Saint-Denis, en attendant celui de Notre-Dame, qui sera solennel³.

Extrait des lettres du 31 juillet et du 28 août 1675.

1. Mme de Sévigné dit de Turenne, dans sa lettre du 12 août 1675 : « Il aimait tendrement le fils de M. d'Elbeuf; c'est un prodige de valeur à quatorze ans. Il l'envoya l'année passée saluer M. de Lorraine, qui lui dit : « Mon petit cousin, vous êtes trop heureux de voir et d'entendre tous les jours M. de Turenne; vous n'avez que lui de parent et de père; baisez les pas par où il passe, et faites-vous tuer à ses pieds. » Ce pauvre enfant se meurt de douleur : c'est une affliction de raison et d'enfance à quoi l'on craint qu'il ne résiste pas. »

2. Le chevalier de Grignan, dont parle très-souvent Mme de Sévigné, frère du mari de sa fille. Il servit avec distinction et devint maréchal de camp en 1688.

3. On peut voir dans une autre lettre de Mme de Sévigné, datée du

BOSSUET.

(1627-1704.)

On peut appliquer à Bossuet le jugement porté par Quintilien sur Démosthène : c'est qu'il fut la règle de l'éloquence elle-même [1]. Né à Dijon en 1627, quelques années avant Louis XIV, il accompagna, comme pour les célébrer dignement, toutes les splendeurs de ce règne ; nommé évêque de Meaux, il mourut en 1704, au moment où la prospérité et la gloire du vieux roi avaient trouvé leur terme. C'est pour l'éducation du grand Dauphin, confié à ses soins, qu'il a composé plusieurs de ses immortels ouvrages ; jamais il n'écrivit que pour remplir un devoir. Entre tant de pages, également inspirées par la vertu et le génie, notre choix était bien difficile. Au moins nous sommes-nous attaché à montrer sous toutes ses faces, autant que possible, la richesse de cette prodigieuse nature, et à emprunter des modèles aux genres les plus divers où a excellé Bossuet. Signaler par là ses nombreux chefs-d'œuvre à l'attention des jeunes gens, pour qu'ils en prennent une connaissance plus approfondie, tel est le but que nous avons voulu atteindre [2].

La Providence divine régit le monde.

Dieu tient du plus haut des cieux les rênes de tous les royaumes [3] ; il a tous les cœurs en sa main : tantôt il retient

---

16 août 1675, et que renferment nos *Morceaux choisis* à l'usage de la classe de quatrième, un bel éloge des vertus de Turenne et, en particulier, de sa piété.

1. ...*Lex orandi fuit Demosthenes*, X, 1.
2. Il faut lire l'éloge qu'ont fait de Bossuet La Bruyère, dans son discours de réception à l'Académie française, et Massillon, dans son oraison funèbre du Dauphin ; en outre, son oraison funèbre par La Rue et son histoire par Bausset et par M. Floquet. Parmi ceux qui ont parlé dignement de ce grand homme, on signalera encore Voltaire, Vauvenargues, Thomas, La Harpe, et de nos jours, l'abbé Maury, Dussault, Châteaubriand, MM. Villemain, Cousin, de Barante, Patin, Saint-Marc Girardin, Nisard et Sainte-Beuve. Santeul, dans un beau vers, a proclamé Bossuet la colonne du christianisme :

    Per quem relligio manet inconcussa, sacerdos.

3. Cf. l'exorde de l'oraison funèbre de la reine d'Angleterre : « Celui qui règne dans les cieux, et de qui relèvent tous les empires... »

les passions, tantôt il leur lâche la bride, et par là il remue tout le genre humain. Veut-il faire des conquérants : il fait marcher l'épouvante devant eux, et il inspire à eux et à leurs soldats une hardiesse invincible. Veut-il faire des législateurs : il leur envoie son esprit de sagesse et de prévoyance ; il leur fait prévenir les maux qui menacent les Etats et poser les fondements de la tranquillité publique. Il connaît la sagesse humaine, toujours courte[1] par quelque endroit : il l'éclaire, il étend ses vues, et puis il l'abandonne à ses ignorances ; il l'aveugle, il la précipite, il la confond par elle-même : elle s'enveloppe, elle s'embarrasse dans ses propres subtilités, et ses précautions lui sont un piège.

Dieu exerce par ce moyen ses redoutables jugements, selon les règles de sa justice, toujours infaillible ; c'est lui qui prépare les effets dans les causes les plus éloignées, et qui frappe ces grands coups dont le contre-coup porte si loin : quand il veut lâcher le dernier, et renverser les empires, tout est faible et irrégulier dans les conseils. L'Egypte, autrefois si sage, marche enivrée, étourdie et chancelante[2], parce que le Seigneur a répandu l'esprit de vertige dans ses conseils ; elle ne sait plus ce qu'elle fait, elle est perdue.

Mais que les hommes ne s'y trompent pas : Dieu redresse quand il lui plaît le sens égaré ; et celui qui insultait à l'aveuglement des autres tombe lui-même dans des ténèbres plus épaisses, sans qu'il faille souvent autre chose pour lui renverser le sens que ses longues prospérités.

C'est ainsi que Dieu règne sur tous les peuples. Ne parlons plus de hasard ni de fortune, ou parlons-en seulement comme d'un nom dont nous couvrons notre ignorance. Ce qui est hasard, à l'égard de nos conseils incertains, est un dessein concerté dans un conseil plus haut[3], c'est-à-dire dans ce conseil éternel qui renferme toutes les causes et tous les effets dans un même ordre. De cette sorte tout concourt à la même fin ; et c'est faute d'entendre le tout que nous trouvons du hasard ou de l'irrégularité dans les rencontres particulières[4].

---

1. C'est-à-dire *incomplète*, dans le sens de l'adjectif latin *curtus*.
2. Belle image, empruntée au prophète Isaïe, chap. XX
3. Bossuet se sert du mot *conseil* dans le sens assez large du mot latin *consilium* ; c'est tout en même temps l'acte de délibérer avec soi-même et le résultat de cet acte, c'est-à-dire la résolution prise, le plan concerté.
4. C'est-à-dire les événements particuliers, τὰ τυχόντα.

Par là se vérifie ce que dit l'Apôtre[1], que « Dieu est heureux, et le seul puissant, roi des rois et seigneur des seigneurs : » heureux, dont le repos est inaltérable, qui voit tout changer sans changer lui-même, et qui fait tous les changements par un conseil immuable ; qui donne et qui ôte la puissance, qui la transporte d'un homme à un autre, d'une maison à une autre, d'un peuple à un autre, pour montrer qu'ils ne l'ont tous que par emprunt, et qu'il est le seul en qui elle réside naturellement.

C'est pourquoi tous ceux qui gouvernent se sentent assujettis à une force majeure : ils font plus ou moins qu'ils ne pensent, et leurs conseils n'ont jamais manqué d'avoir des effets imprévus ; ni ils ne sont maîtres des dispositions que les siècles passés ont mises dans les affaires, ni ils ne peuvent prévoir le cours que prendra l'avenir, loin qu'ils le puissent forcer. Celui-là seul tient tout en sa main, qui sait le nom de ce qui est et de ce qui n'est pas encore, qui préside à tous les temps et prévient tous les conseils[2].

Alexandre ne croyait pas travailler pour ses capitaines, ni ruiner sa maison par ses conquêtes. Quand Brutus inspirait au peuple romain un amour immense de la liberté, il ne songeait pas qu'il jetait dans les esprits le principe de cette licence effrénée par laquelle la tyrannie qu'il voulait détruire devait être un jour rétablie plus dure que sous les Tarquins. Quand les Césars flattaient les soldats, ils n'avaient pas dessein de donner des maîtres à leurs successeurs et à l'empire.

En un mot, il n'y a point de puissance humaine qui ne serve malgré elle à d'autres desseins que les siens : Dieu seul sait tout réduire à sa volonté. C'est pourquoi tout est surprenant, à ne regarder que les causes particulières ; et néanmoins tout s'avance avec une suite réglée.

Discours sur l'histoire universelle[3], IIIe partie, *les Empires*, chap. VIII.

1. Saint Paul, Ire *Épître à Timothée*, VI, 15.
2. Les mêmes idées sont développées dans le morceau de Balzac intitulé : *De la conduite de Dieu dans les événements humains.* (Voy. les morceaux choisis à l'usage de la classe de troisième, page 4.)
3. « On a souvent nommé Bossuet, dit M. Patin au sujet de cet ouvrage et notamment de cette IIIe partie, l'historien, l'interprète, le confident de la Providence : il semble en effet que, du sein des conseils suprêmes, il aperçoit tous les lieux et tous les temps rassemblés sous son regard. Avec quelle rapidité il les parcourt ! L'espace se resserre, les années se pressent, les siècles passent comme des instants... » Là, remarque aussi M. Saint-Marc Girardin, « tout est rappelé à une idée dominante, et tout conserve cependant sa physionomie particulière : Egyptiens, Grecs, Romains, ont chacun

Causes de la grandeur romaine.

Qui peut mettre dans l'esprit des peuples la gloire, la patience dans les travaux, la grandeur de la nation et l'amour de la patrie, peut se vanter d'avoir trouvé la constitution d'Etat la plus propre à produire de grands hommes. C'est sans doute les grands hommes qui font la force d'un empire[1]. La nature ne manque pas de faire naître dans tous les pays des esprits et des courages élevés; mais il faut lui aider à les former : ce qui les forme, ce qui les achève, ce sont des sentiments forts et de nobles impressions qui se répandent dans tous les esprits et passent insensiblement de l'un à l'autre. Qu'est-ce qui rend notre noblesse si fière dans les combats et si hardie dans les entreprises? c'est l'opinion reçue dès l'enfance, et établie par le sentiment unanime de la nation, qu'un gentilhomme sans cœur se dégrade lui-même et n'est plus digne de voir le jour.

Tous les Romains étaient nourris dans ces sentiments, et le peuple disputait avec la noblesse à qui agirait le plus par ces vigoureuses maximes. Durant les bons temps de Rome, l'enfance même était exercée par les travaux : on n'y entendait parler d'autre chose que de la grandeur du nom romain. Il fallait aller à la guerre quand la république l'ordonnait, et là travailler sans cesse, camper hiver et été, obéir sans résistance, mourir ou vaincre. Les pères qui

leur attitude, et Dieu intervient sans que l'homme soit effacé.....
Attentif à discerner et à suivre les conseils de la divine sagesse, l'historien met de la variété dans ses récits, parce que Dieu a mis de la liberté dans l'homme; il y met de l'unité, parce qu'à travers les révolutions successives des empires le dessein de la Providence se poursuit sans être jamais changé ni interrompu. Quelle admirable revue de tous les peuples! Comme ils viennent tour à tour devant Bossuet témoigner de leur faiblesse et avouer que Dieu seul est grand! »

1. On se rappelle ce beau vers d'Ennius, cité dans la *République* de Cicéron, liv. V :

Moribus antiquis res stat romana virisque.

Parmi nous, avant notre siècle, ajoute l'orateur romain, la force des mœurs héréditaires appelait naturellement les hommes supérieurs, et ces hommes éminents retenaient les vieilles coutumes et les institutions des aïeux : « Mos ipse patrius præstantes viros adhibebat, et veterem morem ac majorum instituta retinebant excellentes viri. » Montesquieu a reproduit cette belle pensée, en la généralisant, au commencement de la *Grandeur et décadence des Romains*.

n'élevaient pas leurs enfants dans ces maximes, et comme il fallait pour les rendre capables de servir l'Etat, étaient appelés en justice par les magistrats et jugés coupables d'un attentat envers le public.

Quand on a commencé à prendre ce train, les grands hommes se font les uns et les autres; et si Rome en a plus porté qu'aucune autre ville qui eût été avant elle, ce n'a point été par hasard; mais c'est que l'Etat romain, constitué de la manière que nous avons vue, était, pour ainsi parler, du tempérament qui devait être le plus fécond en héros.

Un État qui se sent ainsi formé se sent aussi en même temps d'une force incomparable, et ne se croit jamais sans ressource : aussi voyons-nous que les Romains n'ont jamais désespéré de leurs affaires, ni quand Porsenna, roi d'Etrurie, les affamait dans leurs murailles, ni quand les Gaulois, après avoir brûlé leur ville, inondaient tout leur pays et les tenaient serrés dans le Capitole; ni quand Pyrrhus, roi des Epirotes, aussi habile qu'entreprenant, les effrayait par ses éléphants et défaisait toutes leurs armées; ni quand Annibal, déjà tant de fois vainqueur, leur tua encore plus de cinquante mille hommes et leur meilleure milice dans la bataille de Cannes[1].

Même *Discours*, IIIe partie, *les Empires*, chap. VI

Fin de la république à Rome : naissance de Jésus-Christ.

Par la mort de Crassus, la digue qui retenait César et Pompée fut rompue. Les deux rivaux, qui avaient en main toutes les forces de la république, décidèrent leur querelle à Pharsale par une bataille sanglante. César victorieux parut en un moment par tout l'univers, en Egypte, en Asie, en Mauritanie, en Espagne : vainqueur de tous côtés, il fut reconnu comme maître à Rome et dans tout l'empire. Brutus et Cassius crurent affranchir leurs citoyens en le tuant comme un tyran, malgré sa clémence[2]. Rome tomba entre

---

1. Rapprochez de ce passage les *Considérations* de Montesquieu *sur les causes de la grandeur des Romains et de leur décadence*, particulièrement le chap. IV; en outre, les *Réflexions sur les divers génies du peuple romain*, ouvrage estimable de Saint-Evremond, que nous avons fait connaître dans nos *Morceaux choisis* à l'usage de la classe de quatrième.
2. On peut voir : Pline, *Histoire naturelle*, IX. 25.

les mains de Marc-Antoine, de Lépide et du jeune César Octavien, petit-neveu de Jules César et son fils par adoption, trois insupportables tyrans, dont le triumvirat et les proscriptions font encore horreur en les lisant. Mais elles furent trop violentes pour durer longtemps. Ces trois hommes partagent l'empire. César garde l'Italie; et, changeant incontinent en douceur ses premières cruautés, il fait croire qu'il y a été entraîné par ses collègues. Les restes de la république périssent avec Brutus et Cassius. Antoine et César, après avoir ruiné Lépide, se tournent l'un contre l'autre. Toute la puissance romaine se met sur la mer. César gagne la bataille actiaque : les forces de l'Egypte et de l'Orient, qu'Antoine menait avec lui, sont dissipées; tous ses amis l'abandonnent, et même sa Cléopâtre, pour laquelle il s'était perdu. Hérode Iduméen, qui lui devait tout, est contraint de se donner au vainqueur, et se maintient par ce moyen dans la possession du royaume de Judée, que la faiblesse du vieux Hyrcan avait fait perdre entièrement aux Asmonéens. Tout cède à la fortune de César : Alexandrie lui ouvre ses portes; l'Egypte devient une province romaine; Cléopâtre, qui désespère de la pouvoir conserver, se tue elle-même après Antoine; Rome tend les bras à César, qui demeure, sous le nom d'Auguste et sous le titre d'empereur, seul maître de tout l'empire. Il dompte, vers les Pyrénées, les Cantabres et les Asturiens révoltés; l'Ethiopie lui demande la paix; les Parthes épouvantés lui renvoient les étendards pris sur Crassus, avec tous les prisonniers romains; les Indes recherchent son alliance; ses armes se font sentir aux Rhètes ou Grisons, que leurs montagnes ne peuvent défendre; la Pannonie le reconnaît, la Germanie le redoute, et le Wéser reçoit ses lois. Victorieux par mer et par terre, il ferme le temple de Janus. Tout l'univers vit en paix sous sa puissance, et Jésus-Christ vient au monde[1].

Même Discours, Ire partie [2], les Époques, ix.

1. A peu près l'an 4000 du monde et l'an 754 de Rome.
2. Cette première partie est un résumé rapide et admirable de l'histoire du monde, dans lequel est adoptée la chronologie d'Usserius (Usher); la seconde est l'histoire de la religion, dont l'unité et la suite attestent la vérité éternelle; la troisième, historique et philosophique, contient le sublime tableau des révolutions des empires.

Influence de Louis XIV sur la fortune de la France. Bombardement d'Alger.

Sous lui la France a appris à se connaître. Elle se trouve des forces que les siècles précédents ne savaient pas. L'ordre et la discipline militaire s'augmentent avec les armées. Si les Français peuvent tout, c'est que leur roi est partout leur capitaine; et, après qu'il a choisi l'endroit principal qu'il doit animer par sa valeur, il agit de tous côtés par l'impression de sa vertu. Jamais on n'a fait la guerre avec une force plus inévitable, puisque, en méprisant les saisons, il a ôté jusqu'à la défense à ses ennemis. Les soldats, ménagés et exposés quand il faut, marchent avec confiance sous ses étendards : nul fleuve ne les arrête, nulle forteresse ne les effraye. On sait que Louis foudroie les villes plutôt qu'il ne les assiége; et tout est ouvert à sa puissance. Les politiques ne se mêlent plus de deviner ses desseins. Quand il marche, tout se croit également menacé : un voyage tranquille devient tout à coup une expédition redoutable à ses ennemis. Gand[1] tombe avant qu'on pense à le munir : Louis y vient par de longs détours; et la reine, qui l'accompagne au cœur de l'hiver, joint au plaisir de le suivre celui de servir secrètement à ses desseins.

Par les soins d'un si grand roi, la France entière n'est plus, pour ainsi parler, qu'une seule forteresse qui montre de tous côtés un front redoutable. Couverte de toutes parts, elle est capable de tenir la paix avec sûreté dans son sein, mais aussi de porter la guerre partout où il faut et de frapper de près et de loin avec une égale force. Nos ennemis le savent bien dire; et nos alliés ont ressenti dans le plus grand éloignement combien la main de Louis était secourable.

Avant lui, la France, presque sans vaisseaux, tenait en vain aux deux mers : maintenant on les voit couvertes depuis le levant jusqu'au couchant de nos flottes victorieuses; et la hardiesse française porte partout la terreur avec le nom de Louis. Tu céderas, ou tu tomberas sous ce vainqueur, Alger, riche des dépouilles de la chrétienté[2]. Tu

1. Louis XIV, lorsqu'il vint assiéger Gand, qu'il prit en cinq jours, s'était détourné par la Lorraine et menaçait Luxembourg, afin d'attirer sur cette ville l'attention de l'ennemi (1678).

2. La ville d'Alger, deux fois bombardée (de 1681 à 1683), envoya des députés demander pardon et recevoir la paix.

disais en ton cœur avare : « Je tiens la mer sous mes lois, et les nations sont ma proie. » La légèreté de tes vaisseaux te donnait de la confiance ; mais tu te verras attaqué dans tes murailles comme un oiseau ravisseur qu'on irait chercher parmi ses rochers et dans son nid où il partage son butin à ses petits. Louis a brisé les fers dont tu accablais ses sujets, qui sont nés pour être libres sous son glorieux empire.

Oraison funèbre de la reine de France, Marie-Thérèse d'Autriche [1] (1683).

Anne de Gonzague [2] convertie par une vision.

En cet état, chrétiens, où la foi même est perdue, c'est-à-dire où le fondement est renversé, que restait-il à notre princesse, que restait-il à une âme qui, par un juste jugement de Dieu, était déchue de toutes les grâces, et ne tenait à Jésus-Christ par aucun lien? qu'y restait-il, chrétiens, si ce n'est ce que dit saint Augustin? Il restait la souveraine misère et la souveraine miséricorde : *Restabat magna miseria et magna misericordia*. Il restait le secret regard d'une providence miséricordieuse, qui la voulait rappeler des extrémités de la terre, et voici quelle fut la première touche [3]. Prêtez l'oreille, messieurs ; elle a quelque chose de miraculeux. Ce fut un songe admirable, de ceux que Dieu même fait venir du ciel par le ministère des anges, dont les images sont si nettes et si démêlées [4], où l'on voit je ne sais quoi de céleste. Elle crut, c'est elle-même qui le raconte au saint abbé : écoutez, et prenez garde surtout

---

1. Elle était fille de Philippe IV et d'Isabelle (ou Élisabeth) de Bourbon, fille de Henri IV : morte à quarante-cinq ans, en 1683. Une autre oraison funèbre fut encore prononcée en son honneur par Fléchier.

2. Anne de Gonzague de Clèves, fille de Charles de Gonzague, duc de Nevers, et de Catherine de Lorraine. Elle naquit en 1616 et mourut en 1684. Cette princesse, plus connue sous le nom de princesse palatine, épousa en 1645 le prince Édouard de Bavière, comte palatin du Rhin. — La sœur d'Anne de Gonzague, la princesse Louise, dans le désir de réunir les luthériens aux catholiques, provoqua la célèbre correspondance de Bossuet et de Leibnitz.

3. Locution vieillie mais expressive ; on tournerait aujourd'hui par le verbe : voici comment Dieu *la toucha, agit sur elle*.....

4. Distinctes, claires...

de n'écouter pas avec mépris l'ordre des avertissements divins et la conduite de la grâce ; elle crut, dis-je, que marchant seule dans une forêt, elle y avait rencontré un aveugle dans une petite loge. Elle s'approche pour lui demander s'il était aveugle de naissance, ou s'il l'était devenu par quelque accident. Il répondit qu'il était aveugle-né. « Vous ne savez donc pas, reprit-elle, ce que c'est que la lumière, qui est si belle et si agréable, et le soleil, qui a tant d'éclat et de beauté? — Je n'ai, dit-il, jamais joui de ce bel objet, et je ne m'en puis former aucune idée. Je ne laisse pas de croire, continua-t-il, qu'il est d'une beauté ravissante. » L'aveugle parut alors changer de voix et de visage, et prenant un ton d'autorité : « Mon exemple, dit-il, vous doit apprendre qu'il y a des choses très-excellentes et très-admirables qui échappent à notre vue, et qui n'en sont ni moins vraies ni moins désirables, quoiqu'on ne les puisse ni comprendre ni imaginer. » C'est en effet qu'il manque un sens aux incrédules, comme à l'aveugle ; et ce sens, c'est Dieu qui le donne, selon ce que dit saint Jean : « Il nous a donné un sens pour connaître le vrai Dieu et pour être en son vrai fils. *Dedit nobis sensum, ut cognoscamus verum Deum et simus in vero filio ejus*[1]. » Notre princesse le comprit. En même temps, au milieu d'un songe si mystérieux, elle fit l'application de la belle comparaison de l'aveugle aux vérités de la religion et de l'autre vie. Ce sont ses mots que je vous rapporte. Dieu, qui n'a besoin ni de temps ni d'un long circuit de raisonnements pour se faire entendre, tout à coup lui ouvrit les yeux. Alors, par une soudaine illumination, elle se sentit si éclairée (c'est elle-même qui continue à vous parler), et tellement transportée de la joie d'avoir trouvé ce qu'elle cherchait depuis si longtemps, qu'elle ne put s'empêcher d'embrasser l'aveugle, dont le discours lui découvrait une plus belle lumière que celle dont il était privé. « Et, dit-elle, il se répandit dans mon cœur une joie si douce et une foi si sensible, qu'il n'y a point de paroles capables de l'exprimer. »

Ainsi elle passa tout d'un coup d'une profonde obscurité à une lumière manifeste. Les nuages de son esprit sont dissipés : miracle aussi étonnant que celui où Jésus-Christ fit tomber en un instant des yeux de Saul converti cette espèce d'écaille dont ils étaient couverts[2]. Qui donc ne s'écrierait à un si soudain changement : « Le doigt de Dieu est ici[3]? »

(Oraison funèbre d'Anne de Gonzague.)

1. *Épit.*, I, 5.
2. *Act. apost.*, l. IX, 18.
3. *Digitus Dei est hic. Exod.*, VIII, 19.

La Jeunesse[1].

Vous dirai-je en ce lieu ce que c'est qu'un jeune homme de vingt-deux ans? Quelle ardeur, quelle impatience, quelle impétuosité de désirs! Cette force, cette vigueur, ce sang chaud et bouillant, semblable à un vin fumeux, ne leur permet rien de rassis ni de modéré. Tout s'y fait par une chaleur inconsidérée; et comment accoutumer à la règle, à la solitude, à la discipline, cet âge qui ne se plaît que dans le mouvement et dans le désordre, qui n'est presque jamais dans une action composée[2], « et qui n'a honte que de la modération et de la pudeur? » *et pudet non esse impudentem*[3].

Certes, quand nous nous voyons penchants sur le retour de notre âge[4], que nous comptons déjà une longue suite de nos ans écoulés, que nos forces se diminuent, et que le passé occupant la partie plus considérable de notre vie, nous ne tenons plus au monde que par un avenir incertain; ah! le présent ne nous touche plus guère[5]. Mais la jeunesse, qui ne songe pas que rien lui soit encore échappé, qui sent sa vigueur entière et présente, ne songe aussi qu'au présent, et y attache toutes ses pensées. Dites-moi, je vous prie, celui qui croit avoir le présent tellement à soi, quand est-ce qu'il s'adonnera aux pensées sérieuses de l'avenir? Quelle apparence de quitter le monde, dans un âge où il ne se présente rien que de plaisant[6]? Nous voyons toutes choses

---

1. On pourra rapprocher ce passage de Bossuet du liv. II, ch. 12, de la Rhétorique d'Aristote, où ce philosophe a tracé avec une ferme précision le caractère des jeunes gens. Voyez encore Horace, *Art poétique*, v. 161 et suiv., et le morceau de Régnier intitulé *les quatre âges de l'homme*, dans les morceaux choisis pour la classe de quatrième, page 81.
2. Régulière, calme.....
3. Saint Augustin, *Conf.*, liv. II, c. ix.
4. On trouve la même image dans Lucrèce :
. . . . *Vergentibus* annis
In senium...

5. Cette résignation est loin d'être la vertu ordinaire des vieillards. Aristote (*Rhét.*, l. II, ch. xiii) prend même, et ce semble avec justesse, le contre-pied de la pensée exprimée par Bossuet, quand il dit : « Les vieillards aiment la vie, et surtout dans les derniers jours, parce que le désir poursuit toujours le bien absent; or ils s'attachent de toutes leurs forces à ce bien (la vie) qui leur manque. »
6. Le sens de cet adjectif restait au dix-septième siècle, conforme

selon la disposition où nous sommes : de sorte que la jeunesse, qui semble n'être formée que pour la joie et pour les plaisirs, ah! elle ne trouve rien de fâcheux : tout lui rit[1], tout lui applaudit. Elle n'a point encore d'expérience des maux du monde, ni des traverses qui nous arrivent : de là vient qu'elle s'imagine qu'il n'y a point de dégoût, de disgrâce pour elle. Comme elle se sent forte et vigoureuse, elle bannit la crainte et tend les voiles de toutes parts à l'espérance qui l'enfle et la conduit[2].

Vous le savez, fidèles, de toutes les passions la plus charmante[3], c'est l'espérance. C'est elle qui nous entretient et qui nous nourrit, qui adoucit toutes les amertumes de la vie; et souvent nous quitterions des biens effectifs plutôt que de renoncer à nos espérances. Mais la jeunesse téméraire et malavisée, qui présume toujours beaucoup, à cause qu'elle[4] a peu expérimenté, ne voyant point de difficulté dans les choses, c'est là[5] que l'espérance est la plus véhémente et la plus hardie : si bien que les jeunes gens, enivrés de leurs espérances, croient tenir tout ce qu'ils poursuivent; toutes leurs imaginations leur paraissent des réalités. Ravis[6] d'une certaine douceur de leurs prétentions infinies, ils s'imagineraient perdre infiniment, s'ils se départaient de leurs grands desseins[7]; surtout les personnes de condition, qui, étant élevées dans un certain esprit de grandeur, et bâtissant toujours sur les honneurs

à son étymologie : il se disait également bien de *tout ce qui plaît* par un côté frivole ou sérieux.

1. C'est presque l'expression d'André Chénier faisant dire à la jeune captive :

    Ma bienvenue au jour me rit dans tous les yeux.

2. C'est ce *long espoir* de la jeunesse, souvent déçu, qui a inspiré à La Fontaine le célèbre apologue du *Vieillard et des trois jeunes hommes* (liv. XI, fab. 8).

3. L'adjectif *charmant* conserve dans Bossuet toute sa force primitive : c'est ce qui captive comme par l'effet d'un enchantement magique.

4. A *cause que*, locution vieillie. Le verbe *expérimenter* ne serait plus employé aujourd'hui pour signifier *avoir de l'expérience*.

5. Exemple de construction brisée, expressive par son irrégularité même.

6. Encore un de ces mots dont la force s'est singulièrement affaiblie de nos jours : il garde ici l'acception et l'énergie du latin *rapti*, entraînés par...

7.   Laissez le long espoir et les *vastes pensées*,

a dit La Fontaine dans la fable citée plus haut.

de leur maison et de leurs ancêtres, se persuadent facilement qu'il n'y a rien à quoi ils ne puissent prétendre[1].

(*Panégyrique de saint Bernard.*)

De la dureté du cœur et de ses causes.

Voyez, dit saint Augustin, les buissons hérissés d'épines, qui font horreur à la vue : la racine en est douce, et ne pique pas ; mais c'est elle qui pousse ces pointes perçantes qui piquent, qui déchirent les mains, et qui les ensanglantent si violemment : ainsi l'amour des plaisirs. Quand j'écoute parler les voluptueux dans le livre de la sapience, je ne vois rien de plus agréable ni de plus riant : ils ne parlent que de fleurs, que de festins, que de danses, que de passe-temps. *Coronemus nos rosis*[2] : « Couronnons nos têtes de fleurs, avant qu'elles soient flétries. » Que leurs paroles sont douces ! que leur humeur est enjouée ! que leur compagnie est désirable ! Mais si vous laissez pousser cette racine, les épines sortiront bientôt ; car écoutez la suite de leurs discours : « Opprimons, ajoutent-ils, le juste et le pauvre : » *Opprimamus pauperem justum*[3]. « Ne pardonnons point ni à la veuve » ni à l'orphelin[4]. Quel est ce changement, et qui aurait jamais attendu d'une douceur si plaisante une cruauté si impitoyable ? C'est le génie de la volupté ; elle se plaît à opprimer le juste et le pauvre, le juste qui lui est contraire, le pauvre qui doit être sa proie : c'est-à-dire, on la contredit, elle s'effarouche : elle s'épuise elle-même, il faut bien qu'elle se remplisse par

---

1. On trouvera dans Cicéron, *Pro Cœlio*, 31, 32, la peinture vive et brillante des qualités et des défauts de la jeunesse : « Non loquor de sapientia, quæ non cadit in hanc ætatem : de impetu animi loquor, de cupiditate vincendi, de ardore mentis ad gloriam..... »
2. Sap., II, 8.
3. *Ibid.*, II, 10.
4. On voit tout le parti que Bossuet sait tirer de l'Écriture et des Pères de l'Église ; c'est à cette double source en effet que se vivifie son génie, c'est là qu'il va chercher ses divisions, ses preuves, ses images. « Au lieu de citer les livres saints en fastidieux érudit, remarque avec raison le cardinal Maury, il s'en sert en orateur plein de nerf et de verve. Il ne rapporte pas sèchement des passages, mais il présente des traits qui forment des tableaux ; et il fond si bien les pensées de l'Écriture avec les siennes, qu'on croirait qu'il les crée, ou du moins qu'elles ont été conçues exprès pour l'usage qu'il en fait. »

des pilleries ; et voilà cette volupté si commode, si aisée et si indulgente, devenue cruelle et insupportable.

Vous direz sans doute que vous êtes bien éloignés de ces excès ; et je crois facilement qu'en cette assemblée, et à la vue d'un roi si juste, de telles inhumanités n'oseraient paraître : mais sachez que l'oppression des faibles et des innocents n'est pas tout le crime de la cruauté. Le mauvais riche nous fait bien connaître qu'outre cette ardeur furieuse qui étend les mains aux violences, elle[1] a encore sa dureté qui ferme les oreilles aux plaintes, les entrailles à la compassion et les mains aux secours. C'est, messieurs, cette dureté qui fait des voleurs sans dérober et des meurtriers sans verser de sang. Tous les saints Pères disent d'un commun accord que ce riche inhumain de notre évangile a dépouillé le pauvre Lazare, parce qu'il ne l'a pas revêtu ; qu'il l'a égorgé cruellement, parce qu'il ne l'a pas nourri : *Quia non pavisti, occidisti*[2]. Et cette dureté meurtrière est née de son abondance et de ses délices. O Dieu clément et juste! Ce n'est pas pour cette raison que vous avez communiqué aux grands de la terre un rayon de votre puissance ; vous les avez fait grands, pour servir de pères à vos pauvres : votre providence a pris soin de détourner les maux de dessus leur tête, afin qu'ils pensassent à ceux du prochain : vous les avez mis à leur aise et en liberté, afin qu'ils fissent leur affaire du soulagement de leurs enfants : et leur grandeur au contraire les rend dédaigneux, leur abondance secs, leur félicité insensibles, encore qu'ils voient tous les jours non tant des pauvres et des misérables que la misère elle-même et la pauvreté en personne, pleurante et gémissante à leur porte[3]. D'où vient une dureté si étonnante?

Je ne m'en étonne pas, chrétiens ; d'autres pauvres plus pressants et plus affamés ont gagné les avenues les plus proches et épuisé les libéralités à un passage plus secret.

---

1. Le pronom *elle* se rapporte à *la cruauté*, exprimée un peu plus haut. — Il serait facile, mais peu nécessaire, de relever çà et là dans ce morceau quelques incorrections de détail : Bossuet n'a mis la dernière main à presque aucun de ses sermons ; mais dans ces sublimes ébauches du grand orateur, l'inspiration semble plus vive encore et plus entraînante, s'il se peut, que dans ses autres œuvres plus étudiées.
2. Lactance, *Divin. Instit.*, liv. VI, c. xi.
3. Cf. le morceau de Bourdaloue intitulé *Nécessité de l'aumône* et cité dans le recueil pour la classe de cinquième, p. 45. On rapprocherait aussi avec intérêt quelques belles pages de S. Jean Chrysostome sur l'aumône, et traduites par M. Villemain dans le *Tableau de l'éloquence chrétienne au quatrième siècle*, in-12, 1854, p. 175 et suiv.

Expliquons-nous nettement : je parle de ces pauvres intérieurs qui ne cessent de murmurer, quelque soin qu'on prenne de les satisfaire, toujours avides, toujours affamés dans la profusion et dans l'excès même; je veux dire vos passions et vos convoitises. C'est en vain, ô pauvre Lazare, que tu gémis à la porte, ceux-ci sont déjà au cœur; ils ne s'y présentent pas, mais ils l'assiégent; ils ne demandent pas, mais ils arrachent. O Dieu! quelle violence! Représentez-vous, chrétiens, dans une sédition, une populace furieuse, qui demande arrogamment, toute prête à arracher si on la refuse : ainsi dans l'âme de ce mauvais riche; et ne l'allons pas chercher dans la parabole, plusieurs le trouveront dans leur conscience. Donc dans l'âme de ce mauvais riche et de ses cruels imitateurs, où[1] la raison a perdu l'empire, où les lois n'ont plus de vigueur, l'ambition, l'avarice, la délicatesse, toutes les autres passions, troupe mutine et emportée, font retentir de toutes parts un cri séditieux, où l'on n'entend que ces mots : « Apporte, apporte. » *Dicentes : affer, affer*[2], apporte toujours de l'aliment à l'avarice, du bois à cette flamme dévorante; apporte une somptuosité plus raffinée à ce luxe curieux[3] et délicat; apporte des plaisirs plus exquis à cet appétit dégoûté par son abondance. Parmi les cris furieux de ces pauvres impudents et insatiables, se peut-il faire que vous entendiez la voix languissante des pauvres, qui tremblent devant vous; qui, accoutumés à surmonter leur pauvreté par leur travail et leurs sueurs, se laissent mourir de faim plutôt que de découvrir leur misère[4]? C'est pourquoi ils meurent de faim; oui, messieurs, ils meurent de faim dans vos terres, dans vos châteaux, dans les villes, dans les campagnes, à la porte et aux environs de vos hôtels; nul ne court à leur aide : hélas! ils ne vous demandent que le superflu,

1. *Dans laquelle*, dirait-on plutôt aujourd'hui. Mais au dix-septième siècle l'adverbe de lieu *où* était souvent employé pour le relatif. Ainsi Molière (les *Femmes savantes*, II, 3) :

C'est par un désespoir où j'ai réduit leurs feux.

2. Prov., XXX, 15.
3. Minutieux. *Curiosus*, dont l'étymologie est *cura*, a quelquefois ce sens.
4. Quelle belle et vive opposition ! quel saisissant et pathétique tableau! l'éloquence humaine saurait-elle aller au delà ? Et aussi quelle noble liberté dans la parole! Cf. le sermon de Bossuet sur *l'éminente dignité des pauvres dans l'Eglise* (2ᵉ point), où respire également cette hardiesse du vrai langage apostolique : « O riches du siècle, prenez tant qu'il vous plaira des titres superbes; vous lespouvez porter dans le monde : dans l'Eglise de Jésus-Christ, vous êtes seulement serviteurs des pauvres..... »

quelques miettes de votre table, quelques restes de votre grande chère. Mais ces pauvres que vous nourrissez trop bien au dedans épuisent tout votre fonds. La profusion, c'est leur besoin; non-seulement le superflu, mais l'excès même, leur est nécessaire ; et il n'y a plus aucune espérance pour les pauvres de Jésus-Christ, si vous n'apaisez ce tumulte et cette sédition intérieure : et cependant ils subsisteraient, si vous leur donniez quelque chose de ce que votre prodigalité répand ou de ce que votre avarice ménage[1].

Ah! Dieu est juste et équitable. Vous y viendrez vous-même, riche impitoyable, aux jours de besoin et d'angoisse. Ne croyez pas que je vous menace du changement de votre fortune : l'événement en est casuel; mais ce que je veux dire n'est pas douteux. Elle viendra au jour destiné, cette dernière maladie, où, parmi[2] un nombre infini d'amis, de médecins et de serviteurs, vous demeurerez sans secours, plus délaissé, plus abandonné que ce pauvre qui meurt sur la paille, et qui n'a pas un drap pour sa sépulture : car, en cette fatale maladie, que serviront ces amis, qu'à vous affliger par leur présence; ces médecins, qu'à vous tourmenter; ces serviteurs, qu'à courir deçà et delà dans votre maison avec un empressement inutile? Il vous faut d'autres amis, d'autres serviteurs : ces pauvres, que vous avez méprisés, sont les seuls qui seraient capables de vous secourir. Que n'avez-vous pensé de bonne heure à vous faire de tels amis, qui maintenant vous tendraient les bras, afin de vous recevoir dans les tabernacles éternels? Ah! si vous aviez soulagé leurs maux, si vous aviez eu pitié de leur désespoir, si vous aviez seulement écouté leurs plaintes, vos miséricordes prieraient Dieu pour vous : les bénédictions qu'ils vous auraient données, lorsque vous les auriez consolés dans leur amertume, feraient maintenant distiller sur vous une rosée rafraîchissante; leurs côtés revêtus, dit le saint prophète, leurs entrailles rafraîchies, leur faim rassasiée, vous auraient béni; leurs saints anges veilleraient autour de votre lit comme des amis officieux ; et ces médecins spirituels consulteraient entre eux

---

1. On a quelquefois refusé à Bossuet le don de la sensibilité; ce morceau suffirait pour faire justice d'une telle opinion: « La grandeur de l'esprit de Bossuet, dit fort bien M. Nisard, a caché à beaucoup de gens sa sensibilité, comme la douceur des vers de Racine leur cache sa vigueur et sa force. » *Histoire de la littérature française*, t. IV. p. 238.

2. *Parmi* s'employait bien, au dix-septième siècle, même devant un singulier.

nuit et jour pour vous trouver des remèdes. Mais vous avez aliéné leur esprit, et le prophète Jérémie me les représente vous condamnant eux-mêmes sans miséricorde[1].

(Sermon[2] pour le Jeudi de la 2ᵉ semaine de Carême.)

Image de l'âme humaine.

Je me suis levé pendant la nuit avec David, « pour voir vos cieux qui sont les ouvrages de vos doigts, la lune et les étoiles que vous avez fondées[3]. » Qu'ai-je vu, ô Seigneur, et quelle admirable image des effets de votre lumière infinie ! Le soleil s'avançait, et son approche se faisait connaître par une céleste blancheur qui se répandait de tous côtés[4] : les étoiles étaient disparues, et la lune s'était levée avec son

---

1. Un poëte contemporain (M. Victor Hugo), dans une fort belle pièce intitulée *Pour les pauvres*, a rencontré des images analogues :

> Donnez ! il vient un jour où la terre nous laisse ;
> Vos aumônes là-haut vous font une richesse.
> Donnez, afin qu'on dise : Il a pitié de nous !
> Afin que l'indigent que glacent les tempêtes,
> Que le pauvre qui souffre à côté de vos fêtes,
> Au seuil de vos palais fixe un œil moins jaloux !
>
> Donnez pour être aimés du Dieu qui se fit homme,
> Pour que le méchant même en s'inclinant vous nomme,
> Pour que votre foyer soit calme et fraternel ;
> Donnez, afin qu'un jour, à votre heure dernière,
> Contre tous vos péchés, vous ayez la prière
> D'un *mendiant puissant au ciel*.

2. Les sermons de Bossuet n'ont été publiés que longtemps après sa mort, en 1772. Nommé en 1669 à l'évêché de Condom, Bossuet avait prêché cette année même sa dernière station de l'Avent, en présence de Louis XIV : tout entier à ses nouveaux devoirs, il ne reparut plus que rarement dans les chaires de la capitale. Tel était son dédain pour la gloire, qu'il ne daigna jamais mettre ses sermons au net. Les originaux autographes furent trouvés dans les papiers de M. le président de Chazot, dépositaire des manuscrits de Bossuet.

3. *Psaumes*, VIII, 4.

4. Comparez le vers de Racine (*Athalie*, 1, 1) :

> Et du temple déjà l'aube blanchit le faîte,

et celui d'Euripide au début d'*Iphigénie à Aulis* :

> . . . . . Λευκαίνει τόδε φῶς ἤδη
> Λάμπουσ' ἠώς. . . . . .

croissant, d'un argent si beau et si vif, que les yeux en étaient charmés. Elle semblait vouloir honorer le soleil, en paraissant claire et illuminée par le côté qu'elle tournait vers lui ; tout le reste était obscur et ténébreux, et un petit demi-cercle recevait seulement dans cet endroit-là un ravissant éclat par les rayons du soleil, comme du père de la lumière. Quand il la voit de ce côté, elle reçoit une teinte de lumière : plus il la voit, plus sa lumière s'accroît. Quand il la voit tout entière, elle est dans son plein ; et plus elle a de lumière, plus elle fait honneur à celui d'où elle lui vient. Mais voici un nouvel hommage qu'elle rend à son céleste illuminateur. A mesure qu'il approchait, je la voyais disparaître ; le faible croissant diminuait peu à peu ; et quand le soleil se fut montré tout entier, sa pâle et débile lumière, s'évanouissant [1], se perdit dans celle du grand astre qui paraissait, dans laquelle elle fut comme absorbée. On voyait bien qu'elle ne pouvait avoir perdu sa lumière par l'approche du soleil qui l'éclairait ; mais un petit astre cédait au grand, une petite lumière se confondait avec la grande ; et la place du croissant ne parut plus dans le ciel, où il tenait auparavant un si beau rang parmi les étoiles.

Mon Dieu, lumière éternelle, c'est la figure de ce qui arrive à mon âme quand vous l'éclairez. Elle n'est illuminée que du côté que vous la voyez : partout où vos rayons ne pénètrent pas, ce n'est que ténèbres ; et quand ils se retirent tout à fait, l'obscurité et la défaillance sont entières. Que faut-il donc que je fasse, ô mon Dieu, sinon de reconnaître de vous [2] toute la lumière que je reçois ? Si vous détournez votre face, une nuit affreuse nous enveloppe, et vous seul êtes la lumière de notre vie. « Le Seigneur est ma lumière et mon salut, qui craindrai-je ? Le Seigneur est le protecteur de ma vie, de qui aurai-je peur [3] ? »

Traité de la Concupiscence, chap. 32.

1. *Acies obtusa,* dit Virgile, *Géorg.* I, 395.
2. Ellipse pour : reconnaître *comme venant* de vous......
3. *Psaumes,* XXVI, 1.

BOURDALOUE.

(1632-1704.)

On a souvent répété que Bourdaloue avait fait entendre le premier, dans la chaire chrétienne, une raison toujours éloquente : c'est une grave erreur, puisque Bossuet, bien que plus jeune de quelques années, avait avant lui prononcé d'excellents sermons. Il faut, de préférence, dire avec l'abbé Maury que « Bourdaloue a été un des plus beaux ouvrages de Bossuet, » qu'il a su imiter à la manière des grands esprits, sans se dépouiller de sa propre originalité. Après avoir partagé les succès et presque la gloire de l'évêque de Meaux, il ne devait lui survivre qu'un mois. Né en effet à Bourges le 20 août 1632, il mourut le 13 mai 1704. Aujourd'hui, sans accorder absolument à Bourdaloue, comme on l'a fait quelquefois, la prééminence sur tous les sermonnaires, on lui conservera une place parmi nos prédicateurs et nos écrivains les plus distingués. Elle est due à la sagesse et à la variété de ses plans, à la solidité, à l'habile disposition et au tissu serré de ses preuves, à l'abondance substantielle de ses développements, à la clarté, à l'énergie et à la noblesse continues de son langage. Son plus bel éloge est dans ces mots du cardinal de Bausset : « Il offre le cours le plus complet et le plus parfait des dogmes et de la morale du christianisme [1]. »

[1]. Une observation justement faite sur les grands orateurs sacrés du siècle de Louis XIV, c'est qu'ils ont tous été des modèles de vertus. Pour connaître celles de Bourdaloue, on lira une lettre de François de Lamoignon, le fils aîné du premier président, l'un de ces magistrats qui, comme son père, furent l'honneur de nos anciens parlements. Adressée *à une personne de ses proches* par ce Lamoignon, dont il ne nous reste aucune autre chose imprimée, cette lettre, admirable de pensée et de style, donne la plus haute idée de celui qui l'a écrite et de celui qui y est loué. On peut en rapprocher un morceau judicieux du père Bretonneau, de la société des jésuites comme Bourdaloue, qui sert de préface aux sermons de celui-ci. — On trouvera aussi dans le chap. 4 du livre de M. Jacquinet (*Des prédicateurs du dix-septième siècle avant Bossuet*) des détails pleins d'intérêt sur les maîtres du célèbre institut qui développèrent le génie de Bourdaloue.

Sermon sur la cérémonie des cendres.

(Extrait.)

Les cendres qu'on nous met sur la tête nous apprennent ce que nous voudrions peut-être ne pas savoir, et ce que nous tâchons tous les jours d'oublier : elles nous apprennent que toutes ces grandeurs dont le monde se glorifie, et dont l'orgueil des hommes se repaît; que cette naissance dont on se pique, que ce crédit dont on se vante, que ces biens dont on s'applaudit, que ces dignités et ces charges dont on se prévaut, que cette beauté, cette valeur, cette réputation dont on est idolâtre, que tout cela, malgré nos préventions et nos erreurs, n'est que vanité et que mensonge[1]. Car, que je m'approche du tombeau d'un grand de la terre, et que j'en examine l'épitaphe : je n'y vois qu'éloges, que titres spécieux[2], que qualités avantageuses, qu'emplois honorables; tout ce qu'il a jamais été et tout ce qu'il a jamais fait y est étalé en termes pompeux et magnifiques. Voilà ce qui paraît au dehors. Mais qu'on me fasse l'ouverture de ce tombeau, et qu'il me soit permis de voir ce qu'il renferme : je n'y vois qu'un cadavre hideux, qu'un tas d'ossements desséchés, qu'un peu de cendres, qui semblent encore se ranimer pour me dire à moi-même : *Memento, homo, quia pulvis es, et in pulverem reverteris*[3].

Fut-il donc jamais un aveuglement plus déplorable que d'idolâtrer un corps qui n'est que poussière et que corruption; un corps destiné à servir de pâture aux vers, et qui bientôt sera, dans le tombeau, l'horreur de toute la nature[4]. Or, voilà le terme de tous les plaisirs des sens; c'est là que se réduisent toutes ces grâces extérieures de

---

1. Bourdaloue excelle, comme Bossuet, dans ces larges et belles énumérations oratoires qui ont l'ampleur de la période latine et sont d'un si puissant effet dans l'éloquence de la chaire.

2. *Pompeux, magnifiques*..... Cet adjectif ne se dit plus guère aujourd'hui que de ce qui a des dehors brillants et trompeurs.

3. Cette vanité de l'homme cherchant à se survivre à lui-même dans la magnificence de son tombeau avait déjà inspiré à Malherbe de beaux vers. Il dit en parlant des grands :

> Et dans ces grands tombeaux, où leurs âmes hautaines
> Font encore les vaines,
> Ils sont mangés des vers.

4. Cf. le *Sermon sur la mort* de Bossuet, surtout le premier point : « .....Il n'y aura plus sur la terre aucun vestige de ce que

beauté, de santé, de teint, qui nous font négliger les précieuses grâces du salut : c'est là qu'elles vont aboutir; à un corps qui commence déjà à se détruire, et qui, après un certain nombre de jours, ne sera plus qu'un affreux cadavre dont on ne pourra même pas supporter la vue[1] !

Sermon sur la passion de Jésus-Christ.

Premier point. La passion de Jésus-Christ est le témoignage le plus éclatant de sa toute-puissance et de sa souveraine sagesse. Car le Christ a souffert et est mort de la seule manière qui pouvait convenir à un Dieu.

L'orateur établira cette proposition sur quatre preuves :

1. Il faut être Dieu pour prédire infailliblement l'avenir. Or c'est ce qu'a fait Jésus-Christ à l'égard de sa passion et de sa mort.

2. Un Dieu seul pouvait faire des miracles en mourant. Or les Juifs et les païens mêmes n'ont pas contesté les miracles opérés par Jésus-Christ mourant. — Réponse à ceux qui contestent au récit des Évangélistes leur caractère de certitude.

3. Il n'appartient qu'à un Dieu de mourir parce qu'il l'a voulu et encore de la manière qu'il l'a voulu. Jésus-Christ a ainsi attesté par sa mort même sa souveraineté et son indépendance.

4. Un Dieu seul pouvait par l'humiliation de sa mort s'élever à une gloire infinie. Or Jésus-Christ a vaincu l'idolâtrie et attiré à lui le monde devenu chrétien.

Nous devons trembler si notre foi résiste aux effets du miracle incontestable et toujours subsistant de la mort du Sauveur[2].

Si jamais les prédicateurs pouvaient, avec quelque sujet apparent, rougir de leur ministère, ne serait-ce pas en ce

nous sommes. La chair changera de nature; le corps prendra un autre nom; même celui de cadavre ne lui demeurera pas longtemps; il deviendra, dit Tertullien, un *je ne sais quoi qui n'a plus de nom dans aucune langue :* tant il est vrai que tout meurt en lui, jusqu'à ces termes funèbres par lesquels on exprimait ses malheureux restes. »

1. Un des prédécesseurs de Bourdaloue dans la chaire, le père de Lingendes, avait déjà présenté avec force ces mêmes considérations dans une savante instruction écrite en latin : *de Cærimonia cinerum.* M. Jacquinet, au chapitre 4 de son livre cité plus haut, établit ce curieux rapprochement pour montrer la distance « de l'ébauche vigoureuse au tableau achevé. »

2. Pour faciliter aux élèves l'intelligence de ce morceau étendu de

jour, où ils se voient obligés de publier les humiliations étonnantes du Dieu qu'ils annoncent, les outrages qu'il a reçus, les faiblesses qu'il a ressenties, ses langueurs, ses souffrances, sa passion, sa mort? Cependant, disait le grand apôtre[1], malgré les ignominies de la croix, je ne rougirai jamais de l'Évangile de mon Sauveur; et la raison qu'il en apporte est aussi surprenante et même encore plus surprenante que le sentiment qu'il en avait : C'est que je sais, ajoutait-il, que l'Évangile de la croix est la vertu de Dieu pour tous ceux qui sont éclairés des lumières de la foi : *Non erubesco Evangelium; virtus enim Dei est omni credenti.* Non-seulement saint Paul n'en rougissait point, mais il s'en glorifiait. Car, à Dieu ne plaise, mes frères, écrivait-il aux Galates[2], que je fasse jamais consister ma gloire dans aucune autre chose que dans la croix de Jésus-Christ : *Mihi autem absit gloriari nisi in cruce Domini nostri Jesu-Christi.* Bien loin que la croix lui donnât de la confusion dans l'exercice de son ministère, il prétendait que, pour soutenir son ministère avec honneur, le plus infaillible moyen était de prêcher la croix de l'homme-Dieu; et qu'en effet il n'y avait rien dans tout l'Evangile de plus grand, de plus merveilleux, de plus propre même à satisfaire des esprits raisonnables et sensés, que ce profond et adorable mystère. Car voilà le sens littéral de ce passage tout divin que j'ai choisi pour mon texte : *Judæi signa petunt, et Græci sapientiam quærunt*[3]. Les Juifs incrédules demandent qu'on leur fasse voir des miracles; les Grecs vains et superbes se piquent de chercher la sagesse : les uns et les autres s'obstinent à ne vouloir croire en Jésus-Christ qu'à ces deux conditions. Et moi, dit l'Apôtre, pour confondre également l'incrédulité des uns et la vanité des autres, je me contente de leur prêcher Jésus-Christ même crucifié : pourquoi? Parce que c'est, par excellence, le miracle de la force de Dieu, et tout ensemble le chef-d'œuvre de la sagesse de Dieu. Miracle de la force de Dieu, qui seul doit tenir lieu aux Juifs de tout autre miracle : *Christum crucifixum, Dei virtutem.* Chef-d'œuvre de la sagesse de

---

Bourdaloue, nous en avons tracé le plan avec toute l'exactitude possible. C'est là un utile exercice que nous ne saurions leur trop recommander. Il est nécessaire de s'habituer de bonne heure à ramener ainsi ses lectures à quelques idées nettes et essentielles qui sont comme la trame solide dissimulée sous l'ampleur et la richesse des développements.

1. Saint Paul, *Épître aux Romains*, I, 16.
2. VI, 14.
3. Saint Paul, 1re *Épître aux Corinthiens*, 1, 22.

Dieu, qui seul est plus que suffisant pour soumettre les gentils au joug de la foi et pour les faire renoncer à toutes la sagesse mondaine : *Christum crucifixum, Dei sapientiam*[1].

Admirable idée que concevait le docteur des nations, se représentant toujours la passion du Sauveur des hommes comme un mystère de puissance et de sagesse. Or c'est à cette idée, chrétiens, que je m'attache, parce qu'elle m'a paru, d'une part, plus propre à vous édifier et, de l'autre, plus digne de Jésus-Christ, dont j'ai à vous faire aujourd'hui l'éloge funèbre. Car il ne s'agit pas ici de pleurer la mort de cet Homme-Dieu. Nos larmes, si nous avons à les répandre, doivent être réservées pour un autre usage ; et nous ne pouvons ignorer quel est cet usage que nous en devons faire, après que Jésus-Christ lui-même nous l'a si positivement et si distinctement marqué, lorsqu'allant au calvaire il dit aux filles de Jérusalem : Ne pleurez point sur moi, mais sur vous. Il ne s'agit pas, dis-je, de pleurer sa mort, mais il s'agit de la méditer, il s'agit d'en approfondir le mystère, il s'agit d'y reconnaître le dessein de Dieu, ou plutôt l'ouvrage de Dieu ; il s'agit d'y trouver l'établissement et l'affermissement de notre foi : et c'est, avec la grâce de mon Dieu, ce que j'entreprends. On vous a cent fois touchés et attendris par le récit douloureux de la passion de Jésus-Christ, et je veux, moi, vous instruire. Les discours pathétiques et affectueux que l'on vous a faits ont souvent ému vos entrailles, mais peut-être d'une compassion stérile, ou tout au plus d'une componction passagère, qui n'a pas été jusqu'au changement de vos mœurs. Mon dessein est de convaincre votre raison, et de vous dire quelque chose encore de plus solide, qui désormais serve de fond à tous les sentiments de piété que ce mystère peut inspirer. En deux mots, mes chers auditeurs, qui allez partager cet entretien, vous n'avez peut-être jusqu'à présent considéré la mort du Sauveur que comme le mystère de son humilité et de sa faiblesse ; et moi je vais vous montrer que c'est dans ce mystère qu'il a fait paraître toute l'étendue de sa puissance....

Qu'un Dieu, comme Dieu, agisse en maître et en souverain, qu'il ait créé d'une parole le ciel et la terre, qu'il fasse des prodiges dans l'univers, et que rien ne résiste à sa puissance, c'est une chose, chrétiens, si naturelle pour lui, que ce n'est presque pas un sujet d'admiration pour nous. Mais qu'un Dieu souffre, qu'un Dieu expire dans les tourments,

---

1. Saint Paul, Ire *Épître aux Corinthiens*, ch. I, 23 et 24.

qu'un Dieu, comme parle l'Écriture, goûte la mort, lui qui possède seul l'immortalité, c'est ce que ni les anges ni les hommes ne comprendront jamais. Je puis donc bien m'écrier avec le prophète[1] : *Obstupescite, cœli :* O cieux, soyez-en saisis d'étonnement! Car voici ce qui passe toutes nos vues, et ce qui demande toute la soumission et toute l'obéissance de notre foi ; mais aussi est-ce dans ce grand mystère que notre foi a triomphé du monde : *Et hæc est victoria quæ vincit mundum, fides nostra.* Il est vrai, chrétiens : Jésus-Christ a souffert, et il est mort. Mais en vous parlant de sa mort et de ses souffrances, je ne crains pas d'avancer une proposition que vous traiteriez de paradoxe si les paroles de mon texte ne vous avaient disposés à l'écouter avec respect, et je prétends que Jésus-Christ a souffert et qu'il est mort en Dieu, c'est-à-dire d'une manière qui ne pouvait convenir qu'à un Dieu....

La seule exposition des choses va vous en convaincre. En effet, un homme qui meurt après avoir prédit lui-même clairement toutes les circonstances de sa mort; un homme qui meurt en faisant des miracles, et les plus grands miracles, pour montrer qu'il n'y a rien que de surhumain et de divin dans sa mort; un homme dont la mort, bien considérée, est elle-même le plus grand de tous les miracles, puisque bien loin de mourir par défaillance, comme le reste des hommes, il meurt au contraire par un effort de sa toute-puissance; mais ce qui surpasse tout le reste, un homme qui par l'infamie de sa mort parvient à la plus haute gloire, et qui, expirant sur la croix, triomphe par sa croix même du prince du monde, dompte par sa croix l'orgueil du monde, érige sa croix sur les ruines de l'idolâtrie et de l'infidélité du monde, n'est-ce pas un homme qui meurt en Dieu, ou, si vous voulez, un Homme-Dieu[2]? Ne séparons point ces quatre preuves, et vous avouerez qu'il n'y a point d'esprit raisonnable, ni même d'esprit opiniâtre, qui n'en doive être touché. Venons au détail.

Non, chrétiens, il n'appartient qu'à un Dieu de pénétrer dans l'avenir jusqu'à l'avoir absolument en sa puissance, et jusqu'à pouvoir dire infailliblement et en maître : Cela sera, quoique la chose dépende d'une infinité de causes libres qui y doivent concourir. Il n'appartient qu'à un Dieu de connaître distinctement et par soi-même le fond des cœurs et d'en révéler les plus intimes secrets, les intentions

1. Jérémie, II.
2. De ce sermon de Bourdaloue sur la passion on pourra rapprocher celui de Massillon sur le même sujet, où il montre aussi le Christ *couronné* par une affreuse mort, *marque de royauté.*

les plus cachées, jusqu'à savoir mieux ce qui est ou ce qui sera dans la pensée et dans la volonté de l'homme que l'homme même. Or c'est ce qu'a fait Jésus-Christ à l'égard de sa passion et de sa mort. Je m'explique. A l'entendre parler de sa passion longtemps avant sa passion même, et sans que les Juifs eussent encore formé nul dessein contre lui, on dirait qu'il en parle comme d'un événement déjà arrivé et dont il raconte l'histoire : tant il est exact à en marquer jusqu'aux moindres circonstances ; et, à le voir le jour de sa mort subir les différents supplices qu'il endure, on croirait que les bourreaux qui le tourmentent sont moins les exécuteurs des jugements rendus contre sa personne que de ses prédictions.... C'est moi, disait-il à ses disciples, en les entretenant de sa mort prochaine, c'est moi qui suis cet homme de douleur annoncé par Isaïe[1]. C'est moi qui vais remplir jusques à un point tout ce qui en est écrit. Nous voici arrivés au terme de la consommation des choses, et vous en allez être les spectateurs et les témoins. Mais il m'importe que dès maintenant vous en soyez avertis, afin que dans la suite vous n'en soyez pas troublés.

Aussi tout ce que cet adorable Sauveur leur avait marqué des livres de Moïse et des prophètes, comme se rapportant à lui, s'exécuta-t-il bientôt après, et à la lettre, dans la sanglante catastrophe de sa passion et de sa mort. Mais ce que j'ajoute doit faire encore plus d'impression sur vous. Il meurt, cet Homme-Dieu, faisant des miracles; et quels miracles! Ah! chrétiens, y en eut-il jamais et jamais y en aura-t-il de plus éclatants! Tout mourant qu'il est, il fait trembler la terre, il ouvre les sépulcres, il ressuscite les morts, il déchire le voile du temple, il obscurcit le soleil : prodiges aussi surprenants qu'inouïs, prodiges dont les soldats furent tellement émus, qu'ils s'en retournèrent convertis, mais du reste, remarque saint Augustin[2], convertis par l'efficacité du même sang qu'ils avaient répandu : *Ipso redempti sanguine quem fuderunt.* Que dis-je, que saint Matthieu n'ait pas rapporté en termes exprès[3]? *Viso terræ motu, et his quæ fiebant, timuerunt valde, dicentes : Vere filius Dei erat iste.* Je sais qu'il s'est trouvé, jusque dans le christianisme, des impies plus ennemis de Jésus-Christ que les Juifs et les païens mêmes, qui n'ont point eu honte de contester la vérité de ces miracles, prétendant qu'ils

---

1. C. 50, 52 et 53. Cf. saint Augustin, *de Civitate Dei*, XVIII, 29; *Enarrat. in Psalm.*, LXVIII, serm. I.
2. Voy. à ce sujet *Sermo CCXVIII, de Passione Domini.*
3. *Évang.*, chap. XXVII.

pouvaient être supposés; que, par un dessein formé, les évangélistes avaient pu s'accorder entre eux pour les publier à la gloire de leur maître. Mais c'est ici que l'impiété, pour me servir du terme de l'Ecriture[1], se confond elle-même, et qu'en s'élevant contre Dieu elle fait paraître autant d'ignorance que de malignité. Car sans examiner combien ce doute est téméraire, puisqu'il n'a point d'autre fondement que la prévention et l'esprit de libertinage[2], il faudrait montrer, dit saint Augustin[3], quel intérêt auraient eu les évangélistes à publier ces miracles de Jésus-Christ, s'ils eussent été persuadés que c'étaient de faux miracles. N'est-il pas évident que tout le fruit qu'ils en devaient attendre, et qui leur en revint, fut la haine publique, les persécutions, les fers, les tourments les plus cruels? Bien loin donc de croire qu'ils eussent pris plaisir à inventer et à débiter ces miracles, dont ils auraient connu la fausseté, il faudrait plutôt s'étonner que, les ayant même connus pour vrais, ils eussent eu assez de force pour en rendre, aux dépens de leur propre vie, le témoignage qu'ils en ont rendu[4]. De plus, poursuit saint Augustin, le style seul dont les évangélistes ont écrit l'histoire de Jésus-Christ et de sa passion, leur simplicité, leur naïveté, font bien voir qu'ils n'écrivaient pas en hommes passionnés et prévenus, mais en témoins fidèles et irréprochables de la vérité, dont ils furent les martyrs jusqu'à l'effusion de leur sang. Ce n'est pas tout : car si ces miracles étaient supposés, les juifs, à qui il importait tant de découvrir l'imposture, et qui ne manquaient pas alors d'écrivains célèbres, n'eussent-ils pas pris soin d'en détromper le monde? Ne se fussent-ils pas inscrits contre? et c'est néanmoins ce qu'ils n'ont jamais fait, et ce qu'ils ne font pas même encore, puisque leurs propres auteurs, et Josèphe entre les autres, les démentiraient. Cette éclipse universelle, arrivée contre le cours de la na-

1. *Proverbes*, XIII, 5.
2. Le *libertin* se disait, au dix-septième siècle, de celui qui ne voulait pas s'assujettir aux lois de la religion.
3. *De Civitate Dei*, XVIII. 50.
4. Il sera curieux de retrouver chez Pascal la même pensée exprimée dans ce langage passionné et hardi jusqu'à la familiarité qui est le caractère de son génie : « L'hypothèse des apôtres fourbes est absurde. Qu'on la suive tout au long; qu'on s'imagine ces douze hommes, assemblés après la mort de Jésus-Christ, faisant le complot de dire qu'il est ressuscité : ils attaquent par là toutes les puissances. Le cœur des hommes est étrangement penchant à la légèreté, au changement, aux promesses, aux biens. Si peu qu'un de ceux-là se fût démenti par tous ces attraits, et qui plus est par les prisons, par les tortures et par la mort, ils étaient perdus. Qu'on suive cela. »

ture, eut quelque chose de si prodigieux et de si remarquable, que Tertullien, deux siècles après, en parlait encore aux païens, magistrats de Rome, comme d'un fait dont ils conservaient la tradition dans leurs archives[1].

Que dirai-je de ce fameux criminel crucifié avec Jésus-Christ, et tout à coup converti par ce même Sauveur? Ce changement si subit, qui d'un scélérat fit un vaisseau d'élection et de miséricorde[2], pouvait-il être l'effet d'une persuasion humaine, et ne partait-il pas visiblement d'un principe surnaturel et divin? Si Jésus-Christ n'eût agi en Dieu, eût-il pu, mourant sur la croix, faire connaître à ce malheureux et confesser sa divinité? Et ce miracle de la grâce ne sert-il pas encore à confirmer tous les prodiges de la nature dont le ciel et la terre, comme de concert, honorèrent ce Dieu agonisant et expirant?....

Il n'y eut qu'un miracle que Jésus-Christ ne voulut pas faire dans sa passion : c'était de se sauver lui-même, comme lui proposaient ses ennemis, l'assurant qu'ils croiraient en lui s'il descendait de la croix: *Si rex Israel est, descendat nunc de cruce, et credimus ei*[3]. Mais pourquoi ne le fit-il pas, ce miracle? On en voit aisément la raison, dit saint Augustin : c'est que ce seul miracle eût détruit tous les autres, et arrêté le grand ouvrage qu'il avait entrepris et à quoi[4] tous les autres miracles se rapportaient comme à leur fin, savoir, l'ouvrage de la rédemption des hommes qui devait être consommé sur la croix. D'ailleurs ses ennemis, préoccupés de leur passion, auraient aussi peu déféré à ce miracle qu'à celui de la résurrection de Lazare. Car si l'évidence du fait qui les obligea de convenir que Lazare mort, et enseveli depuis quatre jours, était incontestablement ressuscité, au lieu de les déterminer à croire en Jésus-Christ, leur fit prendre la résolution de le perdre, parce que ce n'était plus la raison, mais la passion, qui présidait à leurs conseils, peut-on juger que le voyant descendre de la croix ils eussent été de meilleure foi, et plus disposés à lui rendre la gloire qui lui était due? Mais cet abandon de sa propre cause, et par conséquent de sa vie; cette tranquillité et cette paix au milieu des insultes les plus outrageantes; cette détermination à supporter tout sans en demander justice, sans prendre personne à partie, sans former la moindre plainte; cette charité héroïque qui lui fait

---

1. Voy. l'*Apologét.*, chap. XXI; cf. saint Augustin, *Epist.*, class. III, 199.
2. Termes bibliques : un élu de Dieu, un objet de sa miséricorde.
3. Saint Matthieu, *Evang.*, passage cité.
4. *Auquel*, écrirait-on aujourd'hui.

excuser en mourant ses persécuteurs[1] : tout cela, je dis tous ces miracles de patience, dans un homme d'ailleurs d'une conduite irréprochable et pleine de sagesse, n'étaient-ils pas plus miraculeux que s'il eût pensé à se tirer des mains de ses bourreaux et qu'il se fût détaché de la croix?

Il n'est donc mort que parce qu'il l'a voulu, et même encore de la manière qu'il l'a voulu : ce qui n'appartient, dit saint Augustin[2], qu'à un Homme-Dieu, et ce qui marque dans la mort même la souveraineté et l'indépendance de Dieu. Or voilà, chrétiens, sur quoi j'ai fondé cette autre proposition, que la mort de Jésus-Christ, bien considérée en elle-même, avait été non-seulement un miracle, mais le plus singulier de tous les miracles. Pourquoi? parce qu'au lieu que les autres hommes meurent par faiblesse, meurent par violence, meurent par nécessité, il est mort, je ne dis pas précisément par choix et par une disposition libre de sa volonté, mais par un effet de son absolue puissance. En sorte que jamais il n'a fait, comme Fils de Dieu et comme Dieu, un plus grand effort de cette puissance absolue que dans le moment où il consentit que son âme bienheureuse fût séparée de son corps. Ce fut donc lui-même qui se sacrifia, lui-même qui détruisit, au moins pour quelques jours, cet adorable composé d'un corps souffrant et d'une âme glorieuse, en un mot, lui-même qui se fit mourir. Car ce ne furent point les bourreaux qui lui ôtèrent la vie, mais il la quitta de lui-même.

Concluons par une dernière preuve, mais essentielle; c'est de voir un homme que l'ignominie de sa mort, que la confusion, l'opprobre, l'humiliation infinie de sa mort, élève à toute la gloire que peut prétendre un Dieu : tellement qu'à son seul nom, et en vue de sa croix, les plus hautes puissances du monde fléchissent les genoux et se prosternent pour lui faire hommage de leur grandeur : *Humiliavit semet ipsum, factus obediens usque ad mortem, mortem autem crucis. Propter quod et Deus exaltavit illum : ut in nomine Jesu omne genu flectatur, cœlestium, terrestrium et infernorum.* Voilà ce que Dieu révélait à saint Paul[3] dans un temps, remarque bien importante, dans un temps où tout semblait s'opposer à l'accomplissement de cette prédiction; dans un temps où, selon toutes les vues de la prudence humaine, cette prédiction devait passer

---

1. Voyez, pour tous ces détails, l'*Évangile* cité, chap. XXVI et XXVII.
2. Voy. le *Sermon* cité *de Passione Domini:* cf. *Enarrat. in Psalm.*, XXXIV et LXXXVI.
3. *Epit. aux Philip.*, II, 8, 9 et 10.

pour chimérique; dans un temps où le nom de Jésus-Christ était en horreur. Toutefois ce qu'avait dit l'Apôtre est arrivé : ce qui fut pour les chrétiens de ce temps-là un point de foi a cessé en quelque façon de l'être pour nous, puisque nous sommes témoins de la chose et qu'il ne faut plus captiver nos esprits pour la croix. Les puissances de la terre fléchissent maintenant les genoux devant ce crucifié. Les princes, et les plus grands de nos princes, sont les premiers à nous en donner l'exemple, et il n'a tenu qu'à nous, les voyant en ce saint jour au pied de l'autel adorer Jésus-Christ sur la croix, de nous consoler et de nous dire à nous-mêmes : Voilà ce que m'avait prédit saint Paul; et ce que du temps de saint Paul j'aurais rejeté comme un songe, c'est ce que je vois et de quoi je ne puis douter. Or, un homme, mes chers auditeurs, dont la croix, selon la belle expression de saint Augustin[1], a passé du lieu infâme des supplices sur le front des monarques et des empereurs, un homme qui sans autre secours, sans autres armes, par la vertu seule de la croix, a vaincu l'idolâtrie, a triomphé de la superstition, a détruit le culte des faux dieux, a conquis tout l'univers, au lieu que les plus grands rois de l'univers ont besoin pour les moindres conquêtes de tant de secours : un homme qui, comme le chante l'Eglise, a trouvé le moyen de régner par où les autres cessent de vivre, c'est-à-dire par le bois qui fut l'instrument de sa mort; et ce qui est encore plus merveilleux, un homme qui pendant sa vie avait expressément marqué que tout cela s'accomplirait, et que du moment qu'il serait élevé de la terre, il attirerait tout à lui; un tel homme n'est-il pas plus qu'homme? N'est-il pas homme et Dieu tout ensemble? Quelle vertu la croix où nous le contemplons n'a-t-elle pas eue pour le faire adorer des peuples? Combien d'apôtres de son Évangile, combien d'imitateurs de ses vertus, combien de confesseurs, combien de martyrs, combien d'âmes saintes dévouées à son culte, combien de disciples zélés pour sa gloire; disons mieux, combien de nations, combien de royaumes, combien d'empires n'a-t-il pas attirés à lui par le charme secret, mais tout-puissant, de cette croix? *Christum crucifixum, Dei virtutem.*

Ah! mes frères, les pharisiens voyaient les miracles de ce Dieu sacrifié, et ils ne se convertissaient pas. C'est ce que nous avons peine à comprendre. Mais ce qui se passe dans nous est-il moins incompréhensible? car nous voyons actuellement un miracle de la mort de Jésus-Christ encore

---

[1]. Il l'a répétée plusieurs fois : *Enarrat. in Psalm.*, LIV, LVI, XCV, CXLI.

plus grand, un miracle subsistant, un miracle avéré et incontestable, je veux dire le triomphe de sa croix, le monde converti, le monde devenu chrétien, le monde sanctifié par sa croix; nous le voyons, et notre foi, malgré ce miracle, est toujours languissante et chancelante : voilà ce que nous devons pleurer, et ce qui nous doit faire trembler. Mais pour profiter de ce mystère, au lieu de trembler et de pleurer par le sentiment d'une dévotion passagère et superficielle, tremblons et pleurons dans l'esprit d'une salutaire componction. Jésus-Christ mourant a fait des miracles : il faut qu'il en fasse encore un qui doit être le couronnement de tous les autres, et c'est le miracle de notre conversion. Il a fait fendre les pierres, il a ouvert les tombeaux, il a déchiré le voile du temple. Il faut que la vue de sa croix fasse fendre nos cœurs, peut-être plus durs que les pierres. Il faut qu'elle ouvre nos consciences, peut-être jusqu'à présent fermées comme des tombeaux. Il faut qu'elle déchire notre chair, cette chair de péché, par les saintes rigueurs de la pénitence. Car pourquoi ce Dieu mourant ne nous convertira-t-il pas, puisqu'il a bien converti les auteurs de sa mort? et quand nous convertira-t-il, si ce n'est en ce grand jour où son sang coule avec abondance pour notre salut et notre sanctification[1]?

Sermon pour le Vendredi-Saint.

[1]. Ce fragment, généralement regardé comme un des chefs-d'œuvre de l'éloquence chrétienne, suffirait pour justifier l'admiration que madame de Sévigné accordait à Bourdaloue, dont elle suivait les sermons avec beaucoup d'assiduité, *quoique la presse y fût à mourir* (voy. les Lettres des 26 et 27 mars 1671). Elle écrivait vers le même moment à sa fille : « Le père Bourdaloue prêche : bon Dieu! tout est au-dessous des louanges qu'il mérite : » lettre du 11 mars 1671. Cons. encore celles du 5 février 1674, du 3 et du 25 avril 1687, etc. Il faut voir aussi l'éloge que fait l'abbé Maury du morceau que nous avons emprunté à Bourdaloue, et en général « de ce grand dialecticien, touchant et pathétique, lorsque la matière le comporte : » *Discours sur les sermons de Bossuet.* Cf. l'*Essai sur l'éloquence de la chaire*, c. LVII, et Fénelon, *Mémoire sur les occupations de l'Académie*, t. XXI, Lebel, 1824, p. 153.

LA BRUYÈRE.

(1646-1696.)

Né en 1646 à Dourdan (Seine-et-Oise), La Bruyère, dont les talents devaient tant occuper la postérité, vécut, par l'effet de sa modestie, presque obscur : de là beaucoup d'incertitude sur tout ce qui le concerne et même sur la date de sa naissance [1]. Il avait cependant été attaché à la cour ; mais chargé d'enseigner l'histoire au petit-fils du grand Condé, qui tira trop peu de fruit des leçons d'un tel maître, il ne profita de sa situation auprès du prince, qu'il ne quitta plus, que comme d'un poste favorable d'observation pour étudier et peindre les sentiments et les passions des hommes, surtout leurs prétentions et leurs travers. Ce fut en 1696, trois ans après avoir été reçu, non sans lutte et sans peine, à l'Académie française, que mourut ce rare écrivain, qui, à côté de quelques tours laborieux et de quelques remarques subtiles, offre une abondance incroyable de justes et piquantes réflexions, de pensées solides et de formes heureuses [2].

Des ouvrages de l'esprit.

Du goût et du discernement dans les ouvrages de l'esprit. — Des règles de la tragédie et de ceux qui chez nous y ont excellé. — De l'art d'écrire et de ce qui en fait la perfection.

L'on devrait aimer à lire ses ouvrages à ceux qui en savent assez pour les corriger et les estimer.

---

1. Nous l'avons fixée d'après les dernières recherches de M. Walckenaer.
2. Il faut voir sur La Bruyère une courte mais belle appréciation de Vauvenargues ; l'agréable notice de Suard, écrite en 1782, un chapitre du *Génie du Christianisme*, l'*Eloge* de Victorin Fabre, couronné par l'Académie française en 1810 ; enfin, plus récemment, un article de M. Sainte-Beuve (*Revue des deux mondes*, 1er juillet 1836), et l'étude publiée par M. Walckenaer en tête des *Caractères*, qu'il a éclaircis par d'excellentes notes (1845). Une édition classique de M. Hellen mérite aussi d'être rappelée (1864).

Ne vouloir être ni conseillé ni corrigé sur son ouvrage est un pédantisme[1].

Il faut qu'un auteur reçoive avec une égale modestie les éloges et la critique que l'on fait de ses ouvrages.

Entre toutes les différentes expressions qui peuvent renfermer une seule de nos pensées, il n'y en a qu'une qui soit la bonne ; on ne la rencontre pas toujours en parlant ou en écrivant : il est vrai néanmoins qu'elle existe, que tout ce qui ne l'est point est faible, et ne satisfait point un homme d'esprit qui veut se faire entendre[2].

Un bon auteur, et qui écrit avec soin, éprouve souvent que l'expression qu'il cherche depuis longtemps sans la connaître, et qu'il a enfin trouvée, est celle qui était la plus simple, la plus naturelle, qui semblait devoir se présenter d'abord et sans efforts.

Ceux qui écrivent par humeur[3] sont sujets à retoucher à leurs ouvrages : comme elle n'est pas toujours fixe, et qu'elle varie en eux selon les occasions, ils se refroidissent bientôt pour les expressions et les termes qu'ils ont le plus aimés.

La même justesse d'esprit qui nous fait écrire de bonnes choses nous fait appréhender qu'elles ne le soient pas assez pour mériter d'être lues.

1. C'était aussi l'avis de Boileau ; l'heureux hasard du rapprochement nous permet de citer un portrait finement tracé du célèbre satirique qui semble le développement naturel de la pensée de La Bruyère : « Selon certaines gens, un pédant est un savant nourri dans les collèges, et rempli de grec et de latin, qui admire aveuglément tous les auteurs anciens ; qui ne croit pas que l'on puisse faire de nouvelles découvertes dans la nature, ni aller plus loin qu'Aristote, Épicure, Hippocrate, Pline ; qui croirait faire une espèce d'impiété, s'il avait trouvé quelque chose à redire dans Virgile.... Voilà l'idée que certains hommes se forment du pédant : ils seraient donc bien surpris, si on leur disait qu'un pédant est presque tout le contraire de ce tableau ; qu'un pédant est un homme plein de lui-même qui, avec un médiocre savoir, décide hardiment de toutes choses ; qui se vante sans cesse d'avoir fait de nouvelles découvertes ; qui traite de haut en bas Aristote, Épicure, Hippocrate, Pline ; qui blâme tous les auteurs anciens ; qui trouve à la vérité quelques endroits passables dans Virgile, mais qui y trouve aussi beaucoup d'endroits dignes d'être sifflés....; en un mot, qui ne compte pour rien de heurter sur cela les sentiments de tous les hommes. »

2. Il ne faut pas conclure de là, ce qui serait trop rigoureux, qu'il n'y ait qu'une manière de bien traiter un sujet. Quintilien a dit avec raison : « Si uno tantum genere bene diceretur, fas erat existimari præclusam nobis a prioribus viam, nunc vero innumerabiles sunt modi, plurimæque eodem viæ ducunt. » *Inst. or.*, X, 5.

3. C'est-à-dire avec caprice et passion.....

Un esprit médiocre croit écrire divinement[1]; un bon esprit croit écrire raisonnablement.

L'on m'a engagé, dit *Ariste*[2], à lire mes ouvrages à *Zoïle* : je l'ai fait ; ils l'ont saisi d'abord, et, avant qu'il ait eu le loisir de les trouver mauvais, il les a loués modestement en ma présence ; et il ne les a pas loués depuis devant personne : je l'excuse, et je n'en demande pas davantage à un auteur ; je le plains même d'avoir écouté de belles choses qu'il n'a point faites.

Ceux qui, par leur condition, se trouvent exempts de la jalousie d'auteur ont ou des passions ou des besoins qui les distraient et les rendent froids sur les conceptions d'autrui : personne presque, par la disposition de son esprit, de son cœur et de sa fortune, n'est en état de se livrer au plaisir que donne la perfection d'un ouvrage.

Le plaisir de la critique[3] nous ôte celui d'être vivement touché de très-belles choses.

Bien des gens vont jusques à sentir le mérite d'un manuscrit qu'on leur lit, qui ne peuvent se déclarer en sa faveur, jusques à ce qu'ils aient vu le cours qu'il aura dans le monde par l'impression, ou quel sera son sort parmi les habiles : ils ne hasardent point leurs suffrages, et ils veulent être portés par la foule et entraînés par la multitude ; ils disent alors qu'ils ont les premiers approuvé cet ouvrage, et que le public est de leur avis.

Ces gens laissent échapper les plus belles occasions de nous convaincre qu'ils ont de la capacité et des lumières, qu'ils savent juger, trouver bon ce qui est bon et meilleur ce qui est meilleur. Un bel ouvrage tombe entre leurs mains : c'est un premier ouvrage, l'auteur ne s'est pas encore

---

1. Horace dit aussi en parlant de ces *esprits médiocres* (Ép. II. I, 106) :
>Gaudent scribentes et se venerantur, et ultro
>Si taceas, laudant quidquid scripsere, beati.

Et Boileau (Art poét., I) :
>L'ignorance toujours est prête à s'admirer.

2. Pour animer ses récits ou ses tableaux, La Bruyère introduit à tout moment dans son livre des noms de convention : sans imiter les commentateurs, qui ont cherché à découvrir sous ces dénominations les contemporains que l'auteur avait voulu désigner, nous nous bornerons à remarquer qu'il les a choisies très-heureusement, de manière à peindre d'ordinaire la situation, ou le caractère de ses personnages, par les racines mêmes d'où elles sont tirées.

3. Rapprochez de cette pensée la scène de la *Critique de l'École des Femmes* citée dans le même recueil, page 20.

fait un grand nom, il n'a rien qui prévienne en sa faveur ; il ne s'agit point de faire sa cour ou de flatter les grands en applaudissant à ses écrits : on ne vous demande pas, *Zélotes*, de vous récrier : « C'est un chef-d'œuvre de l'esprit; l'humanité ne va pas plus loin : c'est jusqu'où la parole humaine peut s'élever; on ne jugera à l'avenir du goût de quelqu'un qu'à proportion qu'il en aura pour cette pièce : » phrases outrées, dégoûtantes, qui sentent la pension ou l'abbaye[1]; nuisibles à cela même qui est louable et qu'on veut louer. Que ne disiez-vous seulement : Voilà un bon livre; vous le dites, il est vrai, avec toute la France, avec les étrangers comme avec vos compatriotes, quand il est imprimé par toute l'Europe, et qu'il est traduit en plusieurs langues : il n'est plus temps.

Quelques-uns de ceux qui ont lu un ouvrage en rapportent certains traits dont ils n'ont pas compris le sens, et qu'ils altèrent encore par tout ce qu'ils y mettent du leur; et ces traits ainsi corrompus et défigurés, qui ne sont autre chose que leurs propres pensées et leurs expressions, ils les exposent à la censure, soutiennent qu'ils sont mauvais, et tout le monde convient qu'ils sont mauvais : mais l'endroit de l'ouvrage que ces critiques croient citer, et qu'en effet ils ne citent point, n'en est pas pire.

Que dites-vous du livre d'*Hermodore?* — Qu'il est mauvais, répond *Anthime*. — Qu'il est mauvais? — Qu'il est tel, continue-t-il, que ce n'est pas un livre, ou qui mérite du moins que le monde en parle. — Mais l'avez-vous lu? — Non, dit Anthime. Que n'ajoute-t-il que *Fulvie* et *Mélanie* l'ont condamné sans l'avoir lu, et qu'il est ami de Fulvie et de Mélanie.

Arsène, du plus haut de son esprit[2], contemple les hommes; et, dans l'éloignement d'où il les voit, il est comme effrayé de leur petitesse : loué, exalté, et porté jusqu'aux cieux par de certaines gens qui se sont promis de s'admirer réciproquement, il croit, avec quelque mérite qu'il a, posséder tout celui qu'on peut avoir, et qu'il n'aura jamais : occupé et rempli de ces sublimes idées, il se donne à peine le loisir de prononcer quelques oracles; élevé par son caractère au-dessus des jugements humains, il abandonne aux âmes communes le mérite d'une vie suivie et uniforme, et il n'est responsable de ses inconstances qu'à ce cercle d'amis qui les idolâtrent; eux seuls savent juger,

---

1. Ellipse heureuse, pour : qui sentent, annoncent le désir qu'on a d'obtenir une pension ou une abbaye....

2. Voir le portrait de Damis tracé par Molière (le *Misanthrope*, II, 5).

savent penser, savent écrire, doivent écrire[1] ; il n'y a point d'autre ouvrage d'esprit si bien reçu dans le monde et si universellement goûté des honnêtes gens[2], je ne dis pas qu'il veuille approuver, mais qu'il daigne lire : incapable d'être corrigé par cette peinture, qu'il ne lira point[3].

Théocrine sait des choses assez inutiles, il a des sentiments toujours singuliers ; il est moins profond que méthodique, il n'exerce que sa mémoire : il est abstrait, dédaigneux, et il semble toujours rire en lui-même de ceux qu'il croit ne le valoir pas : le hasard fait que je lui lis mon ouvrage, il l'écoute ; est-il lu, il me parle du sien. Et du vôtre, me direz-vous, qu'en pense-t-il ? Je vous l'ai déjà dit, il me parle du sien.

Il n'y a point d'ouvrage si accompli qui ne fondît tout entier au milieu de la critique, si son auteur voulait en croire tous les censeurs, qui ôtent chacun l'endroit qui leur plaît le moins.....

Quelle prodigieuse distance entre un bel ouvrage et un ouvrage parfait ou régulier ! je ne sais s'il s'en est encore trouvé de ce genre. Il est peut-être moins difficile aux rares génies de rencontrer le grand et le sublime que d'éviter toute sorte de fautes[4]. Le *Cid* n'a eu qu'une voix pour lui à sa naissance, qui a été celle de l'admiration[5] ; il s'est vu plus fort que l'autorité et la politique, qui ont tenté vainement de le détruire ; il a réuni en sa faveur des esprits toujours partagés d'opinions et de sentiments, les grands et le peuple : ils s'accordent tous à le savoir de mémoire, et à prévenir au théâtre les acteurs qui le récitent. Le *Cid* enfin est l'un des plus beaux poëmes que l'on puisse faire ; et l'une des meilleures critiques qui aient été faites sur aucun sujet est celle du *Cid*[6].

1. Cf. Molière, dans les *Femmes savantes :*

Nul n'aura de l'esprit, hors nous et nos amis.

2. Cette expression, fort employée au xviie siècle et dont Pascal a donné dans ses *Pensées* une explication étendue, désignait les hommes de bon sens et de bonne compagnie.

3. Cf. un portrait semblable dans le P. Bouhours que La Bruyère a plus d'une fois imité : *Entretiens d'Ariste et d'Eugène*, IV.

4. Voy., à ce sujet, le 33e chapitre de Longin, dans son *Traité du Sublime :* « Si l'on doit préférer le médiocre parfait au sublime qui a quelques défauts. » — Pascal a dit : « Le grand homme s'élève jusqu'au sublime, mais ne peut s'y asseoir. »

5. De même Boileau, dans sa IXe satire :

Tout Paris pour Chimène a les yeux de Rodrigue.

6. On peut lire cette critique, annotée par Voltaire et publiée sous

Quand une lecture vous élève l'esprit, et qu'elle vous inspire des sentiments nobles et courageux[1], ne cherchez pas une autre règle pour juger de l'ouvrage : il est bon, et fait de main d'ouvrier[2].....

Le poëme tragique vous serre le cœur dès son[3] commencement, vous laisse à peine dans tout son progrès la liberté de respirer et le temps de vous remettre; ou, s'il vous donne quelque relâche, c'est pour vous replonger dans de nouveaux abîmes et de nouvelles alarmes. Il vous conduit à la terreur par la pitié, ou réciproquement à la pitié par le terrible; vous mène par les larmes, par les sanglots, par l'incertitude, par l'espérance, par la crainte, par les surprises et par l'horreur, jusqu'à la catastrophe[4]. Ce n'est donc pas un tissu de jolis sentiments, de déclarations tendres, d'entretiens galants, de portraits agréables, de mots doucereux, ou quelquefois assez plaisants pour faire rire, suivi, à la vérité, d'une dernière scène où les mutins n'entendent aucune raison, et où, pour la bienséance, il y a enfin du sang répandu, et quelque malheureux à qui il en coûte la vie.

Ce n'est point assez que les mœurs du théâtre[5] ne soient point mauvaises, il faut encore qu'elles soient décentes et instructives : il peut y avoir un ridicule si bas et si grossier, ou même si fade et si indifférent, qu'il n'est ni permis au poëte d'y faire attention, ni possible aux spectateurs de s'en divertir.

Corneille ne peut être égalé dans les endroits où il excelle, il a pour lors un caractère original et inimitable; mais il est inégal. Ses premières comédies[6] sont sèches,

ce titre « Sentiments de l'Académie française sur la tragi-comédie du *Cid*, » dans le XIIe volume de l'édition de Corneille, faisant partie des *Classiques* de Lefèvre, p. 250 et suiv. L'original de cette pièce curieuse, qui fut, comme on sait, rédigée par Chapelain, est conservé à la Bibliothèque impériale.

1. Le mot *courage*, au dix-septième siècle, avait le sens étendu du mot latin *animus*.
2. Cf. le chap. 7 du livre cité de Longin.
3. *Son*, se rapportant ainsi à un nom de chose, paraîtrait dur aujourd'hui.
4. Ces pensées sont fort bien développées par Aristote, *Poétique*, chap. XIII et XIV : v. l'édition de cet ouvrage donnée par M. Egger, p. 338 et suiv.
5. Sur les *mœurs*, qui, dans l'art dramatique, embrassent, comme dit Marmontel, le naturel, l'habitude et les accidents passagers qui se combinent avec l'un et l'autre, on peut voir un morceau intéressant de cet auteur, dans les *Éléments de littérature* (article *Mœurs*).
6. Ce terme désignait alors toutes les pièces de théâtre : de là encore le nom de *Comédie française* pour *Théâtre français*.

languissantes, et ne laissaient pas espérer qu'il dût ensuite aller si loin, comme ses dernières font qu'on s'étonne qu'il ait pu tomber de si haut. Dans quelques-unes de ses meilleures pièces, il y a des fautes inexcusables contre les mœurs[1], un style de déclamateur qui arrête l'action et la fait languir; des négligences dans les vers et dans l'expression, qu'on ne peut comprendre en un aussi grand homme. Ce qu'il y a eu en lui de plus éminent, c'est l'esprit, qu'il avait sublime, auquel il a été redevable de certains vers les plus heureux qu'on ait jamais lus ailleurs, de la conduite de son théâtre, qu'il a quelquefois hasardée contre les règles des anciens, et enfin de ses dénoûments; car il ne s'est pas toujours assujetti au goût des Grecs et à leur grande simplicité : il a aimé, au contraire, à charger la scène d'événements dont il est presque toujours sorti avec succès : admirable surtout par l'extrême variété et le peu de rapport qui se trouve pour le dessein entre un si grand nombre de poëmes qu'il a composés. Il semble qu'il y ait plus de ressemblance dans ceux de Racine, et qu'ils tendent un peu plus à une même chose; mais il est égal, soutenu, toujours le même partout, soit pour le dessein et la conduite de ces pièces, qui sont justes, régulières, prises dans le bon sens et dans la nature; soit pour la versification, qui est correcte, riche dans ses rimes, élégante, nombreuse, harmonieuse : exact imitateur des anciens, dont il a suivi scrupuleusement la netteté et la simplicité de l'action : à qui le grand et le merveilleux n'ont pas même manqué, ainsi qu'à Corneille ni le touchant, ni le pathétique. Quelle plus grande tendresse que celle qui est répandue dans tout le *Cid*, dans *Polyeucte* et dans les *Horaces?* Quelle grandeur ne se remarque point en Mithridate, en Porus et en Burrhus? Ces passions encore favorites des anciens, que les tragiques aimaient à exciter sur les théâtres, et qu'on nomme la terreur et la pitié, ont été connues de ces deux poëtes : Oreste, dans l'*Andromaque* de Racine, et *Phèdre*, du même auteur, comme l'*OEdipe*[2] et les *Ho-*

---

1. Cela veut dire que Corneille ne fait pas toujours agir ses personnages d'une manière conforme au caractère qu'il leur a donné et à la situation où ils se trouvent placés. — « On dit d'un poëme, remarque Duclos, que les *mœurs* y sont bien gardées, lorsque les usages, les coutumes, les caractères des personnages sont conformes à la connaissance ou à l'opinion qu'on en a communément. »

2. Saint-Évremond prétendait que l'*OEdipe* devait être compté parmi les chefs-d'œuvre de l'art. Voltaire a dit avec plus de raison: « C'est une chose étrange que le difficile et concis La Bruyère ait placé *OEdipe* à côté des *Horaces*. Voilà comme l'or et le plomb sont confondus souvent. »

races de Corneille, en sont la preuve. Si cependant il est permis de faire entre eux quelque comparaison, et de les marquer l'un et l'autre par ce qu'ils ont de plus propre, et par ce qui éclate le plus ordinairement dans leurs ouvrages, peut-être qu'on pourrait parler ainsi : Corneille nous assujettit à ses caractères et à ses idées, Racine se conforme aux nôtres; celui-là peint les hommes comme ils devraient être, celui-ci les peint tels qu'ils sont[1]. Il y a plus dans le premier de ce que l'on admire et de ce que l'on doit même imiter; il y a plus dans le second de ce que l'on reconnaît dans les autres, ou de ce que l'on éprouve dans soi-même. L'un élève, étonne, maîtrise, instruit; l'autre plaît, remue, touche, pénètre. Ce qu'il y a de plus beau, de plus noble et de plus impérieux dans la raison est manié par le premier; et, par l'autre, ce qu'il y a de plus flatteur et de plus délicat dans la passion. Ce sont dans celui-là des maximes, des règles, des préceptes, et dans celui-ci du goût et des sentiments. L'on est plus occupé aux pièces de Corneille; l'on est plus ébranlé et plus attendri à celles de Racine. Corneille est plus moral, Racine plus naturel. Il semble que l'un imite Sophocle et que l'autre doit plus à Euripide[2].

Les synonymes sont plusieurs dictions[3] ou plusieurs phrases différentes qui signifient une même chose. L'antithèse est une opposition de deux vérités qui se donnent du jour l'une à l'autre. La métaphore ou la comparaison emprunte d'une chose étrangère une image sensible[4] et naturelle d'une vérité. L'hyperbole exprime au delà de la vérité pour ramener l'esprit à la mieux connaître. Le sublime

---

1. Cette formule, trop absolue et inexacte par sa généralité même, a été l'objet d'une juste critique dans une leçon de M. Saint-Marc Girardin sur Corneille : voy. le *Journal des Débats*, numéro du 17 décembre 1852.

2. Vauvenargues, entre autres écrivains, a aussi comparé, dans ses *Réflexions critiques sur quelques poëtes*, Corneille et Racine, mais en se montrant trop peu favorable au premier.

3. Mais remarquons en passant que, dans une langue bien faite, il ne doit pas y avoir de synonymes, au sens absolu du mot. Fénelon avait tort de le regretter, dans *sa lettre à l'Académie*. Ce serait pour la langue d'un peuple une richesse stérile, nuisible à la netteté de l'expression.

4. C'est-à-dire qui *tombe sous le sens*. Par exemple Bossuet, en parlant de la duchesse d'Orléans : « Madame cependant a passé du matin au soir, *ainsi que l'herbe des champs*. » Ici Bossuet fait une comparaison; mais quand il ajoute : « Le matin *elle fleurissait...* le soir nous la vîmes *séchée*, » il n'y a plus là qu'une métaphore, l'objet de la comparaison étant sous-entendu.

5.

ne peint que la vérité, mais en un sujet noble; il la peint tout entière dans sa cause et dans son effet; il est l'expression ou l'image la plus digne de cette vérité[1]. Les esprits médiocres ne trouvent point l'unique expression, et usent de synonymes. Les jeunes gens sont éblouis de l'éclat de l'antithèse, et s'en servent. Les esprits justes, et qui aiment à faire des images qui soient précises, donnent naturellement dans la comparaison et la métaphore. Les esprits vifs, pleins de feu, et qu'une vaste imagination emporte hors des règles et de la justesse, ne peuvent s'assouvir de l'hyperbole. Pour le sublime, il n'y a même entre les grands génies que les plus élevés qui en soient capables.

Tout écrivain, pour écrire nettement, doit se mettre à la place de ses lecteurs, examiner son propre ouvrage comme quelque chose qui lui est nouveau, qu'il lit pour la première fois, où il n'a nulle part, et que l'auteur aurait soumis à sa critique, et se persuader ensuite qu'on n'est pas entendu seulement à cause que l'on s'entend soi-même, mais parce qu'on est en effet intelligible[2].

Les *Caractères*[3], chap. I.

1. On connaît cette autre définition du sublime, donnée par Longin : « C'est le son que rend une grande âme. » Consulter aussi Marmontel, dans ses *Éléments de littérature,* à l'article *Sublime.*

2. La Bruyère était bien digne de donner, lui aussi, des règles de la composition et du style. « Avec un talent immense, il n'a écrit que pour dire ce qu'il pensait : le mieux dans le moins, a été sa devise. » A cette remarque M. Sainte-Beuve ajoute que son livre est, par ce motif, une bonne leçon pour notre époque, en ce qu'il peut rappeler nos écrivains du jour, si abondants, « à l'amour de la sobriété, à la proportion de la pensée avec le langage. » La critique n'a pas, toutefois, épargné le style si concis et si scrupuleusement travaillé de cet auteur : l'abbé d'Olivet y notait « trop d'art, trop d'esprit et quelques abus de la métaphore. » En réalité, ces défauts sont très-rares; le temps, ce juge définitif, a placé La Bruyère parmi les modèles, et l'on doit accueillir sur lui l'opinion de M. Joubert : « La Bruyère est beaucoup loué; il ne l'est pas assez. Il y a de plus grands styles que le sien; il n'en est point de plus parfait : tous les genres de beautés s'y trouvent. »

3. Le talent d'observation de La Bruyère devait, par sa finesse et sa supériorité même, échapper au plus grand nombre; néanmoins, tel fut le succès contemporain des *Caractères,* qui parurent en 1688, au moment où le siècle vieillissant de Louis XIV commençait à se déshabituer des chefs-d'œuvre, que pendant les douze années qui suivirent la première impression de ce livre il fut publié dans le même genre, et sous des titres analogues, plus de trente volumes, dont aucun n'a survécu.

Du vrai mérite dans les actions et les qualités des hommes.

Celui qui, logé chez soi dans un palais, avec deux appartements pour les deux saisons, vient coucher au Louvre dans un entre-sol, n'en use pas ainsi par modestie. Cet autre qui, pour conserver une taille fine, s'abstient du vin et ne fait qu'un seul repas, n'est ni sobre ni tempérant; et d'un troisième qui, importuné d'un ami pauvre, lui donne enfin quelque secours, l'on dit qu'il achète son repos, et nullement qu'il est libéral. Le motif seul fait le mérite des actions des hommes, et le désintéressement y met la perfection[1].

La fausse grandeur est farouche et inaccessible : comme elle sent son faible, elle se cache, ou du moins ne se montre pas de front, et ne se fait voir qu'autant qu'il faut pour imposer et ne paraître point ce qu'elle est, je veux dire une vraie petitesse. La véritable grandeur est libre, douce, familière, populaire; elle se laisse toucher et manier[2], elle ne perd rien à être vue de près; plus on la connaît, plus on l'admire : elle se courbe par bonté vers ses inférieurs, et revient sans effort dans son naturel; elle s'abandonne quelquefois, se néglige, se relâche de ses avantages, tou-

---

1. Souvent on a rapproché La Bruyère des autres moralistes français. Chez lui, a dit M. Walckenaer, « ce n'est pas, comme dans La Rochefoucauld, l'homme considéré sous un seul de ses plus tristes aspects, l'amour de soi : La Bruyère nous fait voir l'homme sous toutes les formes et sous toutes les faces. Ce n'est pas non plus, comme dans les *Pensées* de Pascal, un combat livré à la raison humaine, dépouillée de tous ses prestiges. La Bruyère peint la raison humaine telle qu'il la connaît d'après le monde qu'il a sous les yeux. Il ne veut pas peindre l'homme en général, l'homme abstrait et universel, indépendamment de l'influence des lieux, des temps, des religions, des gouvernements ; au contraire, ce sont ces modifications qu'il saisit au passage, en traçant des images fidèles des mœurs et des figures contemporaines. » Cf. une comparaison établie par M. Nisard, au tome III de son *Histoire de la littérature française*, entre La Bruyère, Pascal, La Rochefoucauld et Nicole.

2. Aucun auteur, parmi nous, n'a plus ingénieusement associé les mots que La Bruyère ; aucun, par la place qu'il leur ménage et l'emploi qu'il en fait, ne procure à l'esprit du lecteur plus de ces agréables surprises qu'Horace recommande à l'écrivain de chercher et qu'il sait si bien trouver lui-même. De là, chez La Bruyère, cette variété infinie de tours et ces rencontres piquantes d'expressions, dont ce passage offre plusieurs exemples. En relevant celles de *toucher et manier, se courbe*, etc., « tout vit, dit Suard, et s'anime sous le pinceau de La Bruyère, tout y parle à l'imagination. »

jours en pouvoir de les reprendre et de les faire valoir ; elle rit, joue et badine, mais avec dignité ; on l'approche tout ensemble avec liberté et avec retenue : son caractère est noble et facile, inspire le respect et la confiance, et fait que les princes nous paraissent grands, et très-grands, sans nous faire sentir que nous sommes petits [1].

Le sage guérit de l'ambition par l'ambition même : il tend à de si grandes choses, qu'il ne peut se borner à ce qu'on appelle des trésors, des postes, la fortune et la faveur ; il ne voit rien dans de si faibles avantages qui soit assez bon et assez solide pour remplir son cœur et pour mériter ses soins et ses désirs ; il a même besoin d'efforts pour ne les pas trop dédaigner. Le seul bien capable de le tenter est cette sorte de gloire qui devrait naître de la vertu toute pure et toute simple ; mais les hommes ne l'accordent guère, et il s'en passe [2].

Celui-là est bon, qui fait du bien aux autres : s'il souffre pour le bien qu'il fait, il est très-bon ; s'il souffre de ceux à qui il fait ce bien, il a une si grande bonté, qu'elle ne peut être augmentée que dans le cas où ses souffrances viendraient à croître ; et s'il en meurt, sa vertu ne saurait aller plus loin : elle est héroïque, elle est parfaite.

Ibid., chap. II.

Spectacle de la nature : ce qu'il nous enseigne.

Voyez, Lucile [3], ce morceau de terre, plus propre et plus orné que les autres terres qui lui sont contiguës [4] : ici, ce sont des compartiments mêlés d'eaux plates [5] et d'eaux jail-

---

1. On peut rapprocher ici La Bruyère de Bossuet, peignant, dans son *Oraison funèbre de Condé*, la grandeur et la bonté qui composaient le caractère de son héros.

2. Remarquons toutefois, avec Tacite, que le désir de la gloire est le dernier dont se dépouille le sage : « Etiam sapientibus cupido gloriæ novissima exuitur. » *Hist.*, IV, 6.

3. L'auteur, dit M. Hémardinquer à qui nous avons emprunté quelques-unes des observations qui sont jointes à ce passage, donne à ses arguments la forme d'une conversation familière, pour échapper, en prouvant l'existence de Dieu, à l'ennui d'une dissertation méthodique.

4. La Bruyère fait la description du parc de Chantilly ; et il paraît que tous les traits de ce tableau étaient encore reconnaissables en 1789. On sait que La Bruyère était attaché à la maison de Condé.

5. C'est-à-dire : de bassins...

lissantes ; là, des allées en palissade[1] qui n'ont pas de fin, et qui vous couvrent des vents du nord ; d'un côté, c'est un bois épais qui défend de tous les soleils, et d'un autre un beau point de vue ; plus bas, une Yvette ou un Lignon[2], qui coulait obscurément entre les saules et les peupliers, est devenu un canal qui est revêtu[3] ; ailleurs, de longues et fraîches avenues se perdent dans la campagne et annoncent la maison, qui est entourée d'eau. Vous récrierez-vous : Quel jeu du hasard ! combien de belles choses se sont rencontrées ensemble inopinément ! Non sans doute ; vous direz au contraire : Cela est bien imaginé et bien ordonné ; il règne ici un bon goût et beaucoup d'intelligence. Je parlerai comme vous, et j'ajouterai que ce doit être la demeure de quelqu'un de ces gens chez qui un Nautre[4] va tracer et prendre des alignements dès le jour même qu'ils sont en place. Qu'est-ce pourtant que cette pièce de terre ainsi disposée, et où tout l'art d'un ouvrier habile a été employé pour l'embellir ? si même toute la terre n'est qu'un atome suspendu en l'air, et si vous écoutez ce que je vais dire ?

Vous êtes placé, ô Lucile, quelque part sur cet atome ; il faut donc que vous soyez bien petit[5], car vous n'y occupez pas une grande place : cependant vous avez des yeux, qui sont deux points imperceptibles ; ne laissez pas de les ouvrir vers le ciel : qu'y apercevez-vous quelquefois ? la lune dans son plein ? Elle est belle alors et fort lumineuse, quoique sa lumière ne soit que la réflexion de celle du soleil : elle paraît grande comme le soleil[6], plus grande que

---

1. Allées, dit le dictionnaire de Furetière, où l'on plante des arbres qui portent des branches dès le bas, qu'on tend et qu'on étend, en sorte qu'ils paraissent comme une muraille couverte de feuilles.

2. Petits cours d'eau : ce sont des noms propres substitués à un nom commun.

3. C'est-à-dire un canal dont les deux parois sont revêtues de pierres, de briques ou de gazon.

4. *Le Nostre*, dans les éditions modernes, observe Walckenaer : et c'est bien d'André Le Nostre, directeur et contrôleur des bâtiments du roi, qu'il est question : mais il est probable que La Bruyère a exprès altéré son nom. C'était lui qui avait dessiné les jardins de Chantilly.

5. Cf. *Pensées de Pascal*, p. 198 de l'édition de M. Faugère : « Que l'homme contemple donc la nature entière dans sa haute et pleine majesté..... »

6. Le diamètre apparent de la lune, observé lors du passage au méridien, varie de 29 minutes 1/3 à 33 1/2 ; celui du soleil, de 31 minutes 1/2 à 32 minutes 3/5 : ainsi la lune nous paraît tantôt plus grande, tantôt plus petite que le soleil : mais la différence est assez faible pour que l'auteur ait pu leur donner la même grandeur.

les autres planètes et qu'aucune des étoiles. Mais ne vous laissez pas tromper par les dehors ; il n'y a rien au ciel de si petit que la lune : sa superficie est treize fois plus petite que celle de la terre, sa solidité quarante-huit fois ; et son diamètre de sept cent cinquante lieues n'est que le quart de celui de la terre[1] : aussi est-il vrai qu'il n'y a que son voisinage qui lui donne une si grande apparence, puisqu'elle n'est guère plus éloignée de nous que de trente fois le diamètre de la terre, ou que sa distance n'est que de cent mille lieues[2].... Mais quelle comparaison de la lune au soleil pour la grandeur, pour l'éloignement, pour la course! vous verrez qu'il n'y en a aucune. Souvenez-vous seulement du diamètre de la terre, il est de trois mille lieues; celui du soleil est cent fois plus grand, il est donc de trois cent mille lieues. Si c'est là sa largeur en tous sens, quelle peut être toute sa superficie! quelle sa solidité! Comprenez-vous bien cette étendue, et qu'un million de terres comme la nôtre ne seraient toutes ensemble pas plus grosses que le soleil[3]! Quel est donc, direz-vous, son éloignement, si l'on en juge par son apparence? Vous avez raison, il est prodigieux; il est démontré qu'il ne peut pas y avoir de la terre au soleil moins de dix mille diamètres de la terre, autrement moins de trente millions de lieues[4] : peut-être y a-t-il quatre fois, six fois, dix fois plus loin; on n'a aucune méthode pour déterminer cette distance[5].

1. Si le diamètre de la lune n'était que le quart du diamètre terrestre, sa superficie serait 16 fois plus petite que celle de la terre, et son volume 64 fois. Mais le rapport des deux diamètres est en réalité de 3 à 11 : d'où il résulte que les rapports des superficies et des volumes sont 13 1/2 et 49, nombres très-approchés de ceux que donne l'auteur. Le rayon moyen de la terre est de 1433 lieues de 25 au degré; celui de la lune, de 391.

2. La distance de la lune à la terre varie entre 56 et 64 rayons terrestres; la distance moyenne est donc de 60 rayons, ou de 30 diamètres, comme le dit l'auteur. Ces 30 diamètres valent 85,960 lieues de 25 au degré, ou 98,000 lieues de poste de 4,000 mètres.

3. La Bruyère eût pu même dire que le soleil égalait par son volume environ un million et demi de terres comme la nôtre. En effet, le diamètre du soleil est de 112 fois plus grand que celui du globe terrestre, et son volume 1,404,928 fois plus considérable. Si le centre du soleil coïncidait avec celui de la terre, la lune serait comprise dans l'intérieur du globe solaire et se trouverait un peu plus qu'à moitié chemin du centre à la surface.

4. La distance moyenne du soleil à la terre est de 24,096 rayons terrestres et surpasse 34 millions de lieues, de 25 au degré.

5. Cette assertion, vraie au temps de La Bruyère, a cessé de l'être. Alors on ne connaissait que les rapports des distances planétaires

Pour aider seulement votre imagination à se la représenter, supposons une meule de moulin qui tombe du soleil sur la terre; donnons-lui la plus grande vitesse qu'elle soit capable d'avoir, celle même que n'ont pas les corps tombant de fort haut; supposons encore qu'elle conserve toujours cette même vitesse, sans en acquérir et sans en perdre; qu'elle parcourt quinze toises par chaque seconde de temps, c'est-à-dire la moitié de l'élévation des plus hautes tours, et ainsi neuf cents toises en une minute; passons-lui mille toises en une minute, pour une plus grande facilité; mille toises font une demi-lieue commune : ainsi en deux minutes la meule fera une lieue, et en une heure elle en fera trente, et en un jour elle fera sept cent vingt lieues ; or, elle a trente millions à traverser avant que d'arriver à terre : il lui faudra donc quarante et un mille six cent soixante-six jours, qui sont plus de cent quatorze années, pour faire ce voyage[1]. Ne vous effrayez pas, Lucile, écoutez-moi; la distance de la terre à Saturne est au moins décuple de celle de la terre au soleil : c'est vous dire qu'elle ne peut être moindre que de trois cents millions de lieues, et que cette pierre emploierait plus de onze cent quarante ans pour tomber de Saturne en terre[2]....

Je n'ai pas tout dit, ô Lucile, sur le miracle de ce monde visible. Savez-vous que cette distance de trente millions de lieues qu'il y a de la terre au soleil, et celle de trois cents millions de lieues de la terre à Saturne, sont si peu de chose, comparées à l'éloignement qu'il y a de la terre aux étoiles, que ce n'est pas même s'énoncer assez juste que de se servir, sur le sujet de ces distances, du terme de comparaison? Quelle proportion, à la vérité, de ce qui se mesure, quelque grand qu'il puisse être, avec ce qui ne se mesure pas?... On ne sait pas aussi la distance d'une étoile d'avec une autre étoile, quelque voisines qu'elles nous paraissent[3]. Les Pléiades se touchent presque, à en juger par

déduits des lois de Képler ; mais Lacaille et Laplace, en mesurant depuis la distance absolue de Mars au soleil, ont donné la méthode propre à déterminer toutes les autres dimensions.

1. Un courrier qui parcourrait 100 lieues par jour mettrait un peu plus de 14 jours pour aller du centre de la terre à sa surface, et 1,000 ans environ pour arriver au centre du soleil.

2. En prenant pour unité la distance moyenne de la terre au soleil, celle de Saturne est 9 1/2 ; par suite, la distance de la terre à Saturne est entre 8 1/2 et 10 1/2. La distance moyenne est donc, comme le dit l'auteur, de plus de 300 millions de lieues. Uranus, découvert en 1787 par William Herschel, est à environ 660 millions de lieues du soleil.

3. A ce sujet, on lit dans un article de M. Babinet, membre de

nos yeux : une étoile paraît assise sur l'une de celles qui forment la queue de la grande Ourse; à peine la vue peut-elle atteindre[1] à discerner la partie du ciel qui les sépare, c'est comme une étoile qui paraît double. Si cependant tout l'art des astronomes est inutile pour en marquer la distance, que doit-on penser de l'éloignement de deux étoiles qui, en effet, paraissent éloignées l'une de l'autre, et à plus forte raison des deux polaires? Quelle est donc l'immensité de la ligne qui passe d'une polaire à l'autre? et que sera-ce que le cercle dont cette ligne est le diamètre? Mais n'est-ce pas quelque chose de plus que de sonder les abîmes, que de vouloir imaginer la solidité du globe dont ce cercle n'est qu'une section? Serons-nous encore surpris que ces mêmes étoiles, si démesurées dans leur grandeur, ne nous paraissent néanmoins que comme des étincelles? N'admirerons-nous pas plutôt que d'une hauteur si prodigieuse elles puissent conserver une certaine apparence, et qu'on ne les perde pas toutes de vue? Il n'est pas aussi imaginable combien il nous en échappe. On fixe le nombre des étoiles, oui, de celles qui sont apparentes[2] : le moyen de compter celles qu'on n'aperçoit point, celles, par exemple, qui composent la voie de lait[3], cette trace lumineuse qu'on remarque au ciel dans une nuit sereine du nord au midi, et qui, par leur extraordinaire élévation, ne pouvant percer jusqu'à nos yeux pour être vues chacune en particulier, ne

---

l'Institut, sur le *Cosmos* de M. de Humboldt : « Du soleil au soleil le plus voisin, c'est-à-dire à l'étoile la plus voisine (car personne n'ignore aujourd'hui que les étoiles sont des soleils lointains affaiblis par la distance dans leurs dimensions et dans leur éclat), la distance est au moins deux cent mille fois la distance de la terre au soleil. » *Revue des deux Mondes*, n° du 1er novembre 1853.

1. Parvenir à..... Le verbe *atteindre* ne se construirait plus aujourd'hui avec un infinitif.

2. M. Babinet rapporte (passage cité) les calculs suivants : « D'après Argelander, il y a dans tout le ciel de 5 à 6.000 étoiles visibles à l'œil nu, sans instrument aucun, l'incertitude provenant du plus ou moins de faculté pénétrante de la vue de l'observateur. On regarde comme de sixième classe ou grandeur les dernières étoiles perceptibles à la vue naturelle. A mesure que l'éclat est plus faible, le nombre des étoiles augmente rapidement : ainsi on compte 20 étoiles de première grandeur ou de premier éclat; de second éclat, on en compte 65; de troisième, 190; de quatrième, 425; de cinquième, 1,100; de sixième, 3,200; de septième, 13,000; de huitième, 40,000; de neuvième, 142,000... Que serait-ce si on allait à la vingtième grandeur ! »

3. *La voie lactée.* — Avec son télescope de 40 pieds, William Herschel estimait à 18 millions le nombre des étoiles qu'on pouvait distinguer dans la voie lactée seule.

font au plus que blanchir cette route des cieux où elles sont placées[1] ?

Me voilà donc sur la terre comme sur un grain de sable qui ne tient à rien, et qui est suspendu au milieu des airs : un nombre presque infini de globes de feu d'une grandeur inexprimable et qui confond l'imagination, d'une hauteur qui surpasse nos conceptions, tournent, roulent autour de ce grain de sable, et traversent chaque jour, depuis plus de six mille ans, les vastes et immenses espaces des cieux. Voulez-vous un autre système, et qui ne diminue rien du merveilleux ? La terre elle-même est emportée avec une rapidité inconcevable autour du soleil, le centre de l'univers[2] : je me les représente tous, ces globes, ces corps effroyables qui sont en marche[3] ; ils ne s'embarrassent point l'un l'autre, ils ne se choquent point, ils ne se dérangent point : si le plus petit d'eux tous venait à se démentir et à rencontrer la terre, que deviendrait la terre ? Tous au contraire sont en leur place, demeurent dans l'ordre qui leur est prescrit, suivent la route qui leur est marquée, et si paisiblement à notre égard, que personne n'a l'oreille assez fine pour les entendre marcher, et que le vulgaire ne sait pas s'ils sont au monde.

1. Il n'est pas douteux, de plus, qu'il n'existe des corps immenses dans la nature qui ne sont pas visibles pour nous, parce qu'ils sont obscurs et que la lumière est le seul mode de communication entre les étoiles et la terre.

2. La Bruyère entend par le terme d'*univers* notre système planétaire tout entier. Ajoutons, avec M. Babinet, que des données précises ne permettent pas de placer notre soleil parmi les plus brillantes des étoiles. D'après John Herschel (c'est le fils de William), Sirius, qui par son éclat, il est vrai, l'emporte sur toutes les étoiles du ciel, est, à distance égale, 146 fois et demie plus brillant que notre soleil.

3. Cette marche de ces *mondes errants* a inspiré à M. de Lamartine une de ses plus belles créations, la pièce des *Etoiles* (*Méditations poétiques*) :

>Cependant la nuit marche, et sur l'abîme immense
>Tous ces astres errants gravitent en silence,
>Et nous-même avec eux emportés dans leur cours,
>Vers un but inconnu nous avançons toujours.
>Souvent pendant la nuit, au souffle du zéphyre,
>On sent la terre aussi flotter comme un navire,
>D'une écume brillante on voit les monts couverts
>Fendre d'un cours égal le flot grondant des airs.
>Sur les vagues d'azur où son globe se joue,
>On entend l'aquilon se briser sous la proue,
>Et du vent dans les mâts le triste sifflement
>Et de ses flancs battus le sourd gémissement,
>Et l'homme sur l'abîme où sa demeure flotte,
>Vogue avec volupté, sur la foi du pilote.....

O économie merveilleuse du hasard! l'intelligence même pourrait-elle mieux réussir? Une seule chose, Lucile, me fait de la peine[1] : ces grands corps sont si précis et si constants dans leur marche, dans leurs révolutions et dans tous leurs rapports, qu'un petit animal relégué en un coin de cet espace immense qu'on appelle le monde, après les avoir observés, s'est fait une méthode infaillible de prédire à quel point de leur course tous ces astres se trouveront d'aujourd'hui en deux, en quatre, en vingt mille ans. Voilà mon scrupule, Lucile : si c'est par hasard qu'ils observent des règles si invariables, qu'est-ce que l'ordre? qu'est-ce que la règle[2]?

Chapitre XVI, *des Esprits forts*.

Les grands écrivains du siècle de Louis XIV.

Celui-ci[3] passe Juvénal, atteint Horace, semble créer les pensées d'autrui et se rendre propre tout ce qu'il manie; il a, dans ce qu'il emprunte des autres, toutes les grâces de la nouveauté et tout le mérite de l'invention; ses vers forts et harmonieux, faits de génie, quoique travaillés avec art, pleins de traits et de poésie, seront lus encore quand la langue aura vieilli, en seront les derniers débris. On y remarque une critique sûre, judicieuse et innocente, s'il est permis du moins de dire de ce qui est mauvais, qu'il est mauvais.

Cet autre[4] vient après un homme loué, applaudi, admiré, dont les vers volent en tous lieux et passent en proverbes, qui prime, qui règne sur la scène, qui s'est emparé de tout le théâtre : il ne l'en dépossède pas, il est vrai, mais il s'y établit avec lui; le monde s'accoutume à en voir faire la comparaison. Quelques-uns ne souffrent pas que Corneille, le grand Corneille, lui soit préféré; quelques autres, qu'il lui soit égalé. Ils en appellent à l'autre siècle; ils attendent la fin de quelques vieillards, qui, touchés indifféremment de tout ce qui rappelle leurs premières années,

---

1. Me préoccupe.....
2. Ainsi La Bruyère se raille des *esprits forts*, qui, méconnaissant l'action toujours présente ici-bas de la providence divine, se condamnent à expliquer par un mot vide de sens, celui de *hasard*, tout ce que l'univers offre d'admirable à nos regards.
3. Boileau.
4. Racine.

n'aiment peut-être dans *OEdipe*[1] que le souvenir de leur jeunesse.

Que dirai-je de ce personnage[2] qui a fait parler si longtemps une envieuse critique et qui l'a fait taire; qu'on admire malgré soi, qui accable par le grand nombre et par l'éminence de ses talents : orateur, historien, théologien, philosophe, d'une rare érudition, d'une plus rare éloquence, soit dans ses entretiens, soit dans ses écrits, soit dans la chaire; un défenseur de la religion, une lumière de l'Eglise : parlons d'avance le langage de la postérité, un Père de l'Eglise? Que n'est-il point? Nommez, messieurs, une vertu qui ne soit pas la sienne.

Toucherai-je aussi votre dernier choix[3], si digne de vous? Quelles choses vous furent dites dans la place où je me trouve! Je m'en souviens; et, après ce que vous avez entendu, comment osé-je parler, comment daignez-vous m'entendre? Avouons-le : on sent la force et l'ascendant de ce rare esprit, soit qu'il prêche de génie et sans préparation, soit qu'il prononce un discours étudié et oratoire, soit qu'il explique ses pensées dans la conversation. Toujours maître de l'oreille et du cœur de ceux qui l'écoutent, il ne leur permet pas d'envier ni tant d'élévation ni tant de facilité, de délicatesse, de politesse; on est assez heureux de l'entendre, de sentir ce qu'il dit, et comme il le dit; on doit être content de soi, si l'on emporte ses réflexions et si l'on en profite. Quelle grande acquisition avez-vous faite en cet homme illustre! à qui m'associez-vous?

Discours de réception à l'Académie française[4], prononcé le 15 juin 1693.

---

1. L'*OEdipe* de Corneille, l'une des pièces les plus faibles du grand poëte, est de 1659.
2. Bossuet.
3. Fénelon, qui fut reçu à l'Académie française la même année que La Bruyère : son admission avait eu lieu le 31 mars.
4. « Ceux qui ont dit, observe La Bruyère, que j'avais fait des caractères dans mon discours, en ont donné l'idée la plus avantageuse que je pouvais moi-même désirer. »

FÉNELON.
(1651-1715.)

Né en 1651 au château de Fénelon, en Périgord, Fénelon fut un des derniers représentants de ce grand siècle, qu'il contribua tant à illustrer, et ne précéda Louis XIV au tombeau que de peu de mois. L'ardeur de la charité avait pensé l'entraîner, jeune, dans la carrière périlleuse des missions étrangères : retenu en France par la délicatesse de sa santé, il devint le précepteur du duc de Bourgogne ; et l'on sait quel prodigieux succès sa patience ingénieuse et habile obtint dans cette éducation, qui transforma en un prince accompli celui qui avait, dit-on, le germe de tous les vices. Le *Télémaque* fut composé pour concourir à cette œuvre dont les fruits, par l'effet d'une mort prématurée, furent perdus pour la France. Outre ce livre pénétré de l'esprit antique et des inspirations supérieures de la sagesse chrétienne, Fénelon a laissé d'excellents traités philosophiques et religieux, d'éloquents sermons et plusieurs autres ouvrages, produit spontané de l'imagination la plus riche et la plus facile. Relégué par la disgrâce à Cambrai plutôt qu'élevé à cet archevêché par la faveur du souverain, il consacra sa vieillesse aux jouissances de l'amitié dont son âme tendre était avide [1], à l'exercice d'une bienfaisance devenue proverbiale et à la pieuse direction de son diocèse. En visitant chaque année toutes les paroisses de la Flandre, l'ancien maître de l'héritier des rois ne dédaignait pas d'y monter en chaire pour expliquer l'Évangile à quelques villageois ou faire le catéchisme aux enfants [2].

Saint Louis.

Enfant de saint Louis [3], imitez votre père ; soyez, comme lui, doux, humain, accessible, affable, compatissant et li-

---

1. « Les vrais amis, écrivait-il en 1714, font toute la douceur et toute l'amertume de la vie. » On peut voir particulièrement ses lettres au chevalier Destouches.
2. Outre les portraits que La Bruyère, Saint-Simon, d'Aguesseau et Vauvenargues nous ont laissés de Fénelon (celui de Saint-Simon doit être modifié à quelques égards), on devra lire sur lui les discours de La Harpe et de l'abbé Maury, une notice de M. Villemain, des articles de M. Sainte-Beuve et de M. de Sacy, surtout l'histoire si complète que lui a consacrée le cardinal de Bausset. En 1850, il a paru encore des *Lettres* et *Opuscules* de ce grand écrivain, jusque-là non édités et très-dignes de l'être.
3. L'élève de Fénelon, le duc de Bourgogne, auquel sont adressés

béral. Que votre grandeur ne vous empêche jamais de descendre avec bonté jusqu'aux plus petits, pour vous mettre à leur place, et que cette bonté n'affaiblisse jamais ni votre autorité ni leur respect. Étudiez sans cesse les hommes; apprenez à vous en servir sans être lié à eux. Allez chercher le mérite jusqu'au bout du monde; d'ordinaire, il demeure modeste et reculé. La vertu ne perce point la foule; elle n'a ni avidité ni empressement; elle se laisse oublier. Ne vous laissez point obséder par des esprits flatteurs et insinuants : faites sentir que vous n'aimez ni les louanges ni les bassesses. Ne montrez de confiance qu'à ceux qui ont le courage de contredire avec respect, et qui aiment mieux votre réputation que votre faveur. Il est temps que vous montriez au monde une maturité et une vigueur d'esprit proportionnées au besoin présent. Saint Louis, à votre âge, était déjà les délices des bons et la terreur des méchants. Laissez donc tous les amusements de l'âge passé; faites voir que vous pensez et que vous sentez ce qu'un prince doit penser et sentir. Il faut que les bons vous aiment, que les méchants vous craignent, et que tous vous estiment.

Hâtez-vous de vous corriger, pour travailler utilement à corriger les autres. La piété n'a rien de faible, ni de triste, ni de gêné[1] ; elle élargit le cœur, elle est simple et aimable, elle se fait sentir à tous pour les gagner tous. Le royaume de Dieu ne consiste pas dans une scrupuleuse observation des petites formalités; il consiste, pour chacun, dans les vertus propres de son état. Un grand prince ne doit pas servir Dieu de la même façon qu'un solitaire ou qu'un simple particulier. Saint Louis s'est sanctifié en grand roi[2]:

ces nobles conseils, avait le germe des plus graves défauts : il se montrait dans son enfance impatient, hautain, plein de mépris pour les hommes, passionné pour le faste et le luxe. Fénelon, par sa patiente fermeté, par un mélange de sévère franchise et de bonté affectueuse, transforma cette nature difficile, et le duc de Bourgogne, par ses vertus et sa piété, mérita d'être nommé sans flatterie un digne *enfant de saint Louis*. Sa mort prématurée fut pleurée par la France entière à l'égal d'un malheur public. Saint-Simon lui-même a déploré avec une éloquence attendrie la perte de ce prince, ravi à l'amour du peuple, et « déjà mûr pour la bienheureuse éternité. » V. encore, dans le *Petit Carême* de Massillon, la fin du sermon pour le quatrième dimanche, où l'orateur parle avec émotion du prince « que Dieu n'a fait que montrer à la terre. »

1. Cf. le chap. 5 du livre III de l'*Imitation de Jésus-Christ* sur les effets de l'amour de Dieu.

2. Voltaire a parlé de saint Louis comme Fénelon: « Sa piété, qui était celle d'un anachorète, ne lui ôta aucune vertu de roi, une

il était intrépide à la guerre, décisif dans les conseils, supérieur aux autres par la noblesse de ses sentiments; sans hauteur, sans présomption, sans dureté. Il suivait en tout les véritables intérêts de sa nation, dont il était autant le père que le roi. Il voyait tout de ses propres yeux dans les affaires principales. Il était appliqué, modéré, droit et ferme dans les négociations; en sorte que les étrangers ne se fièrent pas moins à lui que ses propres sujets. Jamais prince ne fut plus sage pour policer ses peuples, et pour les rendre tout ensemble bons et heureux. Il aimait avec confiance et tendresse tous ceux qu'il devait aimer; mais il était ferme pour corriger ceux qu'il aimait le plus. Il était noble et magnifique selon les mœurs de son temps, mais sans faste et sans luxe.

Soyez héritier de ses vertus avant de l'être de sa couronne. Invoquez-le avec confiance dans vos besoins; souvenez-vous que son sang coule dans vos veines, et que l'esprit de foi qui l'a sanctifié doit être la vie de votre cœur. Il vous regarde du haut du ciel, où il prie pour vous, et où il veut que vous régniez un jour avec lui [1].

(Lettres au duc de Bourgogne.)

Le fantasque.

Qu'est-il donc arrivé de funeste à Mélanthe? Rien au dehors, tout au dedans. Ses affaires vont à souhait: tout le monde cherche à lui plaire. Quoi donc? c'est que sa rate fume [2]. Il se coucha hier les délices [3] du genre humain : ce

sage économie ne déroba rien à sa libéralité; il sut accorder une politique profonde avec une justice exacte, et peut-être est-il le seul souverain qui mérite cette louange; prudent et ferme dans le conseil, intrépide dans les combats sans être emporté, compatissant comme s'il n'avait jamais été que malheureux. Il n'est pas donné à l'homme de porter plus loin la vertu. »

1. Tous nos grands orateurs sacrés ont prononcé des panégyriques de saint Louis, « de ce roi, pour parler avec M. de Châteaubriand, qui, placé au rang des saints, est devenu pour la France une espèce de roi éternel. »

2. Ce détail physiologique ne doit pas étonner chez un auteur du dix-septième siècle. On discutait alors vivement le problème si complexe des influences secrètes de l'âme sur le corps et du corps sur l'âme. Descartes, dans son *Traité des passions*, et Bossuet, dans son *Traité sur la connaissance de Dieu et de soi-même*, ont donné une large place à ces questions.

3. C'est l'expression de Suétone en parlant de Titus : « amor et

matin, on est honteux pour lui, il faut le cacher. En se levant, le pli d'un chausson lui a déplu : toute la journée sera orageuse, et tout le monde en souffrira. Il fait peur, il fait pitié : il pleure comme un enfant, il rugit comme un lion. Une vapeur maligne et farouche trouble et noircit son imagination, comme l'encre de son écritoire barbouille ses doigts. N'allez pas lui parler des choses qu'il aimait le mieux il n'y a qu'un moment : par la raison qu'il les a aimées, il ne les saurait plus souffrir. Les parties de divertissement qu'il a tant désirées lui deviennent ennuyeuses : il faut les rompre. Il cherche à contredire, à se plaindre, à piquer les autres ; il s'irrite de voir qu'ils ne veulent point se fâcher. Souvent il porte ses coups en l'air, comme un taureau furieux qui, de ses cornes aiguisées, va se battre contre les vents[1].

Quand il manque de prétexte pour attaquer les autres, il se tourne contre lui-même : il se blâme, il ne se trouve bon à rien, il se décourage ; il trouve fort mauvais qu'on veuille le consoler. Il veut être seul, et ne peut supporter la solitude. Il revient à la compagnie, et s'aigrit contre elle. On se tait ; ce silence affecté le choque. On parle tout bas ; il s'imagine que c'est contre lui. On parle tout haut ; il trouve qu'on parle trop, et qu'on est trop gai pendant qu'il est triste. On est triste ; cette tristesse lui paraît un reproche de ses fautes. On rit ; il soupçonne qu'on se moque de lui. Que faire ? être aussi ferme et aussi patient qu'il est insupportable, et attendre en paix qu'il revienne demain aussi sage qu'il était hier. Cette humeur étrange s'en va comme elle vient. Quand elle prend, on dirait que c'est un ressort de machine qui se démonte tout à coup : il est comme on dépeint les possédés ; sa raison est comme à l'envers ; c'est la déraison elle-même en personne. Poussez-le, vous lui ferez dire en plein jour qu'il est nuit ; car il n'y a plus ni jour ni nuit pour une tête démontée par son caprice. Quelquefois il ne peut s'empêcher d'être étonné de son excès et de ses fougues. Malgré son chagrin, il sourit des paroles extravagantes qui lui ont échappé.

Mais quel moyen de prévoir ces orages et de conjurer la

deliciæ generis humani. » Racine dit aussi en parlant de Caligula :
 Les délices de Rome en devinrent l'horreur.
(*Britannicus*, I, 1.)

1. C'est ce que dit Virgile en parlant du taureau qui se prépare au combat :

. . . . . . Ventosque lacessit
Ictibus. . . . . .   (*Georg.* III, 233.)

tempête? Il n'y en a aucun; point de bons almanachs pour prédire ce mauvais temps. Gardez-vous bien de dire : « Demain nous irons nous divertir dans un tel jardin. » L'homme d'aujourd'hui ne sera point celui de demain[1]; celui qui vous promet maintenant disparaîtra bientôt : vous ne saurez plus où le prendre, pour le faire souvenir de sa parole; en sa place, vous trouverez un je ne sais quoi qui n'a ni forme ni nom, qui n'en peut avoir, et que vous ne sauriez définir deux instants de suite de la même manière. Etudiez-le bien, puis dites-en tout ce qu'il vous plaira : il ne sera plus vrai le moment d'après que vous l'aurez dit. Ce je ne sais quoi veut et ne veut pas; il menace, il tremble; il mêle des hauteurs ridicules avec des bassesses indignes. Il pleure, il rit, il badine, il est furieux. Dans sa fureur la plus bizarre et la plus insensée, il est plaisant, éloquent, subtil, plein de tours nouveaux, quoiqu'il ne lui reste pas seulement une ombre de raison.

Prenez bien garde de lui rien dire qui ne soit juste, précis et exactement raisonnable : il saurait bien en prendre avantage, et vous donner adroitement le change; il passerait d'abord de son tort au vôtre et deviendrait raisonnable pour le seul plaisir de vous convaincre que vous ne l'êtes pas. C'est un rien qui l'a fait monter jusques aux nues; mais ce rien, qu'est-il devenu? il s'est perdu dans la mêlée : il n'en est plus question : il ne sait plus ce qui l'a fâché, il sait seulement qu'il se fâche et qu'il veut se fâcher; encore même ne le sait-il pas toujours. Il s'imagine souvent que tous ceux qui lui parlent sont emportés, et que c'est lui qui se modère; comme un homme qui a la jaunisse croit que tous ceux qu'il voit sont jaunes, quoique le jaune ne soit que dans ses yeux.

Mais peut-être qu'il épargnera certaines personnes auxquelles il doit plus qu'aux autres, ou qu'il paraît aimer davantage. Non; sa bizarrerie ne connaît personne, elle se prend sans choix à tout ce qu'elle trouve; le premier venu lui est bon pour se décharger; tout lui est égal, pourvu qu'il se fâche; il dirait des injures à tout le monde. Il n'aime plus les gens, il n'en est point aimé; on le persécute, on le trahit; il ne doit rien à qui que ce soit. Mais attendez un moment, voici une autre scène : il a besoin de tout le monde; il aime, on l'aime aussi; il flatte, il s'insinue, il ensorcelle tous ceux qui ne pouvaient plus le souffrir; il avoue son tort, il rit de ses bizarreries, il se

---

1. Mélanthe rappelle le Tigellius d'Horace (Sat., I, 3):

Nil æquale homini fuit illi.....

contrefait; et vous croiriez que c'est lui-même dans ses accès d'emportement, tant il se contrefait bien. Après cette comédie, jouée à ses propres dépens, vous croyez bien qu'au moins il ne fera plus le démoniaque. Hélas! vous vous trompez : il le fera encore ce soir, pour s'en moquer demain sans se corriger[1].

Opuscules divers.

De la perfection du goût.

Le goût exquis craint le trop en tout, sans en excepter l'esprit même. L'esprit lasse beaucoup, dès qu'on l'affecte et qu'on le prodigue. C'est en avoir de reste que d'en savoir retrancher pour s'accommoder à celui de la multitude et pour lui aplanir le chemin. Les poëtes qui ont le plus d'essor, de génie, d'étendue de pensées et de fécondité sont ceux qui doivent le plus craindre cet écueil de l'excès d'esprit. C'est, dira-t-on, un beau défaut, c'est un défaut rare, c'est un défaut merveilleux. J'en conviens; mais c'est un vrai défaut, et l'un des plus difficiles à corriger. On gagne beaucoup en perdant tous les ornements superflus pour se borner aux beautés simples, faciles, claires, et négligées en apparence. Pour la poésie, comme pour l'architecture, il faut que tous les morceaux nécessaires se tournent en ornements naturels. Mais tout ornement qui n'est qu'ornement est de trop; retranchez-le[1], il ne manque rien, il n'y a que la vanité qui en souffre. Un auteur qui a trop d'esprit, et qui en veut toujours avoir, lasse et épuise le mien : je n'en veux point avoir tant. S'il en montrait moins, il me laisserait respirer et me ferait plus de plaisir : il me tient trop tendu, la lecture de ses vers me devient une étude; tant d'éclairs m'éblouissent : je cherche une lumière douce qui soulage mes faibles yeux[2]. Je demande un poëte aimable, proportionné au commun des hommes, qui fasse tout pour eux et rien pour lui. Je veux un sublime si familier, si doux et si simple, que chacun soit d'abord tenté de croire qu'il l'aurait trouvé sans peine, quoique peu

---

1. Ce portrait si vivant était fait d'après nature, on n'en saurait douter, et l'original n'était autre que l'élève de Fénelon, le duc de Bourgogne.
2. Cf. Horace, *Art poét.*, v. 447.
3. On peut rapprocher ce passage de quelques excellents préceptes littéraires contenus dans le discours que prononça Fénelon lors de sa réception à l'Académie.

d'hommes soient capables de le trouver. Je préfère l'aimable au surprenant et au merveilleux. Je veux un homme qui me fasse oublier qu'il est auteur[1], et qui se mette comme de plain-pied en conversation avec moi. Je veux qu'il me mette devant les yeux un laboureur qui craint pour ses moissons, un berger qui ne connaît que son village et son troupeau, une nourrice attendrie par son petit enfant ; je veux qu'il me fasse penser non à lui et à son bel esprit[2], mais aux bergers qu'il fait parler.

O qu'il y a de grandeur à se rabaisser ainsi, pour se proportionner à tout ce qu'on peint et pour atteindre à tous les divers caractères ! Combien un homme est-il au-dessus de ce qu'on nomme esprit, quand il ne craint pas d'en cacher une partie ! Afin qu'un ouvrage soit véritablement beau, il faut que l'auteur s'y oublie et me permette de l'oublier. Par exemple, il faut que Virgile disparaisse, et que je m'imagine voir ce beau lieu :

> Muscosi fontes et somno mollior herba[3], etc.

Il faut que j'envie le bonheur de ceux qui sont dans cet autre lieu dépeint par Horace :

> Qua pinus ingens albaque populus
> Umbram hospitalem consociare amant
> Ramis, et obliquo laborat
> Lympha fugax trepidare rivo[4].

J'aime bien mieux être occupé de cet ombrage et de ce ruisseau que d'un bel esprit importun qui ne me laisse point respirer. Voilà les espèces d'ouvrages dont le charme ne s'use jamais : loin de perdre à être relus, ils se font toujours redemander ; leur lecture n'est point une étude, on s'y repose, on s'y délasse. Les ouvrages brillants et façonnés imposent et éblouissent ; mais ils ont une pointe fine qui s'émousse bientôt. Ce n'est ni le difficile, ni le rare, ni

---

1. C'est ainsi que Pascal a dit : « Quand on voit le style naturel, on est tout étonné et ravi ; car on s'attendait de voir un auteur, et on trouve un homme. »

2. Le terme de *bel esprit*, longtemps pris en bonne part, commençait, on le voit, à incliner vers une acception moins favorable. Remarquons en outre que tout ce passage de Fénelon, écrit avec cette gracieuse simplicité qu'il recommande, s'adressait à l'école de Fontenelle, qui donna à la pastorale un ton de galanterie prétentieuse tout à fait contraire à l'antique simplicité du genre.

3. *Églogues,* VII, v. 45.

4. L. II, *Od.* III, v. 9.

le merveilleux, que je cherche; c'est le beau simple, aimable et commode, que je goûte. Si les fleurs qu'on foule aux pieds dans une prairie sont aussi belles que celles des plus somptueux jardins, je les en aime mieux[1]. Je n'envie rien à personne. Le beau ne perdrait rien de son prix, quand il serait commun à tout le genre humain; il en serait plus estimable. La rareté est un défaut et une pauvreté de la nature. Les rayons du soleil n'en sont pas moins un grand trésor, quoiqu'ils éclairent tout l'univers. Je veux un beau si naturel, qu'il n'ait aucun besoin de me surprendre par sa nouveauté; je veux que ses grâces ne vieillissent jamais, et que je ne puisse presque me passer de lui[2].

Decies repetita placebit[3].

Lettre à l'Académie[4], V.

1. On a remarqué que de tous les écrivains du dix-septième siècle Fénelon, La Fontaine et Mme de Sévigné avaient seuls montré dans leurs ouvrages un sentiment vrai et passionné des beautés de la nature.

2. On pourrait retrouver les idées de Fénelon dans une jolie pièce de Charles Nodier intitulée le *Style naturel*. Le poète moderne exprime les mêmes sentiments avec un rare bonheur d'image et d'expression :

> En vain une muse fardée
> S'enlumine d'or et d'azur.
> Le naturel est bien plus sûr;
> Le mot doit mûrir sur l'idée,
> Et puis tomber comme un fruit mûr.

3. Horace, *Art poét.*, v. 365.

4. Tandis que les *Dialogues sur l'éloquence*, qui n'ont été publiés qu'après la mort de Fénelon, passent cependant pour être une composition de sa jeunesse, la *Lettre à l'Académie* ou la *Lettre sur les occupations de l'Académie française*, rédigée en 1714, est certainement son dernier ouvrage. Ainsi, comme on l'a remarqué, Voltaire, au terme de sa longue carrière, en 1778, suggérait encore à ce corps illustre la pensée de plusieurs travaux utiles. Quant à la *Lettre à l'Académie*, elle était adressée à Dacier, partisan très-zélé des anciens; elle suffirait à placer Fénelon au premier rang des critiques, en même temps qu'elle est de nature à expliquer la simplicité originale de ses propres écrits. On peut voir, sur ces ouvrages, l'*Histoire de la littérature française* de M. Nisard, t. III, § 7.

Sermon pour la fête de l'Épiphanie [2].

(Fragment.)

Conversion du monde barbare, propagation de la foi évangélique au delà des mers; triste sort de beaucoup d'Eglises autrefois fameuses; affaiblissement et corruption de l'ancien monde.

Depuis que Jésus-Christ a été élevé sur la croix, il a attiré tout à lui. Les régions sauvages et inaccessibles du Nord, que le soleil éclaire à peine, ont vu la lumière céleste. Les plages brûlantes de l'Afrique ont été inondées des torrents de la grâce. Les empereurs mêmes sont devenus les adorateurs du nom qu'ils blasphémaient et les nourriciers de l'Eglise dont ils versaient le sang[3]. Mais la vertu[4] de l'Evangile ne doit pas s'éteindre après ces premiers efforts; le temps ne peut rien contre elle : Jésus-Christ, qui en est la source, est de tous les temps; il était hier, il est aujourd'hui, et il sera aux siècles des siècles. Aussi vois-je cette fécondité qui se renouvelle toujours; la vertu de la croix ne cesse d'attirer tout à elle.

Regardez ces peuples barbares qui firent tomber l'empire romain. Dieu les a multipliés et tenus en réserve sous un ciel glacé, pour punir Rome païenne et enivrée du sang des martyrs : il leur lâche la bride, et le monde en est inondé; mais, en renversant cet empire, ils se soumettent à celui du Sauveur : tout ensemble ministres des vengeances et objets des miséricordes, sans le savoir, ils sont menés comme par la main au-devant de l'Evangile, et c'est d'eux qu'on peut dire à la lettre qu'ils ont trouvé le Dieu qu'ils ne cherchaient pas....

1. L'abbé Maury, au sujet de ce discours qui fut prononcé aux Missions étrangères en 1685, rapporte dans son *Essai sur l'éloquence de la chaire* (chap. 59), une piquante anecdote. Il lut ce discours alors inédit en présence de plusieurs personnes qui s'écrièrent que l'aigle de Meaux était seul capable de s'élever à une telle hauteur. Le cardinal ne les tira d'erreur qu'après avoir pris plaisir à intriguer quelque temps leur curiosité.

2. Ces antithèses n'ont rien d'affecté parce qu'elles ne dépassent d'aucune sorte l'exacte vérité des faits, et qu'elles servent même à la rendre plus saisissante. On peut revoir les mêmes idées développées dans le sermon de Bourdaloue *sur la passion de Notre-Seigneur*, à la fin du morceau.

3. Ce mot conserve ici son sens étymologique (*vis*), force, puissance...

Mais que vois-je depuis deux siècles? Des régions immenses qui s'ouvrent tout à coup; un nouveau monde inconnu à l'ancien et plus grand que lui[1]. Gardez-vous bien de croire qu'une si prodigieuse découverte ne soit due qu'à l'audace des hommes. Dieu ne donne aux passions humaines, lors même qu'elles semblent décider de tout, que ce qu'il leur faut pour être les instruments de ses desseins; ainsi l'homme s'agite, mais Dieu le mène[2]. La foi plantée dans l'Amérique, parmi tant d'orages, ne cesse pas d'y porter des fruits.

Que reste-t-il? Peuples des extrémités de l'Orient, votre heure est venue. Alexandre, ce conquérant rapide que Daniel dépeint comme ne touchant pas la terre de ses pieds, lui qui fut si jaloux de subjuguer le monde entier, s'arrêta bien loin en deçà de vous; mais la charité va plus loin que l'orgueil. Ni les sables brûlants, ni les déserts, ni les montagnes, ni la distance des lieux, ni les tempêtes, ni les écueils de tant de mers, ni l'intempérie de l'air, ni le milieu fatal de la ligne où l'on découvre un ciel nouveau, ni les flottes ennemies, ni les côtes barbares, ne peuvent arrêter ceux que Dieu envoie. Qui sont ceux-ci qui volent comme les nuées? Vents, portez-les sur vos ailes. Que le Midi, que l'Orient, que les îles inconnues les attendent, et les regardent en silence venir de loin. Qu'ils sont beaux les pieds de ces hommes qu'on voit venir du haut des montagnes apporter la paix[3], annoncer les biens éternels, prêcher le salut, et dire : O Sion, ton Dieu régnera sur toi! Les voici, ces nouveaux conquérants, qui viennent sans armes, excepté la croix du Sauveur. Ils viennent, non pour enlever les richesses et répandre le sang des vaincus, mais pour offrir leur propre sang et communiquer le trésor céleste...

Par ces hommes chargés des richesses de l'Evangile, la grâce croît, et le nombre des croyants se multiplie de jour en jour; l'Eglise refleurit, et son ancienne beauté se renouvelle. Là, être chrétien, et ne plus tenir à la terre, est la même chose. Là, on n'ose montrer à ces fidèles enflammés nos tièdes chrétiens d'Europe, de peur que cet exemple contagieux ne leur apprenne à aimer la vie et à ouvrir leur cœur aux joies empoisonnées du siècle. L'Evangile, dans son intégrité, fait encore sur eux toute son impression na-

---

1. L'Amérique, qui, à peine conquise, se convertit au christianisme.
2. Pensée sublime, souvent attribuée à Bossuet, mais qui pourrait être regardée comme la conclusion dernière du *Discours sur l'histoire universelle*.
3. Isaïe, LII. 7. « Quam pulchri super montes pedes annuntiantis et prædicantis pacem. »

turelle. Il forme des pauvres bienheureux, des affligés qui trouvent la joie dans les larmes, et des riches qui craignent d'avoir leur consolation en ce monde ; tout milieu entre le siècle et Jésus-Christ est ignoré ; ils ne savent que prier, se cacher, souffrir, espérer. O aimable simplicité! ô foi vierge! ô joie pure des enfants de Dieu! ô beauté des anciens jours que Dieu ramène sur la terre, et dont il ne reste plus parmi nous qu'un triste et honteux souvenir[1]! Hélas! malheur à nous! Parce que nous avons péché, notre gloire nous a quittés ; elle s'envole au delà des mers; un nouveau peuple nous l'enlève...

Jetez, mes frères, des yeux baignés de larmes sur ces vastes régions d'où la foi s'est levée sur nos têtes, comme le soleil. Que sont-elles devenues, ces fameuses Églises d'Alexandrie, d'Antioche, de Jérusalem, de Constantinople, qui en avaient d'innombrables sous elles? C'est là que, pendant tant de siècles, les conciles assemblés ont étouffé les plus noires erreurs et prononcé ces oracles qui vivront éternellement ; c'est là que régnait avec majesté la sainte discipline, modèle après lequel nous soupirons en vain. Cette terre était arrosée du sang des martyrs : elle exhalait le parfum des vierges ; le désert même fleurissait par tous ses solitaires ; mais tout est ravagé sur ces montagnes découlantes de lait et de miel où paissaient sans crainte les troupeaux d'Israël. Que reste-t-il sur les côtes d'Afrique, où les assemblées d'évêques étaient aussi nombreuses que les conciles universels[2], et où la loi de Dieu attendait son explication de la bouche d'Augustin? Je ne vois plus qu'une terre encore fumante de la foudre que Dieu y a lancée[3]...

L'Église, il est vrai, répare ses pertes : de nouveaux enfants, qui lui naissent au delà des mers, essuient ses larmes pour ceux qu'elle a perdus. Mais l'Église a des promesses d'éternité ; et nous, qu'avons-nous, mes frères, sinon des menaces qui nous montrent à chaque pas l'abîme ouvert

1. C'est-à-dire un souvenir *qui donne de la honte.*
2. « Au milieu du troisième siècle, dit M. Villemain dans le *Tableau de l'éloquence chrétienne au quatrième siècle,* l'Église d'Afrique comptait plus de deux cents évêques qui présidaient dans toutes les villes la société chrétienne chaque jour plus nombreuse. »
3. Les Vandales passèrent d'Espagne en Afrique dans l'année 428 : ils saccagèrent toute cette province, massacrant les prêtres et les femmes. Saint Augustin refusa de quitter Hippone assiégée par les barbares : il y mourut le troisième mois du siége. Carthage fut prise en 429, et l'église d'Afrique fut anéantie pour des siècles. Voir l'ouvrage cité de M. Villemain, page 496, in-12, 1854.

sous nos pieds? Le fleuve de la grâce ne tarit jamais, il est vrai; mais souvent, pour arroser de nouvelles terres, il détourne son cours et ne laisse dans l'ancien canal que des sables arides. La foi ne s'éteindra point, je l'avoue; mais elle n'est attachée à aucun des lieux qu'elle éclaire; elle laisse derrière elle une affreuse nuit à ceux qui ont méprisé le jour, et elle porte ses rayons à des yeux plus purs.

Que ferait plus longtemps la foi chez des peuples corrompus jusqu'à la racine, qui ne portent le nom de fidèles que pour le flétrir et le profaner? Lâches et indignes chrétiens, par vous le christianisme est avili et méconnu. L'orgueil a rompu ses digues et inondé la terre; toutes les conditions sont confondues; le faste s'appelle politesse, la plus folle vanité une bienséance; les insensés entraînent les sages et les rendent semblables à eux; la mode, si ruineuse par son inconstance et par ses excès capricieux, est une loi tyrannique à laquelle on sacrifie toutes les autres; le dernier devoir est celui de payer ses dettes[2]. Les prédicateurs n'osent plus parler pour les pauvres, à la vue d'une foule de créanciers dont les clameurs montent jusqu'au ciel. Ainsi la justice fait taire la charité, mais la justice elle-même n'est plus écoutée. Plutôt que de modérer les dépenses superflues, on refuse cruellement le nécessaire à ses créanciers. La simplicité, la modestie, la frugalité, la probité exacte de nos pères, leur ingénuité, leur pudeur, passent pour des vertus rigides et austères d'un temps trop grossier. Sous prétexte de se polir, on s'est amolli par la volupté et endurci contre la vertu et contre l'honneur. On ne connaît plus d'autre prudence que la dissimulation, plus de règle des amitiés que l'intérêt, plus de bienfaits qui puissent attacher à une personne, dès qu'on la trouve ou inutile ou ennuyeuse. Est-ce donc là être chrétien? Allons, allons dans d'autres terres, où nous ne soyons plus réduits à voir de tels disciples de Jésus-Christ. O Evangile! est-ce là ce que vous enseignez? O foi chrétienne! vengez-vous; laissez une éternelle nuit sur la face de cette terre couverte d'un déluge d'iniquités.

Extrait de la première et de la seconde partie.

1. C'est ainsi que Bossuet, dans son sermon *sur la Justice*, disait aux courtisans avec une piquante familiarité : « On ne craint pas de faire misérablement languir des marchands et des ouvriers, qui seuls soutiennent depuis si longtemps cet éclat que je puis bien appeler doublement trompeur et doublement emprunté, puisque vous ne le tirez ni de votre vertu, *ni même de votre bourse.* »

ROLLIN.

(1661-1741.)

Dans un livre destiné à la jeunesse, le nom de Rollin doit trouver sa place, puisque sa vie lui fut dévouée tout entière. Né à Paris le 30 janvier 1661, il avait eu le bonheur, malgré l'humble condition de ses parents, d'être nommé boursier dans un collége de Paris et d'y recevoir les leçons des maîtres les plus habiles. A l'âge de vingt-deux ans il méritait d'être, au Plessis, le successeur de l'un d'eux, du célèbre Hersan. Là tour à tour régent de seconde et de rhétorique, ensuite professeur d'éloquence au collége royal, recteur principal, il offrit dans chacune de ces positions un modèle idéal qui n'a pas été surpassé. Aucun homme n'a laissé dans l'enseignement des traces plus durables et n'y a fait pénétrer de plus importantes réformes. Non content d'élargir le cercle des études, en fortifiant celle des langues classiques et particulièrement du grec, il y introduisit les lettres françaises, jusque-là trop négligées : surtout il éleva l'éducation sur une base solide et vraiment morale, en montrant que son but devait être, par une heureuse alliance de la sagesse antique et de la piété chrétienne, d'assainir les cœurs aussi bien que d'éclairer les esprits, et de créer, plus encore que des savants, des gens de bien et des citoyens utiles. Par là il mérita l'estime et l'amitié de plusieurs grands hommes du siècle de Louis XIV. Vers la fin du règne de ce prince et sous la régence du duc d'Orléans, il fut mêlé à des querelles qui l'éloignèrent prématurément des emplois publics. Ce fut alors qu'il servit de sa plume, comme il l'avait fait longtemps de sa parole, la cause de l'instruction, en composant les excellents ouvrages où subsiste la trace vivante de ses leçons, et qui lui ont valu, sans qu'il y songeât, une durable réputation[1]. Il mourut à Paris en 1741.

---

1. Les plus brillants suffrages furent décernés à cet homme modeste. Frédéric le Grand, si habile historien lui-même, avouait qu'il avait beaucoup profité à la lecture de ses histoires. Montesquieu, Boileau, J. B. Rousseau, Voltaire dans *le Temple du goût*, et de nos jours Châteaubriand, Fontanes et M. Villemain ont parlé de lui avec une faveur marquée. En 1818, son Éloge a été proposé par l'Académie française. L'ouvrage de M. Berville, qui remporta le prix, se trouve en tête de la belle édition que M. Letronne a donnée des Œuvres de Rollin. M. Patin, *Mélanges de littérature ancienne et moderne*, a écrit sa vie : voy. p. 538 et suiv.

Rollin fait hommage de son Traité des études aux chefs de l'Université.

1. Après avoir témoigné sa reconnaissance pour l'Université, Rollin soumet à son jugement la première partie de son ouvrage.
2. Dans cette première partie il n'a voulu que fixer par écrit, pour les rendre plus durables, les pratiques et les méthodes de l'enseignement de l'Université.
3. C'est l'Université en effet qui est la gardienne naturelle des grandes traditions du goût et de l'éloquence.
4. Comment se montrera-t-elle digne de cette haute mission? Elle ne prétend pas former des poëtes et des orateurs parfaits; elle veut seulement, par l'étude de l'antiquité, jeter dans l'esprit des jeunes gens la semence des nobles connaissances, et les défendre contre les tentations séduisantes du mauvais goût qui semble croître de jour en jour.

Je souhaitais depuis longtemps de trouver quelque occasion de témoigner publiquement ma vive et sincère reconnaissance pour l'Université, que je regarde comme ma mère, et à qui je compte tout devoir après Dieu. Elevé dans son sein dès mon enfance, nourri du lait de sa doctrine, si j'ai acquis quelque connaissance des lettres, si j'ai quelque amour de la vérité, quelque goût de la piété, c'est à l'Université que j'en suis redevable : j'ai puisé de si grands biens dans ces sources libérales que vous tenez ouvertes également aux pauvres et aux riches, à ceux qui sont sans naissance et aux premiers de la noblesse, comme je l'ai heureusement éprouvé avec un grand nombre d'autres. C'est vous qui, après m'avoir formé par de salutaires leçons pendant le cours de mes études, après m'avoir fait passer par les différents degrés de la profession publique, et m'avoir plus d'une fois honoré de la première dignité de votre corps, m'avez enfin au bout d'un service de plusieurs années accordé une retraite[1], où je puisse jouir d'un honorable repos.

Mais comme, selon la maxime d'un des hommes les plus sages de l'antiquité, nous ne devons pas être moins en état de rendre compte de notre loisir que du temps de nos occupations[1], et qu'il n'est pas permis à un honnête homme,

---

1. Rollin fait allusion à cette phrase de Cicéron : « Marci Catonis illud, quod in principio scripsit Originum suarum, semper magnificum et præclarum putavi, clarorum virorum atque magnorum, non

encore moins à un chrétien, de se livrer à l'inaction et à la mollesse, voici que je vous offre les fruits de mon loisir, fruits qui vous appartiennent, puisqu'ils sont nés sur votre fonds : heureux, s'ils ne dégénèrent point de la bonté du terroir qui les a portés!

C'est votre autorité qui m'a engagé dans cette entreprise. Choisi par vous pour rendre de publiques actions de grâces au roi, j'avais tâché d'exposer en peu de mots quels avaient toujours été l'attention et le zèle de l'Université pour former les jeunes gens non-seulement aux lettres, mais bien plus encore à la probité et à la religion [1]. Ce que je n'avais pu que montrer en gros et effleurer légèrement, à cause de la brièveté du temps qui m'était prescrit, vous m'avez ordonné de le traiter avec plus d'étendue. Je sentais bien qu'un pareil ouvrage était au-dessus de mes forces; mais j'ai mieux aimé paraître manquer de prudence que de docilité. J'ai mis sur-le-champ la main à la plume, et j'ai pris le parti d'écrire en français, afin de pouvoir être entendu d'un plus grand nombre de nos compatriotes. Voici la première moitié de l'ouvrage que je soumets à votre jugement; et je me tiendrai bien récompensé de mon travail, si vous le regardez comme pouvant être de quelque utilité pour la jeunesse.

Dans cette partie qui paraît aujourd'hui, ma principale vue a été, pour ne point toucher ici à ce qui concerne la piété et les bonnes mœurs, de mettre par écrit et de fixer la méthode d'enseigner usitée depuis longtemps parmi vous, et qui jusqu'ici ne s'est transmise que de vive voix, et comme par une espèce de tradition; d'ériger, autant que j'en suis capable, un monument durable des règles et de la pratique que vous suivez dans l'instruction de la jeunesse, afin de conserver dans toute son intégrité le vrai goût des belles-lettres, et de le mettre à l'abri, s'il est pos-

---

minus otii, quam negotii, rationem exstare oportere. » *Pro Plancio*, c. xxvii. — Là-dessus, il faut se rappeler ce mot de Balzac : « La paresse n'a rien de commun avec l'oisiveté : celle-là réveille, aiguise, purifie les sens; celle-ci les endort et les émousse. »

1. La harangue latine que rappelle ici Rollin se trouve dans ses *Opuscules*, Paris, in-8°, 1807, t. II, p. 144 et suiv. Elle se rapporte à l'année 1719. Par le bienfait du jeune Louis XV ou plutôt du régent, il avait été attribué aux membres du corps enseignant des traitements et des pensions de retraite qui les rendaient indépendants de tout salaire et fixaient leur sort d'une manière honorable. Dans son discours de remercîment, qui fut prononcé, le 19 décembre de cette année, dans la salle extérieure de la Sorbonne, Rollin, en traçant le tableau du plan d'éducation suivi par l'Université, avait montré combien celle-ci était digne des faveurs du souverain.

sible, des altérations et des injures du temps. Ce goût règne aujourd'hui parmi vous, et dans toute la France; et, par d'heureux et insensibles accroissements, il est parvenu presque au comble de la perfection. Le siècle de Louis le Grand, siècle fameux par tant de merveilles et surtout fécond en grands et puissants génies, nous a retracé l'image du savant et poli siècle d'Auguste[1], et, par des ouvrages qui ne périront jamais, a acquis à notre France une gloire immortelle. Mais plus nous voyons que s'est élevée à un haut point cette gloire du nom français, plus il est à craindre que, ne pouvant plus croître aujourd'hui, elle ne commence peut-être à déchoir et à dégénérer d'elle-même.

Or, j'ose dire ici que la garde de ce précieux dépôt est principalement remise en vos mains et confiée à votre fidélité. Nos rois, à qui doit sa naissance l'Université de Paris[2], dont le plus glorieux titre est celui de fille aînée des rois, nos rois ont voulu que l'on trouvât dans votre sein une école publique pour toutes les sciences, mais surtout pour ce genre de connaissances qui élève et forme les esprits au grand art de bien dire. Ils ont prétendu, en fondant votre compagnie, fonder pour l'éloquence, qui a mérité d'être appelée la reine de l'univers, un domicile, une patrie, une citadelle assurée, afin qu'arrosée des sources de l'antiquité grecque et latine, elle n'admît jamais le mélange d'une nouveauté séduisante; afin qu'élevée, pour ainsi dire, par vos mains dans le goût antique, et gardée sous une austère tutelle contre l'audace des corrupteurs, jamais elle ne se laissât altérer par le fard, par l'afféterie, ni par tous les ornements indignes de sa pureté.

Quand j'avance que vous êtes chargés du soin de conserver ce bon goût dans les ouvrages d'esprit, je ne prétends point, par une témérité inconsidérée, étendre nos fonctions au delà de leurs justes bornes, ni soutenir qu'au sortir de nos écoles ceux qui s'y sont formés soient parvenus à tout ce qu'il y a presque de plus difficile au monde, c'est-à-dire soient des orateurs, des poëtes, des philosophes parfaits. Notre devoir est de commencer et de crayonner l'ouvrage,

---

[1]. « Par combien de moyens il fallait, a dit le président Hénault, dans un parallèle établi entre ces deux époques, que la nature préparât deux siècles si beaux ! Le même fonds qui avait produit des hommes illustres dans la guerre produisit des génies sublimes dans les lettres, dans les arts et dans les sciences... »

[2]. On a souvent fait remonter jusqu'à Charlemagne l'origine de l'Université de Paris, dont le véritable fondateur fut Philippe Auguste : On peut consulter Pasquier, *Recherches de la France*, III, 29.

d'en tracer les premiers traits, et non pas de le porter à la dernière perfection. Nous montrons aux jeunes gens le but certain auquel ils doivent tendre, la route assurée qu'ils doivent tenir, les illusions et les dangers qu'ils doivent éviter. En un mot, nous posons les fondements solides de tout l'ouvrage ; nous jetons la bonne semence, la semence choisie, pure, exquise, de tous les beaux-arts[1]. Or, qui ne sait quelle est la force de la semence dans les productions de la terre, quelle est l'importance des fondements dans les édifices? Tout dépend des principes : et néanmoins, ces principes ne paraissent point et demeurent enterrés. Dès les premières et plus tendres années, les enfants font briller comme des étincelles et des traits d'esprit, qui nous avertissent qu'il n'y a point d'âge si faible qui déjà ne puisse prendre la teinture du vrai et commencer à se former au bon goût. Dans les écrits des anciens qu'on leur fait lire, ils peuvent aisément, pourvu qu'ils aient un bon guide, choisissant parmi tant de choses excellentes qui se présentent de toute part, cueillir comme une fleur exquise d'agrément naturel et délicat; ou plutôt faire une ample récolte de fruits admirables pour leur bonté, dont ils feront leur nourriture ordinaire, et par là s'accoutumeront à ne goûter que ce qu'il y a de plus parfait. L'esprit formé et nourri de ce suc de l'antiquité le transforme en sa substance, et, se fortifiant peu à peu, en vient au point que l'idée du beau, que l'on s'est rendue familière par l'habitude avec les anciens, et qui s'est profondément gravée dans l'âme, y produit son effet, même sans que l'on y pense, et rend l'ouvrage conforme au modèle, même sans la réflexion de l'artisan[2]; en un mot, fait renaître dans les hommes aujourd'hui le goût de l'élégance attique et de l'urbanité romaine.

Ainsi se forment les grands hommes dans la république des lettres. C'est de cette source qu'est sorti ce nombreux essaim d'écrivains excellents en tout genre qui ont fait l'ornement du siècle de Louis XIV, et qui brillent encore aujourd'hui. Tous ils ont eu le goût antique; et il suffit d'une

---

1. C'est-à-dire de toutes les nobles connaissances, particulièrement celle des lettres. *Arts* était encore, le siècle dernier, pris dans le sens de *lettres*. Ainsi Vauvenargues : « Les *arts* ou les sciences embrassent tout ce qu'il y a, dans les objets de la pensée, de noble ou d'utile. »

2. Cf. Cicéron, *de Oratore*, II, 14 : « Ut, quum in sole ambulem, etiamsi aliam ob causam ambulem, fieri natura tamen ut colorer; sic, quum istos libros studiosius legerim, sentio orationem meam illorum tactu quasi colorari. »

légère connaissance de l'antiquité pour reconnaître que tous ils n'ont entrepris d'écrire qu'après s'être enrichis des dépouilles de Rome et d'Athènes.

C'est donc une obligation pour nous, que l'Université, mère des beaux-arts, a chargés de la fonction publique d'enseigner, c'est à nous qu'il convient d'être comme en sentinelle sous son nom et par ses ordres, veillant avec une attention infinie à empêcher que ce bien si précieux à notre nation ne dégénère dans la racine et dans le principe ; que les jeunes gens, épris des charmes de ces faux brillants dont la mode s'introduit parmi nous, au lieu de fruits solides, ne courent après de petites fleurs qui n'ont qu'un vain éclat; et que, comme ils sont peu capables de se tenir sur leurs gardes, et faciles à se laisser séduire aux apparences trompeuses, ils ne tombent dans des espèces d'embuscades qui les attendent, souvent cachées à l'abri des plus grands noms. Car il y a des embûches tendues de toutes parts pour surprendre les esprits des jeunes gens, à moins qu'à cette corruption et à ce mauvais goût qui croît de jour en jour nous n'opposions une puissante barrière, en les fortifiant par la lecture assidue des anciens et de ceux des modernes en qui règne pareillement le goût épuré de la saine éloquence.

Traité des Études[1] : préface.

1. Les critiques contradictoires dont le *Traité des Études* fut l'objet, lorsqu'il parut de 1726 à 1728, l'honorèrent autant que les éloges qui l'accueillirent, les uns accusant l'auteur d'innovations téméraires, les autres, d'une admiration superstitieuse pour le passé : en réalité, il ouvrit la voie à un progrès raisonnable, et le germe de toutes les améliorations apportées depuis à l'enseignement y est contenu. C'est encore aujourd'hui le dépôt des plus saines traditions de nos écoles et le meilleur code de l'instruction publique. A la sagesse des préceptes se joint le charme d'un excellent langage, facile, abondant, fleuri et tout imprégné d'un parfum antique. On sait cependant que Rollin, cessant d'écrire en latin à l'âge de plus de soixante ans, avait pour la première fois employé notre idiome dans cet ouvrage. De là ce que lui disait d'Aguesseau : « Vous parlez le français comme si c'était votre langue naturelle. » Ce fut après cette publication, et encouragé par son succès, que Rollin entreprit successivement son *Histoire ancienne* et son *Histoire romaine* : mais la mort l'arrêta dans la composition de ce dernier travail.

MASSILLON.

(1663-1742.)

Aucun auteur n'est plus capable que Massillon d'apprendre à s'exprimer avec facilité, avec grâce et abondance : il achève en quelque sorte la culture des esprits, en leur offrant beaucoup de qualités accessibles qui les fécondent et qui les polissent. Appropriée au caractère de son imagination douce et pathétique, sa diction est sobrement ornée, élégante et pure, harmonieuse et sans effort. Aucun n'a parlé aux passions un langage plus propre à les captiver et à les soumettre : aucun n'a mieux connu le cœur humain et ne l'a peint avec plus d'éloquence. Par là, cet orateur mérita d'être admiré de Louis XIV, vieillissant, et qui avait entendu de si grands hommes. Le jeune roi Louis XV reçut ensuite de lui les plus belles leçons qui aient jamais été adressées à un roi. On sait combien elles furent stériles ; toutefois Massillon mourut avant que la sagesse du cardinal de Fleury eût cessé d'être un frein pour ce prince : il n'eut pas la douleur de voir les désordres scandaleux qui signalèrent la seconde partie de son règne. Depuis longtemps, au reste, le vénérable prélat vivait loin de la cour, dans son évêché de Clermont, qui avait été, en 1717, la récompense de ses talents. Les soins de son diocèse, tous les devoirs scrupuleusement observés de l'épiscopat, et les pratiques journalières d'une charité sans bornes, avaient rempli ses dernières années et mis le comble à sa gloire[2]. Né dans la Provence en 1663, il mourut en 1742.

Massillon aux membres de l'Académie française.

État des lettres avant la fondation de l'Académie française : progrès du goût public au dix-septième siècle.

J'augure trop favorablement des règnes futurs de la monarchie, pour soupçonner même qu'ils se refroidissent ja-

---

1. L'éloge de Massillon a été composé par d'Alembert, en 1774. On peut rapprocher de cet éloge une lettre de Mme de Maintenon au duc de Noailles, du 11 mars 1704. Outre La Harpe, il faut voir encore sur cet orateur l'abbé Maury, qui le loue beaucoup et ne le cri-
4.

mais sur l'utilité de votre établissement[1]. Ce tribunal, élevé pour perpétuer parmi nous le goût et la politesse, est un secours qui avait manqué aux siècles les plus polis de Rome et d'Athènes : aussi ne se sauvèrent-ils pas longtemps de la fausse éloquence et du mauvais goût ; et on les vit bientôt retomber presque dans la même barbarie d'où tant d'ouvrages fameux les avaient tirés.

Mais le cardinal de Richelieu, à qui il était donné de penser au-dessus des autres hommes, sut ménager à son siècle un secours si nécessaire : il comprit que l'inconstance de la nation avait besoin d'un frein, et que le goût n'aurait pas chez nous une destinée plus invariable que les usages, s'il n'établissait des juges pour le fixer[2].

Repassez sur les règnes qui précédèrent la naissance de l'Académie : la naïveté du langage suppléait, je l'avoue, dans un petit nombre d'auteurs, à la pureté du style, au choix et à l'arrangement des matières ; et toutes les beautés dont notre langue s'est depuis enrichie n'ont pu encore effacer les grâces de leur ancienne simplicité. Mais, en général, quel faux goût d'éloquence ! les astres en fournissaient toujours les traits les plus hardis et les plus lumineux ; et l'orateur croyait ramper, si du premier pas il ne se perdait dans les nues ; une érudition entassée sans choix décidait de la beauté et du mérite des éloges ; et, pour louer son héros avec succès, il fallait presque avoir trouvé le secret de ne point parler de lui.

La chaire semblait disputer, ou de bouffonnerie avec le théâtre, ou de sécheresse avec l'école[3], et le prédicateur

---

tiqué guère moins, *Essai sur l'éloquence de la chaire*, chap. 58. Si le premier, en faisant de lui, dans le sermon, *le modèle par excellence*, le juge avec un peu de faveur, le second, en revanche, est exagéré dans quelques-unes de ses censures. Cf. Châteaubriand, *Génie du Christianisme*, IIIe partie, livre IV, chap. 3.

1. Massillon, déjà évêque de Clermont, fut reçu en 1719 à l'Académie française, un an après qu'il eut prononcé le *Petit Carême* devant le roi Louis XV encore enfant. Le discours de réception qu'il prononça eut un brillant succès ; « on y remarque, dit un contemporain, un bon goût, un bon ton, une bonne grâce dont n'approchait point le langage des beaux esprits les plus distingués. » Ce fut l'abbé Fleury qui, en qualité de directeur, répondit à Massillon.

2. L'Académie française fut fondée par lettres patentes de janvier 1635.

3. Comme Massillon, Fénelon ne faisait dater que du dix-septième siècle la renaissance de l'éloquence sacrée. V. la IIIe partie des *Dialogues sur l'Éloquence* : « C. Mais combien a duré cette fausse éloquence que vous dites qui succéda à la bonne (celle des Pères de l'Église) ? — A. Jusqu'à nous. — C. Quoi ! jusqu'à nous ! — A. Oui,

croyait avoir rempli le ministère le plus sérieux de la religion, quand il avait déshonoré la majesté de la parole sainte, en y mêlant, ou des termes barbares qu'on n'entendait pas, ou des plaisanteries qu'on n'aurait pas dû entendre.

Le barreau n'était presque plus qu'un étalage de citations étrangères à la cause ; et, les plaidoyers finis, les juges étaient bien plus instruits, et plus en état de prononcer sur le mérite des orateurs que sur le droit des parties[1].

Le goût manquait partout : la poésie elle-même, malgré ses Marot et ses Regnier, marchait encore sans règles et au hasard ; les grâces de ces deux auteurs appartiennent à la nature, qui est de tous les siècles plutôt qu'au leur ; et le chaos où Ronsard, qui ne put imiter l'un ni devenir le modèle de l'autre, la replongea, montre que leurs ouvrages ne furent que comme d'heureux intervalles qui échappèrent à un siècle malade et généralement gâté.

Je ne parle pas du grand Malherbe : il avait vécu avec vos premiers fondateurs ; il vous appartenait d'avance ; c'était l'aurore qui annonçait le jour[2].

Ce jour, cet heureux jour, s'éleva enfin : l'Académie parut ; le chaos se débrouilla, la nature étala toutes ses beautés, et tout prit une nouvelle forme[3]. La France ne vit plus rien qu'elle dût envier aux meilleurs siècles de l'antiquité : dans tous les genres, on vit sortir de votre sein des hommes uniques, dont Rome et la Grèce se seraient

---

jusqu'à nous, et nous n'en sommes pas encore autant sortis que nous le croyons, etc. » Au moyen âge, en effet, la scolastique paralysa et étouffa par ses étroites et abstraites formules le libre essor de l'éloquence sacrée ; le seizième siècle épris de l'antiquité païenne la mêla à tout, mais souvent sans mesure et sans goût. On trouvera dans le livre déjà cité de M. Jacquinet (chap. Ier, p. 35) un exemple curieux de ce pêle-mêle d'érudition sacrée et profane, qui allait quelquefois jusqu'à la profanation.

1. Boileau dit aussi en parlant de ces pointes et de ces jeux de mots qui infestaient également la chaire et le barreau *(Art poët.)* :

> L'avocat au palais en hérissa son style,
> Et le docteur en chaire en sema l'Évangile.

2. Cf. *Art poët.*, ch. I :

> Enfin Malherbe vint, et, le premier en France,
> Fit sentir dans les vers une juste cadence...

3. La part faite à l'Académie dans cet heureux perfectionnement du goût public est sans doute exagérée par Massillon : il faut voir ici moins un jugement rigoureux qu'une convenance ou plutôt une politesse oratoire.

fait honneur. La chaire elle-même rougit de ce comique indécent ou de ces ornements bizarres et pompeux dont elle s'était jusque-là parée, et substitua l'instruction à une pompe vide et déplacée, la raison aux fausses lueurs et l'Evangile à l'imagination. Partout le vrai prit la place du faux [1].

Notre langue, devenue plus aimable à mesure qu'elle devenait plus pure, sembla nous réconcilier avec toute l'Europe, dans le temps même que nos victoires l'armaient contre nous : un Français ne se trouvait étranger nulle part ; son langage était le langage de toutes les cours ; et nos ennemis, ne pouvant vaincre comme nous, voulaient du moins parler comme nous [2].

La politesse du langage nous amena celle des mœurs : le goût qui régnait dans les ouvrages d'esprit entra dans les bienséances de la vie civile ; et nos manières, comme nos ouvrages, servirent de modèle aux étrangers.

Le goût est l'arbitre et la règle des bienséances et des mœurs, comme de l'éloquence ; c'est un dépôt public qui vous est confié, à la garde duquel on ne peut trop veiller : dès que le faux, le mauvais et l'indécent sont applaudis dans les ouvrages d'esprit, ils le sont bientôt dans les mœurs publiques. Tout change et se corrompt avec le goût : les bienséances de l'éloquence et celles des mœurs se donnent, pour ainsi dire, la main : Rome elle-même vit bientôt ses mœurs reprendre leur première barbarie et se corrompre sous les empereurs, où la pureté du langage et le goût du bon siècle commença à s'altérer ; et la France aurait sans doute la même destinée, si l'Académie, dépositaire des bienséances et de la pureté du goût, ne nous répondait aussi de celle de nos mœurs pour nos neveux.

Discours de réception à l'Académie française.

1. Cependant ce *comique indécent* essaya de reparaître en plein dix-septième siècle, grâce à la licence et aux désordres de la Fronde. Le nom qui personnifie cette réaction éphémère est celui du *Père André*, moine augustin. C'était lui qui dans un sermon comparait « les quatre docteurs de l'Eglise latine aux quatre rois du jeu de cartes ; Saint Grégoire au *roi de carreau*, à cause de son *peu d'élévation*, etc. » Ce *jovial orateur*, comme l'appelle Loret, mourut en 1657, et par bonheur personne ne chercha plus à recueillir sa succession.

2. Rivarol, dans un discours couronné en 1783 par l'Académie de Berlin, a exposé les raisons qui ont rendu la langue française universelle.

MASSILLON.

Sermon sur le petit nombre des élus.

(Fragment.)

L'homme en présence de son juge suprême[1].

Je m'arrête à vous, mes frères, qui êtes ici assemblés : je ne parle plus du reste des hommes, je vous regarde comme si vous étiez seuls sur la terre ; et voici la pensée qui m'occupe et qui m'épouvante. Je suppose que c'est ici votre dernière heure et la fin de l'univers, que les cieux vont s'ouvrir sur vos têtes, Jésus-Christ paraître dans sa gloire au milieu de ce temple, et que vous n'y êtes rassemblés que pour l'attendre, et comme des criminels tremblants à qui on va prononcer ou une sentence de grâce ou un arrêt de mort éternelle ; car vous avez beau vous flatter, vous mourrez tels que vous êtes aujourd'hui ; tous ces désirs de changement qui vous amusent vous amuseront jusqu'au lit de la mort : c'est l'expérience de tous les siècles. Tout ce que vous trouverez alors en vous de nouveau sera peut-être un compte un peu plus grand que celui que vous auriez aujourd'hui à rendre ; et sur ce que vous seriez, si l'on venait vous juger dans ce moment, vous pouvez

---

[1]. Voltaire, qui avait beaucoup lu Massillon et qui l'a souvent imité, a cité ce passage dans un article sur l'*éloquence*, comme propre à en donner la plus haute idée. « Le lecteur, dit-il, sera bien aise de trouver ici ce qui arriva la première fois que Massillon, depuis évêque de Clermont, prêcha son fameux sermon *du petit nombre des élus*. Il y eut un moment où un transport de saisissement s'empara de tout l'auditoire : presque tout le monde se leva à moitié par un mouvement involontaire ; le mouvement d'acclamation et de surprise fut si fort qu'il troubla l'orateur, et ce trouble ne servit qu'à augmenter le pathétique de ce morceau. » Il le transcrit ensuite et termine sa citation par ces mots : « Cette figure (c'est une hypotypose), la plus hardie qu'on ait jamais employée, et en même temps la plus à sa place, est un des plus beaux traits d'éloquence qu'on puisse lire chez les nations anciennes et modernes : le reste du discours n'est pas indigne de cet endroit si brillant. » En effet tout ce sermon, indépendamment de son admirable fin, par la composition, l'ordonnance, l'art de proportionner la sévérité des menaces à la faiblesse humaine et de prévenir le désespoir en offrant la perspective du pardon au repentir, par la force pressante de son argumentation et la douce pitié dont il est pénétré pour le pécheur, par sa richesse exempte de profusion et sa grandeur simple, peut être considéré comme l'un des ouvrages les plus accomplis de Massillon.

presque décider de ce qui vous arrivera au sortir de cette vie.

Or, je vous demande, et je vous le demande frappé de terreur, ne séparant pas mon sort du vôtre, et me mettant dans la même disposition où je souhaite que vous entriez; je vous demande donc : si Jésus-Christ paraissait dans ce temple, au milieu de cette assemblée, pour nous juger, pour faire le terrible discernement des boucs et des brebis, croyez-vous que le plus grand nombre de tout ce que nous sommes ici fût placé à la droite? croyez-vous que les choses du moins fussent égales? croyez-vous qu'il s'y trouvât seulement dix justes, que le Seigneur ne put trouver autrefois en cinq villes tout entières? je vous le demande, et vous l'ignorez, et je l'ignore moi-même; vous seul, ô mon Dieu! connaissez ceux qui vous appartiennent. Mais si nous ne connaissons pas ceux qui lui appartiennent, nous savons du moins que les pécheurs ne lui appartiennent pas. Or, qui sont les fidèles ici assemblés? Les titres et les dignités ne doivent être comptés pour rien; vous en serez dépouillés devant Jésus-Christ : qui sont-ils? Beaucoup de pécheurs qui ne veulent pas se convertir; encore plus qui le voudraient, mais qui diffèrent leur conversion; plusieurs autres qui ne se convertissent jamais que pour retomber; enfin, un grand nombre qui croient n'avoir pas besoin de conversion : voilà le parti des réprouvés. Retranchez ces quatre sortes de pécheurs de cette assemblée sainte, car ils en seront retranchés au grand jour. Paraissez, maintenant, justes; où êtes-vous? restes d'Israël, passez à la droite; froment de Jésus-Christ, démêlez-vous de cette paille destinée au feu : ô Dieu! où sont vos élus, et que reste-t-il pour votre partage [1]?

Mes frères, notre perte est presque assurée, et nous n'y pensons pas. Quand même, dans cette terrible séparation qui se fera un jour, il ne devrait y avoir qu'un seul pécheur de cette assemblée du côté des réprouvés, et qu'une

---

1. On peut ici comparer Massillon avec lui-même, en rapprochant de ce morceau la peinture qu'il a tracée, dans son sermon *pour le jour des morts,* de la mort du pécheur et de celle du juste. Ce discours se trouve dans l'*Avent* que prêcha Massillon à Versailles, et qui est, non moins que son *Carême,* dit La Harpe, « une suite presque continue de chefs-d'œuvre. » Il mentionne en particulier ces deux tableaux comme « également parfaits, » et cite le premier, « pour donner, ajoute-t-il, un exemple de cette vigueur d'expression qu'on est si souvent tenté de disputer à ceux qui ont porté aussi loin que Massillon le mérite de l'élégance. » Ces deux morceaux ont été donnés dans les *Morceaux choisis* pour la classe de quatrième, pages 68 et 69.

voix du ciel viendrait nous en assurer dans ce temple, sans le désigner, qui de nous ne craindrait d'être le malheureux? qui de nous ne retomberait d'abord sur sa conscience, pour examiner si ses crimes n'ont pas mérité ce châtiment? qui de nous, saisi de frayeur, ne demanderait pas à Jésus-Christ, comme autrefois les apôtres : Seigneur, ne serait-ce pas moi ? *Numquid ego sum, Domine ?* Et si on laissait quelque délai, qui ne se mettrait en état de détourner de lui cette infortune par les larmes et les gémissements d'une sincère pénitence?

Extrait du *Carême :* Sermon du lundi de la IIIe semaine.

Sermon sur le malheur des grands qui abandonnent Dieu.

(Fragment.)

Du plaisir que la bienfaisance offre aux grands.

Quel usage plus doux et plus flatteur, mes frères, pourriez-vous faire de votre élévation et de votre opulence? Vous attirer des hommages? mais l'orgueil lui-même s'en lasse. Commander aux hommes et leur donner des lois? mais ce sont là les soins de l'autorité, ce n'en est pas le plaisir. Voir autour de vous multiplier à l'infini vos serviteurs et vos esclaves? mais ce sont des témoins qui vous embarrassent et vous gênent, plutôt qu'une pompe qui vous décore. Habiter des palais somptueux? mais vous vous édifiez, dit Job[1], des solitudes où les soucis et les noirs chagrins viennent bientôt habiter avec vous. Y rassembler tous les plaisirs? ils peuvent remplir ces vastes édifices, mais ils laisseront toujours votre cœur vide. Trouver tous les jours dans votre opulence de nouvelles ressources à vos caprices? la variété des ressources tarit bientôt : tout est bientôt épuisé : il faut revenir sur ses pas et recommencer sans cesse ce que l'ennui rend insipide et ce que l'oisiveté a rendu nécessaire. Employez tant qu'il vous plaira vos biens et votre autorité à tous les usages que l'orgueil et les plaisirs peuvent inventer : vous serez rassasiés, mais vous ne serez pas satisfaits; ils vous montreront la joie, mais ils ne la laisseront pas dans votre cœur.

1. C'est-à-dire *vous vous préparez :* on sait que l'un des livres de la Bible contient le récit des malheurs de Job et ses entretiens avec ses amis et avec Dieu. Voy. chap. III, v. 14.

Employez-les à faire des heureux, à rendre la vie plus douce et plus supportable à des infortunés que l'excès de la misère a peut-être réduits mille fois à souhaiter, comme Job[1], que le jour qui les vit naître eût été lui-même la nuit éternelle de leur tombeau : vous sentirez alors le plaisir d'être nés grands; vous goûterez la véritable douceur de votre état : c'est le seul privilége qui le rend digne d'envie. Toute cette vaine montre qui vous environne est pour les autres : ce plaisir est pour vous seuls. Tout le reste a ses amertumes : ce plaisir seul les adoucit toutes[2]. La joie de faire du bien est tout autrement douce et touchante que la joie de le recevoir. Revenez-y encore, c'est un plaisir qui ne s'use point; plus on le goûte, plus on se rend digne de le goûter; on s'accoutume à sa prospérité propre, et on y devient insensible; mais on sent toujours la joie d'être l'auteur de la prospérité d'autrui : chaque bienfait porte avec lui ce tribut doux et secret dans notre âme : le long usage, qui endurcit le cœur à tous les plaisirs, le rend ici tous les jours plus sensible.

Et qu'a la majesté du trône elle-même de plus délicieux que le pouvoir de faire des grâces? Que serait la puissance des rois, s'ils se condamnaient à en jouir tout seuls?..... Ce n'est pas le rang, les titres, la puissance, qui rendent les souverains aimables; ce n'est pas même les talents glorieux que le monde admire, la valeur, la supériorité du génie, l'art de manier les esprits et de gouverner les peuples : ces grands talents ne les rendent aimables à leurs sujets qu'autant qu'ils les rendent humains et bienfaisants. Vous ne serez grand qu'autant que vous leur serez cher : l'amour des peuples a toujours été la gloire la plus réelle et la moins équivoque des souverains, et les peuples n'aiment

---

1. Chap. III, v. 3.

2. Ici on peut noter une habitude de Massillon, qui lui a été souvent reprochée. Il se répète et se commente volontiers ; on sent qu'il aurait pu s'exprimer en moins de paroles. Presque toujours, a-t-on dit, il donne à sa pensée trois vêtements : le premier est magnifique, le second est riche, le troisième encore d'un heureux choix ; mais souvent le premier suffirait, et les deux autres sont comme un luxe de son talent. En constatant cette imperfection, La Harpe l'excuse de la manière suivante : « Un des caractères de Massillon est de revenir un peu sur la même idée ; mais il l'étend, ce me semble, sans l'affaiblir, et c'est un des priviléges de l'art oratoire : il ne retourne pas sa pensée avec une recherche pénible, comme Sénèque ; il la développe, comme Cicéron, sous toutes les faces, de manière à en multiplier les effets : c'est la lumière d'un diamant dont le mouvement multiplie les rayons. »

guère dans les souverains que les vertus qui rendent leur règne heureux [1].

Et, en effet, est-il pour les princes une gloire plus pure et plus touchante que celle de régner sur les cœurs? La gloire des conquêtes est toujours souillée de sang [2]: c'est le carnage et la mort qui nous y conduit; et il faut faire des malheureux pour se l'assurer. L'appareil qui l'environne est funeste et lugubre; et souvent le conquérant lui-même, s'il est humain, est forcé de verser des larmes sur ses propres victoires.

Mais la gloire d'être cher à son peuple et de le rendre heureux n'est environnée que de la joie et de l'abondance : il ne faut point élever de statues et de colonnes superbes pour l'immortaliser; elle s'élève dans le cœur de chaque sujet un monument plus durable que l'airain et le bronze, parce que l'amour dont il est l'ouvrage est plus fort que la mort. Le titre de conquérant n'est écrit que sur le marbre; le titre de père du peuple est gravé dans les cœurs.

Et quelle félicité pour le souverain de regarder son royaume comme sa famille, ses sujets comme ses enfants; de compter que leurs cœurs sont encore plus à lui que leurs biens et leurs personnes, et de voir, pour ainsi dire, ratifier chaque jour le premier choix de la nation qui éleva ses ancêtres sur le trône! La gloire des conquêtes et des triomphes a-t-elle rien qui égale ce plaisir [3]?

Extrait du *Petit Carême* [4] (IVe dimanche de Carême).

1. Les mêmes idées se trouvent dans *Télémaque*, au liv. X, vers la fin des conseils adressés par Mentor à Idoménée.

2. Dans le sermon sur l'*Ambition* (Petit Carême), Massillon revient sur la même idée avec plus de force et d'éloquence : « Sa gloire (celle du roi conquérant) sera toujours souillée de sang : quelque insensé chantera peut-être ses victoires; mais les provinces, les villes, les campagnes, en pleureront... »

3. « Comme toutes les expressions, observe La Harpe en citant ce morceau, coulent d'une âme qui s'épanche! Est-il possible de donner plus de charme à la vérité et à la vertu? »

4. Le *Petit Carême*, prononcé en 1718 devant Louis XV, alors âgé de huit ans, a pour objet de traiter de toutes les vertus et de tous les vices, dans leurs rapports avec les hommes chargés de commander à leurs semblables. Il en résulte une certaine monotonie dans les développements de cet ouvrage, que l'on a eu tort de mettre au-dessus du *Carême* et de l'*Avent* du même prédicateur, mais que l'on n'a pu trop louer pour la perfection du style. Il paraît que Voltaire avait toujours ce dernier livre sur son pupitre, comme un de ses modèles favoris. « Si la raison elle-même, a dit La Harpe, si cette faculté souveraine, émanée de l'intelligence éternelle, voulait apparaître aux hommes sous les traits les plus capables de la

MASSILLON.

Sermon sur la mort[1].

(Fragment.)

A ceux qui ne songent pas à la mort.

Sur quoi vous rassurez-vous donc? Sur la force du tempérament[2]? Mais qu'est-ce que la santé la mieux établie? une étincelle qu'un souffle éteint : il ne faut qu'un jour d'infirmité pour détruire le corps le plus robuste du monde. Je n'examine pas après cela si vous ne vous flattez point même là-dessus; si un corps ruiné par les désordres de vos premiers ans ne vous annonce pas au dedans de vous une réponse de mort; si des infirmités habituelles ne vous ouvrent pas de loin les portes du tombeau; si des indices fâcheux ne vous menacent pas d'un accident soudain. Je veux que vous prolongiez vos jours au delà même de vos espérances. Hélas! mes frères, ce qui doit finir doit-il vous paraître long? Regardez derrière vous : où sont vos premières années? Que laissent-elles de réel dans votre souvenir? Pas plus qu'un songe de la nuit[3]; vous rêvez que vous avez vécu : voilà tout ce qui vous en reste. Tout cet intervalle qui s'est écoulé depuis votre naissance jusqu'au

---

faire aimer et leur parler le langage le plus persuasif, il faudrait, je crois, qu'elle prît les traits et le langage de l'auteur du *Petit Carême* ou de celui de *Télémaque*. » De là, le surnom de *Racine de la prose* donné quelquefois à Massillon. Tandis que Bourdaloue subjugue les esprits et leur impose par le raisonnement le joug de la foi, Massillon les attire à la religion par tout ce qu'elle a de douceur et de charme.

1. De ce sermon de Massillon on rapprochera un sermon de Bossuet sur le même sujet, l'un des plus beaux qu'il ait laissés, l'un de ceux où le langage du philosophe chrétien atteint à la plus grande élévation.

2. Ce morceau est mentionné par La Harpe comme l'un de ceux « où Massillon a le plus signalé son étonnante fécondité d'expression »; et il motive l'éloge qu'il en fait sur les considérations suivantes : « Un orateur chrétien, qui a pour but de frapper fortement d'une pensée l'esprit de ses auditeurs, peut s'arrêter longtemps sur le même objet; et s'il le traite comme Massillon, s'il attache à chaque circonstance un sentiment ou une image, surtout si, en enchérissant toujours sur lui-même et s'échauffant dans son abondance, il va jusqu'à ce degré d'enthousiasme qui enfante le sublime, il ne mérite que de l'admiration. »

3. Ellipse pour : pas plus *que ne laisse* un songe.

jourd'hui, ce n'est qu'un trait rapide qu'à peine vous avez vu passer. Quand vous auriez commencé à vivre avec le monde, le passé ne vous paraîtrait pas plus long ni plus réel. Tous les siècles qui se sont écoulés jusqu'à nous, vous les regarderiez comme des instants fugitifs; tous les peuples qui ont paru et disparu dans l'univers, toutes les révolutions d'empires et de royaumes, tous ces grands événements qui embellissent nos histoires, ne seraient pour vous que les différentes scènes d'un spectacle que vous auriez vu finir en un jour. Rappelez seulement les victoires, les prises de places, les traités glorieux, les magnificences, les événements pompeux des premières années de ce règne. Vous y touchez encore, vous en avez été, pour la plupart, non-seulement spectateurs, mais vous en avez partagé les périls et la gloire; ils passeront dans nos annales jusqu'à nos derniers neveux : mais pour vous, ce n'est plus qu'un songe, qu'un éclair qui a disparu, et que chaque jour efface même de votre souvenir.

Qu'est-ce donc que le peu de chemin qui vous reste à faire? Croyons-nous que les jours à venir aient plus de réalité que les jours passés? Les années paraissent longues, quand elles sont encore loin de nous : arrivées, elles disparaissent, elles nous échappent en un instant, et nous n'aurons pas tourné la tête, que nous nous trouverons, comme par un enchantement, au terme fatal qui nous paraît encore si loin, et ne devoir jamais arriver. Regardez le monde tel que vous l'avez vu dans vos premières années, et tel que vous le voyez aujourd'hui : une nouvelle cour a succédé à celle que vos premiers ans ont vue; de nouveaux personnages sont montés sur la scène, les grands rôles sont remplis par de nouveaux acteurs : ce sont de nouveaux événements, de nouvelles intrigues, de nouvelles passions, de nouveaux héros, dans la vertu comme dans le vice, qui font le sujet des louanges, des dérisions, des censures publiques; un nouveau monde s'est élevé insensiblement, et sans que vous vous en soyez aperçus, sur les débris du premier. Tout passe avec vous et comme vous : une rapidité que rien n'arrête entraîne tout dans les abîmes de l'éternité; vos ancêtres vous en frayèrent le chemin, et nous allons le frayer demain à ceux qui viendront après nous. Les âges se renouvellent, la figure du monde passe sans cesse, les morts et les vivants se remplacent et se succèdent continuellement : tout change, tout s'use, tout s'éteint. Dieu seul demeure toujours le même : le torrent des siècles qui entraîne tous les hommes roule devant ses yeux; et il voit avec indignation de faibles mortels, emportés par ce cours rapide, l'insulter en passant[1], vouloir faire de ce seul instant tout leur bonheur, et tomber au sortir de là entre les mains de sa colère et de sa vengeance[2].

Extrait du *Carême* : Sermon du jeudi de la IVe semaine.

1. Ce sont comme autant d'éclairs redoublés, dit encore La Harpe, qui finissent par un éclat de tonnerre : « car j'appelle ainsi cette expression, *l'insulter en passant*, l'une des plus belles que l'imagination ait inventées. »

2. Il faudrait rapprocher de ce passage l'admirable image de la vie humaine tracée par Bossuet :

« La vie humaine est semblable à un chemin dont l'issue est un précipice affreux. On nous en avertit dès le premier pas ; mais la loi est prononcée, il faut avancer toujours. Je voudrais retourner sur mes pas : Marche ! marche ! Un poids invincible, une force irrésistible nous entraîne ; il faut sans cesse avancer vers le précipice. Mille traverses, mille peines nous fatiguent et nous inquiètent dans la route. Encore si je pouvais éviter ce précipice affreux ! Non, non ; il faut marcher, il faut courir : telle est la rapidité des années. On se console pourtant, parce que de temps en temps on rencontre des objets qui nous divertissent, des eaux courantes, des fleurs qui passent. On voudrait s'arrêter : Marche ! marche ! Et cependant on voit tomber derrière soi tout ce qu'on avait passé : fracas effroyable ! inévitable ruine ! On se console, parce qu'on emporte quelques fleurs cueillies en passant, qu'on voit se faner du matin au soir, et quelques fruits qu'on perd en les goûtant : enchantement ! illusion ! Toujours entraîné, tu approches du gouffre affreux : déjà tout commence à s'effacer, les jardins moins fleuris, les fleurs moins brillantes, leurs couleurs moins vives, les prairies moins riantes, les eaux moins claires : tout se ternit, tout s'efface. L'ombre de la mort se présente : on commence à sentir l'approche du gouffre fatal. Mais il faut aller sur le bord. Encore un pas : déjà l'horreur trouble les sens, la tête tourne, les yeux s'égarent. Il faut marcher ; on voudrait retourner en arrière ; plus de moyen : tout est tombé, tout est évanoui, tout est échappé. »

La fuite du temps est un des lieux communs les plus familiers à la poésie et à l'éloquence de tous les siècles ; mais chacun des poëtes ou des orateurs qui l'ont traité y ont laissé comme l'empreinte de leur génie ou de leur caractère. Quelques rapprochements, faciles d'ailleurs à établir, pourraient offrir un vif intérêt.

MONTESQUIEU.

(1689-1755.)

Lorsque Montesquieu naquit (en 1689, au château de la Brède, près de Bordeaux), la dynastie des Stuarts venait de succomber en Angleterre, et Jacques II cherchait un asile auprès de Louis XIV; lorsqu'il mourut (1755), Louis XVI était dans sa première année, et la guerre désastreuse de Sept ans allait éclater : déjà fermentaient dans la France ces vagues désirs de réformes qui aboutirent à des bouleversements. Montesquieu fut un des hommes qui auraient pu épargner à notre pays ces douloureuses épreuves. Esprit hardi mais sage, ami du progrès sans rompre avec le passé, magistrat érudit et homme vertueux, il a écrit pour éclairer ses semblables et pour les rendre meilleurs. Après un livre frivole, où des parties sérieuses portaient l'empreinte de son génie, il s'est immortalisé par plusieurs productions, entre lesquelles se distingue les *Considérations sur les causes de la grandeur et de la décadence des Romains* (1734) et l'*Esprit des Lois*. Souvent on a loué la richesse d'imagination et de savoir qui se montre dans ce dernier ouvrage : on peut dire qu'aucun, dans le dix-huitième siècle, ne renferme plus de vues justes et fécondes, de principes vrais et lumineux, et plus de ces pensées efficaces, susceptibles de se réaliser par des applications pratiques [1].

Politique des Romains. Causes de leur agrandissement.

Dans le cours de tant de prospérités, où l'on se néglige pour l'ordinaire, le sénat agissait toujours avec la même profondeur; et, pendant que les armées consternaient[2] tout, il tenait à terre ceux qu'il trouvait abattus[3].

---

1. Parmi les auteurs qui ont dignement parlé de Montesquieu, on signalera Châteaubriand, *Génie du Christianisme*, IIIe partie, l. IV, chap. 5 ; M. Villemain, dans l'*Éloge* qu'il lui a consacré et que l'Académie française a couronné en 1816 (son éloge avait été fait une première fois par d'Alembert), en outre dans le *Tableau de la littérature au dix-huitième siècle*, 14e et 15e leçons ; M. Walckenaer, auteur de l'excellente notice que contient sur cet auteur la *Biographie universelle*; M. Berryer, dans ses *Leçons et modèles d'éloquence judiciaire*.

2. Montesquieu rend à ce verbe sa signification primitive et toute latine : *abattre, renverser*. Il ne se dit plus guère aujourd'hui que de l'abattement moral.

3. Pour caractériser ici l'énergique et sévère précision du style

Il s'érigea en tribunal, qui jugea tous les peuples : à la fin de chaque guerre, il décidait des peines et des récompenses que chacun avait méritées. Il ôtait une partie du domaine du peuple vaincu pour la donner aux alliés ; en quoi il faisait deux choses : il attachait à Rome des rois dont elle avait peu à craindre et beaucoup à espérer, et il en affaiblissait d'autres dont elle n'avait rien à espérer et tout à craindre.

Quand ils avaient plusieurs ennemis sur les bras, ils accordaient une trêve au plus faible, qui se croyait heureux de l'obtenir, comptant pour beaucoup d'avoir différé sa ruine. Lorsque l'on était occupé à une grande guerre, le sénat dissimulait toutes sortes d'injures, et attendait dans le silence que le temps de la punition fût venu : que si quelque peuple lui envoyait les coupables, il refusait de les punir, aimant mieux tenir toute la nation pour criminelle et se réserver une vengeance utile[1].

Comme ils faisaient à leurs ennemis des maux inconcevables, il ne se formait guère de ligue contre eux : car celui qui était le plus éloigné du péril ne voulait pas s'en approcher. Par là ils recevaient rarement la guerre, mais la faisaient toujours dans le temps, de la manière et avec ceux qu'il leur convenait : et, de tant de peuples qu'ils attaquèrent, il y en a bien peu qui n'eussent souffert toutes sortes d'injures, si on avait voulu les laisser en paix.

Leur coutume étant de parler toujours en maîtres, les ambassadeurs qu'ils envoyaient chez les peuples qui n'avaient point encore senti leur puissance étaient sûrement maltraités : ce qui était un prétexte sûr pour faire une nouvelle guerre. Comme ils ne faisaient jamais la paix de bonne foi, et que, dans le dessein d'envahir tout, leurs traités n'étaient proprement que des suspensions de guerre[2], ils y mettaient des conditions qui commençaient toujours la ruine de l'État qui les acceptait. Ils faisaient sortir les garnisons des places fortes, ou bornaient le nombre de

---

de Montesquieu, on peut lui appliquer ce qu'il dit lui-même de Tacite : « Il abrége tout, parce qu'il voit tout. » *Esprit des lois*, xxx, 2.

1. On peut revoir sur la conduite du sénat un passage de Bossuet cité dans les *Morceaux choisis* de la classe de quatrième, page 32.

2. L'histoire des Fourches Caudines est l'exemple le plus saillant de cette habileté du sénat romain à éluder les conditions d'un traité. Tite-Live, qui s'applique toujours à justifier sa patrie, prétend que le sénat n'était pas lié par la parole des consuls, parce qu'en l'absence des féciaux il ne pouvait y avoir, à proprement parler, un traité (*fœdus*), mais une simple convention (*sponsio*) (liv. IX, c. i et suiv.). Les Romains n'avaient guère le droit de parler de la *foi punique*. avec tant d'indignation.

troupes de terre, ou se faisaient livrer les chevaux ou les éléphants; et, si ce peuple était puissant sur la mer, ils l'obligeaient de brûler ses vaisseaux, et quelquefois d'aller habiter plus avant dans les terres. Après avoir détruit les armées d'un prince, ils ruinaient ses finances par des taxes excessives ou un tribut, sous prétexte de lui faire payer les frais de la guerre : nouveau genre de tyrannie qui le forçait d'opprimer ses sujets et de perdre leur amour.

Lorsqu'ils accordaient la paix à quelque prince, ils prenaient quelqu'un de ses frères ou de ses enfants en otage[1] : ce qui leur donnait le moyen de troubler son royaume à leur fantaisie. Quand ils avaient le plus proche héritier, ils intimidaient le possesseur; s'ils n'avaient qu'un prince d'un degré éloigné, ils s'en servaient pour animer les révoltes des peuples. Quand quelque prince ou quelque peuple s'était soustrait de l'obéissance de son souverain, ils lui accordaient d'abord le titre d'allié du peuple romain, et par là ils le rendaient sacré et inviolable : de manière qu'il n'y avait point de roi, quelque grand qu'il fût, qui pût un moment être sûr de ses sujets, ni même de sa famille.

Quoique le titre de leur allié fût une espèce de servitude, il était néanmoins très-recherché; car on était sûr que l'on ne recevait d'injures que d'eux, et l'on avait sujet d'espérer qu'elles seraient moindres : ainsi, il n'y avait point de services que les peuples et les rois ne fussent prêts de rendre[2], ni de bassesses qu'ils ne fissent pour l'obtenir. Lorsqu'ils voyaient que deux peuples étaient en guerre,

---

1. Corneille, dans sa tragédie de *Nicomède*, a mis en action cette politique insidieuse des Romains et ce honteux abaissement des rois. On peut revoir dans les *Morceaux choisis* de la classe quatrième, page 94, les extraits que nous avons donnés de cette tragédie.

2. Suivant les règles actuelles, il faudrait *prêt à* dans ce tour de phrase. « *Près de*, disent nos grammairiens, est une locution prépositive qui signifie *sur le point de; prêt à*, adjectif, a le sens de *disposé à*, et s'accorde avec le mot qu'il qualifie » En réalité, les grands écrivains du dix-septième siècle ont tous employé *prêt de* pour *disposé à*. Molière dans *Mélicerte*, II, 5 :

Vous n'avez qu'à parler : je suis *prêt* d'obéir.

Racine dans *Phèdre*, V, 5 :

Qu'il vienne me parler : je suis *prêt de* l'entendre.

Les exemples ne sont pas moins nombreux chez les prosateurs. Bouhours, dans ses *Remarques nouvelles*, nous apprend même que le bon usage donnait la préférence à *prêt de*, quand il voulait dire : *sur le point de*.

quoiqu'ils n'eussent aucune alliance ni rien à démêler avec l'un ni avec l'autre, ils ne laissaient pas de paraître sur la scène, et, comme nos chevaliers errants, ils prenaient le parti du plus faible. C'était, dit Denys d'Halicarnasse[1], une ancienne coutume des Romains d'accorder toujours leur secours à quiconque venait l'implorer.

Ces coutumes des Romains n'étaient point quelques faits particuliers arrivés par hasard; c'étaient des principes toujours constants : et cela se peut voir aisément; car les maximes dont ils firent usage contre les plus grandes puissances furent précisément celles qu'ils avaient employées dans les commencements contre les petites villes qui étaient autour d'eux.

Maîtres de l'univers, ils s'en attribuèrent tous les trésors : ravisseurs moins injustes en qualité de conquérants qu'en qualité de législateurs. Ayant su que Ptolémée, roi de Chypre, avait des richesses immenses, ils firent une loi, sur la proposition d'un tribun, par laquelle ils se donnèrent l'hérédité d'un homme vivant et la confiscation d'un prince allié[2].

Bientôt la cupidité des particuliers acheva d'enlever ce qui avait échappé à l'avarice publique. Les magistrats et les gouverneurs vendaient aux rois leurs injustices. Deux compétiteurs se ruinaient à l'envi pour acheter une protection toujours douteuse contre un rival qui n'était pas entièrement épuisé : car on n'avait pas même cette justice des brigands, qui portent une certaine probité dans l'exercice du crime. Enfin, les droits légitimes ou usurpés ne se soutenaient que par de l'argent; les princes, pour en avoir, dépouillaient les temples, confisquaient les biens des plus riches citoyens : on faisait mille crimes pour donner aux Romains tout l'argent du monde.

Mais rien ne servit mieux Rome que le respect qu'elle imprima à la terre. Elle mit d'abord les rois dans le silence, et les rendit comme stupides[3]. Il ne s'agissait pas du degré de leur puissance; mais leur personne propre était attaquée. Risquer une guerre, c'était s'exposer à la captivité, à la mort, à l'infamie du triomphe. Ainsi des rois qui vivaient dans le faste et dans les délices n'osaient jeter des regards fixes sur le peuple romain; et, perdant le courage,

---

1. On peut voir un fragment de l'*Extrait des ambassades* par Constantin Porphyrogénète; il a été reproduit dans l'édition de Reiske : *Dionysii Halicarnassensis Opera*, Lipsiæ, 1775, tom. IV, page 2331.
2. Florus, III, 9.
3. *Consternés, interdits*, tel était le sens de cet adjectif conform à son étymologie latine (*stupere*).

ils attendaient de leur patience et de leurs bassesses quelque délai aux misères dont ils étaient menacés.

Remarquez, je vous prie, la conduite des Romains. Après la défaite d'Antiochus, ils étaient maîtres de l'Afrique, de l'Asie et de la Grèce, sans y avoir presque de villes en propre. Il semblait qu'ils ne conquissent que pour donner : mais ils restaient si bien les maîtres, que, lorsqu'ils faisaient la guerre à quelque prince, ils l'accablaient, pour ainsi dire, du poids de tout l'univers.

Considérations sur les causes de la grandeur des Romains et de leur décadence[1], chap. VI.

Lysimaque[2].

Lorsqu'Alexandre eut détruit l'empire des Perses, il voulut que l'on crût qu'il était fils de Jupiter. Les Macédoniens étaient indignés de voir ce prince rougir d'avoir Philippe pour père : leur mécontentement s'accrut, lorsqu'ils lui virent prendre les mœurs, les habits et les manières des Perses ; et ils se reprochaient tous d'avoir tant fait pour un homme qui commençait à les mépriser[3]. Mais on murmurait dans l'armée, et on ne parlait pas.

1. Dans cette étude profonde de l'antiquité romaine (1734), chef-d'œuvre de raison et de style, a dit La Harpe, où les États modernes peuvent puiser plus d'une leçon, Montesquieu a profité de Polybe et de Machiavel ; il a surpassé Saint-Évremond et rivalisé avec Bossuet. — Les *Considérations* ont été justement signalées, de nos jours, comme *l'œuvre la plus parfaite, sinon la plus extraordinaire*, de Montesquieu, et comme *un des plus rares monuments du grand art de composer et d'écrire*.

2. Ce récit, placé dans la bouche de Lysimaque, et qui est un des derniers travaux de Montesquieu (1754), est une admirable peinture de la grandeur surhumaine que communiquait à l'homme la secte des stoïciens, dont il a fait un magnifique éloge dans son *Esprit des lois*, XXIV, 10. A la précision et à la fermeté qui caractérisent le style de cet auteur, nul n'a joint, ce passage suffirait à le prouver, plus de ces grands traits qui se gravent à jamais dans la mémoire. — Déjà, précédemment, la cruauté d'Alexandre à l'égard de Callisthène avait été le sujet d'une tragédie médiocre de Piron (1730), désignée par le nom de ce philosophe, et où figure également Lysimaque.

3. Ici Montesquieu parle, ou plutôt fait parler Lysimaque, comme le philosophe Sénèque, qui a souvent déclamé contre Alexandre (voy. notamment *Epit.* XCIV), et qui a été imité par beaucoup de poëtes. Ce prince a été fort bien jugé par Montesquieu lui-même

Un philosophe nommé Callisthène avait suivi le roi dans son expédition. Un jour qu'il le salua à la manière des Grecs : « D'où vient, lui dit Alexandre, que tu ne m'adores pas ? — Seigneur, lui dit Callisthène, vous êtes chef de deux nations : l'une, esclave avant que vous l'eussiez soumise, ne l'est pas moins depuis que vous l'avez vaincue ; l'autre, libre avant qu'elle vous servît à remporter tant de victoires, l'est encore depuis que vous les avez remportées. Je suis Grec, seigneur : et ce nom, vous l'avez élevé si haut, que, sans vous faire tort, il ne nous est plus permis de l'avilir[1]. »

Les vices d'Alexandre étaient extrêmes comme ses vertus : il était terrible dans sa colère ; elle le rendait cruel. Il fit couper les pieds, le nez et les oreilles à Callisthène, ordonna qu'on le mît dans une cage de fer, et le fit porter ainsi à la suite de l'armée.

J'aimais Callisthène, et de tout temps, lorsque mes occupations me laissaient quelques heures de loisir, je les avais employées à l'écouter : et si j'ai de l'amour pour la vertu, je le dois aux impressions que ses discours faisaient sur moi. J'allai le voir. « Je vous salue, lui dis-je, illustre malheureux que je vois dans une cage de fer, comme on enferme une bête sauvage, pour avoir été le seul homme de l'armée. — Lysimaque, me dit-il, quand je suis dans une situation qui demande de la force et du courage, il me semble que je me trouve presque à ma place[2]. En vérité, si les dieux ne m'avaient mis sur la terre que pour y mener une vie voluptueuse, je croirais qu'ils m'auraient donné en vain une âme grande et immortelle[3]. Ce n'est pas, ajouta-t-il, que je sois insensible. Vous ne me faites que trop voir

---

dans le morceau intitulé : *Parallèle de Charles XII et d'Alexandre*, et que nous avons donné dans le recueil de la classe de troisième, page 135.

1. Rapprochez de ces paroles le discours énergique que Quinte-Curce a mis dans la bouche de Callisthène (liv. VIII, ch. 5) s'indignant contre la basse adulation de Cléon, qui voulait faire décerner à Alexandre les honneurs de l'apothéose.

2. Cette pensée fait souvenir d'une autre idée non moins belle de Sénèque : « Ecce par Deo dignum, vir fortis cum mala fortuna compositus. » (*De Providentia*, c. II.)

3. Il est douteux que Callisthène eût parlé ainsi. Les stoïciens ne croyaient pas à l'immortalité de l'âme. « La mort, écrit Sénèque, nous remet dans le calme où nous étions avant de naître, » et dans une des tragédies attribuées à ce philosophe, on lit ce vers qui résumait sur ce point la croyance des stoïciens :

Post mortem nihil, ipsaque mors nihil.

que je ne le suis pas. Quand vous êtes venu à moi, j'ai trouvé d'abord quelque plaisir à vous voir faire une action de courage; mais, au nom des dieux, que ce soit pour la dernière fois. Laissez-moi soutenir mes malheurs, et n'ayez point la cruauté d'y joindre les vôtres. — Callisthène, lui dis-je, je vous verrai tous les jours. Si le roi vous voyait abandonné des gens vertueux, il n'aurait plus de remords; il commencerait à croire que vous êtes coupable. Ah! j'espère qu'il ne jouira pas du plaisir de voir que ses châtiments me feront abandonner un ami. »

Un jour, Callisthène me dit : « Les dieux immortels m'ont consolé; et depuis ce temps, je sens en moi quelque chose de divin qui m'a ôté le sentiment de mes peines. J'ai vu en songe le grand Jupiter; vous étiez auprès de lui, vous aviez un sceptre à la main et un bandeau royal sur le front; il vous a montré à moi, et m'a dit : *Il te rendra plus heureux.* L'émotion où j'étais m'a réveillé. Je me suis trouvé les mains élevées au ciel, et faisant des efforts pour dire : *Grand Jupiter! si Lysimaque doit régner, fais qu'il règne avec justice.* Lysimaque, vous régnerez : croyez un homme qui doit être agréable aux dieux, puisqu'il souffre pour la vertu. »

Cependant Alexandre ayant appris que je respectais la misère de Callisthène, que j'allais le voir et que j'osais le plaindre, entra dans une nouvelle fureur. « Va, dit-il, combattre contre les lions, malheureux qui te plais tant à vivre avec les bêtes féroces. » On différa mon supplice, pour le faire servir de spectacle à plus de gens.

Le jour qui le précéda, j'écrivis ces mots à Callisthène : « Je vais mourir. Toutes les idées que vous m'aviez données de ma future grandeur se sont évanouies de mon esprit. J'aurais souhaité d'adoucir les maux d'un homme tel que vous. » Prexape, à qui je m'étais confié, m'apporta cette réponse : « Lysimaque, si les dieux ont résolu que vous régniez, Alexandre ne peut pas vous ôter la vie; car les hommes ne résistent pas à la volonté des dieux. »

Cette lettre m'encouragea; et faisant réflexion que les hommes les plus heureux et les plus malheureux sont également environnés de la main divine, je résolus de me conduire, non pas par mes espérances, mais par mon courage, et de défendre jusqu'à la fin une vie sur laquelle il y avait de si grandes promesses. On me mena dans la carrière. Il y avait autour de moi un peuple immense, qui venait être témoin de mon courage ou de ma frayeur. On me lâcha un lion. J'avais plié mon manteau autour de mon bras : je lui présentai ce bras; il voulut le dévorer : je lui saisis la langue, la lui arrachai, et le jetai à mes pieds.

Alexandre aimait naturellement les actions courageuses : il admira ma résolution, et ce moment fut celui du retour de sa grande âme. Il me fit appeler ; et, me tendant la main : « Lysimaque, me dit-il, je te rends mon amitié, rends-moi la tienne. Ma colère n'a servi qu'à te faire faire une action qui manque à la vie d'Alexandre. »

Je reçus les grâces du roi : j'adorai les décrets des dieux, et j'attendais leurs promesses, sans les rechercher ni les fuir. Alexandre mourut ; et toutes les nations furent sans maître. Les fils du roi étaient dans l'enfance : son frère Aridée n'en était jamais sorti ; Olympias n'avait que la hardiesse des âmes faibles, et tout ce qui était cruauté était pour elle du courage. Roxane, Eurydice, Statire, étaient perdues dans la douleur[1]. Tout le monde dans le palais savait gémir, et personne ne savait régner. Les capitaines d'Alexandre levèrent donc les yeux sur son trône, mais l'ambition de chacun fut contenue par l'ambition de tous. Nous partageâmes l'empire ; et chacun de nous crut avoir partagé le prix de ses fatigues.

Le sort me fit roi d'Asie ; et, à présent que je puis tout, j'ai plus besoin que jamais des leçons de Callisthène. Sa joie m'annonce que j'ai fait quelque bonne action, et ses soupirs me disent que j'ai quelque mal à réparer. Je le trouve entre mon peuple et moi. Je suis le roi d'un peuple qui m'aime. Les pères de famille espèrent la longueur de ma vie comme celle de leurs enfants : les enfants craignent de me perdre, comme ils craignent de perdre leur père. Mes sujets sont heureux, et je le suis[2].

Œuvres diverses.

---

[1] Alexandre, suivant la loi des Perses qui permettait d'avoir plusieurs femmes, avait épousé Statire, fille de Darius, et Roxane, femme d'un satrape. Quant à Olympias, on sait qu'elle était sa mère. Eurydice était l'épouse d'Aridée.

[2] En offrant ce morceau pathétique à l'étude de la jeunesse, on ne dissimulera pas qu'aux grandes beautés qu'il renferme il se mêle aussi quelques traits d'une exagération un peu théâtrale, comme on peut en signaler dans l'énergique dialogue de Sylla et d'Eucrate, et même dans l'*Esprit des lois*; mais *c'est là le cachet du temps*, a dit très-judicieusement M. Villemain.

L'imagination de l'auteur a d'ailleurs, dans ce tableau, singulièrement modifié la vérité historique. Callisthène ne devint pas le conseiller de Lysimaque monté sur le trône ; mais il avait été, 328 av. J. C., mis à mort en Bactriane, au grand préjudice de la gloire d'Alexandre. Quant à Lysimaque, qui eut sa part des dépouilles du conquérant, bien loin d'avoir déployé ce caractère humain et compatissant que lui prête ici Montesquieu, il s'acquit au contraire par ses cruautés une célébrité odieuse.

VOLTAIRE.

(1694-1778.)

Peu d'hommes ont plus que Voltaire remué par leur génie et rempli de leur nom le monde; aucun n'a plus fortement agi sur son temps. Pour lui on a épuisé les censures et les éloges : on se bornera à dire qu'il a justifié pleinement les unes et les autres. Il suffisait pourtant à sa gloire d'être le talent le plus universel, le plus brillant et le plus fécond écrivain du dix-huitième siècle : son ardente ambition voulut encore renouveler les opinions humaines; il déclara la guerre aux plus saintes, aux plus inébranlables vérités. A cette lutte, qui troubla sa vie et pèse sur sa mémoire, furent consacrées surtout les années de sa longue vieillesse[1] : elles lui permirent de voir les commencements du règne de Louis XVI, après que sa jeunesse avait vu la fin de celui de Louis XIV. Né en effet le 20 février 1694 à Châtenay près de Paris, il ne mourut qu'en 1778, à Paris. Émule, dans la prose, des maîtres de notre époque classique, Voltaire s'est, toutefois, élevé rarement au ton de la haute éloquence. Ses passions étaient plus vives et plus mobiles que ses convictions profondes et arrêtées. Le ton de légèreté et d'ironie, qui lui est trop ordinaire, se concilie peu d'ailleurs avec les grands mouvements de l'âme. Mais il excelle dans le style simple et tempéré : son langage, facile et animé d'une douce chaleur, offre les principales qualités de l'esprit français, la netteté, la clarté, l'élégance et la finesse[2].

1. M. de Barante, dans le *Tableau de la littérature française au dix-huitième siècle*, déplore avec éloquence les tristes excès que firent commettre à Voltaire l'excessive mobilité de son esprit et surtout cet amour immense des louanges et de la mode. A ce tableau il oppose la situation et le rôle qui étaient dignes de Voltaire : « Qu'on se figure un vieillard dont l'esprit avait embrassé tant de choses, jouissant tranquillement de toute sa renommée; rappelant une nouvelle génération au bon goût et au sentiment de l'ordre et des convenances, dont il avait vu les derniers restes; maître d'une grande fortune acquise sans cupidité, et consacrée par des bienfaits; environné des hommages de l'Europe, dont l'élite venait visiter sa retraite : voilà le rôle que Voltaire aurait pu jouer.... »

2. Vauvenargues a écrit une belle page sur Voltaire, où il le célèbre « comme ayant porté chez les étrangers, dès sa jeunesse, la réputation de nos lettres, dont il a reculé toutes les bornes. » Consult. de plus, au sujet de Voltaire, Châteaubriand, *Génie du Christianisme*, IIIe partie, liv. III, chap. vi; M. Villemain, *Tableau de la littérature au dix-huitième siècle*.

Bataille de Rocroy[1] (1643).

Le fort de la guerre était du côté de la Flandre[2]. Les troupes espagnoles sortirent des frontières du Hainaut, au nombre de vingt-six mille hommes, sous la conduite d'un vieux général expérimenté, nommé don Francisco de Mello : ils vinrent ravager les frontières de la Champagne ; ils attaquèrent Rocroy, et ils crurent pénétrer bientôt jusqu'aux portes de Paris, comme ils avaient fait huit ans auparavant[3]. La mort de Louis XIII, la faiblesse d'une minorité, relevaient leurs espérances ; et quand ils virent qu'on ne leur opposait qu'une armée inférieure en nombre, commandée par un jeune homme de vingt et un ans, leur espérance se changea en sécurité.

Ce jeune homme sans expérience, qu'ils méprisaient, était Louis de Bourbon, alors duc d'Enghien, connu depuis sous le nom de grand Condé. La plupart des grands capitaines sont devenus tels par degrés. Ce prince était né général ; l'art de la guerre semblait en lui un instinct naturel : il n'y avait en Europe que lui et le Suédois Torstenson qui eussent eu à vingt ans ce génie qui peut se passer de l'expérience[4].

1. Richelieu, pour abaisser la maison d'Autriche, dont la grandeur croissante menaçait l'équilibre européen, s'était longtemps borné à lui susciter des ennemis ou à soutenir par des secours secrets ceux qui la combattaient : il se décida en 1635 à entrer dans la lutte. Ce grand ministre ne put achever son entreprise : il mourut en 1642, quelques mois avant Louis XIII, léguant à la régente Anne d'Autriche, avec les embarras d'une minorité agitée, cette guerre formidable à terminer.
2. Ce pays, divisé en dix provinces, était soumis à la branche autrichienne-espagnole. Rocroy est une ville forte du département des Ardennes (Champagne).
3. En 1636. Après avoir pris Corbie, les Espagnols vinrent jusqu'à Pontoise. « La peur, dit Voltaire au chap. II du *Siècle de Louis XIV*, avait chassé de Paris la moitié de ses habitants, et le cardinal de Richelieu, au milieu de ses vastes projets d'abaisser la maison autrichienne, avait été réduit à taxer les portes cochères de Paris à fournir chacune un laquais pour aller à la guerre et pour repousser les ennemis des portes de la capitale. »
4. « Torstenson était page de Gustave-Adolphe en 1624. Le roi, prêt d'attaquer un corps de Lithuaniens en Livonie, et n'ayant point d'adjudant auprès de lui, envoya Torstenson porter ses ordres à un officier général, pour profiter d'un mouvement qu'il vit faire aux ennemis. Torstenson part et revient. Cependant les ennemis avaient changé leur marche ; le roi était désespéré de l'ordre qu'il avait

Le duc d'Enghien avait reçu, avec la nouvelle de la mort de Louis XIII, l'ordre de ne point hasarder la bataille. Le maréchal de L'Hospital, qui lui avait été donné pour le conseiller et pour le conduire, secondait par sa circonspection ces ordres timides. Le prince ne crut ni le maréchal ni la cour; il ne confia son dessein qu'à Gassion, maréchal de camp, digne d'être consulté par lui : ils forcèrent le maréchal à trouver la bataille nécessaire.

On remarque que ce prince, ayant tout réglé le soir, veille de la bataille, s'endormit si profondément qu'il fallut le réveiller pour combattre. On conte la même chose d'Alexandre. Il est naturel qu'un jeune homme, épuisé par les fatigues que demande l'arrangement d'un si grand jour, tombe ensuite dans un sommeil plein; il l'est aussi qu'un génie fait pour la guerre, agissant sans inquiétude, laisse au corps assez de calme pour dormir[1]. Le prince gagna la bataille par lui-même, par un coup d'œil qui voyait à la fois le danger et la ressource, par son activité exempte de trouble, qui le portait à propos à tous les endroits. Ce fut lui qui, avec de la cavalerie, attaqua cette infanterie espagnole jusque-là invincible, aussi forte, aussi serrée que la phalange ancienne si estimée, et qui s'ouvrait, avec une agilité que la phalange n'avait pas, pour laisser partir la décharge de dix-huit canons qu'elle renfermait au milieu d'elle. Le prince l'entoura et l'attaqua trois fois[2]. A peine victorieux, il arrêta le carnage. Les officiers espagnols se jetaient à ses genoux pour trouver auprès de lui un asile

---

donné : « Sire, dit Torstenson, daignez me pardonner ; voyant les ennemis faire un mouvement contraire, j'ai donné un ordre contraire. » Le roi ne dit mot; mais le soir, ce page servant à table, il le fit souper à côté de lui et lui donna une enseigne aux gardes, quinze jours après une compagnie, ensuite un régiment. Torstenson fut un des grands capitaines de l'Europe. » (Note de Voltaire.)

1. Dans le récit de la bataille de Rocroy fait par Bossuet (*Morceaux choisis* de la classe de troisième, page 59), l'orateur parle aussi du *profond sommeil de cet autre Alexandre;* mais comme la narration de Bossuet doit garder le caractère oratoire et presque le mouvement épique, elle laisse de côté avec raison tous les détails qui, en expliquant le fait, risqueraient d'en affaiblir la grandeur. Voltaire fait voir l'homme, Bossuet le héros.

2. Rapprochez de la phrase concise de Voltaire la célèbre période de Bossuet : « Trois fois le jeune vainqueur s'efforça de rompre ces intrépides combattants; trois fois il fut repoussé par le malheureux comte de Fontaines, qu'on voyait porté dans sa chaise, et, malgré ses infirmités, montrer qu'une âme guerrière est maîtresse du corps qu'elle anime; mais enfin il faut céder. » C'est ainsi que Bossuet sait à la vérité historique allier la magnificence de l'expression.

contre la fureur du soldat vainqueur. Le duc d'Enghien eut autant de soin de les épargner qu'il en avait pris pour les vaincre.

Le vieux comte de Fuentes, qui commandait cette infanterie espagnole, mourut percé de coups. Condé en l'apprenant dit « qu'il voudrait être mort comme lui, s'il n'avait pas vaincu. »

Cette journée de Rocroy devint l'époque de la gloire française et de celle de Condé. Il sut vaincre et profiter de la victoire. Ses lettres à la cour firent résoudre le siége de Thionville, que le cardinal de Richelieu n'avait pas osé hasarder; et au retour de ses courriers, tout était déjà préparé pour cette expédition.

(*Siècle de Louis XIV*, ch. III.)

Première conquête de la Franche-Comté (1668)[1].

On était plongé dans les divertissements à Saint-Germain, lorsqu'au cœur de l'hiver, au mois de janvier, on fut étonné de voir des troupes marcher de tous côtés, aller et revenir sur les chemins de la Champagne, dans les Trois-Évêchés[2] : des trains d'artillerie, des chariots de munitions, s'arrêtaient sous divers prétextes dans la route qui mène de Champagne en Bourgogne. Cette partie de la France était remplie de mouvements dont on ignorait la cause. Les étrangers, par intérêt, et les courtisans, par curiosité, s'épuisaient en conjectures; l'Allemagne était alarmée : l'objet de ces préparatifs et de ces marches irrégulières était inconnu à tout le monde. Le secret dans les conspirations n'a jamais été mieux gardé qu'il ne le fut dans cette entreprise de Louis XIV[3]. Enfin, le 2 février, il part de Saint-Germain avec le jeune duc d'Enghien, fils du grand Condé, et quelques courtisans; les autres officiers étaient au rendez-vous des troupes. Il va à cheval à grandes journées, et

1. On peut voir sur cette rapide conquête deux pièces du grand Corneille, l'une en vers français, l'autre en vers latins : tom. XI de ses *Œuvres*, édit. Lefèvre, 1824, pages 167 et 372. Relativement à la Franche-Comté, on trouvera une description curieuse de ce pays dans le liv. IV de l'*Histoire de Louis XIV* par Pellisson.

2. Metz, Toul et Verdun.

3. Une des causes de la rare fortune qui accompagna les armes de Louis XIV, dans la première partie de son règne, fut l'admirable secret dont il sut en général couvrir ses desseins.

arrive à Dijon. Vingt mille hommes, assemblés de vingt routes différentes, se trouvent le même jour en Franche-Comté, à quelques lieues de Besançon, et le grand Condé paraît à leur tête, ayant pour son principal lieutenant général Montmorency-Bouteville, son ami, devenu duc de Luxembourg[1], toujours attaché à lui dans la bonne et dans la mauvaise fortune. Luxembourg était l'élève de Condé dans l'art de la guerre; et il obligea, à force de mérite, le roi, qui ne l'aimait pas, à l'employer.

Des intrigues eurent part à cette entreprise imprévue : le prince de Condé était jaloux de la gloire de Turenne, et Louvois de sa faveur auprès du roi ; Condé était jaloux en héros, et Louvois en ministre. Le prince, gouverneur de la Bourgogne, qui touche à la Franche-Comté, avait formé le dessein de s'en rendre maître en hiver, en moins de temps que Turenne n'en avait mis l'été précédent à conquérir la Flandre française[2]. Il communiqua d'abord son projet à Louvois, qui l'embrassa avidement, pour éloigner et rendre inutile Turenne, et pour servir en même temps son maître.

Cette province, assez pauvre alors en argent, mais très-fertile, bien peuplée, étendue en long de quarante lieues et large de vingt, avait le nom de Franche et l'était en effet : les rois d'Espagne en étaient plutôt les protecteurs que les maîtres. Quoique ce pays fût du gouvernement de la Flandre, il n'en dépendait que peu : toute l'administration était partagée et disputée entre le parlement et le gouverneur de la Franche-Comté. Le peuple jouissait de grands priviléges, toujours respectés par la cour de Madrid, qui ménageait une province jalouse de ses droits et voisine de la France. Besançon même se gouvernait comme une ville impériale. Jamais peuple ne vécut sous une administration plus douce, et ne fut si attaché à ses souverains. Leur amour pour la maison d'Autriche s'est conservé pendant deux générations; mais cet amour était au fond celui de leur liberté. Enfin la Franche-Comté était heureuse, mais pauvre ; et puisqu'elle était une espèce de république, il y avait des factions. Quoi qu'en dise Pellisson[3], on ne se borna pas à employer la force.

1. C'était le fils posthume du comte de Bouteville, décapité sous Louis XIII.
2. On peut revoir le chap. VIII du *Siècle de Louis XIV* sur cette facile campagne « qui parut le voyage d'une cour, » et à la suite de laquelle Douai et Lille restèrent entre nos mains.
3. Dans son ouvrage tout à l'heure cité, l'*Histoire de Louis XIV, de la mort de Mazarin à la paix de Nimègue* (ou plutôt de 1659

On gagna d'abord quelques citoyens par des présents et des espérances; on s'assura de l'abbé Jean de Vatteville, frère de celui qui, ayant insulté à Londres l'ambassadeur de France, avait procuré, par cet outrage, l'humiliation de la branche d'Autriche espagnole[1]. Cet abbé, autrefois officier, puis chartreux, et enfin ecclésiastique, eut parole d'être grand doyen[2] et d'avoir d'autres bénéfices. On acheta peu cher quelques magistrats, quelques officiers; et à la fin même le marquis d'Yenne, gouverneur général, devint si traitable, qu'il accepta publiquement après la guerre une grosse pension et le grade de lieutenant général en France. Ces intrigues secrètes, à peine commencées, furent soutenues par vingt mille hommes. Besançon, la capitale de la province, est investie par le prince de Condé; Luxembourg court à Salins : le lendemain, Besançon et Salins se rendirent. Besançon ne demanda pour capitulation que la conservation d'un saint suaire fort révéré dans cette ville; ce qu'on lui accorda très-aisément. Le roi arrivait à Dijon. Louvois, qui avait volé sur la frontière pour diriger toutes ces marches, vint lui apprendre que ces deux villes sont assiégées et prises. Le roi courut aussitôt se montrer à la fortune qui faisait tout pour lui.

Il alla assiéger Dôle en personne. Cette place était réputée forte : elle avait pour commandant le comte de Montrevel, homme d'un grand courage, fidèle par grandeur d'âme aux Espagnols, qu'il haïssait, et au parlement, qu'il méprisait. Il n'avait pour garnison que quatre cents soldats et les citoyens, et il osa se défendre. La tranchée ne fut point poussée dans les formes. A peine l'eut-on ouverte, qu'une foule de jeunes volontaires, qui suivait le roi, courut attaquer la contrescarpe et s'y logea. Le prince de Condé, à qui l'âge et l'expérience avaient donné un courage tranquille, les fit soutenir à propos, et partagea leur péril pour les en tirer. Ce prince était partout avec son fils, et venait ensuite rendre compte de tout au roi, comme un officier qui aurait eu sa fortune à faire. Le roi, dans son quartier, montrait plutôt la dignité d'un monarque dans sa cour qu'une ardeur impétueuse qui n'était pas nécessaire. Tout le cérémonial de Saint-Germain était ob-

à 1678). Cet auteur n'affirme pas, du reste, que la conquête ait été l'œuvre exclusive de la force. On peut lire notamment, dans le troisième volume, les pages 12, 19, 26.

1. C'est ce qui arriva en 1661, comme le raconte Voltaire, au chap. VII du *Siècle de Louis XIV*.

2. C'était, dans la hiérarchie ecclésiastique, le premier dignitaire après l'archevêque.

servé. Il avait son petit coucher, ses grandes, ses petites entrées, une salle des audiences, dans sa tente. Il ne tempérait le faste du trône qu'en faisant manger à sa table ses officiers généraux et ses aides de camp. On ne lui voyait point, dans les travaux de la guerre, ce courage emporté de François Ier et de Henri IV, qui cherchaient toutes les espèces de dangers. Il se contentait de ne les pas craindre, et d'engager tout le monde à s'y précipiter pour lui avec ardeur. Il entra dans Dôle au bout de quatre jours de siége, douze jours après son départ de Saint-Germain ; et enfin, en moins de trois semaines, toute la Franche-Comté lui fut soumise. Le conseil d'Espagne, étonné et indigné du peu de résistance, écrivit au gouverneur « que le roi de France aurait dû envoyer ses laquais prendre possession de ce pays, au lieu d'y aller en personne. »

Ibid.[1], chap. IX.

De la Grâce et de l'Élégance.

Dans les personnes, dans les ouvrages, *grâce* signifie non-seulement ce qui plaît, mais ce qui plaît avec attrait : c'est pourquoi les anciens avaient imaginé que la déesse de la beauté ne devait jamais paraître sans les Grâces. La beauté ne déplaît jamais, mais elle peut être dépourvue de ce charme secret qui invite à la regarder, qui attire, qui remplit l'âme d'un sentiment doux[2]. Les grâces dans la figure, dans le maintien, dans l'action, dans les discours, dépendent de ce mérite qui attire. Tout ce qui est uniquement dans le genre fort et vigoureux a un mérite qui n'est pas celui des grâces. Ce serait mal connaître Michel-Ange et le Caravage[3] que de leur attribuer les grâces de l'Albane. Le sixième livre de l'Énéide est sublime, le quatrième a

---

1. « Jamais, observe M. Villemain, on ne montrera mieux le génie de cette société puissante et polie, dont Voltaire avait vu la dernière splendeur et dont il parlait la langue. C'est par là que son récit est original et ne peut plus être surpassé. »

2.   Et la grâce plus belle encor que la beauté,

a dit La Fontaine.

3. Il y a eu deux peintres italiens désignés par ce surnom : Caravaggio est un bourg du Milanais où ils étaient nés. Celui dont il s'agit ici et qui est le plus célèbre, Amerighi ou Morighi, vivait à la fin du seizième siècle : *le Christ au tombeau* est son plus bel ouvrage.

plus de grâces. Quelques odes d'Horace respirent les grâces, comme quelques-unes de ses épîtres enseignent la raison.

Il semble qu'en général le petit, le joli en tout genre, soit plus susceptible de grâce que le grand. On louerait mal une oraison funèbre, une tragédie, un sermon, si on ne lui donnait que l'épithète de gracieux.

Ce n'est pas qu'il y ait un seul genre d'ouvrage qui puisse être bon, en étant opposé aux grâces : car leur opposé est la rudesse, le sauvage, la sécheresse. L'Hercule Farnèse [1] ne devait point avoir les grâces de l'Apollon du Belvédère et de l'Antinoüs ; mais il n'est ni rude ni agreste. L'incendie de Troie, dans Virgile, n'est point décrit avec les grâces d'une élégie de Tibulle : il plaît par des beautés fortes. Un ouvrage peut donc être sans grâce, sans que cet ouvrage ait le moindre désagrément. Le terrible, l'horrible, la description, la peinture d'un monstre, exigent qu'on s'éloigne de tout ce qui est gracieux, mais non pas qu'on affecte uniquement l'opposé : car si un artiste, en quelque genre que ce soit, n'exprime que des choses affreuses, s'il ne les adoucit point par des contrastes agréables, il rebutera [2].

La grâce en peinture, en sculpture, consiste dans la mollesse des contours, dans une expression douce, et la peinture a, par-dessus la sculpture, la grâce de l'union des parties, celle des figures qui s'animent l'une par l'autre, et qui se prêtent des agréments par leurs attributs et par leurs regards.

Les grâces de la diction, soit en éloquence, soit en poésie, dépendent du choix des mots, de l'harmonie des phrases, et encore plus de la délicatesse des idées et des descriptions riantes. L'abus des grâces est l'afféterie, comme l'abus du sublime est l'ampoulé : toute perfection est près d'un défaut....

Le mot *elegans* vient, selon quelques-uns, d'*electus*, choisi. On ne voit point qu'aucun autre mot latin puisse

---

1. Ce chef-d'œuvre de la sculpture antique a été ainsi désigné, parce qu'il faisait partie de la collection qu'avait formée à Rome la famille *Farnèse*, fameuse par la protection qu'elle accordait aux arts. — *Belvédère* est un pavillon du Vatican que Pie VI enrichit de statues antiques, entre lesquelles l'Apollon qui lui a emprunté son nom est surtout remarquable.

2. Boileau a dit dans son *Art poétique*, au commencement du chant III :

> Il n'est point de serpent ni de monstre odieux
> Qui, par l'art imité, ne puisse plaire aux yeux
> D'un pinceau délicat l'artifice agréable
> Du plus affreux objet fait un objet aimable.

être son étymologie. En effet, il y a du choix dans tout ce qui est élégant[1]. L'élégance est un résultat de la justesse et de l'agrément. Mais la sévérité des premiers Romains donna à ce mot *elegantia* un sens odieux : ils regardaient l'élégance en tout genre comme une afféterie, comme une politesse recherchée, indigne de la gravité des premiers temps. *Vitii, non laudis fuit*, dit Aulu-Gelle[2]. Ils appelaient un homme élégant à peu près ce que nous appelons aujourd'hui un petit-maître, *bellus homuncio*, et ce que les Anglais appellent un beau. Mais vers le temps de Cicéron, quand les mœurs eurent reçu le dernier degré de politesse, *elegans* était toujours une louange. Cicéron se sert en cent endroits de ce mot pour exprimer un homme, un discours poli. L'élégance d'un discours n'est pas l'éloquence ; c'en est une partie[3] : ce n'est pas la seule harmonie, le seul nombre ; c'est la clarté, le nombre et le choix des paroles. Un discours peut être élégant sans être un bon discours, l'élégance n'étant en effet que le mérite des paroles ; mais un discours ne peut être absolument bon sans être élégant.

L'élégance est encore plus nécessaire à la poésie que l'éloquence, parce qu'elle est une partie principale de cette harmonie si nécessaire aux vers. Un orateur peut convaincre, émouvoir même, sans élégance, sans pureté, sans nombre[4]. Un poëme ne peut faire d'effet s'il n'est élégant : c'est un des principaux mérites de Virgile. Le grand point, dans la poésie, est que l'élégance ne fasse jamais tort à la force.

Dictionnaire philosophique.

1. On remarquera qu'un écrivain ne peut être *élégant* qu'à la condition de *choisir* avec goût entre ses idées, quelque sujet qu'il traite, pour n'en donner que la fleur.

2. *Noctes atticæ*, XI, 2.

3. L'éloquence, en effet, comme dit Vauvenargues, embrasse toutes les qualités de l'élocution : « Il y a une éloquence qui est dans les paroles et qui consiste à rendre aisément et convenablement ce que l'on pense, de quelque nature qu'il soit ; c'est là l'éloquence du monde. Il y en a une autre dans les idées mêmes et dans les sentiments, jointe à celle de l'expression : c'est la véritable. » *Introduction à la connaissance de l'esprit humain*, chap. XIII.

4. La même idée est développée par Buffon au début du *Discours sur le style*.

A M. Cideville[1].

Sur l'abus de l'esprit.

Je viens de recevoir votre lettre et le commencement de votre nouvelle allégorie. Au nom d'Apollon, tenez-vous-en à votre premier sujet; ne l'étouffez point sous un amas de fleurs étrangères; qu'on voie bien nettement ce que vous voulez dire; trop d'esprit nuit quelquefois à la clarté. Si j'osais vous donner un conseil, ce serait de songer à être simple, à ourdir votre ouvrage d'une manière bien naturelle, bien claire, qui ne coûte aucune attention à l'esprit du lecteur. N'ayez point d'esprit, peignez avec vérité, et votre ouvrage sera charmant. Il me semble que vous avez peine à écarter la foule d'idées ingénieuses qui se présentent toujours à vous; c'est le défaut d'un homme supérieur, vous ne pouvez pas en avoir d'autres; mais c'est un défaut très-dangereux. Que m'importe si l'enfant est étouffé à force de caresses ou à force d'être battu? Comptez que vous tuez votre enfant en le caressant trop. Encore une fois, plus de simplicité, moins de démangeaison de briller; allez vite au but, ne dites que le nécessaire. Vous aurez encore plus d'esprit que les autres, quand vous aurez retranché votre superflu.

Voilà bien des conseils que j'ai la hardiesse de vous donner, mais *petimusque damusque vicissim*[2]. Celui qui écrit est comme un malade qui ne sent pas, et celui qui lit peut donner des conseils au malade. Ceux que vous me donnez sur *Adélaïde*[3] sont d'un homme bien sain; mais, pour parler sans figure, je ne suis plus guère en état d'en profiter. On va jouer la pièce; *jacta est alea*[4].

26 novembre 1733.

---

1. « La correspondance de Voltaire, merveilleusement féconde, dit avec raison M. Geruzez, est le produit le plus étonnant et l'image la plus vive de cet esprit varié, infatigable, inépuisable, de ce composé d'air et de flamme, selon la poétique expression de M. Villemain. » — L'histoire littéraire n'a pas conservé le souvenir de ce poëte bel esprit auquel Voltaire écrit cette lettre, qui, sous la forme la plus ingénieuse, offre les conseils les plus sensés.
2. Horace, *Art poét.*, v. 11.
3. Voltaire parle de sa tragédie assez faible d'*Adélaïde Duguesclin*.
4. Il faut rapprocher de cette lettre le morceau de Fénelon intitulé : *De la perfection du goût*, et donné dans le même volume, page 97.

A mademoiselle ***.

Sur la lecture.

Je ne suis, mademoiselle, qu'un vieux malade, et il faut que mon état soit bien douloureux, puisque je n'ai pu répondre plus tôt à la lettre dont vous m'honorez, et que je ne vous envoie que de la prose pour vos jolis vers. Vous me demandez des conseils; il ne vous en faut point d'autres que votre goût. L'étude que vous avez faite de la langue italienne doit encore fortifier ce goût avec lequel vous êtes née, et que personne ne peut donner. Le Tasse et l'Arioste vous rendront plus de services que moi, et la lecture de nos meilleurs poëtes vaut mieux que toutes les leçons[1]; mais puisque vous daignez de si loin me consulter, je vous invite à ne lire que les ouvrages qui sont depuis longtemps en possession des suffrages du public, et dont la réputation n'est point équivoque : il y en a peu, mais on profite bien davantage en les lisant qu'avec tous les mauvais petits livres dont nous sommes inondés. Les bons auteurs n'ont de l'esprit qu'autant qu'il en faut, ne le cherchent jamais, pensent avec bon sens et s'expriment avec clarté. Il semble qu'on n'écrive plus qu'en énigmes; rien n'est simple, tout est affecté; on s'éloigne en tout de la nature, on a le malheur de vouloir mieux faire que nos maîtres[2].

Tenez-vous-en à tout ce qui plaît en eux. La moindre affectation est un vice. Les Italiens n'ont dégénéré, après le Tasse et l'Arioste, que parce qu'ils ont voulu avoir trop d'esprit; et les Français sont dans le même cas. Voyez avec quel naturel madame de Sévigné et d'autres dames écrivent; comparez ce style avec les phrases entortillées de nos petits romans; je vous cite les héroïnes de votre sexe, parce que vous me paraissez faite pour leur ressembler. Il y a des pièces de madame Deshoulières qu'aucun auteur de

---

1. « Exemplis brevius iter quam per præcepta, » a dit Sénèque aussi justement.
2. Molière, dans le *Misanthrope* (acte I, sc. II), avait déjà fait justice de ces dangereux modèles :

> Ce style figuré, dont on fait vanité,
> Sort du bon caractère et de la vérité.
> Ce n'est que jeu de mots, qu'affectation pure,
> Et ce n'est point ainsi que parle la nature.
> Le méchant goût du siècle en cela me fait peur
> Nos pères tout grossiers l'avaient beaucoup meilleur....

nos jours ne pourrait égaler[1]. Si vous voulez que je vous cite des hommes, voyez avec quelle clarté, quelle simplicité notre Racine s'exprime toujours. Chacun croit, en le lisant, qu'il dirait en prose tout ce que Racine a dit en vers; croyez que tout ce qui ne sera pas aussi clair, aussi simple, aussi élégant, ne vaudra rien du tout.

Vos réflexions vous en apprendront cent fois plus que je ne pourrais vous en dire. Vous verrez que nos bons écrivains, Fénelon, Bossuet, Racine, Despréaux[2], employaient toujours le mot propre. On s'accoutume à bien parler en lisant souvent ceux qui ont bien écrit; on se fait une habitude d'exprimer simplement et noblement sa pensée sans effort. Ce n'est point une étude; il n'en coûte aucune peine de lire ce qui est bon, et de ne faire que cela. On n'a de maître que son plaisir et son goût.

20 août 1756.

A M. de Vauvenargues.

Sur Corneille.

J'eus l'honneur de dire hier à M. le duc de Duras que je venais de recevoir une lettre d'un philosophe plein d'esprit, qui d'ailleurs était capitaine au régiment du roi. Il devina aussitôt M. de Vauvenargues[3]. Il serait, en effet, fort difficile, monsieur, qu'il y eût deux personnes capables d'écrire une telle lettre; et depuis que j'entends rai-

---

1. La pièce de madame Deshoulières, souvent citée à cause de sa grâce émue, est l'idylle allégorique *à ses enfants*, dans laquelle elle les recommande à la protection du roi :

> Dans ces prés fleuris
> Qu'arrose la Seine,
> Cherchez qui vous mène,
> Mes chères brebis.....

On pourra lire dans le *Cours de littérature dramatique* de M. Saint-Marc Girardin (tom. III, ch. L) quelques pages pleines d'intérêt sur madame Deshoulières.

2. Voltaire parle souvent de Boileau avec la plus grande estime. Cf. la lettre à Helvétius du 20 juin 1741 : « Je vous prêcherai éternellement cet art d'écrire que Despréaux a si bien connu et si bien enseigné, ce respect pour la langue, cette liaison, cette suite d'idées, cet air aisé avec lequel il conduit son lecteur, ce naturel qui est le fruit de l'art, et cette apparence de facilité qu'on ne doit qu'au travail. »

3. Vauvenargues venait de faire la campagne d'Allemagne, et cette année même (1743) il rentrait en France avec une santé épuisée qui le forçait d'abandonner la carrière militaire.

sonner sur le goût, je n'ai rien vu de si fin et de si approfondi que ce que vous m'avez fait l'honneur de m'écrire.

Il n'y avait pas quatre hommes dans le siècle passé qui osassent s'avouer à eux-mêmes que Corneille n'était souvent qu'un déclamateur; vous sentez, monsieur, et vous exprimez cette vérité en homme qui a des idées bien justes et bien lumineuses. Je ne m'étonne point qu'un esprit aussi sage et aussi fin donne la préférence à l'art de Racine, à cette sagesse toujours éloquente, toujours maîtresse du cœur, qui ne lui fait dire que ce qu'il faut et de la manière dont il le faut; mais en même temps je suis persuadé que ce même goût qui vous a fait sentir si bien la supériorité de l'art de Racine vous fait admirer le génie de Corneille, qui a créé la tragédie dans un siècle barbare[1]. Les inventeurs ont le premier rang, à juste titre, dans la mémoire des hommes. La belle scène d'Horace et de Curiace, les charmantes scènes du Cid, une grande partie de Cinna, le rôle de Sévère, presque tout celui de Pauline, la moitié du dernier acte de Rodogune, se soutiendraient à côté d'Athalie, quand même ces morceaux seraient faits aujourd'hui; de quel œil devons-nous donc les regarder, quand nous songeons au temps où Corneille a écrit? J'ai toujours dit: *Multæ sunt mansiones in domo patris mei.* Molière ne m'a point empêché d'estimer le Glorieux de M. Destouches; Rhadamiste m'a ému, même après Phèdre. Il appartient à un homme comme vous, monsieur, de donner des préférences, et point d'exclusions[2]. Il y a des choses si sublimes dans Corneille au milieu de ses froids raisonnements, et même des choses si touchantes, qu'il doit être respecté avec ses défauts. Ce sont des tableaux de Léonard de Vinci qu'on aime encore à voir à côté des Paul Véronèse et des Titien[3].

Il n'y a que le temps qui puisse fixer le prix de chaque chose; le public commence toujours par être ébloui. Mais le grand nombre des juges décide à la longue d'après les voix du petit nombre éclairé; vous me paraissez, monsieur, fait pour être à la tête de ce petit nombre.

15 avril 1743.

1. Racine, dans le discours prononcé à l'Académie française le 2 janvier 1685 pour la réception de Thomas Corneille, frère du grand poëte, a retracé le tableau de la scène française avant l'apparition de Corneille. On peut revoir ce passage dans les *Morceaux choisis* de la classe de troisième, page 81.

2. Maxime aussi équitable que sensée, très-propre à concilier la liberté de nos jugements avec le respect que nous devons aux grands écrivains. Mais pourquoi Voltaire ne l'a-t-il pas toujours pratiquée dans ses *Commentaires sur Corneille?*

3. Célèbres peintres italiens du seizième siècle.

BUFFON.

(1707-1788.)

Né en 1707, à Montbard en Bourgogne, Buffon fut parmi nous l'historien de la nature, comme Aristote l'avait été chez les Grecs et Pline chez les Latins ; mais, avec plus de richesse que le premier, il eut plus d'exactitude que le second : la direction du Jardin des plantes, qu'il reçut de Louis XV à trente-deux ans, détermina sa vocation et lui ouvrit la voie où il ne cessa de marcher avec autant d'efforts que de gloire. Auparavant, Buffon s'était livré à l'étude des sciences : son puissant génie s'attacha dès lors à pénétrer dans tous les secrets de l'art d'écrire, dont il nous a si parfaitement tracé les lois. Par là, en donnant à son grand ouvrage l'immortalité du style, il se plaça au nombre des quatre hommes dont l'influence et le nom dominent le dix-huitième siècle : aussi admiré que Voltaire, que Rousseau, que Montesquieu, moins discuté que celui-ci, plus respecté que les deux autres. Sa calme et majestueuse destinée eut quelque chose de spécial dans cette époque, dont les sourdes agitations ne parvinrent pas jusqu'à sa laborieuse retraite; et, par une dernière faveur du sort, il s'éteignit à Paris, le 16 avril 1788, plein d'honneurs et de jours, la veille de cette révolution qui eût épouvanté sa vieillesse et qui devait immoler son fils unique [1].

Contraste de la nature sauvage et de la nature cultivée.

Voyez ces plages désertes, ces tristes contrées où l'homme n'a jamais résidé, couvertes ou plutôt hérissées de bois épais et noirs dans toutes les parties élevées; des arbres sans écorce et sans cime, courbés, rompus, tombant

---

[1]. L'éloge de Buffon a été fait par Vicq d'Azyr, qui fut son successeur à l'Académie française, et par Condorcet. Cuvier l'a dignement apprécié dans la *Biographie universelle*. Il faut encore consulter Châteaubriand, *Génie du Christianisme*, IIIe partie, liv. IV, chap. v; M. Villemain, *Tableau de la littérature au dix-huitième siècle*, 22e leçon; M. Geruzez, *Nouveaux essais d'histoire littéraire*, et l'*Histoire de ses travaux et de ses idées*, par M. Flourens. Le Brun a consacré deux de ses odes les plus remarquables à Buffon, et l'on rapporte que Mirabeau lui appliquait l'éloge que Quintilien a fait d'Homère : « Hunc nemo in magnis sublimitate, in parvis proprie-

de vétusté ; d'autres en plus grand nombre, gisant auprès des premiers, pour pourrir sur des monceaux déjà pourris, étouffent, ensevelissent les germes prêts à éclore. La nature, qui partout ailleurs brille par sa jeunesse, paraît ici dans la décrépitude ; la terre, surchargée par le poids, surmontée par les débris de ses productions, n'offre, au lieu d'une verdure florissante, qu'un espace encombré, traversé de vieux arbres chargés de plantes parasites, de lichens, d'agarics, fruits impurs de la corruption : dans toutes les parties basses, des eaux mortes et croupissantes, faute d'être conduites et dirigées ; des terrains fangeux, qui, n'étant ni solides ni liquides, sont inabordables, et demeurent également inutiles aux habitants de la terre et des eaux ; des marécages qui, couverts de plantes aquatiques et fétides, ne nourrissent que des insectes vénéneux et servent de repaires aux animaux immondes. Entre ces marais infects, qui occupent les lieux bas, et les forêts décrépites qui couvrent les terres élevées, s'étendent des espèces de landes, des savanes qui n'ont rien de commun avec nos prairies ; les mauvaises herbes y surmontent, y étouffent les bonnes ; ce n'est point ce gazon fin qui semble faire le duvet de la terre, ce n'est point cette pelouse émaillée qui annonce sa brillante fécondité ; ce sont des végétaux agrestes, des herbes dures, épineuses, entrelacées les unes dans les autres, qui semblent moins tenir à la terre qu'elles ne tiennent entre elles, et qui, se desséchant et repoussant successivement les unes sur les autres, forment une bourre grossière épaisse de plusieurs pieds. Nulle route, nulle communication, nul vestige d'intelligence dans ces lieux sauvages ; l'homme, obligé de suivre les sentiers des bêtes farouches, effrayé de leurs rugissements, saisi du silence même de ces profondes solitudes, rebrousse chemin[1], et dit : « La nature brute est hideuse et mourante ; c'est moi, moi seul qui peux la rendre agréable et vivante : desséchons ces marais, animons ces eaux mortes en les faisant couler, formons-en des ruisseaux, des canaux ; employons cet élément actif et dévorant qu'on nous avait caché[2] et que

tate superavit. Idem lætus ac pressus, jucundus et gravis, tum copia, tum brevitate mirabilis : nec poetica modo sed oratoria virtute eminentissimus. » *Inst. orat.*, X, 1.

1. Ainsi Lucain nous montre les soldats de César effrayés à la vue des arbres antiques de la forêt de Marseille (liv. III) :

> Ipse situs, putrique facit jam robore pallor
> Attonitos....

2. De là, chez les anciens, la fable de **Prométhée** : voy. la **tragédie** de ce nom dans Eschyle.

nous ne devons qu'à nous-mêmes; mettons le feu à cette bourre superflue, à ces vieilles forêts déjà à demi consommées¹; achevons de détruire avec le fer ce que le feu n'aura pu consumer; bientôt, au lieu du jonc, du nénuphar, dont le crapaud composait son venin, nous verrons paraître la renoncule, le trèfle, les herbes douces et salutaires; des troupeaux d'animaux bondissants fouleront cette terre jadis impraticable; ils y trouveront une subsistance abondante, une pâture toujours renaissante; ils se multiplieront pour se multiplier encore: servons-nous de ces nouveaux aides pour achever notre ouvrage; que le bœuf, soumis au joug, emploie ses forces et le poids de sa masse à sillonner la terre; qu'elle rajeunisse par la culture; une nature nouvelle va sortir de nos mains². »

Qu'elle est belle, cette nature cultivée! que par les soins de l'homme elle est brillante et pompeusement parée! Il en fait lui-même le principal ornement, il en est la reproduction la plus noble; en se multipliant, il en multiplie le germe le plus précieux; elle-même aussi semble se multiplier avec lui; il met au jour, par son art, tout ce qu'elle recélait dans son sein : que de trésors ignorés, que de richesses nouvelles! Les fleurs, les fruits, les grains perfectionnés, multipliés à l'infini; les espèces utiles d'animaux transportées, propagées, augmentées sans nombre; les espèces nuisibles réduites, confinées, reléguées; l'or, et le fer plus nécessaire que l'or, tirés des entrailles de la terre; les torrents contenus, les fleuves dirigés, resserrés³; la mer même soumise, reconnue, traversée d'un hémisphère à l'autre; la terre accessible partout, partout rendue aussi vivante que féconde; dans les vallées de riantes prairies, dans les plaines de riches

---

1. On dirait aujourd'hui *consumées* dans cette acception. Le verbe *consommer* ne s'applique qu'aux choses usées et détruites par l'*usage* (les provisions ont été *consommées*).

2. L'homme n'a pas toujours parlé ainsi en présence des grands et sévères tableaux de la nature sauvage. Il serait curieux, par exemple, d'opposer à ce morceau de Buffon les descriptions que M. de Châteaubriand a tracées des vastes et solitaires forêts de l'Amérique. « En vain dans nos champs cultivés l'imagination cherche à s'étendre : elle rencontre de toutes parts les habitations des hommes; mais, dans ces régions sauvages, l'âme se plaît à s'enfoncer dans un océan de forêts, à planer sur le gouffre des cataractes, à méditer au bord des lacs et des fleuves, et, pour ainsi dire, à se trouver seule devant Dieu. » (*Génie du christianisme*, 1ʳᵉ partie, 5ᵉ livre.)

3. De même Horace, parlant, dans l'*Art poétique*, des grands travaux ordonnés par Auguste pour régler le cours du Tibre :

> Seu cursum mutavit iniquum frugibus amnis
> Doctus iter melius....

pâturages ou des moissons encore plus riches; les collines chargées de vignes et de fruits, leurs sommets couronnés d'arbres utiles et de jeunes forêts[1]; les déserts devenus des cités habitées par un peuple immense qui, circulant sans cesse, se répand de ces centres jusqu'aux extrémités; des routes ouvertes et fréquentées, des communications établies partout comme autant de témoins de la force et de l'union de la société : mille autres monuments de puissance et de gloire démontrent assez que l'homme, maître du domaine de la terre, en a changé, renouvelé la surface entière, et que de tout temps il en partage l'empire avec la nature.

Cependant il ne règne que par droit de conquête; il jouit plutôt qu'il ne possède, il ne conserve que par des soins toujours renouvelés; s'ils cessent, tout languit, tout s'altère, tout change, tout rentre sous la main de la nature : elle reprend ses droits, efface les ouvrages de l'homme, couvre de poussière et de mousse ses plus fastueux monuments, les détruit avec le temps, et ne lui laisse que le regret d'avoir perdu par sa faute ce que ses ancêtres avaient conquis par leurs travaux. Ces temps où l'homme perd son domaine, ces siècles de barbarie pendant lesquels tout périt, sont toujours préparés par la guerre et arrivent avec la disette et la dépopulation. L'homme, qui ne peut que par le nombre, qui n'est fort que par la réunion, qui n'est heureux que par la paix, a la fureur de s'armer pour son malheur et de combattre pour sa ruine : excité par l'insatiable avidité, aveuglé par l'ambition encore plus insatiable, il renonce aux sentiments d'humanité, tourne toutes ses forces contre lui-même, cherche à s'entre-détruire, se détruit en effet; et après ces jours de sang et de carnage, lorsque la fumée de la gloire s'est dissipée, il voit d'un œil triste la terre dévastée, les arts ensevelis, les nations dispersées, les peuples affaiblis, son propre bonheur ruiné et sa puissance réelle anéantie.

« Grand Dieu! dont la seule présence soutient la nature et maintient l'harmonie des lois de l'univers; vous qui, du trône immobile de l'empyrée, voyez rouler sous vos pieds toutes les sphères célestes sans choc et sans confusion; qui, du sein du repos, reproduisez à chaque instant leurs mouvements immenses, et seul régissez dans une paix profonde ce nombre infini de cieux et de mondes; rendez, rendez enfin le calme à la terre agitée! Qu'elle soit dans le silence! qu'à votre voix la discorde et la guerre cessent de faire retentir leurs clameurs orgueilleuses! Dieu de bonté! auteur de tous les êtres, vos regards paternels

---

1. Cf. Lucrèce, *de rerum Natura*, lib. V, v. 1366 et suiv.
5.

embrassent tous les objets de la création ; mais l'homme est votre être de choix : vous avez éclairé son âme d'un rayon de votre lumière immortelle; comblez vos bienfaits en pénétrant son cœur d'un trait de votre amour : ce sentiment divin, se répandant partout, réunira les natures ennemies; l'homme ne craindra plus l'aspect de l'homme, le fer homicide n'armera plus sa main ; le feu dévorant de la guerre ne fera plus tarir la source des générations ; l'espèce humaine, maintenant affaiblie, mutilée, moissonnée dans sa fleur, germera de nouveau et se multipliera sans nombre ; la nature, accablée sous le poids des fléaux, stérile, abandonnée, reprendra bientôt avec une nouvelle vie son ancienne fécondité ; et nous, Dieu bienfaiteur, nous la seconderons, nous la cultiverons, nous l'observerons sans cesse, pour vous offrir à chaque instant un nouveau tribut de reconnaissance et d'admiration [1]. »

Histoire naturelle [2] : de la nature ; première vue.

L'homme.

Tout marque dans l'homme, même à l'extérieur, sa supériorité sur tous les êtres vivants : il se soutient droit et élevé ; son attitude est celle du commandement : sa tête regarde le ciel, et présente une face auguste sur laquelle

---

[1]. C'est là une des plus belles pages que l'on puisse emprunter à Buffon : avec quelle éloquence il célèbre les conquêtes lentes et hardies du génie de l'homme sur la nature sauvage ! Et comme, par un retour plein de sensibilité, il déplore les fautes de l'homme ruinant son propre bonheur qu'il a édifié au prix de tant de fatigues ! La prière qui termine est remplie d'une majesté calme. Une seule tache qui peut être relevée, c'est la rencontre de quelques lignes qui rappellent trop la poésie par leur mesure et leur harmonie cadencée ; par exemple :

En pénétrant son cœur d'un trait de votre amour ;
Ce sentiment divin se répandant partout....

[2]. Ce monument, auquel Buffon consacra environ cinquante années d'une santé et d'une application presque continues (il avait, a dit Voltaire, l'âme d'un sage dans le corps d'un athlète), n'était pas de ceux qu'une vie d'homme suffit à achever. — Les trois premiers volumes in-4° de l'*Histoire naturelle* avaient paru en 1749, un an après l'*Esprit des lois*, « comme si, remarque M. Villemain, le génie français eût voulu marquer sans intervalle son ambition de tout soumettre à l'analyse, de tout embellir par la parole. » Trente-six volumes furent publiés jusqu'en 1788. On sait quelle impulsion

est imprimé le caractère de sa dignité[1]; l'image de l'âme y est peinte par la physionomie; l'excellence de sa nature perce à travers les organes matériels, et anime d'un feu divin les traits de son visage; son port majestueux, sa démarche fière et hardie, annoncent sa noblesse et son rang; il ne touche à la terre que par ses extrémités les plus éloignées, il ne la voit que de loin et semble la dédaigner[2]; les bras ne lui sont pas donnés pour servir de piliers d'appui à la masse du corps; sa main ne doit pas fouler la terre et perdre, par des frottements réitérés, la finesse du toucher, dont elle est le principal organe; le bras et la main sont faits pour servir à des usages plus nobles, pour exécuter les ordres de la volonté, pour saisir les choses éloignées, pour écarter les obstacles, pour prévenir les rencontres et le choc de ce qui pourrait nuire, pour embrasser et retenir ce qui peut plaire, pour le mettre à portée des autres sens.

Lorsque l'âme est tranquille, toutes les parties du visage sont dans un état de repos; leur proportion, leur union, leur ensemble, marquent encore assez la douce harmonie des pensées, et répondent au calme de l'intérieur : mais lorsque l'âme est agitée, la face humaine devient un tableau vivant, où les passions sont rendues avec autant de délicatesse que d'énergie, où chaque mouvement de l'âme est exprimé par un trait, chaque action par un caractère, dont l'impression vive et prompte devance la volonté, nous décèle, et rend au dehors, par des signes pathétiques, les images de nos secrètes agitations.

C'est surtout dans les yeux qu'elles se peignent, et qu'on peut les reconnaître : l'œil appartient à l'âme plus qu'aucun autre organe[3], il semble y toucher et participer à tous ses mouvements; il en exprime les passions les plus vives et les émotions les plus tumultueuses, comme les mouvements

---

l'étude des sciences naturelles a reçue de cet ouvrage; à Buffon l'on a dû peut-être Cuvier.

1. Cf. Ovide, *Métam.*, I, 85 :

> Os homini sublime dedit cœlumque tueri
> Jussit, et erectos ad sidera tollere vultus.

Et Manilius, *Astron.*, IV, 897 :

> ... Stetit unus in arcem
> Erectus capitis, victorque ad sidera mittit
> Sidereos oculos.....

2. Il y a quelque affectation dans ce trait.

3. De là ce mot de Pline l'ancien : « Profecto in oculis animus habitat. » *Hist. nat.*, XI, 54.

les plus doux et les sentiments les plus délicats ; il les rend dans toute leur force, dans toute leur pureté, tels qu'ils viennent de naître ; il les transmet par des traits rapides qui portent dans une autre âme le feu, l'action, l'image de celle dont ils partent. L'œil reçoit et réfléchit en même temps la lumière de la pensée et la chaleur du sentiment : c'est le sens de l'esprit et la langue de l'intelligence.

Même ouvrage : de l'homme ; âge viril.

Comparaison du lion et du tigre.

Dans la classe des animaux carnassiers, le lion est le premier, le tigre est le second ; et comme le premier, même dans un mauvais genre, est toujours le plus grand et souvent le meilleur, le second est ordinairement le plus méchant de tous [1]. A la fierté, au courage, à la force, le lion joint la noblesse, la clémence, la magnanimité, tandis que le tigre est bassement féroce, cruel sans justice, c'est-à-dire sans nécessité. Il en est de même dans tout ordre de choses où les rangs sont donnés par la force : le premier, qui peut tout, est moins tyran que l'autre, qui, ne pouvant jouir de la puissance plénière, s'en venge en abusant du pouvoir qu'il a pu s'arroger. Aussi le tigre est-il plus à craindre que le lion : celui-ci souvent oublie qu'il est le roi, c'est-à-dire le plus fort de tous les animaux ; marchant d'un pas tranquille, il n'attaque jamais l'homme, à moins qu'il ne soit provoqué ; il ne précipite ses pas, il ne court, il ne chasse que quand la faim le presse. Le tigre au contraire, quoique rassasié de chair, semble toujours être altéré de sang ; sa fureur n'a d'autres intervalles que ceux du temps qu'il faut pour dresser des embûches ; il saisit et déchire une nouvelle proie avec la même rage qu'il vient d'exercer, et non pas d'assouvir, en dévorant la première ; il désole le pays qu'il habite ; il ne craint ni l'aspect ni les armes de l'homme ; il égorge, il dévaste les troupeaux d'animaux domestiques, met à mort toutes les bêtes sauvages, attaque les petits éléphants, les jeunes rhinocéros, et quelquefois même ose braver le lion.

La forme du corps est ordinairement d'accord avec le naturel. Le lion a l'air noble : la hauteur de ses jambes

[1]. « Souvent, remarque avec raison M. Villemain, Buffon transporte à la peinture morale des animaux plus d'un trait emprunté à la nôtre. »

est proportionnée à la longueur de son corps ; l'épaisse et grande crinière qui couvre ses épaules et ombrage sa face, son regard assuré, sa démarche grave, tout semble annoncer sa fière et majestueuse intrépidité. Le tigre, trop long de corps, trop bas sur ses jambes, la tête nue, les yeux hagards, la langue couleur de sang, toujours hors de la gueule, n'a que les caractères de la basse méchanceté et de l'insatiable cruauté ; il n'a pour tout instinct qu'une rage constante, une fureur aveugle, qui ne connaît, qui ne distingue rien, et qui lui fait souvent dévorer ses propres enfants, et déchirer leur mère, lorsqu'elle veut les défendre. Que ne l'eût-il à l'excès, cette soif de son sang, et ne pût-il[1] l'éteindre qu'en détruisant, dès leur naissance, la race entière des monstres qu'il produit[2] !

Même ouvrage : animaux carnassiers.

Le héron.

Le bonheur n'est pas également départi à tous les êtres sensibles ; et la nature elle-même paraît avoir négligé certains animaux qui, par imperfection d'organes, sont condamnés à endurer la souffrance et destinés à éprouver la pénurie. Enfants disgraciés, nés dans le dénûment pour vivre dans la privation, leurs jours pénibles se consument dans les inquiétudes d'un besoin toujours renaissant. Souffrir et patienter sont souvent leurs seules ressources, et cette peine intérieure trace sa triste empreinte jusque sur leur figure, et ne leur laisse aucune des grâces dont la nature anime tous les êtres heureux[3]. Le héron nous présente l'image d'une vie de souffrance, d'anxiété, d'indigence. N'ayant que l'embuscade pour tout moyen d'industrie, il passe des heures, des jours entiers à la même place, immobile, au point de laisser douter si c'est un être animé. Lorsqu'on l'observe avec une lunette (car il se laisse

1. Forme elliptique pour : *Plût au ciel qu'il ne pût l'éteindre*....
2. Ici, comme en beaucoup de passages, il serait curieux de rapprocher Aristote et Pline de Buffon : on peut voir l'*Histoire des animaux* du premier, et surtout l'*Histoire naturelle* du second, liv. VIII.
3. Ce portrait du héron, le tableau de sa misère supportée avec une insouciance résignée, formeront avec la vive et brillante peinture du cygne un singulier et intéressant contraste. On ne peut s'empêcher de penser au riche et au pauvre de La Bruyère. L'histoire naturelle a aussi ses Giton et ses Phédon !

rarement approcher), il paraît comme endormi, posé sur une pierre, le corps presque droit et sur un seul pied, le cou replié le long de la poitrine et du ventre, la tête et le bec couchés entre les épaules qui se haussent et excèdent de beaucoup la poitrine ; et, s'il change d'attitude, c'est pour en prendre une encore plus contrainte en se mettant en mouvement. Il entre dans l'eau jusqu'au-dessus du genou, la tête entre les jambes, pour guetter au passage une grenouille, un poisson ; mais, réduit à attendre que sa proie vienne s'offrir à lui, et n'ayant qu'un instant pour la saisir, il doit subir de longs jeûnes, et quelquefois périr d'inanition ; car il n'a pas l'instinct, lorsque l'eau est couverte de glace, d'aller chercher à vivre dans des climats plus tempérés. Les hérons ne résistent et ne durent qu'à force de patience et de sobriété, mais ces froides vertus sont ordinairement accompagnées du dégoût de la vie. Lorsqu'on prend un héron, on peut le garder quinze jours sans lui voir chercher ni prendre aucune nourriture ; il rejette même celle qu'on tente de lui faire avaler : sa mélancolie naturelle, augmentée sans doute par la captivité, l'emporte sur l'instinct de sa conservation, sentiment que la nature imprime le premier dans le cœur de tous les êtres animés. L'apathique héron semble se consumer sans languir ; il périt sans se plaindre et sans apparence de regret[1].

Même ouvrage : oiseaux.

Le cygne.

Dans toute société, soit des animaux, soit des hommes, la violence fit les tyrans ; la douce autorité fait les rois[2] ;

---

1. Le caractère du héron est heureusement soutenu jusqu'à la fin. C'est le conseil du poëte si bien suivi par La Fontaine et Buffon :

> .....Servetur ad imum
> Qualis ab incepto processerit.

2. Ce passage suffirait pour démontrer combien Buffon excelle dans la description : aussi a-t-il été proclamé en ce genre chef d'école. Rivarol, assez dur pour ce grand écrivain et qui exagérait les défauts qu'un goût sévère peut lui reprocher, lui a rendu néanmoins justice à plusieurs égards. On citera un des passages recueillis de ses brillantes conversations, et qui est relatif à Buffon (*Revue des deux Mondes*, numéro du 1er juin 1849) : « Dans le portrait du cygne, disait Rivarol, il y a d'habiles artifices d'élocution, de la limpidité et de la mollesse dans le style, et une mélancolie d'ex-

le lion et le tigre sur la terre, l'aigle et le vautour dans les airs, ne règnent que par la guerre, ne dominent que par l'abus de la force et par la cruauté, au lieu que le cygne règne sur les eaux à tous les titres qui fondent un empire de paix, la grandeur, la majesté, la douceur. Avec des puissances, des forces, du courage, et la volonté de n'en pas abuser et de ne les employer que pour sa défense, il sait combattre et vaincre sans jamais attaquer; roi paisible des oiseaux d'eau, il brave les tyrans de l'air; il attend l'aigle sans le provoquer, sans le craindre; il repousse ses assauts en opposant à ses armes la résistance de ses plumes et les coups précipités d'une aile vigoureuse qui lui sert d'égide, et souvent la victoire couronne ses efforts. Au reste, il n'a que ce fier ennemi; tous les autres oiseaux de guerre le respectent, et il est en paix avec toute la nature : il vit en ami plutôt qu'en roi au milieu des nombreuses peuplades des oiseaux aquatiques, qui toutes semblent se ranger sous sa loi; il n'est que le chef, le premier habitant d'une république tranquille, où les citoyens n'ont rien à craindre d'un maître qui ne demande qu'autant qu'il leur accorde, et ne veut que calme et liberté.

Les grâces de la figure, la beauté de la forme, répondent dans le cygne à la douceur du naturel : il plaît à tous les yeux ; il décore, embellit tous les lieux qu'il fréquente ; on l'aime, on l'applaudit, on l'admire. Nulle espèce ne le mérite mieux : la nature en effet n'a répandu sur aucune autant de ces grâces nobles et douces qui nous rappellent l'idée de ses plus charmants ouvrages ; coupe de corps élégante, formes arrondies, gracieux contours, blancheur éclatante et pure, mouvements flexibles et ressentis[1], attitudes tantôt animées, tantôt laissées dans un mol abandon, tout, dans le cygne, respire l'enchantement que nous font éprouver les grâces et la beauté....

A sa noble aisance, à la facilité, à la liberté de ses mouvements sur l'eau, on doit le reconnaître non-seulement comme le premier des navigateurs ailés, mais comme le plus beau modèle que la nature nous ait offert pour l'art de la navigation. Son cou élevé et sa poitrine relevée et

pression qui, se mêlant à la splendeur des images, en tempère heureusement l'éclat. Un morceau encore sans reproche, ajoutait-il, c'est le début des *Époques de la Nature :* il y règne de la pompe sans emphase, de la richesse sans diffusion, et une magnificence d'expression, haute et calme, qui ressemble à la tranquille élévation des cieux. Buffon ne s'est jamais montré plus artiste en fait de style : c'est la manière de Bossuet appliquée à l'histoire naturelle. »

1. Qui semblent avoir du sentiment....

arrondie semblent en effet figurer la proue du navire fendant l'onde : son large estomac en représente la carène; son corps, penché en avant pour cingler, se redresse à l'arrière et se relève en poupe; la queue est un vrai gouvernail; les pieds sont de larges rames, et ses grandes ailes demi ouvertes au vent et doucement enflées sont les voiles qui poussent le vaisseau vivant, navire et pilote à la fois[1].

Fier de sa noblesse, jaloux de sa beauté, le cygne semble faire parade de tous ses avantages : il a l'air de chercher à recueillir des suffrages, à captiver les regards; et il les captive en effet, soit que, voguant en troupe, on voie de loin, au milieu des grandes eaux, cingler la flotte ailée[2], soit que s'en détachant et s'approchant du rivage aux signaux qui l'appellent, il vienne se faire admirer de plus près, en étalant ses beautés et développant ses grâces par mille mouvements doux, ondulants et suaves[3].

Aux avantages de la nature le cygne réunit ceux de la liberté; il n'est pas du nombre de ces esclaves que nous puissions contraindre ou renfermer : libre sur nos eaux, il n'y séjourne, ne s'établit qu'en y jouissant d'assez d'indépendance pour exclure tout sentiment de servitude et de captivité; il veut à son gré parcourir les eaux, débarquer au rivage, s'éloigner au large ou venir, longeant la rive, s'abriter sous les bords, se cacher dans les joncs, s'enfoncer dans les anses les plus écartées; puis, quittant sa solitude, revenir à la société, et jouir du plaisir qu'il paraît prendre et goûter en s'approchant de l'homme, pourvu qu'il trouve

1. Delille, dans ses *Jardins*, place à la tête de

.... Ces oiseaux, qui, d'une rame agile,
Navigateurs ailés, fendent l'onde docile,
Le cygne au cou superbe, au plumage argenté.. ;

et, ailleurs encore, il a montré le cygne

.... Déployant, au milieu des ondes paternelles,
Les rames de ses pieds, les voiles de ses ailes.

2. C'est là une de ces constructions interrompues qu'on appelle *anacoluthes*, et cette figure, sans troubler le sens, donne ici à la phrase un tour vif et un air piquant de nouveauté.

3. On peut lire : Châteaubriand, *Génie du Christianisme*, part. 1re, liv. V, chap. 7. Buffon, un peu avant ce passage, a dit : « Le cygne est l'emblème de la grâce, premier trait qui nous frappe, même avant les traits de la beauté; » observation qui nous fait souvenir de ces vers charmants de La Fontaine, dans le poëme d'*Adonis* :

Rien ne manque à Vénus, ni les lis, ni les roses,
Ni le mélange exquis des plus charmantes choses,
Ni ce charme secret dont l'œil est enchanté,
Ni la grâce, plus belle encor que la beauté.

en nous ses hôtes et ses amis, et non ses maîtres et ses tyrans.

Chez nos ancêtres, trop simples ou trop sages pour remplir leurs jardins des beautés froides de l'art, en place des beautés vives de la nature, les cygnes étaient en possession de faire l'ornement de toutes les pièces d'eau : ils animaient, égayaient les tristes fossés des châteaux; ils décoraient la plupart des rivières et même celle de la capitale [1].

. . . .

Les anciens ne s'étaient pas contentés de faire du cygne un chantre merveilleux; seul entre tous les êtres qui frémissent à l'approche de leur destruction il chantait encore au moment de son agonie, et préludait par des sons harmonieux à son dernier soupir [2]. C'étaient, disaient-ils, près d'expirer, et faisant à la vie un adieu triste et tendre, que le cygne rendait ces accents si doux et si touchants, et qui, pareils à un léger et douloureux murmure, d'une voix basse, plaintive et lugubre, formaient son chant funèbre. On entendait ce chant lorsque, au lever de l'aurore, les vents et les flots étaient calmés; on avait même vu des cygnes expirant en musique et chantant leurs hymnes funéraires. Nulle fiction en histoire naturelle, nulle fable chez les anciens, n'a été plus célébrée, plus répétée, plus accréditée; elle s'était emparée de l'imagination vive et sensible des Grecs : poëtes, orateurs, philosophes même, l'ont adoptée comme une vérité trop agréable pour vouloir en douter. Il faut bien leur pardonner leurs fables; elles

---

1. « Témoin, remarque Buffon lui-même, le nom de l'*île aux Cygnes*, donné à ce terrain qu'embrassait la Seine au-dessous des Invalides. » Cette île était située le long du Gros-Caillou, dont elle fait partie aujourd'hui, à peu près entre la manufacture des tabacs et le Champ-de-Mars.

2. On peut lire notamment une belle application de cette tradition antique dans le *Phédon*, et dans Cicéron, *de Oratore*, III, 2. Rotrou a dit aussi dans son *Iphigénie en Aulide*, par la bouche d'Ardélie qui, s'adressant à la fille d'Agamemnon, déplore le malheur de cette jeune princesse :

> Hélas ! ainsi du cygne, aux rives du Méandre,
> A l'heure de sa mort le chant se fait entendre;
> Et le flambeau mourant, comme votre beauté,
> Au moment qu'il s'éteint jette plus de clarté.

De même encore André Chénier dans sa pièce intitulée *Néère* :

> Mais telle qu'à sa mort, pour la dernière fois,
> Un beau cygne soupire, et de sa douce voix,
> De sa voix qui bientôt lui doit être ravie,
> Chante, avant de partir ses adieux à la vie :
> Ainsi, les yeux remplis de langueur et de mort,
> Pâle, elle ouvrit la bouche en un dernier effort.....

étaient aimables et touchantes : elles valaient bien de tristes, d'arides vérités; c'étaient de doux emblèmes pour les âmes sensibles. Les cygnes, sans doute, ne chantent point leur mort; mais toujours en parlant du dernier essor et des derniers élans d'un beau génie prêt à s'éteindre, on rappellera avec sentiment cette expression touchante : *C'est le chant du cygne!*

Même ouvrage : oiseaux aquatiques.

ROUSSEAU.

(1712-1778.)

Né à Genève le 28 juin 1712, Jean-Jacques Rousseau, dont la famille fut pauvre et l'enfance négligée, reçut de la nature les germes d'un des plus vigoureux talents qui aient dominé l'âme des autres hommes. Mille embarras qui l'assaillirent, une jeunesse errante, des occupations médiocres et même serviles, eussent semblé devoir étouffer son génie naturel : plus fort que tous les obstacles, il se fit jour enfin à une époque déjà avancée de sa vie; il éclata dans des ouvrages où le bien et le mal, le vrai et le faux, se trouvent mêlés et recouverts du prestige d'une éloquence entraînante. A la plus ardente imagination Jean-Jacques Rousseau joignait le jugement le plus vicieux; et jamais son caractère ne fut au niveau de son esprit : de là les fautes de l'homme et les imperfections de l'auteur. Passionné, changeant, fier, ombrageux, en outre victime de ses puissantes facultés, on sait que les peines et les craintes chimériques qu'il se créait empoisonnèrent son existence. Il mourut à Ermenonville en 1778, un mois seulement après Voltaire, son aîné de beaucoup, et avec qui il avait partagé l'empire littéraire de son temps. Depuis quatre ans, un jeune prince, ami du peuple, s'était assis sur un trône que les excès de Louis XV, non moins que les doctrines de ces deux écrivains, avaient miné; et, l'année même de leur mort, l'insurrection des colonies américaines contre l'Angleterre, applaudie et encouragée par la France, annonçait que le siècle des révolutions allait commencer[1].

---

1. On peut consulter avec fruit, relativement à cet auteur, La Harpe, *Mercure de France*, numéro du 5 octobre 1778; M. Villemain, dans son *Tableau*, plusieurs fois cité, *de la littérature au dix-huitième siècle*; M. de Barante, dans son ouvrage sur la *littéra-*

Le bien et le mal sur la terre. Justification de la Providence.

J. J. Rousseau a ici pour objet d'expliquer et de justifier l'apparente contradiction de Dieu qui, malgré sa souveraine bonté et sa sagesse infinie, permet cependant sur la terre l'existence du mal physique et moral.

1. Dieu a créé l'homme à son image, c'est-à-dire libre. Or cette liberté n'existerait plus si nous ne pouvions être bons ou méchants.
2. Ce n'est pas Dieu qui fait le mal : c'est l'homme seul par l'abus de ses facultés. Le mal physique ne serait presque rien sans nos vices, qui l'augmentent et l'irritent.
3. Si l'homme n'était pas libre, il ne pourrait mériter les récompenses de la vie future.
4. La paix de l'âme chez l'homme de bien et les troubles de la conscience chez le méchant sont ici-bas les premières sanctions qui devancent les arrêts de la justice éternelle.
5. Ces promesses des récompenses ou des châtiments qui suivront la mort nous sont révélées dans l'Évangile, dont la certitude nous est attestée par le caractère divin de celui qui l'a écrit.

La Providence a fait l'homme libre afin qu'il fît, non le mal, mais le bien par choix. Elle l'a mis en état de faire ce choix en usant bien des facultés dont elle l'a doué ; mais elle a tellement borné ses forces, que l'abus de la liberté qu'elle lui laisse ne peut troubler l'ordre général. Le mal que l'homme fait retombe sur lui sans rien changer au système du monde, sans empêcher que l'espèce humaine elle-même ne se conserve malgré qu'elle en ait [1]. Murmurer de ce que Dieu ne l'empêche pas de faire le mal, c'est murmurer de ce qu'il la fit d'une nature excellente, de ce qu'il mit à ses actions la moralité qui les ennoblit, de ce qu'il lui donna droit à la vertu. La suprême jouissance est dans le contentement de soi-même ; c'est pour mériter ce contentement que nous sommes placés sur la terre et doués de

---

ture française à la même époque. M. Sainte-Beuve l'a jugé avec sa finesse et son tact habituels ; et M. Saint-Marc Girardin, qui l'avait pris pour sujet autrefois, à la Sorbonne, de ses brillantes leçons, a publié sur lui de nombreux articles dans la *Revue des deux Mondes* (1852-1856). Rappelons aussi que Châteaubriand a parlé longuement de Rousseau dans son *Génie du Christianisme*, en traitant des grands écrivains du dix-huitième siècle.

1. Tour qui semble ici un peu négligé.

la liberté, que nous sommes tentés par les passions et retenus par la conscience. Que pouvait de plus en notre faveur la puissance divine elle-même? Pouvait-elle mettre de la contradiction dans notre nature et donner le prix d'avoir bien fait à qui n'eut pas le pouvoir de mal faire? Quoi! pour empêcher l'homme d'être méchant, fallait-il le borner à l'instinct et le faire bête? Non, Dieu de mon âme, je ne te reprocherai jamais de l'avoir faite à ton image, afin que je pusse être libre, bon et heureux comme toi!

C'est l'abus de nos facultés qui nous rend malheureux et méchants. Nos chagrins, nos soucis, nos peines, nous viennent de nous. Le mal moral est incontestablement notre ouvrage, et le mal physique ne serait rien sans nos vices qui nous l'ont rendu sensible. N'est-ce pas pour nous conserver que la nature nous fait sentir nos besoins? La douleur du corps n'est-elle pas un signe que la machine se dérange et un avertissement d'y pourvoir? La mort.... Les méchants n'empoisonnent-ils pas leur vie et la nôtre? Qui est-ce qui voudrait toujours vivre au milieu d'eux? La mort est le remède aux maux que vous vous faites; la nature a voulu que vous ne souffrissiez pas toujours[1]. Combien l'homme vivant dans la simplicité primitive est sujet à peu de maux! il vit presque sans maladies, ainsi que sans passions, et ne prévoit ni ne sent la mort; quand il la sent, ses misères la lui rendent désirable : dès lors elle n'est plus un mal pour lui. Si nous nous contentions d'être ce que nous sommes, nous n'aurions pas à déplorer notre sort; mais, pour chercher un bien-être imaginaire, nous nous donnons mille maux réels.

On dirait, aux murmures des impatients mortels, que Dieu leur doit la récompense avant le mérite, et qu'il est obligé de payer leur vertu d'avance. Oh! soyons bons premièrement, et puis nous serons heureux. N'exigeons pas le prix avant la victoire, ni le salaire avant le travail. Ce n'est point dans la lice, disait Plutarque[2], que les vainqueurs de nos jeux sacrés sont couronnés, c'est après qu'ils l'ont parcourue.

Si l'âme est immatérielle, elle peut survivre au corps;

[1]. On peut voir le chapitre des *Essais* où Montaigne, imitant Lucrèce (ch. III, v. 945 et suiv.), suppose que la Nature encourage l'homme à mourir, en lui montrant que la mort n'est pas un mal pour lui : I, 19.

[2]. On lira avec intérêt, dans ses *Œuvres morales*, le traité « contre la secte d'Épicure. » J. J. Rousseau se rappelait cette phrase de l'excellent traducteur Amyot, qu'il avait beaucoup lu : « Les champions qui combattent ès jeux sacrés ne sont jamais couronnés tant qu'ils combattent, ains seulement après qu'ils ont combattu et vaincu. »

et si elle lui survit, la Providence est justifiée. Quand je n'aurais d'autre preuve de l'immatérialité de l'âme que le triomphe du méchant et l'oppression du juste en ce monde, cela seul m'empêcherait d'en douter. Une contradiction si manifeste, une si choquante dissonance dans l'harmonie universelle, me ferait chercher à la résoudre. Je me dirais : Tout ne finit pas pour nous avec la vie, tout rentre dans l'ordre à la mort[1].

Mais, quel que soit le nombre des méchants sur la terre, il est peu de ces âmes devenues insensibles, hors leur intérêt, à tout ce qui est juste et bon. L'iniquité ne plaît qu'autant qu'on en profite : dans tout le reste on veut que l'innocent soit protégé. Voit-on dans une rue ou sur un chemin quelque acte de violence et d'injustice : à l'instant un mouvement de colère et d'indignation s'élève au fond du cœur, et nous porte à prendre la défense de l'opprimé. Au contraire, si quelque acte de clémence ou de générosité frappe nos yeux, quelle admiration, quel amour il nous inspire! Qui est-ce qui ne se dit pas: J'en voudrais avoir fait autant? Il nous importe sûrement fort peu qu'un homme ait été méchant ou juste il y a deux mille ans; et cependant le même intérêt nous affecte autant dans l'histoire ancienne que si tout cela s'était passé de nos jours. Que me font à moi les crimes de Catilina? ai-je peur d'être sa victime? Pourquoi donc ai-je de lui la même horreur que s'il était mon contemporain? Nous ne haïssons pas seulement les méchants parce qu'ils nous nuisent, mais parce qu'ils sont méchants. Non-seulement nous voulons être heureux, nous voulons aussi le bonheur d'autrui ; et quand ce bonheur ne coûte rien au nôtre, il l'augmente. Enfin, l'on a, malgré soi, pitié des infortunés : quand on est témoin de leur mal, on en souffre. Les plus pervers ne sauraient perdre tout à fait ce penchant ; souvent il les met en contradiction avec eux-mêmes. Le voleur qui dépouille les passants couvre encore la nudité du pauvre, et le plus féroce assassin soutient un homme tombant en défaillance[2].

On parle du cri des remords, qui punit en secret les crimes cachés et les met si souvent en évidence. Hélas! qui de nous n'entendit jamais cette importune voix? On parle

1. Consulter, à ce sujet, un passage de La Bruyère sur l'action de la justice divine, dans son chapitre *des Esprits forts*, à la fin.
2. « Il est donc au fond des âmes, dit encore fort bien Rousseau dans le même ouvrage, un principe inné de justice et de vertu, sur lequel, malgré nos propres maximes, nous jugeons nos actions et celles d'autrui comme bonnes ou mauvaises ; et c'est à ce principe que je donne le nom de conscience. »

par expérience; et l'on voudrait étouffer ce sentiment tyrannique qui nous donne tant de tourment. Obéissons à la nature, nous connaîtrons avec quelle douceur elle règne et quel charme on trouve, après l'avoir écoutée, à se rendre un bon témoignage de soi. Le méchant se craint et se fuit; il s'égaye en se jetant hors de lui-même; il tourne autour de lui des yeux inquiets, et cherche un objet qui l'amuse; sans la satire amère, sans la raillerie insultante, il serait toujours triste; le ris moqueur est son seul plaisir. Au contraire, la sérénité du juste est intérieure : son ris n'est point de malignité, mais de joie : il en porte la source en lui-même; il est aussi gai seul qu'au milieu d'un cercle; il ne tire pas son contentement de ceux qui l'approchent, il le leur communique...

D'ailleurs, je vous avoue que la sainteté de l'Évangile est un argument qui parle à mon cœur. Voyez les livres des philosophes avec toute leur pompe : qu'ils sont petits près de celui-là[1]! Se peut-il qu'un livre à la fois si sublime et si simple soit l'ouvrage des hommes? Se peut-il que celui dont il fait l'histoire ne soit qu'un homme lui-même? Est-ce là le ton d'un enthousiaste ou d'un ambitieux sectaire? Quelle douceur, quelle pureté dans ses mœurs, quelle grâce touchante dans ses instructions! quelle élévation dans ses maximes! quelle profonde sagesse dans ses discours! quelle présence d'esprit, quelle finesse et quelle justesse dans ses réponses! quel empire sur ses passions! Où est l'homme, où est le sage qui sait agir, souffrir et mourir sans faiblesse et sans ostentation? Quand Platon peint son juste imaginaire couvert de tout l'opprobre du crime et digne de tous les prix de la vertu[2], il peint trait pour trait Jésus-Christ : la ressemblance est si frappante, que tous les Pères l'ont sentie, et qu'il n'est pas possible de s'y tromper. Quels préjugés, quel aveuglement ou quelle mauvaise foi ne faut-il point avoir pour oser comparer le

---

1. On peut rapprocher de ces hautes idées sur la sublimité de l'Évangile le passage où Fénelon, que Rousseau admirait à tel point qu'il eût voulu, disait-il, être son *valet*, a traité avec plus de simplicité, mais aussi avec plus d'onction, des beautés de la sainte Écriture en général : IIIe des *Dialogues sur l'éloquence*. Cf. encore Châteaubriand, *Génie du Christianisme*, IIe partie, VIe liv., chap. I et suiv.

2. *République*, liv. II. « Ce juste, tel que je l'ai dépeint, sera fouetté, mis à la torture, chargé de chaines; on lui brûlera les yeux; enfin, quand il aura souffert mille maux, il sera attaché sur une croix, et on lui fera sentir qu'il ne faut pas s'inquiéter d'être juste, mais de le paraître. » Cf. l'abbé Fleury, *Discours sur l'Histoire ecclésiastique des six premiers siècles de l'Église*, chap. II.

fils de Sophronisque[1] au fils de Marie? Quelle distance de l'un à l'autre! Socrate, mourant sans douleur, sans ignominie, soutint aisément jusqu'au bout son personnage; et si cette facile mort n'eût honoré sa vie, on douterait si Socrate, avec tout son esprit, fut autre chose qu'un sophiste. Il inventa, dit-on, la morale; d'autres avant lui l'avaient mise en pratique : il ne fit que dire ce qu'ils avaient fait, il ne fit que mettre en leçons leurs exemples. Aristide avait été juste avant que Socrate eût dit ce que c'était que la justice; Léonidas était mort pour son pays avant que Socrate eût fait un devoir d'aimer la patrie; Sparte était sobre avant que Socrate eût loué la sobriété; avant qu'il eût défini la vertu, la Grèce abondait en hommes vertueux. Mais où Jésus avait-il pris chez les siens cette morale élevée et pure dont lui seul a donné les leçons et l'exemple? Du sein du plus furieux fanatisme la plus haute sagesse se fit entendre, et la simplicité des plus héroïques vertus honora le plus vil de tous les peuples. La mort de Socrate philosophant tranquillement avec ses amis est la plus douce qu'on puisse désirer : celle de Jésus expirant dans les tourments, injurié, raillé, maudit de tout un peuple, est la plus horrible qu'on puisse craindre. Socrate prenant la coupe empoisonnée bénit celui qui la lui présente et qui pleure[2] : Jésus, au milieu d'un supplice affreux, prie pour ses bourreaux acharnés. Oui, si la vie et la mort de Socrate sont d'un sage, la vie et la mort de Jésus sont d'un Dieu[3].

Extrait du liv. IV d'*Émile*[4].

1. Statuaire célèbre, qui fut le père de Socrate, comme nous l'apprend Diogène Laërce dans la vie de celui-ci : liv. II de son ouvrage sur les *Philosophes illustres*.

2. C'est ce que l'on peut voir dans le *Phédon*, à la fin.

3. Ces mêmes idées ont été aussi développées par Voltaire : « Les paroles et les actions de Jésus-Christ, dit cet écrivain qui n'a jamais été mieux inspiré, comme le remarque Châteaubriand, que par la religion chrétienne, prêchent la douceur, la patience, l'indulgence..... Enfin, il meurt victime de l'envie. Si l'on ose comparer le sacré avec le profane et un Dieu avec un homme, sa mort, humainement parlant, a beaucoup de rapport avec celle de Socrate. »

4. Dans cet ouvrage, qui n'est autre chose qu'un roman sur l'éducation, à côté d'excellentes observations et de hautes vérités, il y a d'étranges paradoxes et de folles chimères : on se rappelle que Rousseau avait pris parti contre les arts, les sciences, les gouvernements, la civilisation et la société. La forme doit naturellement souffrir chez lui de ce que le fond a de mélangé et de troublé : de là des dissonances et l'abus des formes oratoires, une chaleur factice, du faux goût et de l'enflure. Il est un de ceux qui ont donné à la fin du dix-huitième siècle l'accent de tendresse déclamatoire qui

Séjour de J. J. Rousseau dans l'île de Saint-Pierre.

De toutes les habitations où j'ai demeuré (et j'en ai eu de charmantes), aucune ne m'a rendu si véritablement heureux, et ne m'a laissé de si tendres regrets, que l'île de Saint-Pierre, au milieu du lac de Bienne[1]. Cette petite île, qu'on appelle à Neuchâtel l'île de la Motte, est bien peu connue, même en Suisse. Aucun voyageur, que je sache, n'en fait mention. Cependant elle est très-agréable, et singulièrement située pour le bonheur d'un homme qui aime à se circonscrire.

Les rives du lac de Bienne sont plus sauvages et romantiques que celles du lac de Genève, parce que les rochers et les bois y bordent l'eau de plus près; mais elles ne sont pas moins riantes. S'il y a moins de culture de champs et de vignes, moins de villes et de maisons, il y a aussi plus de verdure naturelle, plus de prairies, d'asiles ombragés, de bocages, des contrastes plus fréquents et des accidents plus rapprochés. Comme il n'y a pas sur ces heureux bords de grandes routes commodes pour les voitures, le pays est peu fréquenté par les voyageurs; mais il est intéressant pour des comtemplatifs solitaires qui aiment à s'enivrer à loisir des charmes de la nature, et à se recueillir dans un silence que ne trouble aucun autre bruit que le cri des aigles, le ramage entrecoupé de quelques oiseaux et le roulement des torrents qui tombent de la montagne. Ce beau bassin, d'une forme presque ronde, enferme dans son

---

a été familier à cette époque. Mais en revanche il a renouvelé la séve de la langue, qui commençait à s'épuiser ; il a régénéré et étendu notre littérature : quand il n'écrit pas sous l'influence despotique d'un paradoxe, Rousseau est aussi éloquent que vrai. Plusieurs de ses passages semblaient à Rivarol, en dépit d'un peu de *rouille génevoise*, « touchés d'un rayon de soleil, et avec quelques-unes des *Lettres Provinciales* et les chapitres de Pascal *sur l'homme*, ce qu'il y a de mieux écrit en français. » Au sujet de cette préférence, rappelons toutefois une remarque judicieuse de M. Villemain, dans sa notice sur Fénelon : « Bien que la diction savante et énergique de Rousseau paraisse à beaucoup de juges le plus parfait modèle, il est permis de croire que le style de Fénelon, plus rapproché du caractère de notre langue, suppose un génie plus rare et plus heureux. » Quoi qu'il en soit, si Rousseau est un des auteurs où il y a le plus à gagner pour qui veut connaître toutes les ressources et toutes les richesses de notre idiome, il n'en faut pas moins se garder de l'étudier sans guide, parce qu'il a trop souvent mérité le nom de sophiste.

1. En Suisse, dans le canton de Berne.

milieu deux petites îles, l'une habitée et cultivée, d'environ une demi-lieue de tour, l'autre plus petite, déserte et en friche.

Il n'y a dans l'île qu'une seule maison, mais grande, agréable et commode, qui appartient à l'hôpital de Berne ainsi que l'île, et où loge un receveur avec sa famille et ses domestiques. Il y entretient une nombreuse basse-cour, une volière, et des réservoirs pour le poisson. L'île, dans sa petitesse, est tellement variée dans ses terrains et ses aspects, qu'elle offre toutes sortes de sites et souffre toutes sortes de cultures. On y trouve des champs, des vignes, des bois, des vergers, de gras pâturages ombragés de bosquets et bordés d'arbrisseaux de toute espèce, dont le bord des eaux entretient la fraîcheur. Une haute terrasse plantée de deux rangs d'arbres borde l'île dans sa longueur; et dans le milieu de cette terrasse on a bâti un joli salon, où les habitants des rives voisines se rassemblent et viennent danser les dimanches durant les vendanges. C'est dans cette île que je me réfugiai. J'en trouvai le séjour si charmant, j'y menais une vie si convenable à mon humeur, que, résolu d'y finir mes jours, je n'avais d'autre inquiétude sinon qu'on ne me laissât pas exécuter ce projet. Dans les pressentiments qui m'inquiétaient, j'aurais voulu qu'on m'eût fait de cet asile une prison perpétuelle, qu'on m'y eût confiné pour toute ma vie, et qu'en m'ôtant toute puissance et tout espoir d'en sortir, on m'eût interdit toute espèce de communication avec la terre ferme; de sorte qu'ignorant tout ce qui se faisait dans le monde j'en eusse oublié l'existence, et qu'on y eût oublié la mienne aussi.

On ne m'a laissé passer guère que deux mois dans cette île; mais j'y aurais passé deux ans, deux siècles et toute l'éternité, sans m'y ennuyer un moment, quoique je n'y eusse d'autre société que celle du receveur, de sa femme et de ses domestiques, qui tous étaient, à la vérité, de très-bonnes gens et rien de plus: mais c'était précisément ce qu'il me fallait. Quel était donc ce bonheur, et en quoi consistait sa jouissance? J'entrepris de faire la *Flora petrinsularis*, et de décrire toutes les plantes de l'île, sans en omettre une seule, avec un détail suffisant pour m'occuper le reste de mes jours[1].

Rien n'est plus singulier que les ravissements, les extases que j'éprouvais à chaque observation que je faisais sur la structure et l'organisation végétale. Au bout de deux ou

---

1. On n'ignore pas que la botanique était un des goûts les plus vifs de Rousseau, qui a laissé des fragments pour un *Dictionnaire de botanique* et des *Lettres sur la botanique*.

trois heures, je m'en revenais chargé d'une ample moisson, provision d'amusement pour l'après-dînée au logis, en cas de pluie. J'employais le reste de la matinée à aller, avec le receveur et sa femme, visiter leurs ouvriers et leur récolte, mettant le plus souvent la main à l'œuvre avec eux; et souvent des Bernois qui me venaient voir m'ont trouvé juché sur de grands arbres, ceint d'un sac que je remplissais de fruits, et que je dévalais[1] ensuite à terre avec une corde. L'exercice que j'avais fait dans la matinée, et la bonne humeur qui en est inséparable, me rendaient le repos du dîner très-agréable; mais quand il se prolongeait trop, et que le beau temps m'invitait, je ne pouvais si longtemps attendre, et pendant qu'on était encore à table, je m'esquivais et j'allais me jeter seul dans un bateau que je conduisais au milieu du lac quand l'eau était calme; et là, m'étendant tout de mon long dans le bateau, les yeux tournés vers le ciel, je me laissais aller et dériver lentement au gré du vent, quelquefois pendant plusieurs heures, plongé dans mille rêveries confuses, mais délicieuses, et qui, sans avoir aucun objet bien déterminé ni constant, ne laissaient pas d'être à mon gré cent fois préférables à tout ce que j'avais trouvé de plus doux dans ce qu'on appelle les plaisirs de la vie. Souvent, averti par le baisser[2] du soleil de l'heure de la retraite, je me trouvais si loin de l'île, que j'étais forcé de travailler de toute ma force pour arriver avant la nuit close. D'autres fois, au lieu de m'écarter en pleine eau, je me plaisais à côtoyer les verdoyantes rives de l'île, dont les limpides eaux et les ombrages frais m'ont souvent engagé à m'y baigner. Mais une de mes navigations les plus fréquentes était d'aller de la grande à la petite île, d'y débarquer, et d'y passer l'après-dînée, tantôt à des promenades très-circonscrites au milieu des marceaux, des bourdaines, des persicaires, des arbrisseaux de toute espèce, et tantôt m'établissant au sommet d'un tertre sablonneux, couvert de gazon, de serpolet et de fleurs.

Quand le lac agité ne me permettait pas la navigation, je passais mon après-midi à parcourir l'île en herborisant à droite et à gauche, m'asseyant tantôt dans les réduits les

1. C'est-à-dire que je faisais descendre. Ce verbe *dévaler* est le plus souvent employé par nos vieux auteurs dans le sens neutre, et est alors synonyme de *descendre*.

2. Cet emploi d'un infinitif, pris comme substantif, est un heureux emprunt de Rousseau à nos anciens écrivains, qui l'avaient eux-mêmes imité des Grecs. Il est surtout fréquent chez Amyot, l'excellent traducteur de Plutarque, et dont Rousseau avait fait une étude très-profitable.

plus riants et les plus solitaires pour rêver à mon aise, tantôt sur les terrasses et les tertres, pour parcourir des yeux le superbe et ravissant coup d'œil du lac et de ses rivages, couronnés d'un côté par des montagnes prochaines, et, de l'autre, élargis en riches et fertiles plaines, dans lesquelles la vue s'étendait jusqu'aux montagnes bleuâtres plus éloignées qui la bornaient.

Quand le soir approchait, je descendais des cimes de l'île et j'allais volontiers m'asseoir au bord du lac, sur la grève, dans quelque asile caché ; là, le bruit des vagues et l'agitation de l'eau, fixant mes sens et chassant de mon âme toute autre agitation, la plongeaient dans une rêverie délicieuse, où la nuit me surprenait souvent sans que je m'en fusse aperçu. Le flux et reflux de cette eau, son bruit continu, mais renflé par intervalles, frappant sans relâche mon oreille et mes yeux, suppléaient aux mouvements internes que la rêverie éteignait en moi, et suffisaient pour me faire sentir avec plaisir mon existence, sans prendre la peine de penser[1]. De temps à autre naissait quelque faible et courte réflexion sur l'instabilité des choses de ce monde, dont la surface des eaux m'offrait l'image[2]; mais bientôt ces impressions légères s'effaçaient dans l'uniformité du mouvement continu qui me berçait, et qui, sans aucun

---

1. Ce désenchantement de la société et de la vie active, ce plaisir de ne penser qu'à demi et de s'abandonner aux caprices des vagues rêveries, s'ils inspirent à Rousseau des accents d'une vraie et profonde mélancolie, sont aussi, il faut le dire, un danger de sa séduisante éloquence. Lui-même le reconnaissait dans une fort belle lettre qu'il écrivait de son ermitage à un jeune homme qui avait témoigné le désir de partager sa retraite : « S'il m'appartenait de vous donner un conseil, le premier que je voudrais vous donner serait de ne point vous livrer à ce goût que vous dites avoir pour la vie contemplative, qui n'est qu'une paresse de l'âme, condamnable à tout âge, et surtout au vôtre. L'homme n'est point fait pour méditer, mais pour agir ; la vie laborieuse que Dieu nous impose n'a rien que de doux au cœur de l'homme de bien qui s'y livre en vue de remplir son devoir..... » C'était aussi le sens de la maxime ancienne : « Tota virtus in actione consistit. »

2. On peut rapprocher de ce passage les strophes suivantes de la pièce de M. de Lamartine, intitulée *le Lac* (c'est l'une des *Premières Méditations poétiques*) :

> Ainsi, toujours poussés vers de nouveaux rivages,
> Dans la nuit éternelle emportés sans retour,
> Ne pourrons-nous jamais sur l'océan des âges
>   Jeter l'ancre un seul jour?....
>
> Un soir, t'en souvient-il, nous voguions en silence,
> O lac! on n'entendait, sur l'onde et sous les cieux,
> Que le bruit des rameurs qui frappaient en cadence
>   Tes flots harmonieux !

concours actif de mon âme, ne laissait pas de m'attacher, au point qu'appelé par l'heure et par le signal convenu, je ne pouvais m'arracher de là sans efforts.

Après le souper, quand la soirée était belle, nous allions encore tous ensemble faire quelque tour de promenade sur la terrasse pour y respirer l'air du lac et la fraîcheur. On se reposait dans le pavillon, on riait, on causait, on chantait quelque vieille chanson [1], et enfin l'on s'allait coucher content de sa journée, et n'en désirant qu'une semblable pour le lendemain.

Telle est, laissant à part les visites imprévues et importunes, la manière dont j'ai passé mon temps dans cette île, durant le séjour que j'y ai fait. Qu'on me dise à présent ce qu'il y a là d'assez attrayant pour exciter dans mon cœur des regrets si vifs, si tendres, et si durables, qu'au bout de quinze ans il m'est impossible de songer à cette habitation chérie, sans m'y sentir à chaque fois transporter encore par les élans du désir.

Les Rêveries [2] : cinquième Promenade [3].

[1]. La musique fut encore, non moins que la botanique et les lettres, une passion de J. J. Rousseau, et elle eut une grande part dans sa vie. Non-seulement il affectait d'être, par état, copiste de musique; mais il était compositeur : on connaît le succès du *Devin du village*. Aussi dans sa IIIe *lettre* à M. de Malesherbes, en retraçant les plaisirs d'une époque heureuse de sa vie, place-t-il parmi eux « celui de chanter quelque air sur son épinette. »

[2]. C'est là le dernier ouvrage de Rousseau : il fut composé de 1777 à 1778.

[3]. Cette *Promenade*, souvent citée comme l'un des chefs-d'œuvre de Rousseau, nous offre le genre où il excelle : c'est la peinture du bonheur qu'il a su parfois trouver dans la jouissance de lui-même et la contemplation de la nature. — On sait quelle a été son influence singulière sur quelques-uns des écrivains qui ont illustré la fin du dernier siècle ou le nôtre. Bernardin de Saint-Pierre procède directement de lui. Bien des traces de sa vague tristesse se retrouvent dans la création si originale de *René*. Mais, observe M. Villemain, « entre le dégoût ardent de Châteaubriand et la rêverie vaporeuse du philosophe, on sent que tout un monde social s'est brisé et n'a pu reprendre encore à la vie et au calme. » Déjà on a reconnu, par une de nos citations, la vive empreinte des émotions et de l' 'oquence du *Promeneur solitaire* sur M. de Lamartine. C'est qu'en France, de même que dans toute l'Europe, J. J. Rousseau a préparé ce qui fait la poésie de notre temps, cette mélancolique contemplation de l'homme, dernier fruit des lumières et de la satiété.

BARTHÉLEMY.

(1716-1795.)

Si le génie, comme on l'a dit, était une longue patience, le nom de l'abbé Barthélemy serait un des plus glorieux du dix-huitième siècle. Nul en effet ne connut mieux le prix du temps, et n'apporta à ses travaux une conscience plus scrupuleuse, une ardeur plus suivie et plus passionnée. Né le 20 janvier 1716 à Cassis, petit port de la Provence, et placé dans sa première jeunesse à l'Oratoire, puis au collège des Jésuites de Marseille, il s'était déjà tracé à lui-même un vaste plan d'études qui embrassait, avec les langues classiques, l'hébreu, le syriaque et l'arabe. Il entra dans les ordres, mais ne remplit pas les fonctions du sacerdoce. Il vint à Paris en 1744 et s'attacha à M. de Boze, garde des médailles du roi, auquel il succéda en 1753. Une mission le conduisit peu après en Italie : ce fut durant ce voyage, entrepris pour enrichir le cabinet des médailles, qu'il conçut le plan du livre qui assure à son nom une célébrité durable : il avait pensé tout d'abord à écrire la relation supposée d'un voyage en Italie sous le pontificat de Léon X, ce qui lui eût permis de rassembler dans le cadre de cette fiction les principaux traits de la renaissance des lettres et des arts au seizième siècle. Il abandonna, ou plutôt, il transforma ce projet, en plaçant en Grèce et vers le temps de Philippe la relation du *Voyage du jeune Anacharsis*. Ce livre remarquable, où les préoccupations de l'érudit n'ont pas émoussé les vives impressions de l'homme de goût, fut commencé en 1756 et publié seulement en 1788, et l'auteur regrettait encore, « après y avoir employé plus de trente ans, de ne l'avoir pas commencé dix ans plus tôt et de n'avoir pu le finir dix ans plus tard. » L'abbé Barthélemy fut appelé l'année suivante à l'Académie française. Les dernières années de sa vie furent attristées par le spectacle de nos luttes civiles, la mort d'un grand nombre de ses amis, et le renversement de sa fortune, qu'il devait aux libéralités du duc de Choiseul et dont il avait toujours fait le plus noble usage. Lui-même subit aux Madelonnettes une détention arbitraire qu'il supporta, malgré son grand âge, avec une calme sérénité. Il s'éteignit le 30 avril 1795, heureux du moins d'avoir survécu quelques jours à cette lugubre et sanglante époque de la Terreur qui avait épouvanté son patriotisme[1].

1. On lira sur l'abbé Barthélemy la quatrième et la cinquième leçon du troisième volume du *Tableau de la littérature française au dix-*

Eschyle, Sophocle et Euripide.

Athènes perdit presque en même temps ces deux célèbres poëtes (Sophocle et Euripide). A peine avaient-ils les yeux fermés, qu'Aristophane, dans une pièce jouée avec succès[1], supposa que Bacchus, dégoûté des mauvaises tragédies qu'on représentait dans ses fêtes, était descendu aux enfers pour en ramener Euripide, et qu'en arrivant il avait trouvé la cour de Pluton remplie de dissensions. Auprès du trône de ce dieu s'en élèvent plusieurs autres, sur lesquels sont assis les premiers des poëtes dans les genres nobles et relevés, mais qu'ils sont obligés de céder quand il paraît des hommes d'un talent supérieur. Eschyle occupait celui de la tragédie. Euripide veut s'en emparer; on va discuter leurs titres: le dernier est soutenu par un grand nombre de gens grossiers et sans goût, qu'ont séduits les faux ornements de son éloquence. Sophocle s'est déclaré pour Eschyle; prêt à le reconnaître pour son maître, s'il est vainqueur, et, s'il est vaincu, à disputer la couronne à Euripide. Cependant les concurrents en viennent aux mains. L'un et l'autre, armé des traits de la satire, relève le mérite de ses pièces et déprime celles de son rival. Bacchus doit prononcer: il est longtemps irrésolu; mais enfin il se déclare pour Eschyle, qui, avant de sortir des enfers, demande instamment que, pendant son absence, Sophocle occupe sa place.

Malgré les préventions et la haine d'Aristophane contre Euripide[2], sa décision, en assignant le premier rang à Es-

---

huitième siècle, par M. Villemain. L'abbé Barthélemy a écrit lui-même dans les années 1792 et 1793 des mémoires fort intéressants à consulter sur sa vie et ses ouvrages : on les trouvera à la tête des principales éditions du *Voyage du jeune Anacharsis*. Il s'y est peint tout entier avec abandon et vérité : son caractère aimable et obligeant, sa candeur et sa bonhomie naïve donnent un charme singulier à ce récit familier « écrit pour lui-même et quelques-uns de ses amis. »

1. Les *Grenouilles*. Cette comédie, qui sous une forme bouffonne et fantastique traitait de si graves questions d'art et de poésie, tirait ce nom singulier de son chœur travesti en grenouilles. Le chœur, dans la tragédie, se composait presque toujours de vieillards ou de jeunes filles; mais les poëtes comiques, dans la composition de leurs chœurs, s'abandonnaient à toutes les fantaisies de leur imagination.

2. Les causes de la haine d'Aristophane contre Euripide étaient tout à la fois politiques, morales et littéraires. Aristophane ne cesse de conseiller à ses concitoyens de faire la paix avec Lacédémone; Euripide voulait que la guerre fût poussée avec vigueur. Le chef de l'ancienne comédie grecque voyait dans les tendances philosophiques du théâtre d'Euripide comme une profanation de l'antique tragédie et

chyle, le second à Sophocle et le troisième à Euripide, était alors conforme à l'opinion de la plupart des Athéniens. Sans l'approuver, sans le combattre, je vais rapporter les changements que les deux derniers firent à l'ouvrage du premier.

Sophocle reprochait trois défauts à Eschyle : la hauteur excessive des idées, l'appareil gigantesque des expressions, la pénible disposition des plans; et ces défauts, il se flattait de les avoir évités.

Si les modèles qu'on nous présente au théâtre se trouvaient à une trop grande élévation, leurs malheurs n'auraient pas le droit de nous attendrir, ni leurs exemples celui de nous instruire[1]. Les héros de Sophocle sont à la distance précise où notre admiration et notre intérêt peuvent atteindre : comme ils sont au-dessus de nous sans être loin de nous, tout ce qui les concerne ne nous est ni trop étranger ni trop familier; et comme ils conservent de la faiblesse dans les plus affreux revers, il en résulte un pathétique sublime qui caractérise spécialement ce poëte.

Il respecte tellement les limites de la véritable grandeur, que, dans la crainte de les franchir, il lui arrive quelquefois de n'en pas approcher. Au milieu d'une course rapide, au moment qu'il va tout embraser, on le voit soudain s'arrêter et s'éteindre[2] : on dirait alors qu'il préfère les chutes aux écarts.

Il n'était pas propre à s'appesantir sur les faiblesses du cœur humain ni sur des crimes ignobles : il lui fallait des âmes fortes, sensibles, et par là même intéressantes; des âmes ébranlées par l'infortune, sans en être accablées ni enorgueillies.

---

de son caractère exclusivement religieux. Aristophane reprochait encore à Euripide de mêler trop souvent aux accents tragiques la mollesse de l'élégie et d'énerver les âmes par l'abus de la pitié. La haine a sur plusieurs points égaré le jugement d'Aristophane. Euripide restera de l'avis commun le poëte le plus tragique de l'antiquité, celui qui mieux que ses devanciers a pénétré le cœur humain dans ses replis les plus cachés, et en a dévoilé toutes les faiblesses, non pour les justifier, mais pour ramener par ce spectacle l'homme à la vertu.

1. Il ne faut pas interpréter d'une façon trop absolue la théorie attribuée à Aristote, qui ne voudrait dans les tragédies que des héros ne s'élevant jamais au-dessus de la nature humaine. Ce serait exclure l'héroïsme. Ce qu'il faut dire, c'est que l'héroïsme ne doit pas anéantir les sentiments humains, et que l'homme doit se reconnaître dans cette image fidèle de lui-même, mais plus grande que nature, qui lui est présentée par le poëte.

2. Longin, *du Sublime*, ch. 33.

En réduisant l'héroïsme à sa juste mesure, Sophocle baissa le ton de la tragédie, et bannit ces expressions qu'une imagination fougueuse dictait à Eschyle, et qui jetaient l'épouvante dans l'âme des spectateurs : son style, comme celui d'Homère, est plein de force, de magnificence, de noblesse et de douceur; jusque dans la peinture des passions les plus violentes, il s'assortit heureusement à la dignité des personnages[1].

Eschyle peignit les hommes plus grands qu'ils ne peuvent être; Sophocle, comme ils devraient être; Euripide, tels qu'ils sont[2]. Les deux premiers avaient négligé des passions et des situations que le troisième crut susceptibles de grands effets. Il représenta tantôt des princesses brûlantes d'amour et ne respirant que l'adultère et les forfaits, tantôt des rois dégradés par l'adversité, au point de se couvrir de haillons et de tendre la main, à l'exemple des mendiants. Ces tableaux, où l'on ne retrouvait plus l'empreinte de la main d'Eschyle ni de celle de Sophocle, soulevèrent d'abord les esprits : on disait qu'on ne devait, sous aucun prétexte, souiller le caractère ni le rang des héros de la scène; qu'il était honteux de tracer avec art des images indécentes, et dangereux de prêter aux vices l'autorité des grands exemples.

Mais ce n'était plus le temps où les lois de la Grèce infligeaient une peine aux artistes qui ne traitaient pas leurs sujets avec une certaine décence. Les âmes s'énervaient, et les bornes de la convenance s'éloignaient de jour en jour : la plupart des Athéniens furent moins blessés des atteintes que les pièces d'Euripide portaient aux idées reçues qu'entraînés par le sentiment dont il avait su les animer; car ce poëte, habile à manier toutes les affections de l'âme, est admirable lorsqu'il peint les fureurs de l'amour ou qu'il excite les émotions de la pitié : c'est alors que, se surpassant lui-même, il parvient quelquefois au sublime pour lequel il semble que la nature ne l'avait pas destiné[3]. Les Athéniens s'attendrirent sur le sort de Phèdre coupable, ils pleurèrent sur celui du malheureux Télèphe, et l'auteur fut justifié.

Dans les pièces d'Eschyle et de Sophocle, les passions,

1. On lira à ce propos d'excellentes réflexions, appuyées sur des exemples, dans les chap. 1, II et III du livre 1er du *Cours de littérature dramatique* par M. Saint-Marc Girardin.

2. Ce jugement, emprunté à Aristote, a été appliqué à Corneille et à Racine; mais on ne peut nier que, dans ces fréquents parallèles établis entre les grands tragiques grecs ou français, la vérité ne soit un peu sacrifiée à la rigueur de l'antithèse.

3. Longin, *du Sublime*, ch. 15 et 39.

empressées d'arriver à leur but, ne prodiguent point des maximes qui suspendraient leur marche; le second surtout a cela de particulier, que, tout en courant, et presque sans y penser, d'un seul trait il décide[1] le caractère et dévoile les sentiments secrets de ceux qu'il met sur la scène. C'est ainsi que, dans son *Antigone*, un mot, échappé comme par hasard à cette princesse, laisse éclater son amour pour le fils de Créon[2].

Euripide multiplia les sentences et les réflexions[3]; il se fit un plaisir ou un devoir d'étaler ses connaissances, et se livra souvent à des formes oratoires : de là les divers jugements qu'on porte de cet auteur, et les divers aspects sous lesquels on peut l'envisager. Comme philosophe, il eut un grand nombre de partisans; les disciples d'Anaxagore et ceux de Socrate, à l'exemple de leurs maîtres, se félicitèrent de voir leur doctrine applaudie sur le théâtre; et, sans pardonner à leur nouvel interprète quelques expressions trop favorables au despotisme[4], ils se déclarèrent ouvertement pour un écrivain qui inspirait l'amour des devoirs et de la vertu, et qui, portant ses regards plus loin, annonçait hautement qu'on ne doit pas accuser les dieux de tant de passions honteuses, mais les hommes qui les leur attribuent; et comme il insistait avec force sur les dogmes importants de la morale, il fut mis au nombre des sages, et sera toujours regardé comme le philosophe de la scène.

Son éloquence, qui quelquefois dégénère en une vaine abondance de paroles, ne l'a pas rendu moins célèbre parmi les orateurs en général, et parmi ceux du barreau en particulier : il opère la persuasion par la chaleur de ses sentiments, et la conviction par l'adresse avec laquelle il amène les réponses et les répliques.

Les beautés que les philosophes et les orateurs admirent dans ses écrits sont des défauts réels aux yeux de ses cen-

---

1. Il fixe et détermine nettement.....

2. Antigone, qui devait épouser Hémon, fils de Créon, est condamnée à périr pour avoir, contre les ordres de ce dernier, enseveli Polynice. Ismène, sœur d'Antigone, demande grâce au tyran pour la femme qu'il destinait à son fils. Créon répond avec dureté qu'il ne veut point pour ses enfants de femmes perverses. A ce nouvel outrage, Antigone s'écrie (v. 572) :

Ὦ φίλταθ' Αἷμον, ὥς σ' ἀτιμάζει πατήρ.

Mais plusieurs éditeurs de Sophocle, sur l'autorité du savant Schlegel, attribuent cette réponse à Ismène.

3. Quintilien, liv. X, ch. 1.
4. Platon, *de la République*, liv. VIII.

seurs : ils soutiennent que tant de phrases de rhétorique, tant de maximes accumulées, de digressions savantes et de disputes oiseuses refroidissent l'intérêt; et ils mettent à cet égard Euripide fort au-dessous de Sophocle, qui ne dit rien d'inutile.

Eschyle avait conservé dans son style les hardiesses du dithyrambe, et Sophocle, la magnificence de l'épopée : Euripide fixa la langue de la tragédie; il ne retint presque aucune des expressions spécialement consacrées à la poésie; mais il sut tellement choisir et employer celles du langage ordinaire, que sous leur heureuse combinaison la faiblesse de la pensée semble disparaître et le mot le plus commun s'ennoblir. Telle est la magie de ce style enchanteur qui, dans un juste tempérament entre la bassesse et l'élévation, est presque toujours élégant et clair, presque toujours harmonieux, coulant et si flexible, qu'il paraît se prêter sans efforts à tous les besoins de l'âme.

Quant à la conduite des pièces, la supériorité de Sophocle est généralement reconnue : on pourrait même démontrer que c'est d'après lui que les lois de la tragédie ont presque toutes été rédigées. Euripide réussit rarement dans la disposition de ses sujets : tantôt il blesse la vraisemblance, tantôt les incidents sont amenés par force; d'autres fois son action cesse de faire un même tout; presque toujours les nœuds et les dénoûments laissent quelque chose à désirer, et ses chœurs n'ont souvent qu'un rapport indirect avec l'action.

Dans les pièces d'Eschyle et de Sophocle, un heureux artifice éclaircit le sujet dès les premières scènes; Euripide lui-même semble leur avoir dérobé leur secret dans sa *Médée* et dans son *Iphigénie en Aulide*[1]. Cependant, quoiqu'en général sa manière soit sans art, elle n'est point condamnée par d'habiles critiques[2]. Ce qu'il y a de plus étrange, c'est que dans quelques-uns de ses prologues, comme pour affaiblir l'intérêt qu'il veut inspirer, il nous prévient sur la plupart des événements qui doivent exciter notre surprise[3]. Ce qui doit nous étonner encore, c'est de

---

1. Le titre de la tragédie d'Euripide Ἰφιγένεια ἐν Αὐλίδι doit se traduire par *Iphigénie à Aulis*. L'action en effet se passe à Aulis, ville et port de Béotie, où la flotte grecque, prête à partir pour Troie, est retenue par le calme des vents. Le titre de la pièce de Racine a presque consacré ce léger contre-sens.

2. Aristote, *de la Rhétorique*, liv. III, ch. xiv.

3. On peut lire ses deux tragédies d'*Hécube* et d'*Hippolyte*. Plaute, chez les Latins, offre souvent aussi l'exemple de cette faute singulière et presque traditionnelle contre l'intérêt dramatique.

le voir tantôt prêter aux esclaves le langage des philosophes, et aux rois celui des esclaves; tantôt, pour flatter le peuple, se livrer à des écarts dont sa pièce des *Suppliantes* offre un exemple frappant[1].

Eschyle, Sophocle et Euripide sont et seront toujours placés à la tête de ceux qui ont illustré la scène. D'où vient donc que, sur le grand nombre de pièces qu'ils présentèrent au concours, le premier ne fut couronné que treize fois, le second que dix-huit fois, le troisième que cinq fois[2]? C'est que la multitude décida de la victoire, et que le public a depuis fixé les rangs. La multitude avait des protecteurs dont elle épousait les passions, des favoris dont elle soutenait les intérêts : de là tant d'intrigues, de violences et d'injustices qui éclatèrent dans le moment de la décision. D'un autre côté, le public, c'est-à-dire la plus saine partie de la nation, se laissa quelquefois éblouir par de légères beautés éparses dans des ouvrages médiocres; mais il ne tarda pas à mettre les hommes de génie à leur place, lorsqu'il fut averti de leur supériorité par les vaines tentatives de leurs rivaux et de leurs successeurs.

Voyage du jeune Anacharsis[3], ch. LIX.

1. Les *Suppliantes*, v. 409 et suiv.
2. Eschyle n'avait pas composé moins de soixante-dix tragédies ; Suidas en attribue cent vingt-trois à Sophocle, et Euripide, suivant plusieurs auteurs, en avait fait soixante-quinze.
3. Le succès du *Voyage d'Anacharsis* fut éclatant. De Fontanes adressait à Barthélemy une épître qui se terminait ainsi :

> Le grand homme, puisant aux sources étrangères,
> Trente ans médite en paix ses travaux solitaires;
> Au pied du monument qu'il fut long à finir
> Il se repose enfin sans voir ses adversaires,
> Et l'œil fixé sur l'avenir.

Le temps et la connaissance plus approfondie des littératures anciennes devaient porter quelque atteinte à cette première et universelle admiration : on a reproché justement au cadre adopté par Barthélemy de rétrécir la grandeur du tableau, en y mêlant les incidents sans intérêt d'une fiction assez froide. Barthélemy non plus n'a pas toujours su, dans ses jugements sur l'antiquité, se dégager des idées et des préventions du dix-huitième siècle. Malgré ces réserves, le *Voyage d'Anacharsis*, par son exactitude, sa variété, comme aussi par un style d'une grâce facile qui fait penser quelquefois à Fénelon, mérite un souvenir durable.

EXTRAITS DE POÉSIE.

MALHERBE.

(1555-1628.)

Durant les premiers ans du Parnasse françois,
Le caprice tout seul faisait toutes les lois[1] :
La rime, au bout des mots assemblés sans mesure,
Tenait lieu d'ornements, de nombre et de césure.
Villon sut le premier, dans ces siècles grossiers,
Débrouiller l'art confus de nos vieux romanciers, etc.

Bien que l'on ait accusé Boileau d'avoir moins connu l'antiquité française que l'antiquité grecque et latine, ce jugement qu'il a porté sur les débuts de notre poésie paraîtra encore aujourd'hui assez fondé. Dans notre époque, on a pénétré plus avant, non sans intérêt et sans fruit, dans l'étude des premiers monuments du génie français ; mais nul ne contestera sans doute que de Malherbe seulement date notre littérature classique.

Comme Balzac a le premier marqué dans la prose le point de maturité de notre idiome, Malherbe a eu parmi nous l'honneur d'ouvrir pour les vers une ère nouvelle et définitive. Jusque-là des traits heureux de naïveté, de brillants essais, de téméraires hardiesses, avaient fait la gloire de Marot, de du Bellay, de Ronsard : Malherbe inaugura, non plus la poésie de telle province, de telle école, de tel homme, mais la véritable poésie française. Par lui notre domaine littéraire, si agité et si changeant, fut pacifié ; et il y régna en maître absolu. Chose nécessaire aux réformateurs, il joignait à la vigueur du talent celle du caractère. La fierté du gentilhomme, la vivacité impatiente de l'homme d'épée et jusqu'à l'humeur incisive et quelque peu querelleuse du Normand (il était né à Caen vers 1555), tout concourait en lui merveilleusement au succès du rôle dont il se

---

1. Cette rime était bonne au dix-septième siècle, pour l'oreille comme pour les yeux, à raison de la prononciation semblable des deux mots *françois* et *lois*. Voyez la citation dans le premier chant de l'*Art poétique*.

chargea. On l'appelait de son temps le *tyran des mots et des syllabes*. En réalité il fut le champion du bon sens ; il soumit à la règle, par son exemple non moins que par ses préceptes, des imaginations indociles ; il atteignit dans quelques parties de ses ouvrages une hauteur d'inspiration et une perfection de style qui n'ont pas depuis été surpassées. Mais son principal service fut d'achever l'éducation de notre langue et de la façonner pour l'usage des génies qui illustrèrent notre grand siècle. Par là il prépara l'avénement de Corneille, comme Henri IV celui de Louis XIV [1]

A la reine régente Marie de Médicis [2].

Nymphe qui jamais ne sommeilles [3],
Et dont les messages divers
En un moment sont aux oreilles
Des peuples de tout l'univers,

---

1. On peut voir sur Malherbe M. Nisard, dans son *Histoire de la littérature française*, c. V, §§ 3 à 7 ; une notice de M. Geruzez (*Essais d'histoire littéraire*) ; un travail de M. Antoine de Latour, publié dans la *Revue des Deux-Mondes* en 1834 ; et un article de M. Sainte-Beuve (*Moniteur* du 18 avril 1863). Outre l'édition de Malherbe que contient la collection des classiques français, Lefèvre, 1825, on consultera avec beaucoup de profit celle que MM. de Latour ont donnée chez Charpentier en 1842, et qui renferme un commentaire inédit d'André Chénier. Des mémoires sur la vie de Malherbe nous ont été laissés par Racan. Voltaire s'est trop peu rappelé, en l'appréciant, l'influence considérable qu'il a exercée sur l'idiome et sur l'esprit français ; il n'a pas été assez frappé, ce semble, de la propriété d'expression, de la pureté soutenue, de la clarté et de la rigueur de langage qui font l'originalité suprême de cet écrivain, et qui devinrent par lui les qualités de notre littérature. Vainement ses contemporains s'indignaient-ils de la rude discipline qu'il voulait leur imposer (Régnier, sat. IX) : les plus indépendants allaient la subir. A la différence de Ronsard, dont il détruisit trop absolument la réputation, il voulut, c'est là sa gloire, fonder l'unité de la langue dans un pays qui avait conquis l'unité politique, et il réussit à l'établir.

2. 1610. — Malherbe, dès l'année suivante, célébrait encore cette princesse, et il a souvent renouvelé son éloge, que l'histoire, par malheur, ne devait pas confirmer. Jadis, il avait salué sa *bienvenue* en France, en 1600, lorsque son ami du Perrier l'avait présenté à la jeune reine. Quoi qu'il en soit, l'ode que nous donnons est, suivant la remarque d'A. Chénier, « une des plus belles de l'auteur, pour le plan, la richesse du style, la nouveauté et la vérité des images, la hardiesse et la force de l'expression. » Elle valut à son auteur une pension de 1500 livres. Déjà Malherbe avait été honoré de la faveur et des bienfaits de Henri IV.

3. « L'apostrophe est noble et belle. » A. Chénier.

Vole vite, et de la contrée
Par où le jour fait son entrée
Jusqu'au rivage de Calis[1],
Conte, sur la terre et sur l'onde,
Que l'honneur unique du monde
C'est la reine des fleurs de lis.

Quand son Henri, de qui la gloire
Fut une merveille à nos yeux,
Loin des hommes s'en alla boire
Le nectar avecque les dieux[2],
En cette aventure effroyable,
A qui ne semblait-il croyable
Qu'on allait voir une saison
Où nos brutales perfidies
Feraient naître des maladies
Qui n'auraient jamais guérison?

Qui ne pensait que les furies
Viendraient des abîmes d'enfer,
En de nouvelles barbaries
Employer la flamme et le fer[3]?
Qu'un débordement de licence
Ferait souffrir à l'innocence
Toute sorte de cruautés,
Et que nos malheurs seraient pires
Que naguère sous les Busires[4]
Que cet Hercule avait domptés?

1. Cadix : on disait alors indifféremment *Calis* et *Cadis*, soit en Espagne, soit en France.
2. Ce trait est emprunté à Horace, *Od.*, III, 3 :

> Quos inter Augustus recumbens
> Purpureo bibit ore nectar.

A leur tour ces vers de Malherbe ont, comme l'a remarqué Chénier, donné naissance à la plus belle strophe de Racan : elle se trouve dans son *Ode au Roi* :

> Ce grand Henri, dont la mémoire, etc.

On ajoutera, avec le président Hénault, que la tâche de Malherbe ne laissait pas d'être assez difficile, lorsqu'il louait et pleurait son roi « devant une reine qui ne fut pas assez surprise et assez affligée de la mort funeste d'un de nos plus grands princes. »

3. « Très-belle image, supérieurement rendue et d'une manière bien lyrique. Ce développement de la pensée du poëte, en donnant de la chaleur à l'ode, est flatteur pour la reine. » A. C.

4. Busiris, tyran d'Égypte, fameux par ses cruautés.

Toutefois, depuis l'infortune
De cet abominable jour,
A peine la quatrième[1] lune
Achève de faire son tour;
Et la France a les destinées
Pour elle tellement tournées
Contre les vents séditieux,
Qu'au lieu de craindre la tempête
Il semble que jamais sa tête
Ne fut plus voisine des cieux[2].

Au delà des bords de la Meuse
L'Allemagne a vu nos guerriers
Par une conquête fameuse
Se couvrir le front de lauriers[3].
Tout a fléchi sous leur menace;
L'Aigle[4] même leur a fait place,
Et les regardant approcher
Comme lions à qui tout cède,
N'a point eu de meilleur remède
Que de fuir[5] et se cacher....

Assez de funestes batailles
Et de carnages inhumains
Ont fait en nos propres entrailles
Rougir nos déloyales mains[6].
Donne ordre que sous ton génie
Se termine cette manie;
Et que, las de perpétuer
Une si longue malveillance,

1. Ce mot n'était alors que de trois syllabes.
2. « Belle image, belle tournure, belle expression, belle harmonie! » A. C. — « La musique des vers de Malherbe, observe ailleurs et très-justement Chénier, n'a jamais été surpassée. »
3. La ville de Juliers venait d'être prise par le maréchal de La Châtre, joint au prince Maurice de Nassau.
4. C'est-à-dire l'Autriche.
5. Aujourd'hui monosyllabe : Malherbe, au contraire, faisait cet infinitif de deux syllabes, et *fuit* d'une seule ; ce qu'ont approuvé Ménage et Vaugelas.
6. « Pathétique et chaud : expressions vives et fortes. » A. C. — On reconnaît là des souvenirs d'Horace, *Epod.*, VII :

. . . . Sua
Urbs hæc periret dextera.

Cf. *ibid.*, XVI. Trait reproduit par Corneille, dans *Cinna*, I, 3.

Nous employions notre vaillance
Ailleurs qu'à nous entre-tuer.

La discorde aux crins de couleuvres[1],
Peste fatale aux potentats,
Ne finit ses tragiques œuvres
Qu'en la fin même des Etats.
D'elle naquit la frénésie
De la Grèce contre l'Asie,
Et d'elle prirent le flambeau
Dont ils désolèrent leur terre,
Les deux frères[2] de qui la guerre
Ne cessa point dans le tombeau[3].

C'est en la paix que toutes choses
Succèdent selon nos désirs ;
Comme au printemps naissent les roses,
En la paix naissent les plaisirs :
Elle met les pompes aux villes,
Donne aux champs les moissons fertiles ;
Et, de la majesté des lois
Appuyant les pouvoirs suprêmes,
Fait demeurer les diadèmes
Fermes sur la tête des rois[4].

Ce sera dessous cette égide,
Qu'invincible de tous côtés
Tu verras ces peuples sans bride
Obéir à tes volontés[5] ;

1. Ainsi le front des furies est-il dépeint dans Catulle, *Noces de Thétis et de Pélée*, v. 194 :

> Eumenides, quibus anguineo redimita capillo
> Frons exspirantes præportat pectoris iras....

2. Étéocle et Polynice.
3. « Cette strophe est fort belle. Les deux derniers vers sont parfaits. On ne saurait exprimer un sens plus mâle et plus énergique d'une manière plus simple et plus franche. Ce tour est à imiter. » A. C.
4. « Voilà une strophe divine et qui suit bien la précédente. Cela est plein de vie et de mouvement. Comme ce tableau de la paix est plein et achevé ! comme les quatre premiers vers, délicieux et pleins de grâce, contrastent aisément avec le ton noble et l'image frappante de la fin ! Il faut voir dans Tibulle (*Elég.*, I, 11) un tableau de la paix d'une couleur moins forte, et qui n'est pas aussi vif ni aussi rapide, mais charmant et parfait dans son genre. » A. C.—Racine a célébré aussi les bienfaits de la paix dans une idylle pleine de grâce. On peut voir les *Morceaux choisis* de la classe de Sixième, p. 189.
5. « Belle image. » A. C.

Et, surmontant leur espérance,
Remettras en telle assurance
Leur salut qui fut déploré[1],
Que vivre au siècle de Marie,
Sans mensonge et sans flatterie
Sera vivre au siècle doré.

Les Muses, les neuf belles fées[2]
Dont les bois suivent les chansons,
Rempliront de nouveaux Orphées
La troupe de leurs nourrissons[3] :
Tous leurs vœux seront de te plaire ;
Et, si ta faveur tutélaire
Fait signe de les avouer,
Jamais ne partit de leurs veilles
Rien qui se compare aux merveilles
Qu'elles feront pour te louer[4].

En cette hautaine entreprise,
Commune à tous les beaux esprits,
Plus ardent qu'un athlète à Pise,
Je me ferai quitter le prix[5] ;
Et quand j'aurai peint ton image,
Quiconque verra mon ouvrage
Avoûra que Fontainebleau,
Le Louvre ni les Tuileries,
En leurs superbes galeries,
N'ont point un si riche tableau.

Apollon à portes ouvertes
Laisse indifféremment cueillir
Les belles feuilles toujours vertes
Qui gardent les noms de vieillir :

1. C'est-à-dire dont on a désespéré ; ainsi parlent les Latins : « *Deplorata* coloni vota jacent, » lit-on dans Ovide. A ce souvenir A. Chénier ajoute : « Je ne doute pas qu'on ne pût trouver quelque subterfuge pour faire passer aujourd'hui ce mot. »
2. Ce mot est très-beau, dit Ménage : il vient, selon lui, du latin *fata*, et ainsi il convient très-bien aux Muses. Chénier rappelle que Boileau les a désignées par le même nom :

    Sans cesse poursuivant ces fugitives *fées*.

3. « Cela est charmant et d'une poésie exquise. » A. C. — Cf. Horace, *Od.*, 1, xi, 7.
4. « Belle tournure. » A. C.
5. C'est-à-dire *céder* le prix. — « Comparaison nette et précise, d'autant plus heureuse dans un poëte lyrique, qu'elle rappelle le premier des lyriques, Pindare. » A. C.

Mais l'art d'en faire des couronnes
N'est pas su de toutes personnes,
Et trois ou quatre seulement,
Au nombre desquels on me range,
Peuvent donner une louange
Qui demeure éternellement[1].

Les Saints Innocents[2].

Que je porte d'envie à la troupe innocente
De ceux qui, massacrés d'une main violente,
Virent dès le matin leur beau jour accourci[3] !
Le fer qui les tua leur donna cette grâce,
Que si de faire bien ils n'eurent pas l'espace,
Ils n'eurent pas le temps de faire mal aussi.

De ces jeunes guerriers la flotte vagabonde
Allait courre[4] fortune aux orages du monde,
Et déjà pour voguer abandonnait le bord,
Quand l'aguet[5] d'un pirate arrêta leur voyage;
Mais leur sort fut si bon que d'un même naufrage
Ils se virent sous l'onde et se virent au port.

1. Avec ce noble orgueil qui naît de l'inspiration et qu'elle excuse le poëte a dit encore ailleurs (sonnet à Louis XIII, 1624) :

Ce que Malherbe écrit dure éternellement.

Il est beau d'avoir pu ainsi parler de soi et de ne s'être point trompé. En effet, il y a des morceaux de Malherbe qui dureront jusqu'aux derniers débris de la langue. C'est ce que reconnaissent Fénelon, dans sa *Lettre à l'Académie*, et La Bruyère, c. I des *Caractères*. Voy. aussi l'ode de Jean-Baptiste Rousseau à Malherbe, III, 5.

2. « En ce temps-là Hérode, voyant qu'il avait été trompé par les Mages, entra dans une grande colère; et ayant envoyé des gens armés, il fit tuer tous les enfants qui étaient dans Bethléem et en tout le pays d'alentour, âgés de deux ans et au-dessous. » (*Evangile de saint Matthieu*, ch. 2). L'Eglise célèbre le 28 décembre la fête des Saints-Innocents.

3. « Cette image charmante, dit André Chénier, et devenue commune, est exprimée de la manière la plus fraîche et la plus heureuse. »

4. Ancienne forme du verbe *courir* conservée dans la langue de la vénerie; Molière, *les Fâcheux*, act. II, sc. VII :

A-t-on jamais parlé de pistolets, bon Dieu !
Pour courre un cerf. . . . . . .

5. Ce mot ne s'emploie plus aujourd'hui qu'au pluriel et dans la locution consacrée *être aux aguets*.

Ce furent de beaux lis qui, mieux que la nature,
Mêlant à leur blancheur l'incarnate peinture
Que tira de leur sein le couteau criminel[1],
Devant que d'un hiver la tempête et l'orage
A leur teint délicat pussent faire dommage,
S'en allèrent fleurir au printemps éternel.

Le peu qu'ils ont vécu leur fut grand avantage,
Et le trop que je vis ne me fait que dommage :
Cruelle occasion du souci qui me nuit!
Quand j'avais de ma foi l'innocence première,
Si la nuit de la mort m'eût privé de lumière,
Je n'aurais pas la peur d'une immortelle nuit[2].

O désirable fin de leurs peines passées!
Leurs pieds, qui n'ont jamais les ordures[3] pressées,
Un superbe plancher des étoiles se font;
Leur salaire payé les services précède;
Premier que d'avoir[4] mal ils trouvent le remède,
Et devant le combat ont les palmes au front.

Que d'applaudissements, de rumeur et de presse,
Que de feux, que de jeux, que de traits de caresse,
Quand là-haut en ce point on les vit arriver!
Et quel plaisir encor à leur courage tendre,
Voyant Dieu devant eux en ses bras les attendre,
Et pour leur faire honneur les anges se lever[5]!

1. Ces trois vers témoignent que Malherbe paya d'abord son tribut au mauvais goût qu'il combattit si rudement dans la suite. Mais que le beau vers qui termine la stance rachète ces taches légères!

2. Retour plein d'une sensibilité vraie et touchante.

3. Ce mot ne serait pas admis aujourd'hui dans la poésie. Remarquez aussi l'inversion du vers, qui modifie les règles du participe passé. Cette licence s'est conservée longtemps; et l'on pourrait en relever de nombreux exemples chez les grands poètes du dix-septième siècle. Ainsi La Fontaine dans *Philémon et Baucis* :

Il veut parler, l'écorce *a sa langue pressée*.

4. Avant que d'avoir....

5. « Beau tableau en deux vers, dit André Chénier. C'est l'*assurgere* des Latins :

Utque viro Phœbi chorus *assurrexerit* omnis. »

Un poëte contemporain a rencontré les mêmes images en déplorant la mort d'une autre innocente victime, de cet enfant royal qui périt

Le soir fut avancé de leurs belles journées¹;
Mais qu'eussent-ils gagné par un siècle d'années?
Ou que leur advint-il en ce vite² départ,
Que laisser promptement une basse demeure,
Qui n'a rien que de mal, pour avoir de bonne heure
Aux plaisirs éternels une éternelle part³?

                Les Larmes de saint Pierre⁴ (1587).

dans la prison du Temple, livré à la merci d'un impitoyable bourreau. L'ébauche de Malherbe est devenue un admirable tableau :

> C'était un bel enfant qui fuyait de la terre;
> Son œil doux du malheur portait le signe austère,
> Ses blonds cheveux flottaient sur ses traits pâlissants;
> Et les vierges du ciel, avec des chants de fête,
> Aux palmes du martyre unissaient sur sa tête
>   La couronne des innocents.
> On entendit des voix qui disaient dans la nue :
> Jeune ange, Dieu sourit à ta gloire ingénue;
> Viens, rentre dans ses bras, pour ne plus en sortir,
> Et vous qui du Très-Haut racontez les louanges,
>   Séraphins, prophètes, archanges,
> Courbez-vous, c'est un roi; chantez, c'est un martyr.

1. « Peut-être à cette source, dit encore André Chénier, nous devons le vers divin de La Fontaine :

> Rien ne trouble sa fin : c'est le soir d'un beau jour.

Et moi j'ai dit dans une de mes élégies :

> Je meurs : avant le soir j'ai fini ma journée. »

2. Rapide. *Vite* comme adjectif est devenu d'un emploi très-rare.

3. Voir l'hymne que chante l'Église le jour des Saints Innocents :

> Salvete, flores martyrum,
> In lucis ipso limine;
> Quos sævus ensis messuit,
> Ceu turbo nascentes rosas.....

4. Ce poëme, dans lequel on ne fait encore qu'entrevoir par intervalles le pur et vigoureux talent de Malherbe, était imité d'un poëme italien composé par Louis Tansille, né à Nôle vers 1510, mort en 1569.

CORNEILLE[1].

(1606-1684.)

Après les tentatives hardies mais incomplètes du seizième siècle, le théâtre sans règle, comme la poésie l'avait été jusqu'à Malherbe, cherchait son législateur : elle le trouva dans un jeune homme natif de Rouen, que sa famille avait élevé pour le barreau, et qui préférait à l'étude des lois le travail de la composition et des vers. Né le 6 juin 1606, l'avocat poëte avait, dès l'âge de vingt-trois ans, placé sur la scène, dans une pièce intitulée *Mélite*, une aventure qui lui était personnelle, et, encouragé par le succès, il avait fait suivre cette comédie de quelques autres ; à vingt-neuf ans, abordant la tragédie, il avait dans *Médée* trouvé quelques traits sublimes ; à trente, il faisait paraître le *Cid* : et la France ravie saluait de ses applaudissements enthousiastes le nom du grand Corneille. Dès lors, en bien peu de temps, quelle succession de chefs-d'œuvre, consacrée par les noms d'*Horace*, de *Cinna*, de *Polyeucte*, de *Pompée*, de *Rodogune*! Avant sa trente-septième année, l'auteur de tant de hautes conceptions tragiques nous donnait encore, dans le *Menteur*, notre pre-

---

1. Corneille a exposé avec supériorité toutes les règles de l'art dramatique, non-seulement dans ses discours sur les unités, mais dans ses préfaces et les examens sincères qu'il a consacrés à ses pièces. Déjà on a vu Corneille dignement loué par Racine et par La Bruyère. Cf. Mme de Sévigné, lettres du 29 avril 1671, des 15 janvier, 9 et 16 mars 1672. Nous recommanderons de plus l'éloge couronné de Victorin Fabre et l'article de cet auteur sur Corneille, contenu dans la *Biographie universelle*. On lira aussi, mais avec circonspection, la vie de Corneille par son neveu Fontenelle, et le *Commentaire* que Voltaire a composé sur son théâtre, travail où beaucoup d'observations excellentes sont mêlées à quelques erreurs et quelques sévérités injustes. La Harpe, moins heureux toutefois en jugeant Corneille que lorsqu'il apprécie Racine ; Geoffroy, dans son *Cours de littérature dramatique* ; Lemercier, dans son *Cours analytique de littérature générale* ; les *Observations critiques* de Palissot, dans son édition de Corneille ; le travail que François de Neufchâteau joignit à la collection des *Chefs-d'œuvre* de cet auteur (Didot, 1814-1819) ; l'*Histoire de la littérature française* de M. Nisard, etc., pourront encore être consultés avec intérêt sur ce grand homme. Enfin M. Guizot lui a consacré une publication remarquable.

Ajoutons ici quelques mots sur Thomas Corneille, le frère de Pierre Corneille, et son successeur à l'Académie française. Plus jeune que lui de dix-neuf années, il ne lui en survécut pas moins de vingt-cinq. « C'était, a dit Voltaire, un homme d'un grand mérite et d'une

mière comédie de caractère, demeurée l'une des meilleures[1]. S'étonnera-t-on qu'après une fécondité si prodigieuse, la vieillesse ait été prématurée pour l'imagination de Corneille? Quel qu'ait été d'ailleurs le long et triste déclin de ce grand homme, des éclairs de génie ne cessèrent, en brillant çà et là, même dans ses derniers ouvrages, de rappeler sa gloire passée[2] : ses *poésies diverses* et sa traduction de l'*Imitation* offrent de très-belles pages que la postérité a retenues ; et tel est le nombre des *sublimes et divines beautés*, comme disait Mme de Sévigné, qu'offre ce père de notre théâtre, qu'elles suffiront à jamais pour couvrir et faire pardonner ses imperfections et ses fautes. Corneille mourut le 30 septembre 1684.

Le chrétien à son Dieu.

Parle, parle, Seigneur, ton serviteur écoute :
Je dis ton serviteur, car enfin je le suis ;
Je le suis, je veux l'être[3], et marcher dans ta route
    Et les jours et les nuits.

Remplis-moi d'un esprit qui me fasse comprendre
Ce qu'ordonnent de moi tes saintes volontés,
Et réduis mes désirs au seul désir d'entendre
    Tes hautes vérités.

Mais désarme d'éclairs ta divine éloquence ;
Fais-la couler sans bruit au milieu de mon cœur :
Qu'elle ait de la rosée et la vive abondance
    Et l'aimable douceur.

vaste littérature. » Il fit quarante-deux pièces de théâtre, dont quelques-unes obtinrent un brillant succès. Celles qui sont demeurées le plus célèbres sont le *Comte d'Essex* (1678) et surtout *Ariane* (1672) : cette dernière renferme des scènes touchantes et des vers fort heureux. Par malheur, dans les pièces de Thomas Corneille, le style n'est jamais assez soutenu et le coloris manque en général. Tel fut néanmoins, de son vivant, l'éclat de sa réputation, qu'elle balançait presque celle de son aîné : illusion qu'il se gardait bien d'ailleurs de partager, ayant pour celui-ci autant de respect et d'admiration que de tendresse.

1. Il faut rappeler ce mot de Voltaire : « Non-seulement on doit à Corneille la tragédie et la comédie, mais on lui doit l'art de penser. »
2. On peut appliquer à plusieurs productions de sa vieillesse ce que Longin disait du sommeil d'Homère : « Ses rêves même ont quelque chose de divin ; ce sont les rêves de Jupiter. »
3. On retrouve ce même hémistiche dans *Cinna*.

Vous la craigniez, Hébreux, vous croyiez que la foudre,
Que la mort la suivît, et dût tout désoler[1],
Vous qui dans le désert ne pouviez vous résoudre
    A l'entendre parler.

« Parle-nous, parle-nous, disiez-vous à Moïse;
« Mais obtiens du Seigneur qu'il ne nous parle pas :
« Des éclats de sa voix la tonnante surprise
    « Serait notre trépas. »

Je n'ai point ces frayeurs alors que je te prie;
Je te fais d'autres vœux que ces fils d'Israël,
Et, plein de confiance, humblement je m'écrie
    Avec ton Samuël :

« Quoique tu sois le seul qu'ici-bas je redoute,
« C'est toi seul qu'ici-bas je souhaite d'ouïr :
« Parle donc, ô mon Dieu, ton serviteur écoute,
    « Et te veut obéir. »

Je ne veux ni Moïse à[2] m'enseigner tes voies,
Ni quelque autre prophète à m'expliquer tes lois :
C'est toi, qui les instruis, c'est toi, qui les envoies,
    Dont je cherche la voix[3].

Ils montrent le chemin, mais tu donnes la force
D'y porter tous nos pas, d'y marcher jusqu'au bout;
Et tout ce qui vient d'eux ne passe point l'écorce :
    Mais tu pénètres tout.

Ils n'arrosent sans toi que le dehors de l'âme :
Mais sa fécondité veut ton bras souverain;
Et tout ce qui l'éclaire et tout ce qui l'enflamme
    Ne part que de ta main.

Parle donc, ô mon Dieu! ton serviteur fidèle
Pour écouter ta voix réunit tous ses sens,
Et trouve les douceurs de la vie éternelle
    En ses divins accents.

    Trad. de l'*Imitation de Jésus-Christ*[4], liv. III, chap. II.

---

1. La *suivrait et devrait désoler* ou *désolerait* tout : dirait-on plus régulièrement en prose.

2. La préposition *à* est souvent au dix-septième siècle synonyme de *pour*.

3. La similitude des sons qui terminent ces quatre vers est un défaut à éviter.

4. Corneille dédia sa traduction au souverain pontife Alexandre VII

Horace[1].

(Extraits.)

Les destinées de Rome et d'Albe (voy. Tite-Live, liv. I, et Denys d'Halicarnasse, *Antiq. rom.*, livre III) viennent d'être remises aux mains des trois Curiaces et des trois Horaces : le vieil Horace encourage ses enfants au combat.

ACTE II, SCÈNE VII.

Le vieil Horace ; Horace, son fils ; Curiace, amant de Camille ; Sabine, femme d'Horace et sœur de Curiace ; Camille, amante de Curiace et sœur d'Horace.

LE VIEIL HORACE.
Qu'est ceci, mes enfants[2] ? écoutez-vous vos flammes ?
Et perdez-vous encor le temps avec des femmes[3] ?

(Chigi), qui fut, en 1655, le successeur d'Innocent X et mourut en 1667. Ce pontife, qui protégea les lettres, les avait lui-même cultivées avec succès. Il avait appartenu dans sa jeunesse à l'académie des *Filomati* de Sienne, et un volume in-folio de ses *Poésies* avait été publié au Louvre en 1650. C'était même en lisant ses vers latins, remplis de rares pensées sur la mort et la religion, nous dit Corneille, que l'idée lui était venue « qu'il fallait comparaître devant Dieu et lui rendre compte du talent dont il l'avait favorisé....; qu'il devait donc appliquer toute l'ardeur de son génie à quelque nouvel essai de ses forces qui n'eût d'autre but que le service de ce grand maître et l'utilité du prochain. »

1. 1639.— La dédicace de cette pièce, adressée à Richelieu, atteste que le poëte était rentré en grâce auprès du puissant cardinal que le succès du *Cid* avait mécontenté. C'est une de celles qui ont fait dire de Corneille « qu'il avait ajouté à l'idée de la grandeur romaine. » L'ordonnance en est vicieuse, l'unité d'action y est violée; « mais, observe Victorin Fabre, dans cette création irrégulière et sublime, pensée principale, situations, personnages, dialogue, tout présente un caractère de force et de grandeur dont il n'y avait point de modèle. »

2. Pour, qu'est-*ce que* ceci : locution qui appartient aujourd'hui à la conversation ordinaire et non à la haute poésie. Néanmoins ce tour, familier et presque vulgaire, sied bien à la simplicité héroïque du personnage.

3. Ce langage, qui serait comique en toute autre circonstance, comme le remarque Voltaire, paraît ici sérieux et presque noble, tant il peint avec vérité la rude physionomie du vieux Romain, l'un de ces caractères où a excellé Corneille.

Prêts à verser du sang, regardez-vous des pleurs ?
Fuyez, et laissez-les déplorer leurs malheurs.
Leurs plaintes ont pour vous trop d'art et de tendresse :
Elles vous feraient part enfin de leur faiblesse ;
Et ce n'est qu'en fuyant qu'on pare de tels coups.
    SABINE.
N'appréhendez rien d'eux ; ils sont dignes de vous :
Malgré tous nos efforts, vous en devez attendre
Ce que vous souhaitez et d'un fils et d'un gendre ;
Et, si notre faiblesse avait pu les changer,
Nous vous laissons ici pour les encourager.
Allons, ma sœur, allons, ne perdons plus de larmes :
Contre tant de vertus ce sont de faibles armes.
Ce n'est qu'au désespoir qu'il nous faut recourir :
Tigres, allez combattre ; et nous, allons mourir.

Acte II, Scène VIII.

Le vieil Horace, Horace, Curiace.

    HORACE.
Mon père, retenez des femmes qui s'emportent
Et, de grâce, empêchez surtout qu'elles ne sortent :
Leur amour importun viendrait avec éclat
Par des cris et des pleurs troubler notre combat ;
Et ce qu'elles nous sont ferait qu'avec justice
On nous imputerait ce mauvais artifice.
L'honneur d'un si beau choix serait trop acheté,
Si l'on nous soupçonnait de quelque lâcheté.
    LE VIEIL HORACE.
J'en aurai soin. Allez : vos frères vous attendent ;
Ne pensez qu'aux devoirs que vos pays demandent[1].
    CURIACE.
Quel adieu vous dirai-je ? et par quels compliments...
    LE VIEIL HORACE.
Ah ! n'attendrissez point ici mes sentiments.
Pour vous encourager, ma voix manque de termes.
Mon cœur ne forme point de pensers assez fermes,
Moi-même en cet adieu j'ai les larmes aux yeux ;
Faites votre devoir, et laissez faire aux dieux[2].

---

1. C'est-à-dire, dont vos pays demandent *l'accomplissement*.
2. Combien elle est touchante, dit La Harpe, « cette larme paternelle qui tombe des yeux de l'inflexible vieillard ! » De là ce jugement de Voltaire : « J'ai cherché dans tous les anciens et dans tous les théâtres étrangers une situation pareille, un pareil mélange de

Le vieil Horace reçoit une fausse nouvelle, qui lui fait croire
que ses enfants ont été vaincus.

Acte III, Scène VI.

Le vieil Horace, Sabine, Camille, Julie.

LE VIEIL HORACE.
Nous venez-vous, Julie, apprendre la victoire?
JULIE.
Mais plutôt du combat les funestes effets :
Rome est sujette d'Albe, et vos fils sont défaits;
Des trois, les[1] deux sont morts, son époux seul vous reste.
LE VIEIL HORACE.
O d'un triste combat effet vraiment funeste !
Rome est sujette d'Albe ! et, pour l'en garantir,
Il n'a pas employé jusqu'au dernier soupir !
Non, non, cela n'est point : on vous trompe, Julie;
Rome n'est point sujette, ou mon fils est sans vie :
Je connais mieux mon sang, il sait mieux son devoir.
JULIE.
Mille de nos remparts comme moi l'ont pu voir.
Il s'est fait admirer tant qu'ont duré ses frères;
Mais quand il s'est vu seul contre trois adversaires,
Près d'être enfermé d'eux, sa fuite l'a sauvé.
LE VIEIL HORACE.
Et nos soldats trahis ne l'ont point achevé !
Dans leurs rangs à ce lâche ils ont donné retraite !
JULIE.
Je n'ai rien voulu voir après cette défaite.
CAMILLE.
O mes frères !
LE VIEIL HORACE. Tout beau[2], ne les pleurez pas tous :
Deux jouissent d'un sort dont leur père est jaloux.
Que des plus nobles fleurs leur tombe soit couverte;
La gloire de leur mort m'a payé de leur perte :
Ce bonheur a suivi leur courage invaincu[3],

grandeur d'âme, de douleur, de bienséance, et je ne l'ai point trouvé. »
Il semble aussi à M. Saint-Marc Girardin que cette tendresse est
celle que « doit ressentir une grande âme qui se trouble et avoue
son trouble. »

1. On omettrait aujourd'hui cet article.
2. Forme affectionnée de Corneille et qui ne serait plus admise
dans le style noble.
3. Revoir sur ce mot la note 1, page 179 des *Morceaux choisis* de
la classe de **Troisième**

Qu'ils ont vu Rome libre autant qu'ils ont vécu,
Et ne l'auront point vue obéir qu'à son prince[1],
Ni d'un Etat voisin devenir la province.
Pleurez l'autre, pleurez l'irréparable affront
Que sa fuite honteuse imprime à notre front;
Pleurez le déshonneur de toute notre race,
Et l'opprobre éternel qu'il laisse au nom d'Horace.
JULIE.
Que vouliez-vous qu'il fît contre trois ?
LE VIEIL HORACE. Qu'il mourût[2] !
Ou qu'un beau désespoir alors le secourût[3].
N'eût-il que d'un moment reculé sa défaite,
Rome eût été du moins un peu plus tard sujette :
Il eût avec honneur laissé mes cheveux gris;
Et c'était de sa vie un assez digne prix.
Il est de tout son sang comptable à sa patrie,
Chaque goutte épargnée a sa gloire flétrie[4] :

1. Maintenant on retrancherait *point* dans une construction de ce genre.

2. « Voilà, s'écrie Voltaire, ce fameux *qu'il mourût*, ce trait du plus grand sublime, ce mot auquel il n'en est aucun de comparable dans toute l'antiquité..... Que de beautés, et d'où naissent-elles ? d'une simple méprise très-naturelle, sans complication d'événements, sans aucune intrigue recherchée, sans aucun effort. » — « Ce qui est sublime dans cette scène, selon la remarque judicieuse de Marmontel, ce n'est pas seulement cette réponse, c'est toute la scène, c'est la gradation des sentiments du vieil Horace, et le développement de ce noble caractère, dont le *qu'il mourût* n'est qu'un dernier éclat. » On peut voir l'article du *Sublime* dans les *Eléments de littérature*.

3. On a blâmé mal à propos ce vers, heureux en ce qu'il atténue ce qui pourrait paraître dur dans le précédent : après le citoyen, c'est l'homme qui parle ; au cri de l'honneur échappé de la bouche du premier, succède une pensée où le cœur du second se réfugie. La grande beauté de ce caractère du vieil Horace, c'est qu'au patriotisme romain, qui lui fait préférer le pays à ses enfants, il joint cependant la sensibilité d'un père.

4. Pour *a flétri sa gloire :* cette transposition de mots, dont Malherbe nous a déjà offert un exemple, était jadis fort reçue en poésie. C'était tout à la fois une ressource et un ornement. La Fontaine a dit de même, *Fables*, V, 8 :

Que les tièdes zéphyrs ont l'herbe rajeunie.

En citant un tour analogue à ceux-là et emprunté à Racine, l'abbé d'Olivet regrettait avec quelque raison, ce semble, la désuétude où des inversions de cette nature étaient tombées parmi nous; et il en prenait occasion d'observer que nos poëtes, généralement timides, s'étaient trop contentés des tours affectés à la prose, tandis qu'ils auraient dû se montrer plus attentifs à maintenir leurs priviléges.

Chaque instant de sa vie, après ce lâche tour,
Met d'autant plus ma honte avec la sienne au jour.
J'en romprai bien le cours; et ma juste colère,
Contre un indigne fils usant des droits d'un père[1],
Saura bien faire voir, dans sa punition,
L'éclatant désaveu d'une telle action.

SABINE.

Ecoutez un peu moins ces ardeurs généreuses,
Et ne nous rendez point tout à fait malheureuses.

LE VIEIL HORACE.

Sabine, votre cœur se console aisément :
Nos malheurs jusqu'ici vous touchent faiblement.
Vous n'avez point encor de part à nos misères,
Le ciel vous a sauvé votre époux et vos frères;
Si nous sommes sujets, c'est de votre pays :
Vos frères sont vainqueurs quand nous sommes trahis;
Et, voyant le haut point où leur gloire se monte,
Vous regardez fort peu ce qui nous vient de honte.
Mais votre trop d'amour pour cet infâme époux
Vous donnera bientôt à plaindre[2] comme à nous.
Vos pleurs en sa faveur sont de faibles défenses :
J'atteste des grands dieux les suprêmes puissances
Qu'avant ce jour fini, ces mains, ces propres mains,
Laveront dans son sang la honte des Romains.

SABINE.

Suivons-le promptement : la colère l'emporte.
Dieux, verrons-nous toujours des malheurs de la sorte?
Nous faudra-t-il toujours en craindre de plus grands,
Et toujours redouter la main de nos parents[3]?

---

1. A Rome le père de famille était magistrat, et avait sur ses enfants droit de vie et de mort. Il pouvait vendre son fils, et ce n'était qu'après trois ventes successives que son droit expirait. Le mariage même n'affranchissait pas le fils de l'obéissance qu'il devait à son père. « Le sentiment de cette toute-puissance, observe M. Saint-Marc Girardin, devait donner à l'amour paternel, chez les Romains, un caractère particulier de dignité. »

2. Ce verbe est employé ici, comme neutre, dans le sens du latin *queri*.

3. « Ce dernier vers est de la plus grande beauté : non-seulement il dit ce dont il s'agit, mais il prépare ce qui doit suivre. » (Voltaire.) — « Les trois premiers actes d'*Horace*, pris séparément, sont peut-être, malgré les imperfections qui s'y mêlent, ce que Corneille a fait de plus sublime. » A cette opinion de La Harpe on peut joindre ces paroles de Corneille lui-même dans l'*Examen* de sa tragédie : « C'est une croyance assez générale que cette pièce pourrait passer pour la plus belle des miennes, si les derniers actes répondaient aux premiers. »

Cinna[1].

(Extraits.)

La conspiration.

Acte I, Scène III.

Cinna, Émilie et Fulvie, sa confidente.

ÉMILIE. Cinna, votre assemblée
Par l'effroi du péril n'est-elle point troublée?
Et reconnaissez-vous au front de vos amis
Qu'ils soient prêts à tenir ce qu'ils vous ont promis?
CINNA.
Jamais contre un tyran entreprise conçue
Ne permit d'espérer une si belle issue :
Jamais de telle ardeur on n'en jura la mort,
Et jamais conjurés ne furent mieux d'accord.
Tous s'y montrent portés avec tant d'allégresse,
Qu'ils semblent, comme moi, servir une maîtresse;
Et tous font éclater un si puissant courroux,
Qu'ils semblent tous venger un père, comme vous.
ÉMILIE.
Je l'avais bien prévu, que, pour un tel ouvrage,
Cinna saurait choisir des hommes de courage,
Et ne remettrait pas en de mauvaises mains
L'intérêt d'Émilie et celui des Romains.
CINNA.
Plût aux dieux que vous-même eussiez vu de quel zèle

---

1. 1639. Suivant Voltaire, le pinceau de Corneille se montre dans cette pièce le même que dans *Horace*, et l'ordonnance du tableau est cette fois bien supérieure : les trois unités sont ici observées autant que possible, sans que l'action soit gênée, sans que l'auteur paraisse faire le moindre effort. Aussi Voltaire estime-t-il que cette tragédie, qui renferme une grande leçon de mœurs, peut passer, quels qu'en soient les défauts (le principal, c'est que l'intérêt se déplace ; d'abord il s'attache à Cinna, puis à Auguste), pour le chef-d'œuvre de Corneille. La Harpe adopte cet avis, qui lui semble être assez généralement reçu. Le sujet est l'une des plus belles actions d'Auguste racontée par Sénèque (*de Clementia*, I, 9). Une conspiration vient d'être tramée contre lui. A la tête de ce complot se trouve Cinna, le petit-fils de Pompée et l'amant d'Émilie, sa complice, dont le père avait été l'une des victimes d'Octave dans les proscriptions du triumvirat.

Cette troupe entreprend une action si belle[1] !
Au seul nom de César, d'Auguste et d'empereur,
Vous eussiez vu leurs yeux s'enflammer de fureur,
Et dans un même instant, par un effet contraire,
Leur front pâlir d'horreur et rougir de colère.
« Amis, leur ai-je dit, voici le jour heureux
« Qui doit conclure enfin nos desseins généreux :
« Le ciel entre nos mains a mis le sort de Rome;
« Et son salut dépend de la perte d'un homme,
« Si l'on doit le nom d'homme à qui n'a rien d'humain,
« A ce tigre altéré de tout le sang romain.
« Combien pour le répandre a-t-il formé de brigues?
« Combien de fois changé de partis et de ligues,
« Tantôt ami d'Antoine, et tantôt ennemi,
« Et jamais insolent ni cruel à demi! »
Là, par un long récit de toutes les misères,
Que durant notre enfance ont enduré[2] nos pères,
Renouvelant leur haine avec leur souvenir,
Je redouble en leur cœur l'ardeur de le punir :
Je leur fais des tableaux de ces tristes batailles,
Où Rome par ses mains déchirait ses entrailles[3]
Où l'aigle abattait l'aigle, et de chaque côté
Nos légions s'armaient contre leur liberté;
Où les meilleurs soldats et les chefs les plus braves
Mettaient toute leur gloire à devenir esclaves;
Où, pour mieux assurer la honte de leurs fers,
Tous voulaient à leur chaîne attacher l'univers;
Et l'exécrable honneur de lui donner un maître
Faisant aimer à tous l'infâme nom de traître,
Romains contre Romains, parents contre parents,
Combattaient seulement pour le choix des tyrans[4].
J'ajoute à ces tableaux la peinture effroyable

1. « Ce discours, dit Voltaire, est un des plus éloquents que nous ayons dans notre langue. » La Harpe le signale aussi parmi les nombreuses beautés de la tragédie de *Cinna*.

2. Pour *endurées* : même après Corneille, on a cru pouvoir se servir ainsi du participe, en le laissant invariable quand le sujet est placé après le verbe. Voltaire approuve cette licence qu'il s'est permise et dont il y a des exemples dans Molière, Racine et J. B. Rousseau. Ils ne manquent pas, non plus, entièrement dans nos auteurs d'aujourd'hui. On remarquera, d'ailleurs, la négligence des mots *durant*, *enduré*, réunis dans le même vers.

3. Voy. plus haut la même idée rendue par Malherbe, p. 176.

4. Ici l'on se rappelle le début de la *Pharsale*, supérieurement imité par Corneille : car, ainsi que le remarque M. Naudet, « Corneille a rendu la pensée de Lucain plus explicitement et plus complètement que Lucain lui-même. »

De leur concorde impie, affreuse, inexorable,
Funeste aux gens de bien[1], aux riches, au sénat,
Et, pour tout dire enfin, de leur triumvirat;
Mais je ne trouve point de couleurs assez noires
Pour en représenter les tragiques histoires.
Je les peins dans le meurtre à l'envi triomphants.
Rome entière noyée au sang de ses enfants :
Les uns assassinés dans les places publiques,
Les autres dans le sein de leurs dieux domestiques;
Le méchant par le prix au crime encouragé;
Le mari par sa femme en son lit égorgé;
Le fils tout dégouttant du meurtre de son père,
Et, sa tête à la main, demandant son salaire,
Sans pouvoir exprimer par tant d'horribles traits,
Qu'un crayon imparfait de leur sanglante paix[2].
Vous dirai-je les noms de ces grands personnages
Dont j'ai dépeint les morts pour aigrir les courages,
De ces fameux proscrits, ces demi-dieux mortels,
Qu'on a sacrifiés jusque sur les autels?
Mais pourrais-je vous dire à quelle impatience,
A quels frémissements, à quelle violence,
Ces indignes trépas, quoique mal figurés,
Ont porté les esprits de tous nos conjurés?
Je n'ai point perdu temps, et voyant leur colère,
Au point de ne rien craindre, en état de tout faire,
J'ajoute en peu de mots : « Toutes ces cruautés,
« La perte de nos biens et de nos libertés,
« Le ravage des champs, le pillage des villes,
« Et les proscriptions et les guerres civiles,
« Sont les degrés sanglants dont Auguste a fait choix
« Pour monter sur le trône et nous donner des lois.
« Mais nous pouvons changer un destin si funeste,
« Puisque, de trois tyrans, c'est le seul qui nous reste,
« Et que, juste une fois, il s'est privé d'appui,
« Perdant, pour régner seul, deux méchants comme lui.
« Lui mort, nous n'avons point de vengeur ni de maître[3].

---

1. Les Bretons s'animant contre les procurateurs romains qui pillent leur pays disent aussi : « Æque discordiam præpositorum, æque concordiam subjectis *exitiosam.* » *Vie d'Agricola*, c. 15.

2. Quelle énergique peinture des crimes du triumvirat et de ces proscriptions dont Appien a écrit l'histoire!

3. Voltaire a proposé pour ce vers, dont l'expression manque de netteté, cette correction que l'on peut accepter comme heureuse :

Mort, il est sans vengeur et nous sommes sans maître.

« Avec la liberté Rome s'en va renaître ;
« Et nous mériterons le nom de vrais Romains,
« Si le joug qui l'accable est brisé par nos mains.
« Prenons l'occasion alors qu'elle est propice :
« Demain au Capitole il fait un sacrifice ;
« Qu'il en soit la victime, et faisons en ces lieux
« Justice à tout le monde, à la face des dieux.
« Là presque pour sa suite il n'a que notre troupe :
« C'est de ma main qu'il prend et l'encens et la coupe,
« Et je veux, pour signal, que cette même main
« Lui donne au lieu d'encens d'un poignard dans le sein.
« Ainsi d'un coup mortel la victime frappée
« Fera voir si je suis du sang du grand Pompée :
« Faites voir, après moi, si vous vous souvenez
« Des illustres aïeux de qui vous êtes nés. »
A peine ai-je achevé, que chacun renouvelle,
Par un noble serment, le vœu d'être fidèle :
L'occasion leur plaît ; mais chacun veut pour soi
L'honneur du premier coup que j'ai choisi pour moi.
La raison règle enfin l'ardeur qui les emporte :
Maxime et la moitié s'assurent de la porte ;
L'autre moitié me suit et doit l'environner,
Prête au premier signal que je voudrai donner.
    Voilà, belle Émilie, à quel point nous en sommes.
Demain, j'attends la haine ou la faveur des hommes,
Le nom de parricide ou de libérateur ;
César, celui de prince ou d'un usurpateur[1].
Du succès qu'on obtient contre la tyrannie
Dépend ou notre gloire ou notre ignominie ;
Et le peuple, inégal à l'endroit[2] des tyrans,
S'il les déteste morts, les adore vivants.
Pour moi, soit que le ciel me soit dur ou propice,
Qu'il m'élève à la gloire ou me livre au supplice,
Que Rome se déclare ou pour ou contre nous,
Mourant pour vous servir, tout me semblera doux.
        ÉMILIE.
Ne crains point de succès qui souille ta mémoire :
Le bon et le mauvais sont égaux pour ta gloire ;
Et, dans un tel dessein, le manque de bonheur
Met en péril ta vie, et non pas ton honneur.
Regarde le malheur de Brute et de Cassie :
La splendeur de leur nom en est-elle obscurcie ?

---

1. *D'usurpateur*, demanderait ici la régularité grammaticale.

2. *Dont le jugement varie à l'égard...* : latinisme, ou plutôt forme négligée.

Sont-ils morts tout entiers[1] avec leurs grands desseins?
Ne les compte-t-on plus pour les derniers Romains?
Leur mémoire dans Rome est encor précieuse
Autant que de César la vie est odieuse.
Si leur vainqueur y règne, ils y sont regrettés,
Et par les vœux de tous leurs pareils souhaités.
Va marcher sur leurs pas où l'honneur te convie :
Mais ne perds pas le soin de conserver ta vie[2].

Irrésolution d'Auguste. Le complot vient de lui être révélé :
quel parti va-t-il prendre à l'égard de ses auteurs ?

ACTE IV, SCÈNE II.

AUGUSTE, seul[3].

Ciel, à qui voulez-vous désormais que je fie[4]
Les secrets de mon âme et le soin de ma vie?
Reprenez le pouvoir que vous m'avez commis,
Si donnant des sujets il ôte les amis,
Si tel est le destin des grandeurs souveraines
Que leurs plus grands bienfaits n'attirent que des haines,
Et si votre rigueur les condamne à chérir
Ceux que vous animez à les faire périr.
Pour elles rien n'est sûr : qui peut tout doit tout craindre[5].

---

1. *Non omnis moriar*, a dit Horace ; et Racine, d'après ce double exemple :

   Ne laisser aucun nom et mourir *tout entier*....

2. Remarquez comme ce seul vers plein de réserve, en découvrant l'amour d'Émilie pour Cinna, contribue à nous intéresser au sort des deux conspirateurs.

3. C'est là, dit Voltaire, une occasion « où un monologue est bien placé (en effet, deux sentiments contraires partagent l'âme d'Auguste et rendent cette lutte intérieure vraie et dramatique) : celui-ci est bien écrit, les vers en sont beaux, les réflexions sont justes, intéressantes : ce morceau est digne du grand Corneille. »

4. Pour *confie* : le verbe *fier* n'est plus employé que comme réfléchi.

5. De là cette éloquente expression par laquelle Tacite a peint l'état des empereurs romains : *pavebant terrebantque*. Claudien a dit aussi, *de Cons. IV Honorii*, v. 290 :

   Qui terret, plus ipse timet.... ;

et Racine, *Britannicus*, IV, III :

   Craint de tout l'univers, il vous faudra tout craindre.

Cf. Cicéron, *de Off.*, II, 7.

Rentre en toi-même, Octave, et cesse de te plaindre.
Quoi ! tu veux qu'on t'épargne, et n'as rien épargné !
Songe aux fleuves de sang où ton bras s'est baigné,
De combien[1] ont rougi les champs de Macédoine,
Combien en a versé la défaite d'Antoine,
Combien celle de Sexte, et revois tout d'un temps
Pérouse au sien noyée et tous ses habitants ;
Remets dans ton esprit, après tant de carnages,
De tes proscriptions les sanglantes images,
Où toi-même, des tiens devenu le bourreau,
Au sein de ton tuteur[2] enfonças le couteau ;
Et puis ose accuser le destin d'injustice
Quand tu vois que les tiens s'arment pour ton supplice,
Et que, par ton exemple, à ta perte guidés,
Ils violent des droits que tu n'as pas gardés !....
 Mais que mon jugement au besoin m'abandonne !
Quelle fureur, Cinna, m'accuse et te pardonne ?
Toi dont la trahison me force à retenir
Ce pouvoir souverain dont tu me veux punir[3],
Me traite en criminel, et fait seule mon crime,
Relève pour l'abattre un trône illégitime,
Et, d'un zèle effronté couvrant son attentat,
S'oppose pour me perdre au bonheur de l'Etat ?
Donc jusqu'à l'oublier je pourrais me contraindre !
Tu vivrais en repos après m'avoir fait craindre[4] !
Non, non, je me trahis moi-même d'y penser :
Qui pardonne aisément invite à l'offenser.
Punissons l'assassin, proscrivons les complices....
 Mais quoi ! toujours du sang, et toujours des supplices !
Ma cruauté se lasse, et ne peut s'arrêter :
Je veux me faire craindre, et ne fais qu'irriter.
Rome a pour ma ruine une hydre trop fertile ;
Une tête coupée en fait renaître mille,
Et le sang répandu de mille conjurés
Rend mes jours plus maudits, et non plus assurés.
Octave, n'attends plus le coup d'un nouveau Brute :
Meurs ; et dérobe-lui la gloire de ta chute.

1. *De fleuves de sang*, faut-il sous-entendre : ce qui est un peu forcé.

2. Toranius, le père d'Émilie.

3. Il faut voir, à ce sujet, la première scène de l'acte II, l'un des plus beaux passages de la tragédie dans laquelle Cinna, consulté par Auguste, lui a donné le conseil de garder, pour le bien public, la souveraine puissance.

4. C'est-à-dire, après m'avoir fait trembler : forme reproduite peu de vers après, mais dans un sens différent.

Meurs : tu ferais pour vivre un lâche et vain effort,
Si tant de gens de cœur font des vœux pour ta mort,
Et si tout ce que Rome a d'illustre jeunesse
Pour te faire périr tour à tour s'intéresse;
Meurs, puisque c'est un mal que tu ne peux guérir;
Meurs enfin, puisqu'il faut ou tout perdre ou mourir :
La vie est peu de chose, et le peu qui t'en reste
Ne vaut pas l'acheter[1] par un prix si funeste;
Meurs, mais quitte du moins la vie avec éclat;
Eteins-en le flambeau dans le sang de l'ingrat,
A toi-même en mourant immole ce perfide;
Contentant ses désirs, punis son parricide;
Fais un tourment pour lui de ton propre trépas,
En faisant qu'il le voie et n'en jouisse pas.
Mais jouissons plutôt nous-mêmes de sa peine;
Et, si Rome nous hait, triomphons de sa haine.
    O Romains! ô vengeance! ô pouvoir absolu!
O rigoureux combat d'un cœur irrésolu
Qui fuit en même temps tout ce qu'il se propose!
D'un prince malheureux ordonnez quelque chose.
Qui des deux dois-je suivre, et duquel m'éloigner?
Ou laissez-moi périr ou laissez-moi régner[2].

Les conseils de Livie, femme d'Auguste, lui ont persuadé d'embrasser le parti de la clémence : il appelle auprès de lui Cinna, pour le convaincre de son crime et pour le lui pardonner.

Acte V, Scène I.

Auguste, Cinna.

AUGUSTE.

Prends un siége, Cinna, prends, et sur toute chose
Observe exactement la loi que je t'impose :
Prête, sans me troubler, l'oreille à mes discours;
D'aucun mot, d'aucun cri, n'en interromps le cours;
Tiens ta langue captive; et, si ce grand silence
A ton émotion fait quelque violence,
Tu pourras me répondre après tout à loisir :
Sur ce point seulement contente mon désir.

---

1. Ellipse empruntée à l'Italie, dit Voltaire : tour vif et excellent dont Corneille enrichissait notre langue poétique.
2. Très-beau vers, qui joint au mérite de résumer fortement la situation celui de peindre avec éloquence le vide douloureux de cette âme accablée sous le poids de sa fortune.

CINNA.
Je vous obéirai, seigneur.
                    AUGUSTE. Qu'il te souvienne
De garder ta parole, et je tiendrai la mienne.
   Tu vois le jour, Cinna[1] ; mais ceux dont tu le tiens
Furent les ennemis de mon père, et les miens :
Au milieu de leur camp tu reçus la naissance ;
Et, lorsqu'après leur mort tu vins en ma puissance,
Leur haine, enracinée au milieu de ton sein,
T'avait mis contre moi les armes à la main :
Tu fus mon ennemi même avant que de naître,
Et tu le fus encor quand tu me pus connaître ;
Et l'inclination jamais n'a démenti
Ce sang qui t'avait fait du contraire parti.
Autant que tu l'as pu les effets l'ont suivie :
Je ne m'en suis vengé qu'en te donnant la vie ;
Je te fis prisonnier pour te combler de biens ;
Ma cour fut ta prison, mes faveurs tes liens.
Je te restituai d'abord ton patrimoine ;
Je t'enrichis après des dépouilles d'Antoine,
Et tu sais que depuis, à chaque occasion,
Je suis tombé pour toi dans la profusion.
Toutes les dignités que tu m'as demandées,
Je te les ai sur l'heure et sans peine accordées[2] ;
Je t'ai préféré même à ceux dont les parents
Ont jadis dans mon camp tenu les premiers rangs,
A ceux qui de leur sang m'ont acheté l'empire,
Et qui m'ont conservé le jour que je respire :
De la façon, enfin, qu'avec toi j'ai vécu,
Les vainqueurs sont jaloux du bonheur du vaincu.
Quand le ciel me voulut, en rappelant Mécène,
Après tant de faveur montrer un peu de haine,
Je te donnai sa place en ce triste accident,
Et te fis, après lui, mon plus cher confident :
Aujourd'hui même encor, mon âme irrésolue
Me pressant de quitter ma puissance absolue,
De Maxime et de toi j'ai pris les seuls avis,

1. Il faut ici rappeler ce jugement de Lemercier, dans son *Cours de Littérature* : « Nul orateur n'imprima mieux que Corneille, dans les scènes augustes, le ton majestueux et grave qui ajoute à la dignité des sentiments et des pensées. » Dans ce discours notamment, qu'il emprunte à Sénèque en surpassant son modèle, et qui est l'un des plus beaux morceaux de notre langue, le poëte a montré, pour parler avec La Harpe, « qu'il avait dans son âme le sentiment de la vraie grandeur et qu'il en connaissait l'expression. »
2. Exemple de construction interrompue que les grammairiens appellent *anacoluthe*.

Et ce sont, malgré lui, les tiens que j'ai suivis.
Bien plus, ce même jour, je te donne Emilie,
Le digne objet des vœux de toute l'Italie,
Et qu'ont mise si haut mon amour et mes soins,
Qu'en te couronnant roi je t'aurais donné moins.
Tu t'en souviens, Cinna, tant d'heur et tant de gloire
Ne peuvent pas sitôt sortir de ta mémoire :
Mais ce qu'on ne pourrait jamais s'imaginer,
Cinna, tu t'en souviens, et veux m'assassiner.

CINNA.

Moi! seigneur, moi, que j'eusse une âme si traîtresse!
Qu'un si lâche dessein....

AUGUSTE. Tu tiens mal ta promesse :
Sieds-toi[1], je n'ai pas dit encor ce que je veux.
Tu te justifieras après, si tu le peux :
Ecoute cependant, et tiens mieux ta parole.
Tu veux m'assassiner demain, au Capitole,
Pendant le sacrifice, et ta main pour signal
Me doit au lieu d'encens donner le coup fatal :
La moitié de tes gens doit occuper la porte,
L'autre moitié te suivre et te prêter main-forte.
Ai-je de bons avis ou de mauvais soupçons?
De tous ces meurtriers te dirai-je les noms?
Procule, Glabrion, Virginian, Rutile,
Marcel, Plaute, Lénas, Pompone, Albin, Icile,
Maxime, qu'après toi j'avais le plus aimé[2] ;
Le reste ne vaut pas l'honneur d'être nommé :
Un tas d'hommes perdus de dettes et de crimes,
Que pressent de mes lois les ordres légitimes,
Et qui, désespérant de les plus éviter,
Si tout n'est renversé, ne sauraient subsister[3].
Tu te tais maintenant, et gardes le silence,
Plus par confusion que par obéissance.

1. On ne dit plus *se seoir*, mais seulement *s'asseoir*. Ainsi le temps, par les caprices de l'usage, ne cesse de se jouer des mots qu'il modifie ou abolit, sans toutefois que son pouvoir s'étende aux œuvres qu'a consacrées le génie.

2. Auguste, lorsqu'il consultait Cinna et Maxime sur son prétendu dessein de renoncer à l'empire, leur avait adressé ce vers :

Vous qui me tenez lieu d'Agrippe et de Mécène....

3. Corneille a développé admirablement ces vers de Lucain dans le premier livre de la *Pharsale* :

Hinc usura vorax, avidumque in tempora fœnus,
Et concussa fides et *multis utile bellum*.

Cf. Salluste, *Catilina*, c. 13 et 14.

Quel était ton dessein, et que prétendais-tu
Après m'avoir au temple à tes pieds abattu?
Affranchir ton pays d'un pouvoir monarchique?
Si j'ai bien entendu tantôt ta politique,
Son salut désormais dépend d'un souverain,
Qui pour tout conserver tienne tout en sa main;
Et si sa liberté te faisait entreprendre[1],
Tu ne m'eusses jamais empêché de la rendre :
Tu l'aurais acceptée au nom de tout l'État,
Sans vouloir l'acquérir par un assassinat.
Quel était donc ton but? d'y régner en ma place?
D'un étrange malheur son destin le menace,
Si pour monter au trône et lui donner la loi
Tu ne trouves dans Rome autre obstacle que moi,
Si jusques à ce point son sort est déplorable,
Que tu sois après moi le plus considérable,
Et que ce grand fardeau de l'empire romain
Ne puisse après ma mort tomber mieux qu'en ta main[2].
Apprends à te connaître, et descends en toi-même :
On t'honore dans Rome, on te courtise, on t'aime;
Chacun tremble sous toi, chacun t'offre des vœux;
Ta fortune est bien haut, tu peux ce que tu veux :
Mais tu ferais pitié même à ceux qu'elle irrite,
Si je t'abandonnais à ton peu de mérite.
Ose me démentir : dis-moi ce que tu vaux;
Conte-moi tes vertus, tes glorieux travaux,
Les rares qualités par où tu m'as dû plaire,
Et tout ce qui t'élève au-dessus du vulgaire.
Ma faveur fait ta gloire et ton pouvoir en vient;
Elle seule t'élève et seule te soutient :
C'est elle qu'on adore, et non pas ta personne;
Tu n'as crédit ni rang qu'autant qu'elle t'en donne,
Et pour te faire choir je n'aurais aujourd'hui
Qu'à retirer la main qui seule est ton appui[3].
J'aime mieux toutefois céder à ton envie;

1. Pour *former cette entreprise* : ce verbe ne s'emploierait plus ainsi d'une manière absolue.

2. Racine, à son début, les yeux attachés sur Corneille, a dit en l'imitant, *Alex.*, II, 2 :
> Si le monde penchant n'a plus que cet appui,
> Je le plains et vous plains vous-même autant que lui.

3. On a critiqué les sentiments exprimés ici par Auguste, sans songer que la sévérité même de ces paroles était le seul et assez légitime châtiment qu'il infligeait à Cinna. Ne devait-il pas, même pour le tenir en garde contre le retour de ses illusions et de ses mauvais desseins, le ramener à un juste sentiment de sa situation?

Règne, si tu le peux, aux dépens de ma vie :
Mais oses-tu penser que les Serviliens,
Les Cosses, les Métels, les Pauls, les Fabiens[1],
Et tant d'autres enfin, de qui les grands courages
Des héros de leur sang sont les vives images,
Quittent le noble orgueil d'un sang si généreux
Jusqu'à pouvoir souffrir que tu règnes sur eux ?
Parle, parle, il est temps....

Bientôt Auguste est instruit de la trahison d'Émilie, et il a déjà appris celle de son autre confident Maxime ; mais ces épreuves multipliées ne font qu'élever sa grande âme. Entouré des coupables qui attendent leur arrêt de sa bouche, il va prononcer leur pardon.

ACTE V, SCÈNE III.

Auguste, Livie, Cinna, Maxime, Émilie, Fulvie (confidente d'Émilie).

AUGUSTE.
En est-ce assez, ô ciel ! et le sort pour me nuire
A-t-il quelqu'un des miens qu'il veuille encor séduire ?
Qu'il joigne à ses efforts le secours des enfers ;
Je suis maître de moi comme de l'univers :
Je le suis, je veux l'être. O siècles ! ô mémoire,
Conservez à jamais ma dernière victoire :
Je triomphe aujourd'hui du plus juste courroux
De qui le souvenir puisse aller jusqu'à vous.
Soyons amis, Cinna, c'est moi qui t'en convie[2] :
Comme à mon ennemi je t'ai donné la vie ;
Et, malgré la fureur de ton lâche dessein,
Je te la donne encor comme à mon assassin.
Commençons un combat qui montre par l'issue
Qui l'aura mieux de nous ou donnée ou reçue.
Tu trahis mes bienfaits, je les veux redoubler :

---

1. On francisait alors tous les noms propres latins, comme on a pu déjà le voir : goût auquel sont revenus de nos jours quelques poëtes, mais qu'il ne faut suivre que dans une juste mesure. L'usage autorise et même impose *Tite-Live, Valère-Maxime, etc.*; il interdit *Cosse, Crasse* ou *Brute*, admis au temps de Corneille.

2. Voilà le passage qui faisait verser des larmes au grand Condé ; larmes, a dit Voltaire, « qui n'appartiennent qu'à de belles âmes, » et que ce vers de Boileau a noblement rappelées :

Le grand Condé pleurant aux vers du grand Corneille.

Je t'en avais comblé, je t'en veux accabler[1].
Avec cette beauté[2] que je t'avais donnée,
Reçois le consulat pour la prochaine année[3]....

1. L'admiration publique a tellement consacré les paroles prêtées à Auguste par Corneille « qu'on croirait, dit La Harpe, qu'il n'a pu s'exprimer autrement; et la conversation d'Auguste et de Cinna ne sera jamais autre chose que les vers qu'on a retenus de Corneille. »

2. Emilie : forme qui appartient au langage de la galanterie mis en vogue au dix-septième siècle par l'hôtel de Rambouillet et par les romans de Mlle de Scudéry. Nos poëtes tragiques ont eu longtemps le tort d'admettre dans leurs vers ces expressions qui ne conviennent qu'à la comédie.

3. Il faut ici se rappeler une excellente observation que Saint-Evremond a faite, en traitant *de la Tragédie ancienne et moderne* : « Ce qu'on doit rechercher dans la tragédie, avant toute chose, c'est une grandeur d'âme bien exprimée, qui excite en nous une tendre admiration. Il y a dans cette admiration quelque ravissement pour l'esprit : le courage y est élevé, l'âme y est touchée. »

ROTROU.

(1609-1650.)

Une place dans notre recueil semblera justement acquise à celui que Corneille ne dédaignait pas d'appeler son père. On comprend mieux, d'ailleurs, les grands hommes, quand on ne les isole pas tout à fait de ceux avec lesquels ils ont vécu ou même qui les ont précédés; et Rotrou, bien qu'il fût plus jeune que Corneille, le devança de plusieurs années dans la carrière dramatique. Né à Dreux en 1609, il donna, dès l'âge de dix-huit ans, une comédie qui obtint des applaudissements et les méritait, comparée aux pièces de l'époque. Il eut l'honneur d'exciter l'émulation de celui qui devait bientôt le surpasser, de soutenir ses premiers pas et de lui adresser avec bienveillance quelques utiles leçons. A son tour, il profita de ses exemples : ce ne fut qu'après le *Cid*, dont il se déclara tout d'abord l'admirateur, que parurent ses deux plus remarquables tragédies, *Cosroës* et *Venceslas*. La noblesse du caractère se joignait dans Rotrou à la distinction de l'esprit, et l'homme chez lui était digne du poëte. On sait la mort héroïque qui l'enleva en 1650 dans toute la force de l'âge et du talent. Dreux, sa patrie, était ravagée par une de ces épidémies que l'on a longtemps confondues avec la peste. Le séjour en était devenu mortel. Comme cette ville n'avait pas alors de maire, et que le lieutenant général était absent, Rotrou, qui se trouvait à Paris, s'empressa de retourner à Dreux pour remplir ses fonctions de lieutenant civil et criminel, aux termes desquelles il était chargé de toute la police, et il ne tarda point à y succomber : il avait passé à peine quarante ans. La dernière lettre qu'il écrivit, pleine d'une simplicité héroïque, a souvent été citée. Elle tient dignement sa place à côté des plus beaux vers du poëte[1]. On redira même avec Geoffroy : « La meilleure tragédie ne lui ferait pas autant d'honneur que son dévouement ; il ne faut jamais oublier combien la vertu est au-dessus du talent poétique[2]. »

1. « Le péril où je me trouve est imminent, disait Rotrou dans cette lettre ; au moment où je vous écris, les cloches sonnent pour la vingt-deuxième personne aujourd'hui ; ce sera pour moi demain peut-être, mais ma conscience a marqué mon devoir. Que la volonté de Dieu s'accomplisse ! »
2. On peut s'étonner que les travaux critiques manquent presque entièrement sur Rotrou, l'un de ceux qui fondèrent la célébrité de notre scène, jusque-là occupée par Mairet, Tristan et du Ryer.

Venceslas.

(Exposition.)

L'action se passe dans la capitale et le palais de Venceslas, roi de Pologne : ce prince, IVe du nom, vivait dans le treizième siècle.

Condition et devoirs d'un roi.

ACTE I, SCÈNE I.

Venceslas ; Ladislas, son fils aîné ; Alexandre, son second fils ; des gardes.

VENCESLAS.
Prenez un siége, prince ; et vous, infant, sortez[1].
ALEXANDRE.
J'aurai le tort[2], seigneur, si vous ne m'écoutez.
VENCESLAS.
Sortez, vous dis-je ; et vous, gardes, qu'on se retire.
(*Alexandre et les gardes sortent.*)
LADISLAS.
Que vous plaît-il, seigneur ?
VENCESLAS. J'ai beaucoup à vous dire.
(*A part.*)
Ciel, prépare son cœur, et le touche aujourd'hui.

N'eût-il que l'honneur d'avoir donné l'exemple et l'initiation au génie de Corneille (il est rare, on le sait, que les vrais grands hommes n'aient pas un précurseur), son nom subsisterait parmi ceux qui font date dans l'histoire des lettres françaises. Mais il a par lui-même sa valeur, et son théâtre et sa langue offrent encore une étude digne d'intérêt. Voltaire, qui a rapproché sa tragédie chrétienne, *Saint Genest*, de *Polyeucte*, lui a accordé du génie. Victorin Fabre et M. Saint-Marc Girardin ont parlé de Rotrou, le premier dans son *Eloge de Corneille ;* le second dans son *Cours de littérature dramatique*. En outre, M. Guizot a publié sur lui un morceau important.

1. Ici se retrouve un souvenir de la plus belle scène de *Cinna*, qui a précédé *Venceslas* de huit années. On a justement signalé dans ce dialogue que nous reproduisons, avec le caractère d'une simplicité antique, la chaleur, la force et la vérité du langage.

2. On dirait seulement aujourd'hui : *j'aurai tort ;* mais le pronom se mettait alors dans plusieurs tours d'où l'usage l'a fait disparaître : *tirer la raison*, pour *tirer raison*, etc. Ainsi Corneille fait dire à Chimène, *Le Cid*, II, 8 :

Au sang de ses sujets un roi doit *la justice.*

LADISLAS, *à part.*
Que la vieillesse souffre et fait souffrir autrui[1] !
Oyons[2] les beaux avis qu'un flatteur lui conseille.
VENCESLAS.
Prêtez-moi, Ladislas, le cœur avec l'oreille.
J'attends toujours du temps qu'il mûrisse le fruit
Que pour me succéder ma couche m'a produit;
Et je croyais, mon fils, votre mère immortelle,
Par le reste qu'en vous elle me laissa d'elle.
Mais, hélas! ce portrait qu'elle s'était tracé
Perd beaucoup de son lustre et s'est bien effacé;
En vous considérant moins je la vois paraître,
Plus l'ennui de sa mort commence à me renaître.
Toutes vos actions démentent votre rang;
Je n'y vois rien d'auguste et digne de mon sang;
J'y cherche Ladislas et ne le puis connaître :
Vous n'avez rien de roi que le désir de l'être;
Et ce désir, dit-on, peu discret et trop prompt,
En souffre avec ennui le bandeau sur mon front.
Vous plaignez le travail où ce fardeau m'engage,
Et n'osant m'attaquer vous attaquez mon âge.
Je suis vieil[3], mais un fruit de ma vieille saison
Est d'en posséder mieux la parfaite raison :
Régner est un secret dont la haute science
Ne s'acquiert que par l'âge et par l'expérience.
Un roi vous semble heureux, et sa condition
Est douce au sentiment de votre ambition;
Il dispose à son gré des fortunes humaines :
Mais, comme les douceurs, en savez-vous les peines?
A quelque heureuse fin que tendent ses projets,
Jamais il ne fait bien au gré de ses sujets :
Il passe pour cruel s'il garde la justice;
S'il est doux, pour timide et partisan du vice;
S'il se porte à la guerre, il fait des malheureux;
S'il entretient la paix, il n'est pas généreux;
S'il pardonne, il est mou; s'il se venge, barbare;
S'il donne, il est prodigue; et s'il épargne, avare.
Ses desseins les plus purs et les plus innocents

1. Ce caractère de Ladislas, où l'on voit se combattre entre eux les vertus et les vices, semble avoir fourni plus d'un trait à l'un des personnages de Voltaire, Vendôme, dans *Adélaïde du Guesclin*.

2. Écoutons, entendons : du verbe *ouïr*, qui n'est guère employé aujourd'hui qu'à l'infinitif et quelquefois au participe dans certaines expressions consacrées.

3. Cette forme ne s'emploie plus que devant une voyelle : partout ailleurs on dit *vieux*.

Toujours en quelque esprit jettent un mauvais sens,
Et jamais sa vertu, tant soit-elle connue[1],
En l'estime des siens ne passe toute nue[2] :
Si donc, pour mériter de régir des Etats,
La plus pure vertu même ne suffit pas,
Par quel heur voulez-vous que le règne succède[3]
A des esprits oisifs que le vice possède,
Hors de leurs voluptés incapables d'agir,
Et qui, serfs[4] de leurs sens, ne se sauraient régir?
    (*Ladislas témoigne de l'impatience.*)
Ici mon seul respect contient votre caprice[5];
Mais examinez-vous et rendez-vous justice :
Pouvez-vous attenter sur ceux dont j'ai fait choix
Pour soutenir mon trône et dispenser mes lois,
Sans blesser les respects dus à mon diadème,
Et sans en même temps attenter sur moi-même?
Le duc[6] par sa faveur vous a blessé les yeux,
Et parce qu'il m'est cher il vous est odieux :
Mais, voyant d'un côté sa splendeur non commune,
Voyez par quels degrés il monte à sa fortune;
Songez combien son bras a mon trône affermi[7];
Et mon affection vous fait son ennemi!
Encore est-ce trop peu : votre aveugle colère
Le hait en autrui même et passe à votre frère;
Votre jalouse humeur ne lui saurait souffrir

---

1. *Si connue qu'elle soit; quelque connue qu'elle soit*, faudrait-il aujourd'hui : par malheur ces tours ne sauraient s'accorder avec les lois du vers.

2. C'est-à-dire, *n'est appréciée par les siens avec une justice, avec une vérité complète.....* Ainsi Racine, *Britannicus*, II, 2 :

    Mais je t'expose ici mon âme *toute nue.*

Ce sens figuré nous vient des Latins. Horace a dit, *Od.*, I, 24 :

    Incorrupta fides, *nudaque veritas....*

3. *Succéder*, latinisme, pour *réussir.*

4. (*Servus*) esclaves....

5. *Caprice* a, dans ce passage, le sens de *fougue.* Quant à *mon*, ce pronom est pris dans le sens passif, ce qui n'est plus reçu, mais ce qui était fréquent au XVIIe siècle : c'est *le respect seul que vous avez pour moi.* Molière a dit pareillement, *Dép. am.*, III, 3 :

    Et qu'il eût mieux valu pour moi, pour *mon* estime....

6. Il s'agit de Frédéric, duc de Courlande, à qui ses exploits avaient mérité les bonnes grâces du souverain.

7. Un exemple de cette inversion, autrefois très-usitée, a été vu page 188, note 4.

La liberté d'aimer ce qu'il me voit chérir :
Son amour pour le duc a produit votre haine.
Cherchez un digne objet à cette humeur hautaine :
Employez, employez ces bouillants mouvements
A combattre l'orgueil des peuples ottomans,
Renouvelez contre eux nos haines immortelles,
Et soyez généreux en de justes querelles.
Mais contre votre frère et contre un favori
Nécessaire à son roi plus qu'il n'en est chéri,
Et qui de tant de bras qu'armait la Moscovie
Vient de sauver mon sceptre et peut-être ma vie,
C'est un emploi célèbre et digne d'un grand cœur !....
Votre caprice enfin veut régler ma faveur :
Je sais mal appliquer mon amour et ma haine ;
Et c'est de vos leçons qu'il faut que je l'apprenne :
J'aurais mal profité de l'usage et du temps !

    LADISLAS.

Souffrez....

VENCESLAS. Encore un mot, et puis je vous entends :
S'il faut qu'à cent rapports ma créance[1] réponde,
Rarement le soleil rend la lumière au monde,
Que le premier rayon qu'il répand ici-bas
N'y découvre quelqu'un de vos assassinats ;
Ou du moins on vous tient en si mauvaise estime[2],
Qu'innocent ou coupable on vous charge du crime,
Et que, vous offensant d'un soupçon éternel,
Au bras du sommeil même on vous fait criminel.
Sous ce fatal soupçon qui défend qu'on me craigne[3],
On se venge, on s'égorge, et l'impunité règne ;
Et ce juste mépris de mon autorité
Est la punition de cette impunité[4] :

---

1. *Créance* est ici synonyme de *croyance* : l'acception de ces deux termes se confondait très-souvent alors, comme il arrive encore à présent, malgré l'entière distinction de sens que Vaugelas a prétendu établir entre l'un et l'autre.

2. Ce terme était alors susceptible de recevoir une épithète qui déterminât son acception en bonne ou mauvaise part; c'est ce que l'on voit encore dans Molière, *Ecole des Femmes*, V, 7 :

    C'est de mon jugement avoir *mauvaise estime*....

3. La pensée est ici un peu obscure. Venceslas veut dire que les magistrats n'osent poursuivre le crime, soupçonnant que le fils du roi n'y est pas étranger, ce qui accroît l'audace des méchants.

4. Les contemporains de Rotrou et de Corneille admiraient beaucoup, on le sait, de tels jeux de mots, dont la ferme raison de Boileau et de Molière devait bientôt faire justice.

Votre valeur enfin, naguère si vantée,
Dans vos folles amours languit comme enchantée,
Et par cette langueur, dedans tous les esprits,
Efface son estime[1] et s'acquiert des mépris.
Et je vois toutefois qu'un heur inconcevable,
Malgré tous ces défauts, vous rend encore aimable,
Et que votre bon astre en ces mêmes esprits
Souffre ensemble pour vous l'amour et le mépris.
Par le secret pouvoir d'un charme que j'ignore,
Quoiqu'on vous mésestime, on vous chérit encore :
Vicieux on vous craint; mais vous plaisez heureux[2];
Et pour vous l'on confond le murmure et les vœux.
Ah! méritez, mon fils, que cet amour vous dure :
Pour conserver les vœux étouffez le murmure,
Et régnez dans les cœurs par un sort dépendant
Plus de votre vertu que de votre ascendant;
Par elle rendez-vous digne d'un diadème.
Né pour donner des lois, commencez par vous-même[3]
Et que vos passions, ces rebelles sujets,
De cette noble ardeur soient les premiers objets.
Par ce genre de règne il faut mériter l'autre :
Par ce degré, mon fils, mon trône sera vôtre.
Mes Etats, mes sujets, tout fléchira sous vous,
Et, sujet de vous seul, vous régnerez sur tous.
Mais si toujours vous-même, et toujours serf du vice,
Vous ne prenez des lois que de votre caprice,
Et si pour encourir votre indignation
Il ne faut qu'avoir part en mon affection;
Si votre humeur hautaine enfin ne considère
Ni les profonds respects dont le duc vous révère,

1. *Son* estime, c'est-à-dire, l'estime qui lui serait due. — Au vers précédent nous remarquons un nouvel exemple de l'emploi, comme préposition, de l'adverbe *dedans*. Ce n'est que vers la seconde partie du règne de Louis XIV que ce mot a été restreint, comme *dessus* et *dessous*, au rôle d'adverbe.

2. La justesse de l'opposition manque ici dans les deux termes qui doivent se faire contraste l'un à l'autre. Or, c'est du rapport bien ménagé des idées et des mots entre eux que provient surtout la netteté du style, qu'on a si heureusement appelée le *vernis des maîtres*.

3. Cf. dans Claudien les conseils de l'empereur Théodose à son fils Honorius, *de Cons. IV Honorii*, v. 270 :

> . . . . Virtute decet non sanguine niti,
> Si metuis, si prava cupis, si duceris ira,
> Servili patiere jugum; tolerabis iniquas
> Interius leges; tunc omnia jura tenebis,
> Si poteris rex esse tui.....

Ni l'étroite amitié dont l'infant vous chérit,
Ni la soumission d'un peuple qui vous rit,
Ni d'un père et d'un roi le conseil salutaire,
Lors, pour être tout roi, je ne serai plus père :
En vous abandonnant à la rigueur des lois,
Au mépris de mon sang je maintiendrai mes droits[1].

1. On trouve dans la tragédie de *Venceslas*, qui passa longtemps pour un chef-d'œuvre de notre théâtre, une conception dramatique attachante, des caractères assez fortement tracés, une situation neuve et belle au IVe acte, une diction qui n'est pas dénuée de dignité. L'exposition a été aussi fort louée par Voltaire : elle a, en effet, de la grandeur; et, pour la goûter encore aujourd'hui, il ne faut que fermer les yeux sur la rouille qui recouvre ces pages un peu surannées. De là vint à Marmontel, au milieu du siècle dernier, la pensée de rajeunir ce style; ou plutôt, il entreprit de le faire à la demande de Mme de Pompadour. Mais cette tentative ne rencontra pas une approbation générale. Le célèbre acteur Lekain refusa notamment d'accepter les changements proposés, et en cela même il fit preuve de jugement. M. Sainte-Beuve a dit dans un article sur Marmontel : « Quand celui-ci s'est avisé de vouloir corriger le *Venceslas* de Rotrou, Grimm a remarqué que c'était là une entreprise de mauvais goût que d'habiller Rotrou à la moderne. C'est qu'en effet dans les hommes de génie tout est précieux, jusqu'aux défauts; et c'est une sottise que de vouloir les corriger..... » Quoi qu'il en soit, on verra ces changements de Marmontel dans l'édition la plus complète de Rotrou, 5 vol. in-8°, 1820-22. Sur *Venceslas*, on peut consulter le *Cours de littérature* de La Harpe, IV, 4, 1, et les feuilletons recueillis de Geoffroy, en ayant soin, pour être juste, d'adoucir la sévérité de ce dernier critique.

LA FONTAINE[1].

(1621-1695.)

Né à Château-Thierry (Champagne) le 8 juillet 1621, La Fontaine fit plus que de surpasser les fabulistes qui lui avaient frayé la voie ou qui devaient le suivre : il éleva l'apologue à un rang dont on n'avait pas soupçonné la hauteur. Jamais écrivain ne se piqua toutefois moins que lui de prétentions ambitieuses : il ignora assez longtemps que la nature l'eût créé poëte, et telle était sa simplicité, qu'il sembla dans la suite, en produisant ses plus grandes beautés, obéir à une sorte d'instinct supérieur. Non que le travail n'ait mûri les fruits spontanés du génie de La Fontaine ; mais le comble de l'art fut pour lui, comme pour tous les maîtres, d'en dissimuler la trace : au mérite de plaire il joignit essentiellement, d'après sa propre expression, celui de paraître *n'y penser pas*. De là l'originalité et le

---

[1]. Parmi les travaux qui concernent La Fontaine, on remarquera les *Eloges* que lui ont consacrés La Harpe et Chamfort. Ce dernier remporta en 1774, dans le concours ouvert ce sujet par l'académie de Marseille, le prix que diverses libéralités avaient élevé jusqu'au chiffre de 4,400 livres. L'ouvrage était d'ailleurs très-digne de cette belle récompense : rien de plus juste et de plus fin n'a été écrit sur La Fontaine. Entre les nombreuses éditions que l'on a publiées de lui, on signalera celles de l'abbé Guillon et de Charles Nodier, que recommandent des travaux critiques érudits et piquants ; surtout celle de M. Walckenaer, qui fait partie de la collection des classiques Lefèvre. Non content d'éditer et d'annoter notre grand fabuliste avec le soin et la compétence qui le distinguaient, M. Walckenaer a donné sur lui un livre plein de recherches curieuses : *Histoire de la vie et des ouvrages de Jean de La Fontaine*. On peut voir ce que Mme de Sévigné pensait de La Fontaine : Lettre à Mme de Grignan, du 29 avril 1671 ; cf. les lettres du 20 juillet 1679 et du 14 mai 1686 au comte de Bussy, qui partageait l'admiration de sa cousine. Parmi ceux qui l'ont apprécié le mieux, on citera encore Fénelon, qui a notamment déploré sa mort dans la langue et avec la délicatesse de Térence, La Bruyère (discours de réception de l'Académie), Vauvenargues (*Réflexions critiques sur quelques poëtes*), Marmontel (*Eléments de littérature*, au mot *Fable*), La Harpe (*Cours de littérature*), MM. Sainte-Beuve (*Portraits*) et Nisard (*Histoire de la littérature française*), etc. Il est de plus resté, mais en partie seulement, un commentaire de cet auteur par Chamfort. Celui-ci l'avait composé pour la sœur de Louis XVI, madame Elisabeth, dont il était le lecteur : la bibliothèque de cette princesse possédait le manuscrit complétement achevé : ce qui a été depuis imprimé n'en est

charme de cet auteur inimitable[1] : ce qui complète l'un et l'autre, c'est que, sous l'inspiration vraie qui le dirige, on aperçoit toujours le cœur de l'homme. Nul ne prend plus d'intérêt que lui à tout ce qu'il raconte ; et la race humaine n'est pas le seul objet sur lequel il épanche le riche fonds de sa bienveillance : les animaux sont pour lui des hôtes de cette terre, auxquels il n'est pas étranger. Sa vive sympathie anime tout l'univers à nos yeux, et ses fables sont comme une vaste scène où il se montre souvent le rival de Molière[2]. Non moins que Molière, il nous avertit et nous corrige en nous amusant. Chez lui, que de règles de conduite et de préceptes de morale renfermés dans des vers devenus proverbes et présents à toutes les mémoires ! Quel âge et quelle situation de la vie n'ont pas beaucoup à lui emprunter[3] ?

Les loups et les brebis[4].

Après mille ans et plus de guerre déclarée,
Les loups firent la paix avecque les brebis :
C'était apparemment le bien des deux partis ;
Car, si les loups mangeaient mainte bête égarée,
Les bergers de leur peau se faisaient maints habits.
Jamais de liberté, ni pour les pâturages,
    Ni d'autre part pour les carnages[5] :
Ils ne pouvaient jouir qu'en tremblant de leurs biens.

qu'un abrégé ou un débris ; le reste semble perdu. Ajoutons que sur La Fontaine, ainsi que sur la plupart des écrivains de l'époque classique, on recourra avec beaucoup de fruit aux deux *Histoires de la littérature française* qu'ont fait paraître MM. Geruzez et Demogeot.

1. « Son génie, dit M. Walckenaer, lui avait fait donner de son vivant le surnom d'*inimitable*, et son caractère, celui de *bonhomme*. » Sur cette bonhomie de La Fontaine, qui se réfléchit dans ses ouvrages, Vergier a fait de jolis vers que La Harpe a cités.

2. Comme ce maître de notre théâtre, il nous a laissé aussi d'excellentes pages de prose, dont on peut lire quelques-unes dans le volume de nos *Morceaux choisis* à l'usage de la classe de sixième.

3. Nous avons cru inutile, en général, d'indiquer les auteurs auxquels La Fontaine a emprunté le sujet de ses fables, ce travail se trouvant déjà fait avec beaucoup d'exactitude dans plusieurs éditions.

4. Cette fable *ésopique* est contée par Xénophon, *Entretiens mémor. de Socrate*, II, 7, et par Plutarque, *Vie de Démosthène*, c. XXIII.

5. Ce substantif ne se prend au pluriel que dans la poésie, et encore cet emploi y est-il fort rare.

La paix se conclut donc : on donne des otages ;
Les loups, leurs louveteaux ; et les brebis, leurs chiens.
L'échange en étant fait aux formes ordinaires,
  Et réglé par des commissaires,
Au bout de quelque temps que messieurs les louvats[1]
Se virent loups parfaits et friands de tuerie,
Ils vous prennent le temps que dans la bergerie
  Messieurs les bergers n'étaient pas,
Étranglent la moitié des agneaux les plus gras,
Les emportent aux dents, dans les bois se retirent :
Ils avaient averti leurs gens secrètement.
Les chiens, qui, sur leur foi, reposaient sûrement,
  Furent étranglés en dormant ;
Cela fut sitôt fait qu'à peine ils le sentirent :
Tout fut mis en morceaux ; un seul n'en échappa.

  Nous pouvons conclure de là
Qu'il faut faire aux méchants guerre continuelle.
  La paix est fort bonne de soi ;
  J'en conviens : mais de quoi sert-elle
Avec des ennemis sans foi ?

Liv. III, fab. 13.

Les deux pigeons.

Deux pigeons s'aimaient d'amour tendre[2].
L'un d'eux, s'ennuyant au logis,

---

[1]. On disait dans notre ancien idiome, remarque M. Walckenaer, *louvat, lovel, loviau*, pour un *louveteau* ou *petit loup.* — C'est l'occasion de rappeler le goût de La Fontaine pour beaucoup de mots de notre vieille langue, qu'il a voulu sauver, sans y réussir toujours. « Il était, dit M. Villemain d'après Furetière, fort assidu aux séances de l'Académie, mais il ne pouvait y faire admettre par les plus sages les mots *de sa connaissance,* ceux qu'il avait appris dans Marot et dans Rabelais. On peut, ajoute M. Villemain, en faisant un partage de ces mots et en concevant le scrupule qui en excluait quelques-uns, regretter que La Fontaine n'ait pas eu plus de crédit à l'Académie, et que plusieurs façons de parler expressives, empruntées au vieux français, ne soient pas restées dans le Dictionnaire. Heureusement, La Fontaine les a mises dans ses ouvrages, où elles sont encore mieux, et où elles revivent. » Il est certain qu'il a, comme Molière, réagi contre l'école exclusive qui sacrifiait trop facilement nos anciennes richesses de tour et d'expression.

[2]. On n'a pas craint d'affirmer qu'il n'y avait, dans aucun genre et dans aucune langue, de peinture plus vive de l'amitié. Cette pièce

> Fut assez fou pour entreprendre
> Un voyage en lointain pays.
> L'autre lui dit : « Qu'allez-vous faire?
> Voulez-vous quitter votre frère?
> L'absence est le plus grand des maux :
> Non pas pour vous, cruel! Au moins, que les travaux,
> Les dangers, les soins du voyage,
> Changent un peu votre courage[1].
> Encor, si la saison s'avançait davantage!
> Attendez les zéphyrs : qui vous presse? un corbeau
> Tout à l'heure annonçait malheur à quelque oiseau[2].
> Je ne songerai plus que rencontre funeste,
> Que faucons, que réseaux. Hélas! dirai-je, il pleut :
> Mon frère a-t-il tout ce qu'il veut,
> Bon soupé, bon gîte, et le reste[3] ? »
> Ce discours ébranla le cœur
> De notre imprudent voyageur;
> Mais le désir de voir et l'humeur inquiète
> L'emportèrent enfin. Il dit : « Ne pleurez point;
> Trois jours au plus rendront mon âme satisfaite :
> Je reviendrai dans peu conter de point en point
> Mes aventures à mon frère;
> Je le désennuîrai. Quiconque ne voit guère
> N'a guère à dire aussi. Mon voyage dépeint

et quelques autres traits épars chez La Fontaine suffiraient pour montrer combien ce sentiment était naturel et nécessaire au cœur du poëte qui s'est écrié :

> Qu'un ami véritable est une douce chose!

Voy. la 11e fable du liv. VIII, dont la fin, observe Chamfort, est *au-dessus de tout éloge*. Dans l'apologue qui précède celui des *deux Amis*, en parlant d'un prêtre de Flore et de Pomone, La Fontaine a dit encore :

> Ces deux emplois sont beaux; mais je voudrais parmi
> Quelque doux et discret ami.

Ce sont là de ces vers qui ont fait justement écrire à l'abbé d'Olivet dans son *Histoire de l'Académie française* : « La Fontaine a mérité que sa mémoire fût à jamais sous la protection des honnêtes gens. »

1. Au dix-septième siècle, on trouve souvent ce terme dans le sens de situation d'esprit, disposition du cœur.

2. Cette ancienne superstition est attestée par ce vers de Virgile, *Égl.*, I, 18 :

> Sæpe sinistra cava prædixit ab ilice cornix.

3. Quelle grâce, quelle finesse dans ce petit mot jeté négligemment, caché pour ainsi dire à la fin du vers, et qui cependant, pour un ami, renferme tant de choses!

Vous sera d'un plaisir extrême.
Je dirai : J'étais là, telle chose m'advint :
Vous y croirez être vous-même. »
A ces mots, en pleurant ils se disent adieu.
Le voyageur s'éloigne : et voilà qu'un nuage
L'oblige de chercher retraite en quelque lieu.
Un seul arbre s'offrit, tel encor que l'orage
Maltraita le pigeon en dépit du feuillage.
L'air devenu serein, il part tout morfondu,
Sèche du mieux qu'il peut son corps chargé de pluie ;
Dans un champ à l'écart voit du blé répandu,
Voit un pigeon auprès : cela lui donne envie.
Il y vole, il est pris : ce blé couvrait d'un las [1]
    Les menteurs et traîtres appâts.
Le las était usé ; si bien que de son aile,
De ses pieds, de son bec, l'oiseau le rompt enfin.
Quelque plume y périt ; et le pis du destin
Fut qu'un certain vautour, à la serre cruelle,
Vit notre malheureux, qui, traînant la ficelle
Et les morceaux du las qui l'avait attrapé,
    Semblait un forçat échappé.
Le vautour s'en allait le lier [2], quand des nues
Fond à son tour un aigle aux ailes étendues.
Le pigeon profita du conflit des voleurs,
S'envola, s'abattit auprès d'une masure,
    Crut pour ce coup que ses malheurs
    Finiraient par cette aventure.
Mais un fripon d'enfant (cet âge est sans pitié)
Prit sa fronde, et du coup tua plus d'à moitié
    La volatile malheureuse,
  Qui, maudissant sa curiosité,
    Traînant l'aile et tirant le pié [3],
    Demi-morte et demi-boiteuse,
    Droit au logis s'en retourna :

---

1. Pour *lacs*, c'est-à-dire *lacet* (*laqueus*). Nos anciens poëtes ne faisaient aucun scrupule de modifier, pour le besoin de la rime, l'orthographe des mots ; et La Fontaine, assez porté à emprunter leurs licences, les imitait volontiers sur ce point. Au reste, il persévère un peu plus loin dans l'orthographe qu'il a adoptée.

2. Terme de fauconnerie : on disait du faucon qu'il *liait* sa proie, lorsqu'il l'enlevait, ou bien que, l'embrassant de ses serres, il la tenait à terre couchée sous lui.

3. L'orthographe de *pied* est altérée aussi, par la même raison que celle de *lacs* : en effet, dit généralement Walckenaer, au début de son édition de La Fontaine, « les poëtes du temps de Louis XIV se permettaient quelquefois encore de changer l'orthographe des mots pour les assujettir à la rime. »

Que bien, que mal[1], elle arriva
Sans autre aventure fâcheuse.
Voilà nos gens rejoints; et je laisse à juger
De combien de plaisirs ils payèrent leurs peines.

Amants, heureux amants, voulez-vous voyager?
Que ce soit aux rives prochaines :
Soyez-vous l'un à l'autre un monde toujours beau,
Toujours divers, toujours nouveau...

Liv. IX, fab. 2[2].

Le vieillard et les trois jeunes hommes.

Un octogénaire plantait.
« Passe encor de bâtir; mais planter à cet âge!
Disaient trois jouvenceaux, enfants du voisinage :
Assurément il radotait.
Car, au nom des dieux, je vous prie,
Quel fruit de ce labeur pouvez-vous recueillir[3]?
Autant qu'un patriarche il vous faudrait vieillir.
A quoi bon charger votre vie
Des soins d'un avenir qui n'est pas fait pour vous?
Ne songez désormais qu'à vos erreurs passées;
Quittez le long espoir et les vastes pensées[4] :
Tout cela ne convient qu'à nous. —
Il ne convient pas à vous-mêmes,

---

1. Pour *tant bien que mal* : tour vif, qui paraîtrait aujourd'hui peu usité.

2. « A ce morceau dont l'impression est si délicieuse, dit La Harpe, on donnerait peut-être la palme sur tous les ouvrages de La Fontaine, si parmi tant de modèles on avait la confiance de juger ou le courage de choisir. » Chamfort n'admire pas moins que La Harpe les traits heureux répandus dans cette fable et les épanchements d'une âme tendre, qui partout s'y remarquent. La Motte, fabuliste lui-même et qui n'a pas toujours manqué d'agrément, s'est livré cependant à une analyse minutieuse et peu favorable de cet apologue; mais ses critiques mal fondées ont fait dire très-sagement qu'au lieu de perdre son temps dans ce travail stérile, il eût mieux fait de l'employer à relire ce chef-d'œuvre qui touche, pénètre et charme tous les cœurs.

3. Ainsi Phèdre, dans ses *Fables*, IV, 20 :

. . . . Quem fructum capis
Hoc ex labore? quodve tantum est præmium?

4. Horace avait dit, *Od.*, I, 4 (cf. ibid., 11) :

Vitæ summa brevis spem nos vetat inchoare longam.

Qui des deux poètes, dans les vers admirables que nous rapprochons,

Repartit le vieillard. Tout établissement
Vient tard et dure peu : la main des Parques blêmes[1]
De vos jours et des miens se joue également.
Nos termes sont pareils par leur courte durée.
Qui de nous des clartés de la voûte azurée
Doit jouir le dernier? Est-il aucun moment
Qui vous puisse assurer d'un second seulement?
Mes arrière-neveux me devront cet ombrage[2] ;
    Eh bien! défendez-vous au sage
De se donner des soins pour le plaisir d'autrui?
Cela même est un fruit que je goûte aujourd'hui :
J'en puis jouir demain, et quelques jours encore;
    Je puis enfin compter l'aurore
    Plus d'une fois sur vos tombeaux[3]. »

Le vieillard eut raison : l'un des trois jouvenceaux
Se noya dès le port, allant à l'Amérique[4] ;
L'autre, afin de monter aux grandes dignités,
Dans les emplois de Mars servant la république,
Par un coup imprévu vit ses jours emportés;
    Le troisième tomba d'un arbre
    Que lui-même il voulut enter;
Et, pleurés du vieillard, il grava sur leur marbre[5]
    Ce que je viens de raconter.
                       Liv. XI, fab. 8[6].

a poussé plus loin le mérite de l'harmonie imitative ? Voltaire s'est souvenu du trait de La Fontaine dans le VIe de ses *Discours sur l'homme*, où il déclare

    Que l'homme n'est point né pour les *vastes désirs*.

1. C'est le *pallida mors* d'Horace, *Od.*, I, 4.
2. Cicéron, *de la Vieillesse*, ch. 7, rappelle ce vers d'un ancien poëte : le vieillard, dit Cécilius Statius,

    Serit arbores quæ alteri sæculo prosint;

de même Virgile, *Égl.*, IX, 50 :

    Insero, Daphni, piros : carpent tua poma nepotes;

et dans les *Géorg.*, II, 58 :

    . . . . . Arbos
    Tarda venit, seris factura nepotibus umbram.

3. Avec quel art la tristesse que réveille une idée de mort n'est-elle pas tempérée ici par la grâce riante de l'expression!
4. On dirait aujourd'hui *en Amérique* : à ne se mettant plus devant le nom d'une contrée, mais seulement devant le nom d'une ville.
5. Tour elliptique pour *le vieillard les pleura et grava...* Cette forme, que n'admettrait pas la prose, est parfaitement autorisée en poésie, où elle a de la nouveauté et de la grâce.
6. Le Batteux et La Harpe ont commenté cet apologue (si l'on

Élégie aux nymphes de Vaux[1].

Remplissez l'air de cris en vos grottes profondes,
Pleurez, nymphes de Vaux, faites croître vos ondes,
Et que l'Anqueuil[2] enflé ravage les trésors
Dont les regards de Flore ont embelli ses bords.
On ne blâmera pas vos larmes innocentes :
Vous pouvez donner cours à vos douleurs pressantes ;
Chacun attend de vous ce devoir généreux :
Les Destins sont contents[3], Oronte est malheureux.
Vous l'avez vu naguère au bord de vos fontaines,
Qui, sans craindre du sort les faveurs incertaines,
Plein d'éclat, plein de gloire, adoré des mortels,
Recevait des honneurs qu'on ne doit qu'aux autels[4].
Hélas! qu'il est déchu de ce bonheur suprême!
Que vous le trouveriez différent de lui-même!

peut donner ce nom à un récit qui n'a rien d'allégorique) : c'est pareillement l'une des pièces où Chamfort s'est le plus appliqué à mettre en relief la valeur infinie des détails. Il la signale comme « charmante et aussi parfaite pour l'exécution qu'aucun autre ouvrage sorti des mains de La Fontaine. » On admirera surtout la haute sagesse et la philosophie aimable qui y règnent. Parmi les mérites à relever, notons la réserve du fabuliste et le soin avec lequel il s'efface : il ne se donne nullement pour l'auteur de cette histoire ; il semble n'avoir fait que la recueillir sur le marbre du cénotaphe.

1. C'était la maison de campagne de Fouquet, qui avait prodigué pour l'embellir les trésors de la France. Si, à cet égard, sa prodigalité fut sans excuse, il fit preuve souvent d'une générosité plus éclairée et plus louable, notamment en encourageant par ses faveurs le génie de La Fontaine, que Colbert et Louis XIV eurent le tort de ne pas assez apprécier. Lorsque la disgrâce eut frappé son bienfaiteur, le poëte reconnaissant embrassa sa défense dans ces beaux vers : mais vainement il associa ses efforts et son génie à ceux de Pellisson, de Mme de Sévigné et de Ménage qui, dix-sept ans après la condamnation de Fouquet, demandait encore au roi qu'il rendît la liberté au prisonnier ; il ne réussit point à désarmer la puissante colère des ennemis du surintendant. Au moins n'a-t-il pas peu protégé auprès de la postérité sa mémoire, étroitement liée au souvenir de plusieurs chefs-d'œuvre de notre littérature.

2. Petite rivière qui arrosait la propriété de Fouquet, fort remarquable, d'ailleurs, par la beauté de ses eaux.

3. La Fontaine, si l'on en croit Voltaire, avait d'abord mis :

La cabale est contente. . . . . . ;

mais la réflexion lui fit modifier ce trait, dont il put pressentir que des personnages considérables seraient offensés.

4. Allusion aux fêtes pompeuses de Vaux, racontées par La Fontaine, dans une lettre à son ami Maucroix. Celui-ci composait aussi

Pour lui les plus beaux jours sont de secondes nuits :
Les soucis dévorants, les regrets, les ennuis,
Hôtes infortunés de sa triste demeure,
En des gouffres de maux le plongent à toute heure.
Voilà le précipice où l'ont enfin jeté
Les attraits enchanteurs de la prospérité.
Dans les palais des rois cette plainte est commune :
On n'y connaît que trop les jeux de la Fortune,
Ses trompeuses faveurs, ses appas inconstants;
Mais on ne les connaît que quand il n'est plus temps[1].
Lorsque sur cette mer on vogue à pleines voiles,
Qu'on croit avoir pour soi les vents et les étoiles,
Il est bien malaisé de régler ses désirs :
Le plus sage s'endort sur la foi des zéphyrs[2].
Jamais un favori ne borne sa carrière :
Il ne regarde pas ce qu'il laisse en arrière;
Et tout ce vain amour des grandeurs et du bruit
Ne le saurait quitter qu'après l'avoir détruit.
Tant d'exemples fameux que l'histoire en raconte
Ne suffisaient-ils pas sans la perte d'Oronte?
Ah! si ce faux éclat n'eût pas fait ses plaisirs,
Si le séjour de Vaux eût borné ses désirs,
Qu'il pouvait doucement laisser couler son âge[3] !

des vers, parfois excellents : tel est ce quatrain qu'il fit dans sa vieillesse :

> Chaque jour est un don que du ciel je reçoi;
> Je jouis aujourd'hui du soleil qu'il me donne :
> Il n'appartient pas plus aux jeunes gens qu'à moi,
> Et celui de demain n'appartient à personne.

1. Dans tous ces vers aucune trace d'effort : de là l'observation suivante d'un critique estimé, M. Gustave Planche : « Ce qui caractérise La Fontaine, disait-il, c'est la simplicité poussée jusqu'à ses dernières limites, simplicité tellement frappante, image si fidèle de la nature, que les ignorants ne savent pas y découvrir le génie. Les intelligences vulgaires se croiraient volontiers capables d'inventer son langage. » On se rappelle cette réflexion profonde de Pascal : « Les meilleurs livres sont ceux que ceux qui les lisent croient qu'ils auraient pu faire. » (De l'Art de persuader.)

2. Nous avons rencontré une image semblable dans l'admirable morceau de Bossuet sur la *jeunesse*, donné dans le même recueil. « Comme elle (la jeunesse) se sent forte et vigoureuse, elle bannit la crainte et tend les voiles de toutes parts à l'espérance qui l'enfle et la conduit. »

3. L'accent pénétré de ces vers nous fait bien sentir que le plus grand bonheur de La Fontaine, c'était

> Le repos, le repos, trésor si précieux
> Qu'on en faisait jadis le partage des dieux !

Voy. fab. 12 du liv. VII.

Vous n'avez pas chez vous ce brillant équipage,
Cette foule de gens qui s'en vont chaque jour
Saluer à longs flots le soleil de la cour[1] :
Mais la faveur du ciel vous donne en récompense
Du repos, du loisir, de l'ombre et du silence,
Un tranquille sommeil, d'innocents entretiens[2],
Et jamais à la cour on ne trouve ces biens.
Mais quittons ces pensers : Oronte nous appelle.
Vous, dont il a rendu la demeure si belle,
Nymphes, qui lui devez vos plus charmants appas,
Si le long de vos bords Louis porte ses pas,
Tâchez de l'adoucir, fléchissez son courage[3] :
Il aime ses sujets, il est juste, il est sage :
Du titre de clément rendez-le ambitieux[4] :
C'est par là que les rois sont semblables aux dieux.
Du magnanime Henri qu'il contemple la vie :
Dès qu'il put se venger, il en perdit l'envie.
Inspirez à Louis cette même douceur :
La plus belle victoire est de vaincre son cœur.
Oronte est à présent un objet de clémence :
S'il a cru les conseils d'une aveugle puissance,
Il est assez puni par un sort rigoureux,
Et c'est être innocent que d'être malheureux[5].

1. Là on reconnaît un souvenir de Virgile, *Géorg.*, II, 461 :

> Si non ingentem foribus domus alta superbis
> Mane salutantum totis vomit ædibus undam....

2. Voy. *ibid.*, v. 467 :

> At secura quies et nescia fallere vita......

3. C'est le sens de *cœur, esprit*, signalé déjà plus haut.

4. *Le* s'élide dans ce vers ; mais cette élision est dure et à éviter.

5. « Cette élégie que La Fontaine fit pour l'amitié, dit La Harpe, est la meilleure de notre langue. » Le poëte avait quarante ans lorsqu'il la composa, et cependant elle précéda de plusieurs années la publication du premier livre de ses Fables. La maturité de l'âge fut donc chez lui pour quelque chose dans la perfection de ses écrits. Sa réputation fut, au reste, lente à naître comme ses productions. De son vivant même, il ne fut donné qu'aux plus habiles (ceux-ci le firent entrer à l'Académie avant Boileau) de comprendre toute sa supériorité. Mais la postérité a confirmé par son suffrage ce mot de Molière, son ami : « Nos beaux esprits ont beau se trémousser, ils n'effaceront pas le bonhomme. »

On sait qu'à la fin de sa vie, La Fontaine regretta sincèrement le scandale de quelques-unes de ses anciennes poésies. Pour réparer sa faute, il se livra à la traduction des hymnes de l'Eglise. En applaudissant à son intention, on devra reconnaître que ces derniers travaux sont faibles pour la plupart.

7.

MOLIÈRE.

(1622-1673.)

Né à Paris en 1622, Molière, après de bonnes études terminées dans le collége des jésuites, devenu depuis le collége Louis-le-Grand, céda à un entraînement qui a fait beaucoup de victimes, et embrassa la vie de théâtre. Si dans la carrière du comédien, longtemps pour lui aventureuse et errante, il finit par trouver la réputation et même la fortune, on sait trop qu'il ne trouva pas le bonheur. Il est douloureux de penser que celui qui, par la fécondité inépuisable de sa verve maligne, a réjoui et réjouira tant de générations ne connut que le sourire des lèvres et ne ressentit jamais la véritable joie, la paix du cœur. Des qualités élevées de caractère le rendaient cependant digne d'être plus heureux. Il n'avait pas seulement de la probité, il était compatissant et généreux. Pour sa gloire d'auteur, elle n'a point cessé de grandir[1]: il n'en est pas de plus éclatante dans la littérature; on peut ajouter dans aucune littérature. Molière a partagé en effet avec La Fontaine ce privilége de n'avoir été surpassé ou même égalé ni avant ni après lui. L'antiquité ne saurait lui opposer avec avantage Aristophane ou Plaute; et les modernes ne nous disputent point l'honneur d'avoir produit le premier des comiques aussi bien que le modèle des fabulistes[2].

1. Quelques contemporains avaient été rigoureux pour Molière; mais la postérité n'a pas ratifié la plupart de leurs critiques : elle s'est prononcé notamment contre les jugements portés sur le style de l'auteur du *Misanthrope* et de l'*Avare* par La Bruyère (*Caract.*, c. I). et par Fénelon (*Lettres sur les occupations de l'Académie*, § VII).
2. L'Académie française, qui n'avait pas compté Molière parmi ses membres à cause de sa profession, rendit hommage à la beauté de son génie en lui dédiant, un siècle après sa mort et dans la salle même de ses séances, un buste avec cette inscription de Saurin :

> Rien ne manque à sa gloire, il manquait à la nôtre.

Elle mit également son éloge au concours (1769), et le prix fut obtenu par Chamfort. Voltaire a écrit une biographie de Molière, mais avec moins d'exactitude que d'agrément; il a en outre parlé de lui, et toujours avec une singulière admiration, dans plusieurs parties de ses ouvrages. De nos jours aussi, sa vie et ses œuvres ont été le sujet des travaux de nombreux critiques : on citera parmi eux Lemercier, tome II de son *Cours analytique de la littérature générale*; M. Nisard, 9ᵉ chapitre du livre III de son *Histoire de la littérature française*; et M. Bazin, auteur d'une étude où sont réfutées

Les Femmes savantes [1].

(Extraits.)

ACTE 1, SCÈNE III.

*Henriette, fille du bourgeois Chrysale et de la savante Philaminte;
Clitandre, qui recherche la main d'Henriette.*

Clitandre, Henriette.

CLITANDRE.
.... Puisqu'il m'est permis, je vais à votre père,
Madame....
HENRIETTE. Le plus sûr est de gagner ma mère.
Mon père est d'une humeur à consentir à tout;
Mais il met peu de poids aux choses qu'il résout :
Il a reçu du ciel certaine bonté d'âme

---

bien des erreurs sur les commencements de l'existence et sur les dernières années de notre grand comique. Entre les éditions de Molière on remarquera, comme distinguées par les annotations qui les accompagnent, celles de Bret, d'Auger, d'Aimé Martin, et plus récemment celle de M. Louandre. Pour lire avec fruit cet auteur, on fera également un très-heureux usage du *Lexique de la langue de Molière*, par M. Génin. — Signalons enfin les beaux vers par lesquels Boileau honora dans sa VIIe épître la mémoire de cet homme illustre, tout en s'efforçant de soutenir le courage de Racine contre les dégoûts dont l'abreuvaient ses ennemis.

1. Cette comédie, représentée pour la première fois le 11 mars 1672, fut d'abord comme le *Misanthrope* accueillie assez froidement; mais, remarque Voltaire, plus on la vit, plus on admira comment Molière avait pu jeter tant de comique sur un sujet qui paraissait peu susceptible d'agrément. Voici dans quels termes M. Gustave Planche a parlé de cette pièce, qui lui semble *le plus parfait des ouvrages de Molière* : « C'est dans sa cinquantième année qu'il a écrit les *Femmes savantes*, effort suprême de son génie, que sans doute il n'eût jamais surpassé, lors même que la mort l'eût épargné pendant dix ans. Le style des *Femmes savantes* me semble réunir toutes les conditions du dialogue comique. Je ne crois pas qu'il soit possible de porter plus loin la clarté, l'évidence, le mouvement, l'ironie familière, la raillerie incisive et mordante, l'expression vive et colorée de tous les détails de la vie ordinaire. » *Revue des deux Mondes*, 1er janvier 1851. Molière lui-même disait, à ce que l'on rapporte : « Si les *Femmes savantes* ne me conduisent pas à la postérité, je n'irai jamais. » Ce qui recommande surtout cette excellente comédie, c'est la raison qui y domine : c'est elle qui, prenant tous les tons et parlant tous les langages, en forme le charme principal. Dans cette pièce, Molière continuait la guerre qu'il avait faite plusieurs années auparavant,

Qui le soumet d'abord à ce que veut sa femme[1].
C'est elle qui gouverne; et, d'un ton absolu,
Elle dicte pour loi ce qu'elle a résolu.
Je voudrais bien vous voir pour elle et pour ma tante
Une âme, je l'avoue, un peu plus complaisante,
Un esprit qui, flattant les visions du leur,
Vous pût de leur estime attirer la chaleur.

CLITANDRE.

Mon cœur n'a jamais pu, tant il est né sincère,
Même dans votre sœur, flatter leur caractère;
Et les femmes docteurs ne sont point de mon goût.
Je consens qu'une femme ait des clartés de tout :
Mais je ne lui veux point la passion choquante
De se rendre savante afin d'être savante;
Et j'aime que souvent, aux questions qu'on fait,
Elle sache ignorer les choses qu'elle sait :
De son étude enfin je veux qu'elle se cache,
Et qu'elle ait du savoir sans vouloir qu'on le sache[2],
Sans citer les auteurs, sans dire de grands mots,
Et clouer de l'esprit à ses moindres propos.
Je respecte beaucoup madame votre mère;
Mais je ne puis du tout approuver sa chimère,
Et me rendre l'écho des choses qu'elle dit,
Aux encens[3] qu'elle donne à son héros d'esprit.

dans les *Précieuses ridicules*, aux recherches du bel esprit et aux travers du faux savoir, plus choquants encore dans les femmes que dans les hommes. Mais ce qui prouve qu'il n'avait pas eu spécialement en vue, comme on l'a dit quelquefois, l'hôtel de Rambouillet, c'est qu'à la date où furent jouées notamment les *Femmes savantes*, ce salon célèbre, qu'avait fréquenté Molière avec Corneille et Bossuet, n'existait plus. Mme de Rambouillet était morte en 1665, et sa fille, Mme de Montausier, en 1671.

1. Il faut remarquer la façon naturelle dont est ici amené le portrait de Chrysale. Bientôt Clitandre va, sans blesser aucune convenance, peindre Philaminte et Henriette, et se dessiner lui-même; Trissotin ne sera pas oublié non plus : par là, dans le cours de la conversation la plus simple, le caractère de tous les personnages principaux se trouvera esquissé. Avant cette scène attachante, avait eu lieu l'exposition du sujet et de l'intrigue. C'est ainsi que tout, dans les compositions de Molière, s'annonce et s'explique sans effort.

2. Perse a dit, dans sa première satire, v. 27 :

Scire tuum nihil est, nisi te scire hoc sciat alter?

3. *Aux* remplace ici pour *les*, *à l'égard des....* : c'était un tour fort reçu au dix-septième siècle, et dont on a rencontré précédemment des exemples. *Encens*, au pluriel, signifiant *louanges*, *hommages*, a cessé d'être usité; mais on le trouve plusieurs fois dans Molière ainsi que dans Corneille.

Son monsieur Trissotin[1] me chagrine, m'assomme ;
Et j'enrage de voir qu'elle estime un tel homme,
Qu'elle nous mette au rang des grands et beaux esprits
Un benêt dont partout on siffle les écrits,
Un pédant dont on voit la plume libérale
D'officieux papiers fournir toute la halle.

HENRIETTE.

Ses écrits, ses discours, tout m'en semble ennuyeux,
Et je me trouve assez votre goût et vos yeux.
Mais, comme sur ma mère il a grande puissance,
Vous devez vous forcer à quelque complaisance.
Un amant fait sa cour où[2] s'attache son cœur,
Il veut de tout le monde y gagner la faveur ;
Et, pour n'avoir personne à sa flamme contraire,
Jusqu'au chien du logis il s'efforce de plaire[3].

CLITANDRE.

Oui, vous avez raison ; mais monsieur Trissotin
M'inspire au fond de l'âme un dominant chagrin.
Je ne puis consentir, pour gagner ses suffrages,

---

1. En lui nous reconnaissons Cotin. Pour empêcher que le public ne s'y méprît, Molière avait, dit-on, revêtu d'habits qui avaient appartenu à celui-ci l'acteur chargé de jouer ce personnage, et il l'avait d'abord appelé Tricotin : nom qu'il eut la malice de changer en Trissotin, équivalant à *trois fois sot*. Lorsque l'abbé Cotin mourut, en 1682, on vit paraître ce quatrain de La Monnoye :

> Savez-vous en quoi Cotin
> Diffère de Trissotin ?
> Cotin a fini ses jours :
> Trissotin vivra toujours.

Quant à la licence antique, prise par Molière, de traduire un contemporain sur le théâtre, on devra se rappeler, pour l'excuser, que c'était Cotin qui avait commencé les hostilités contre lui par une satire très-violente (il en est parlé dans les *Mélanges* de Vigneul-Marville, t. III, p. 291). On a, d'ailleurs, fait observer avec raison, que tout en se moquant du poëte, Molière, plus retenu que Boileau, n'avait garde de rien dire du prédicateur ou de l'ecclésiastique. Plusieurs traits dirigés contre Trissotin ne peuvent évidemment porter sur Cotin, dont la vie privée est ainsi mise hors de cause. L'auteur ridicule est seul bafoué.

2. Dans le lieu, dans la maison, faut-il sous-entendre. Ellipse excellente, que nous n'avons pas été assez jaloux de retenir. Cet usage de l'adverbe *où*, que Vaugelas déclarait « élégant et commode, » était fort répandu au dix-septième siècle, et non sans raison, puisque ce petit mot était de grande ressource et très-favorable à la concision du style.

3. Cette réponse, pleine de modestie et d'enjouement, est heureusement terminée par une locution proverbiale très-piquante dans sa simplicité, et empruntée à l'*Asinaire* de Plaute. l. 3, v. 32.

A me déshonorer en prisant ses ouvrages :
C'est par eux qu'à mes yeux il a d'abord paru,
Et je le connaissais avant que l'avoir vu....

Acte II, scène III.

Chrysale; Ariste, son frère; Bélise, leur sœur : celle-ci entre doucement et écoute.

Ariste, Chrysale, Bélise.

ARISTE.
Clitandre auprès de vous me fait son interprète,
Et son cœur est épris des grâces d'Henriette[1].
CHRYSALE.
Quoi ! de ma fille ?
    ARISTE. Oui : Clitandre en est charmé ;
Et je ne vis jamais amant plus enflammé.
BÉLISE, *à Ariste.*
Non, non, je vous entends. Vous ignorez l'histoire ;
Et l'affaire n'est pas ce que vous pouvez croire.
ARISTE.
Comment, ma sœur ?
    BÉLISE. Clitandre abuse vos esprits,
Et c'est d'un autre objet que son cœur est épris.
ARISTE.
Vous raillez, ce n'est pas Henriette qu'il aime ?
BÉLISE.
Non, j'en suis assurée.
    ARISTE. Il me l'a dit lui-même.
BÉLISE.
Hé, oui !
  ARISTE. Vous me voyez, ma sœur, chargé par lui
D'en faire la demande à son père aujourd'hui.
BÉLISE.
Fort bien !
  ARISTE. Et son amour même m'a fait instance
De presser les moments d'une telle alliance.

---

1. L'excellente Henriette méritait bien cette affection, puisque, entourée de personnes, que leur goût du bel esprit dépouillait des sentiments naturels, elle n'avait pas cessé d'être simple et naïve : or, pour être bonne fille ou bonne mère, ainsi que bonne épouse, il faut, avant tout, *être vraie*, comme l'a remarqué La Rochefoucauld. En combattant les ridicules, Molière combat les vices ; en poursuivant la fausseté de l'esprit non moins que celle du langage, il sert d'une manière très-efficace la cause de la morale.

BÉLISE.
Encor mieux. On ne peut tromper plus galamment.
Henriette, entre nous, est un amusement,
Un voile ingénieux, un prétexte, mon frère,
A couvrir d'autres feux dont je sais le mystère;
Et je veux bien tous deux vous mettre hors d'erreur.
ARISTE.
Mais, puisque vous savez tant de choses, ma sœur,
Dites-nous, s'il vous plaît, cet autre objet qu'il aime.
BÉLISE.
Vous le voulez savoir?
ARISTE. Oui. Quoi?
BÉLISE. Moi.
ARISTE. Vous?
BÉLISE. Moi-même[1].
ARISTE.
Hai, ma sœur!
BÉLISE. Qu'est-ce donc que veut dire ce hai?
Et qu'a de surprenant le discours que je fai?
On est faite d'un air, je pense, à pouvoir dire
Qu'on n'a pas pour[2] un cœur soumis à son empire;
Et Dorante, Damis, Cléonte et Lycidas
Peuvent bien faire voir qu'on a quelques appas.
ARISTE.
Ces gens vous aiment?
BÉLISE. Oui, de toute leur puissance.
ARISTE.
Ils vous l'ont dit!
BÉLISE. Aucun n'a pris cette licence:
Ils m'ont su révérer si fort jusqu'à ce jour,
Qu'ils ne m'ont jamais dit un mot de leur amour;
Mais, pour m'offrir leur cœur et vouer leur service,
Les muets truchements ont tous fait leur office.
ARISTE.
On ne voit presque point céans[3] venir Damis.

1. Le rôle plaisant de Bélise, qui croit que tous les hommes rendent les armes à son ancienne beauté, est une imitation supérieure que Molière a faite de celui d'Hespérie dans *les Visionnaires* de Desmarets. Ces sortes de personnages étaient d'ailleurs, à cette époque, très-éloignés d'être imaginaires. La folle exagération des grands sentiments qui remplissaient les romans des Calprenède et des Scudéry les avait fort multipliés. Ici, comme en beaucoup d'autres choses, Molière eut le mérite de réformer le goût et le sens public.
2. *Pour* tient ici la place de *seulement* : on dit encore dans ce sens : Pardonnez-lui *pour* une fois.
3. Ce vieux mot, affectionné de Molière, a pour racine *ci ens*: ici dedans. *Léans* voulait dire là dedans.

BÉLISE.
C'est pour me faire voir un respect plus soumis.
ARISTE.
De mots piquants partout Dorante vous outrage.
BÉLISE.
Ce sont emportements d'une jalouse rage.
ARISTE.
Cléonte et Lycidas ont pris femme tous deux.
BÉLISE.
C'est par un désespoir où j'ai réduit leurs feux.
ARISTE.
Ma foi, ma chère sœur, vision toute claire.
CHRYSALE, *à Bélise.*
De ces chimères-là vous devez vous défaire[1].
BÉLISE.
Ah! chimères! Ce sont des chimères, dit-on.
Chimères, moi! Vraiment, chimères est fort bon!
Je me réjouis fort de chimères, mes frères;
Et je ne savais pas que j'eusse des chimères.

Acte II, scène IV.

Chrysale, Ariste.

CHRYSALE.
Notre sœur est folle, oui.
 ARISTE. Cela croît tous les jours;
Mais, encore une fois, reprenons le discours.
Clitandre vous demande Henriette pour femme :
Voyez quelle réponse on doit faire à sa flamme.
CHRYSALE.
Faut-il le demander? J'y consens de bon cœur,
Et tiens son alliance à singulier honneur.
ARISTE.
Vous savez que de biens il n'a pas l'abondance[2];
Que....
CHRYSALE. C'est un intérêt qui n'est pas d'importance :
Il est riche en vertus, cela vaut des trésors;
Et puis, son père et moi n'étions qu'un en deux corps.
ARISTE.
Parlons à votre femme, et voyons à la rendre
Favorable....

---

1. Le contraste de la rude bonhomie des deux frères fait mieux ressortir l'affectation précieuse de leur sœur.
2. Aujourd'hui, dans ce tour, on retrancherait l'article.

CHRYSALE. Il suffit, je l'accepte pour gendre.
　　　ARISTE.
Oui; mais, pour appuyer votre consentement.
Mon frère, il n'est pas mal d'avoir son agrément.
Allons....
CHRYSALE. Vous moquez-vous? il n'est pas nécessaire.
Je réponds de ma femme, et prends sur moi l'affaire[1].
　　　ARISTE.
Mais....
CHRYSALE. Laissez faire, dis-je, et n'appréhendez pas.
Je la vais disposer aux choses, de ce pas.
　　　ARISTE.
Soit. Je vais là-dessus sonder votre Henriette,
Et reviendrai savoir....
　　　　　　CHRYSALE. C'est une affaire faite;
Et je vais à ma femme en parler sans délai.

ACTE II, SCÈNE V.

Chrysale; Martine, sa servante[2].

　　　MARTINE.
Me voilà bien chanceuse! Hélas! l'an[3] dit bien vrai :
Qui veut noyer son chien l'accuse de la rage;
Et service d'autrui n'est pas un héritage.
　　　CHRYSALE.
Qu'est-ce donc? Qu'avez-vous, Martine?
　　　　　　MARTINE. Ce que j'ai!
　　　CHRYSALE.
Oui.
MARTINE. J'ai que l'an me donne aujourd'hui mon congé,
Monsieur.
CHRYSALE. Votre congé?
　　　　　　MARTINE. Oui. Madame me chasse.

---

1. Le caractère de Chrysale est l'une des créations les plus piquantes de Molière. C'est un homme juste, bon, plein de sens: mais il est faible; et, par la résolution dont il fait parade en l'absence du péril, il est aisé de prévoir les preuves comiques qu'il donnera bientôt de sa faiblesse.

2. On a prétendu que Molière, toujours ami de la vérité, fit jouer, lors des premières représentations de sa pièce, le rôle de Martine par sa propre servante, qui portait en effet ce nom.

3. Martine prononce *l'on* comme l'écrivent quelquefois nos vieux auteurs et comme on le dit encore à la campagne. Elle va continuer à estropier plus ou moins les mots.

CHRYSALE.
Je n'entends pas cela. Comment?
MARTINE. On me menace,
Si je ne sors d'ici, de me bailler cent coups.
CHRYSALE.
Non, vous demeurerez : je suis content de vous.
Ma femme bien souvent a la tête un peu chaude;
Et je ne veux pas, moi....

ACTE II, SCÈNE VI.

Philaminte, Bélise, Chrysale, Martine.

PHILAMINTE, *apercevant Martine.*
Quoi! je vous vois, maraude.
Vite, sortez, friponne : allons, quittez ces lieux,
Et ne vous présentez jamais devant mes yeux.
CHRYSALE.
Tout doux.
PHILAMINTE. Non, c'en est fait.
CHRYSALE. Hé!
PHILAMINTE. Je veux qu'elle sorte.
CHRYSALE.
Mais qu'a-t-elle commis pour vouloir de la sorte....
PHILAMINTE.
Quoi! vous la soutenez!
CHRYSALE. En aucune façon.
PHILAMINTE.
Prenez-vous son parti contre moi?
CHRYSALE. Mon Dieu! non :
Je ne fais seulement que demander son crime.
PHILAMINTE.
Suis-je pour la chasser sans cause légitime?
CHRYSALE.
Je ne dis pas cela; mais il faut de nos gens....
PHILAMINTE.
Non, elle sortira, vous dis-je, de céans.
CHRYSALE.
Hé bien! oui. Vous dit-on quelque chose là-contre?
PHILAMINTE.
Je ne veux point d'obstacle aux désirs que je montre.
CHRYSALE.
D'accord.
PHILAMINTE. Et vous devez, en raisonnable époux,
Être pour moi contre elle, et prendre mon courroux.

CHRYSALE, *se tournant vers Martine.*
Aussi fais-je. Oui, ma femme avec raison vous chasse,
Coquine; et votre crime est indigne de grâce[1].
MARTINE.
Qu'est-ce donc que j'ai fait?
CHRYSALE, *bas.* Ma foi, je ne sais pas.
PHILAMINTE.
Elle est d'humeur encore à n'en faire aucun cas.
CHRYSALE.
A-t-elle, pour donner matière à votre haine,
Cassé quelque miroir ou quelque porcelaine?
PHILAMINTE.
Voudrais-je la chasser, et vous figurez-vous
Que pour si peu de chose on se mette en courroux?
CHRYSALE, *à Martine.*
Qu'est-ce à dire?
A Philaminte. L'affaire est donc considérable?
PHILAMINTE.
Sans doute, me voit-on femme déraisonnable?
CHRYSALE.
Est-ce qu'elle a laissé, d'un esprit négligent,
Dérober quelque aiguière[2] ou quelque plat d'argent?
PHILAMINTE.
Cela ne serait rien.
CHRYSALE, *à Martine.* Oh! oh! Peste, la belle!
A Philaminte.
Quoi! l'avez-vous surprise à n'être pas fidèle?
PHILAMINTE.
C'est pis que tout cela.
CHRYSALE. Pis que tout cela?
PHILAMINTE. Pis.
CHRYSALE, *à Martine.*
Comment! diantre, friponne!
A Philaminte. Euh! a-t-elle commis....
PHILAMINTE.
Elle a, d'une insolence à nulle autre pareille,
Après trente leçons, insulté mon oreille
Par l'impropriété d'un mot sauvage et bas
Qu'en termes décisifs condamne Vaugelas[3].

---

1. Cette rime est faible; ce qui est rare chez Molière, remarquable par le singulier bonheur avec lequel il trouvait la rime, comme Boileau l'en a félicité dans sa IIe satire.

2. *Aiguières* était alors de trois syllabes seulement, de même que *bouclier, sanglier,* n'en formaient que deux.

3. On connaît, dans cette époque, l'omnipotence grammaticale de Vaugelas, auprès de qui Balzac nous apprend qu'il sollicitait la ré-

CHRYSALE.
Est-ce là....
PHILAMINTE. Quoi! toujours, malgré nos remontrances,
Heurter le fondement de toutes les sciences,
La grammaire, qui sait régenter jusqu'aux rois,
Et les fait, la main haute, obéir à ses lois[1]!
CHRYSALE.
Du plus grand des forfaits je la croyais coupable.
PHILAMINTE.
Quoi! vous ne trouvez pas ce crime impardonnable?
CHRYSALE.
Si fait.
PHILAMINTE. Je voudrais bien que vous l'excusassiez!
CHRYSALE.
Je n'ai garde.
BÉLISE. Il est vrai que ce sont des pitiés :
Toute construction est par elle détruite;
Et des lois du langage on l'a cent fois instruite.
MARTINE.
Tout ce que vous prêchez est, je crois, bel et bon :
Mais je ne saurais, moi, parler votre jargon.
PHILAMINTE.
L'impudente! Appeler un jargon le langage
Fondé sur la raison et sur le bel usage!
MARTINE.
Quand on se fait entendre, on parle toujours bien,
Et tous vos biaux dictons ne servent pas de rien.
PHILAMINTE.
Hé bien! ne voilà pas encore de son style?
Ne servent pas de rien?
                    BÉLISE. O cervelle indocile!
Faut-il qu'avec les soins qu'on prend incessamment
On ne te puisse apprendre à parler congrûment!
De *pas* mis avec *rien* tu fais la récidive :

---

ception du mot *féliciter*, dont il a été l'un des parrains : voy. *Remarques*, II, 92, note de Th. Corneille. — « Plus on possédera, dit à ce sujet un commentateur, l'histoire littéraire du siècle, et plus l'on sera frappé de la perfection du tableau. Chaque trait de cette pièce est une peinture vivante de la société. » Partout la vérité et la profondeur de l'observation justifient ce nom de *Contemplateur* que Boileau donnait à Molière.

1. Vaugelas, dans la préface de ses célèbres *Remarques*, refuse en effet aux souverains le droit de faire des mots nouveaux, déclarant que *leur autorité ne s'étend pas jusque-là*. L'on sait même que des empereurs romains échouèrent dans 'e projet d'ajouter des lettres à l'alphabet. — L'excellente coupe de ce dernier vers mérite d'être signalée.

Et c'est, comme on t'a dit, trop d'une négative[1].
  MARTINE.
Mon Dieu! je n'avons point étugué comme vous,
Et je parlons tout droit comme on parle cheux nous.
  PHILAMINTE.
Ah! peut-on y tenir?
     BÉLISE. Quel solécisme horrible!
  PHILAMINTE.
En voilà pour tuer une oreille sensible.
  BÉLISE.
Ton esprit, je l'avoue, est bien matériel!
Je n'est qu'un singulier, *avons* est pluriel[2].
Veux-tu toute ta vie offenser la grammaire?
  MARTINE.
Qui parle d'offenser grand'mère ni grand-père[3]?
  PHILAMINTE.
O ciel!
BÉLISE. Grammaire est prise[4] à contre-sens par toi;
Et je t'ai déjà dit d'où vient ce mot.
     MARTINE. Ma foi!
Qu'il vienne de Chaillot, d'Auteuil ou de Pontoise,
Cela ne me fait rien.

1. Il est piquant d'observer que le langage qui excite à présent notre sourire dans la bouche des villageois est justement le plus rapproché de celui de nos ancêtres. *Rien* autrefois voulait toujours dire *quelque chose*, en raison de son étymologie, *res*. Joinville, au commencement de ses *Mémoires* sur Louis IX : « Ce saint homme aimait et craignait Dieu *sur toute rien*; » et La Bruyère, fidèle à cette tradition : « Les chambres assemblées pour une affaire capitale n'offrent *point* aux yeux *rien* de si grave qu'une table de gens qui jouent un grand jeu. » (Ch. v, *des Biens de la fortune*.) — Aujourd'hui, d'ailleurs, *rien*, dans plus d'une phrase, se prend encore pour *quelque chose*.

2. Nouvelle preuve que le patois du peuple n'est autre que ce qui était jadis le langage de tous, ou du moins, qu'aux plus choquants idiotismes n'a pas manqué la consécration de l'usage. Cette alliance d'un verbe au pluriel avec un pronom personnel au singulier a été, dans le principe, comme nous l'apprend Henri Estienne, une élégance recherchée par les princes et les seigneurs de la cour des Valois : on peut voir les *Dialogues du langage françois italianisé*, p. 146; cf. M. Génin, *Des variations du langage français*, p. 289, et *Lexique de la langue de Molière*, p. 221.

3. Cette naïveté rustique et même burlesque nous plaît dans la bouche de Martine, parce qu'elle met en relief, d'une manière aussi frappante qu'enjouée, la fausse délicatesse des savantes.

4. Régulièrement il faudrait *pris*, comme s'il y avait *le mot* grammaire...

BÉLISE. Quelle âme villageoise !
La grammaire, du verbe et du nominatif,
Comme de l'adjectif avec le substantif,
Nous enseigne les lois.
    MARTINE. J'ai, madame, à vous dire
Que je ne connais point ces gens-là.
    PHILAMINTE. Quel martyre !
 BÉLISE.
Ce sont les noms des mots ; et l'on doit regarder
En quoi c'est qu'il les faut[1] faire ensemble accorder.
 MARTINE.
Qu'ils s'accordent entre eux, ou se gourment, qu'importe ?
 PHILAMINTE, *à Bélise.*
Hé ! mon Dieu, finissez un discours de la sorte.
 (*A Chrysale.*)
Vous ne voulez pas, vous, me la faire sortir ?
 CHRYSALE.
Si fait. (*A part.*) A son caprice il me faut consentir.
Va, ne l'irrite point ; retire-toi, Martine.
 PHILAMINTE.
Comment ! vous avez peur d'offenser la coquine[2] !
Vous lui parlez d'un ton tout à fait obligeant !
 CHRYSALE, *d'un ton ferme.*
Moi ? point. Allons, sortez.
    (*D'un ton plus doux.*)
     Va-t'en, ma pauvre enfant[3].

ACTE II, SCÈNE VII.

Philaminte, Chrysale, Bélise.

 CHRYSALE.
Vous êtes satisfaite, et la voilà partie ;
Mais je n'approuve point une telle sortie :
C'est une fille propre aux choses qu'elle fait,
Et vous me la chassez pour un maigre sujet.

---

1. Ce tour a vieilli : on dirait à présent : *en quoi il les faut...*
2. Si l'on en croit les chercheurs d'étymologies, on a nommé dans le principe *coquins* les pauvres diables qui rôdaient autour des cuisines (circa *coquinas*).
3. Dans cette scène si pleine d'art et de vérité, on a remarqué justement que le comique le plus abondant naissait de la simple opposition des caractères, et que Molière, appelé par Voltaire le législateur des bienséances, faisait preuve en effet d'infiniment de convenance et de tact, en éloignant Martine pour que Chrysale pût blâmer librement la conduite de sa femme.

PHILAMINTE.

Vous voulez que toujours je l'aie à mon service,
Pour mettre incessamment mon oreille au supplice,
Pour rompre toute loi d'usage et de raison
Par un barbare amas de vices d'oraison [1],
De mots estropiés, cousus, par intervalles,
De proverbes traînés dans les ruisseaux des halles?

BÉLISE.

Il est vrai que l'on sue à souffrir ses discours :
Elle y met Vaugelas en pièces tous les jours,
Et les moindres défauts de ce grossier génie
Sont ou le pléonasme ou la cacophonie.

CHRYSALE.

Qu'importe qu'elle manque aux lois de Vaugelas,
Pourvu qu'à la cuisine elle ne manque pas?
J'aime bien mieux, pour moi, qu'en épluchant ses herbes
Elle accommode mal les noms avec les verbes,
Et redise cent fois un bas ou méchant mot,
Que de brûler ma viande ou saler trop mon pot [2].
Je vis de bonne soupe, et non de beau langage :
Vaugelas n'apprend point à bien faire un potage;
Et Malherbe et Balzac, si savants en beaux mots,
En cuisine peut-être auraient été des sots.

PHILAMINTE.

Que ce discours grossier terriblement assomme!
Et quelle indignité, pour ce qui s'appelle homme,
D'être baissé sans cesse aux soins matériels,
Au lieu de se hausser vers les spirituels!
Le corps, cette guenille, est-il d'une importance,
D'un prix à mériter seulement qu'on y pense?
Et ne devons-nous pas laisser cela bien loin?

CHRYSALE.

Oui, mon corps est moi-même, et j'en veux prendre soin :
Guenille, si l'on veut; ma guenille m'est chère.

BÉLISE.

Le corps avec l'esprit fait figure, mon frère :
Mais, si vous en croyez tout le monde savant,
L'esprit doit sur le corps prendre le pas devant;

---

1. *Oraison* garde ici le sens du mot latin *oratio* dont il vient; cette acception a vieilli.

2. La vulgarité plaisante des mots sied fort bien pour mettre en lumière la folie de ces femmes, oublieuses des soins de leur ménage, et la raison de Chrysale, forcé par cela même de s'en occuper. Aucun écrivain, dit un critique au sujet de ce passage, n'a fait parler le bon sens avec cette verve, cette franchise et cette rondeur.

Et notre plus grand soin, notre première instance[1],
Doit être à le nourrir du suc de la science.
 CHRYSALE.
Ma foi, si vous songez à nourrir votre esprit,
C'est de viande bien creuse, à ce que chacun dit;
Et vous n'avez nul soin, nulle sollicitude,
Pour....
 PHILAMINTE.
 Ah! *Sollicitude* à mon oreille est rude :
Il put[2] étrangement son ancienneté[3].
 BÉLISE.
Il est vrai que le mot est bien *collet monté*[4].
 CHRYSALE.
Voulez-vous que je dise? Il faut qu'enfin j'éclate,
Que je lève le masque, et décharge ma rate.
De folles on vous traite, et j'ai fort sur le cœur....
 PHILAMINTE.
Comment donc!
 CHRYSALE, *à Bélise.*
 C'est à vous que je parle, ma sœur;
Le moindre solécisme en parlant vous irrite;
Mais vous en faites, vous, d'étranges en conduite.
Vos livres éternels ne me contentent pas;
Et, hors un gros Plutarque à mettre mes rabats,
Vous devriez brûler tout ce meuble inutile,
Et laisser la science aux docteurs de la ville;
M'ôter, pour faire bien, du grenier de céans[5]

1. *Application...* Terme bizarre, employé à dessein par Molière; c'était le jargon des précieuses : on peut consulter à ce sujet leur *Grand dictionnaire.*

2. Aujourd'hui on écrirait *il pue.* Mais c'est à tort que quelques éditions modernes substituent cette orthographe à celle du temps de Molière. Le présent dont il s'est servi, remarque M. Génin dans son *Lexique* de cet auteur, p. 329, « se dérive de la forme *puir,* qui est la primitive ; *puer* est moderne : C'est *puir* que sentir bon, a dit Montaigne. »

3. Les précieuses, nous l'apprenons en effet par ce *Grand dictionnaire* déjà cité, faisaient tous leurs efforts pour détruire le vieux langage, qu'elles condamnaient comme trop simple. — Il serait injuste de nier toutefois qu'elles nous aient donné plus d'une locution et d'un tour heureux. Nous leur devons aussi, dans l'orthographe, des réformes que Voltaire a consacrées.

4. *Antique, suranné,* comme la mode des collets montés. — Accueillie par Mme de Sévigné, qui était aussi une précieuse, mais de la meilleure espèce, cette expression alors nouvelle, dont Molière indique l'affectation en la soulignant, a fait assez belle fortune.

5. Déjà ce terme a été relevé : ajoutons que, par un goût tout

Cette longue lunette à faire peur aux gens,
Et cent brimborions dont l'aspect importune ;
Ne point aller chercher ce qu'on fait dans la lune,
Et vous mêler un peu de ce qu'on fait chez vous,
Où nous voyons aller tout sens dessus dessous.
Il n'est pas bien honnête, et pour beaucoup de causes,
Qu'une femme étudie et sache tant de choses.
Former aux bonnes mœurs l'esprit de ses enfants,
Faire aller son ménage, avoir l'œil sur ses gens,
Et régler la dépense avec économie,
Doit être son étude et sa philosophie.
Nos pères, sur ce point, étaient gens bien sensés,
Qui disaient qu'une femme en sait toujours assez
Quand la capacité de son esprit se hausse
A connaître un pourpoint d'avec un haut-de-chausse [1].
Les leurs ne lisaient point, mais elles vivaient bien ;
Leurs ménages étaient tout leur docte entretien,
Et leurs livres, un dé, du fil, et des aiguilles,
Dont elles travaillaient au trousseau de leurs filles [2].
Les femmes d'à présent sont bien loin de ces mœurs :
Elles veulent écrire, et devenir auteurs ;
Nulle science n'est pour elles trop profonde,
Et céans beaucoup plus qu'en aucun lieu du monde ;
Les secrets les plus hauts s'y laissent concevoir,
Et l'on sait tout chez moi, hors ce qu'il faut savoir.
On y sait comme vont lune, étoile polaire,
Vénus, Saturne et Mars, dont je n'ai point affaire ;
Et, dans ce vain savoir, qu'on va chercher si loin,
On ne sait comme va mon pot, dont j'ai besoin.
Mes gens à la science aspirent pour vous plaire,
Et tous ne font rien moins que ce qu'ils ont à faire :
Raisonner est l'emploi de toute ma maison,
Et le raisonnement en bannit la raison.
L'un me brûle mon rôt, en lisant quelque histoire,
L'autre rêve à des vers, quand je demande à boire ;
Enfin, je vois par eux votre exemple suivi ;
Et j'ai des serviteurs, et ne suis point servi.

contraire à celui de sa femme, Chrysale, partisan des vieilles mœurs, a quelque tendresse aussi pour les anciens mots.

1. Cette saillie paraît empruntée à Montaigne : *Essais*, 1, 14.
2. C'est ce que recommande encore Fénelon, dans son excellent livre de l'*Education des filles*. — N'y a-t-il pas, d'ailleurs, tout un traité de morale dans ce discours de Molière, chef-d'œuvre de la bonne comédie ? Ce sont de tels morceaux qui l'ont fait justement appeler par La Harpe « le premier de tous les philosophes moralistes, » et par Voltaire « le premier poëte comique de toutes les nations. »

Une pauvre servante, au moins, m'était restée[1],
Qui de ce mauvais air n'était point infectée ;
Et voilà qu'on la chasse avec un grand fracas,
A cause qu'elle[2] manque à parler Vaugelas.
Je vous le dis, ma sœur, tout ce train-là me blesse ;
Car c'est, comme j'ai dit, à vous que je m'adresse.
Je n'aime point céans tous vos gens à latin,
Et principalement ce monsieur Trissotin :
C'est lui qui, dans des vers, vous a tympanisées ;
Tous les propos qu'il tient sont des billevesées :
On cherche ce qu'il dit après qu'il a parlé[3] ;
Et je lui crois, pour moi, le timbre un peu fêlé.

PHILAMINTE.

Quelle bassesse, ô ciel ! et d'âme et de langage !

BÉLISE.

Est-il de petits corps un plus lourd assemblage,
Un esprit composé d'atomes plus bourgeois ?
Et de ce même sang se peut-il que je sois ?
Je me veux mal de mort[4] d'être de votre race ;
Et, de confusion, j'abandonne la place.

1. Que de tons divers ! l'accent du bonhomme devient ici d'un pathétique qui nous intéresse vivement à ses disgrâces, et nous rend d'autant plus haïssables les travers de la fausse science. Ces plaintes nous font souvenir du vœu très-sage que formait Martial, *Epig.*, II, 90 :

> Sit mihi verna satur, sit non doctissima conjux,
> Sit nox cum somno, sit sine lite dies.

2. Ce tour se trouve également dans l'oraison funèbre de la reine d'Angleterre, par Bossuet ; mais il a vieilli.

3. Vers que sa perfection même a rendu proverbial : admirable définition du galimatias ! On se rappelle ici ce mot de La Bruyère : « Est-ce un si grand mal d'être entendu quand on parle, et de parler comme tout le monde ? » Ch. v, *De la société et de la conversation*.

4. Toutes ces locutions, empruntées au vocabulaire des précieuses, témoignent assez combien Molière mérite ce titre, que nous lui avons déjà donné, d'excellent observateur.

Acte II, scène VIII.

Philaminte, Chrysale.

PHILAMINTE.
Avez-vous à lâcher encore quelque trait?
CHRYSALE.
Moi? non. Ne parlons plus de querelles, c'est fait :
Discourons d'autre affaire. A votre fille aînée
On voit quelque dégoût pour les nœuds d'hyménée :
C'est une philosophe enfin, je n'en dis rien;
Elle est bien gouvernée, et vous faites fort bien :
Mais de tout autre humeur se trouve sa cadette;
Et je crois qu'il est bon de pourvoir Henriette,
De choisir un mari....
PHILAMINTE. C'est à quoi j'ai songé,
Et je veux vous ouvrir l'intention que j'ai.
Ce monsieur Trissotin, dont on nous fait un crime,
Et qui n'a pas l'honneur d'être dans votre estime,
Est celui que je prends pour l'époux qu'il lui faut ;
Et je sais mieux que vous juger de ce qu'il vaut.
La contestation est ici superflue;
Et de tout point, chez moi, l'affaire est résolue.
Au moins ne dites mot du choix de cet époux :
Je veux à votre fille en parler avant vous.
J'ai des raisons à¹ faire approuver ma conduite;
Et je connaîtrai bien si vous l'aurez instruite.

Acte II, scène IX.

Ariste, Chrysale.

ARISTE.
Hé bien ! la femme sort, mon frère, et je vois bien
Que vous venez d'avoir ensemble un entretien.
CHRYSALE.
Oui.
ARISTE.
Quel est le succès? Aurons-nous Henriette ?
A-t-elle consenti ? L'affaire est-elle faite?
CHRYSALE.
Pas tout à fait encor.

---

1. Cet emploi de la préposition *à*, dans le sens de *pour*, a été plusieurs fois rencontré.

ARISTE. Refuse-t-elle?
CHRYSALE. Non.

ARISTE.
Est-ce qu'elle balance?
CHRYSALE. En aucune façon.

ARISTE.
Quoi donc?
CHRYSALE.
C'est que pour gendre elle m'offre un autre homme.
ARISTE.
Un autre homme pour gendre?
CHRYSALE. Un autre.
ARISTE. Qui se nomme?
CHRYSALE.
Monsieur Trissotin.
ARISTE. Quoi! ce monsieur Trissotin....
CHRYSALE.
Oui, qui parle toujours de vers et de latin.
ARISTE.
Vous l'avez accepté?
CHRYSALE. Moi! point. A Dieu ne plaise!
ARISTE.
Qu'avez-vous répondu?
CHRYSALE. Rien; et je suis bien aise
De n'avoir point parlé, pour ne m'engager pas.
ARISTE.
La raison est fort belle, et c'est faire un grand pas!
Avez-vous su du moins lui proposer Clitandre?
CHRYSALE.
Non; car, comme j'ai vu qu'on parlait d'autre gendre,
J'ai cru qu'il était mieux de ne m'avancer point [1].
ARISTE.
Certes, votre prudence est rare au dernier point!
N'avez-vous point de honte, avec votre mollesse!
Et se peut-il qu'un homme ait assez de faiblesse
Pour laisser à sa femme un pouvoir absolu
Et n'oser attaquer ce qu'elle a résolu?
CHRYSALE.
Mon Dieu! vous en parlez, mon frère, bien à l'aise,
Et vous ne savez pas comme le bruit me pèse.
J'aime fort le repos, la paix et la douceur,
Et ma femme est terrible avecque son humeur.

1. Peut-on, suivant la remarque d'un critique, peindre avec plus de vérité, avec un comique plus plaisant, les subterfuges et les faux-fuyants d'un pauvre homme qui voudrait cacher sa faiblesse aux autres et à lui-même?

Du nom de philosophe elle fait grand mystère[1] :
Mais elle n'en est pas pour cela moins colère ;
Et sa morale, faite à mépriser le bien,
Sur l'aigreur de sa bile opère comme rien.
Pour peu que l'on s'oppose à ce que veut sa tête,
On en a pour huit jours d'effroyable tempête.
Elle me fait trembler dès qu'elle prend son ton :
Je ne sais où me mettre, et c'est un vrai dragon ;
Et cependant, avec toute sa diablerie,
Il faut que je l'appelle et mon cœur et ma mie.

  ARISTE.

Allez, c'est se moquer. Votre femme, entre nous,
Est, par vos lâchetés, souveraine sur vous.
Son pouvoir n'est fondé que sur votre faiblesse :
C'est de vous qu'elle prend le titre de maîtresse ;
Vous-même à ses hauteurs vous vous abandonnez,
Et vous faites mener, en bête, par le nez[2].
Quoi! vous ne pouvez pas, voyant comme on vous nomme,
Vous résoudre une fois à vouloir être un homme,
A faire condescendre une femme à vos vœux,
Et prendre assez de cœur pour dire un Je le veux!
Vous laisserez sans honte immoler une fille
Aux folles visions qui tiennent la famille,
Et de tout votre bien revêtir un nigaud,
Pour six mots de latin qu'il leur fait sonner haut ;
Un pédant, qu'à tout coup votre femme apostrophe
Du nom de bel esprit et de grand philosophe,
D'homme qu'en vers galants jamais on n'égala,
Et qui n'est, comme on sait, rien moins que tout cela?
Allez, encore un coup, c'est une moquerie,
Et votre lâcheté mérite qu'on en rie.

  CHRYSALE.

Oui, vous avez raison, et je vois que j'ai tort.
Allons, il faut enfin montrer un cœur plus fort,
Mon frère.

  ARISTE. C'est bien dit.

    CHRYSALE. C'est une chose infâme
Que d'être si soumis au pouvoir d'une femme.

  ARISTE.

Fort bien.

  CHRYSALE. De ma douceur elle a trop profité.

---

1. C'était, *faire grand embarras*, se parer, s'enorgueillir.
2. *Nare trahi*, disaient aussi les Latins, en parlant d'un homme faible qui ne voit, ne pense et n'agit que par une impulsion étrangère.

ARISTE.
Il est vrai.
CHRYSALE. Trop joui de ma facilité.
ARISTE.
Sans doute.
CHRYSALE. Et je lui veux faire aujourd'hui connaître
Que ma fille est ma fille, et que j'en suis le maître,
Pour lui prendre un mari qui soit selon mes vœux.
ARISTE.
Vous voilà raisonnable, et comme je vous veux.
CHRYSALE.
Vous êtes pour Clitandre, et savez sa demeure :
Faites-le-moi venir, mon frère, tout à l'heure.
ARISTE.
J'y cours tout de ce pas.
CHRYSALE. C'est souffrir trop longtemps ;
Et je m'en vais être homme à la barbe des gens.

ACTE III, SCÈNE II.

Henriette, Philaminte, Bélise, Armande (fille de Philaminte),
Trissotin, Lépine (valet).

PHILAMINTE.
Servez-nous promptement votre aimable repas[1].
TRISSOTIN.
Pour cette grande faim qu'à mes yeux on expose,
Un plat seul de huit vers me semble peu de chose ;
Et je pense qu'ici je ne ferai pas mal
De joindre à l'épigramme, ou bien au madrigal,
Le ragoût d'un sonnet qui, chez une princesse,
A passé pour avoir quelque délicatesse.
Il est de sel attique assaisonné partout ;
Et vous le trouverez, je crois, d'assez bon goût.
ARMANDE.
Ah! je n'en doute point[2].

---

1. La scène XII des *Précieuses ridicules* est évidemment le modèle de celle que l'on va lire.
2. Les caractères d'Armande et d'Henriette forment un admirable contraste : ils ont animé la scène dès le début. Le premier est le type des esprits sans sincérité, livrés aux prétentions et aux chimères ; le second, modèle de la modestie et du bon sens, assaisonnés de gaieté et de finesse, représente la nature, charmante dans sa vérité, opposée au factice, toujours ridicule ou odieux. Henriette, pleine de franchise et de grâce, nous fait aimer ce qui est simple et

PHILAMINTE. Donnons vite audience.
BÉLISE, *interrompant Trissotin chaque fois qu'il se dispose à lire.*
Je sens d'aise mon cœur tressaillir par avance....
J'aime la poésie avec entêtement,
Et surtout quand les vers sont tournés galamment.
PHILAMINTE.
Si nous parlons toujours, il ne pourra rien dire.
TRISSOTIN.
So....
BÉLISE, *à Henriette.*
Silence, ma nièce.
ARMANDE. Ah! laissez-le donc lire.
TRISSOTIN.

Sonnet à la princesse Uranie sur sa fièvre [1].

Votre prudence est endormie,
De traiter magnifiquement
Et de loger superbement
Votre plus cruelle ennemie.

BÉLISE.
Ah! le joli début!
ARMANDE. Qu'il a le tour galant!
PHILAMINTE.
Lui seul des vers aisés possède le talent [2].
ARMANDE.
A *prudence endormie* il faut rendre les armes.
BÉLISE.
Loger son ennemie est pour moi plein de charmes.

naïf, autant qu'Armande nous fait haïr les affectations d'une fausse délicatesse. Dans cette comédie, comme dans les autres chefs-d'œuvre de Molière, les caractères tiennent étroitement au sujet, et ce sont eux qui, les premiers, lui prêtent la vie et le mouvement: c'est aussi du jeu des caractères que sort spontanément la leçon. Molière ne moralise pas: il se borne à peindre la nature.

1. Ce sonnet est bien réellement de l'abbé Cotin, l'un de ces membres de l'Académie française qui avec Chapelain, Scudéry, etc., représentaient le faux goût de l'ancienne littérature, détrônée par Boileau.

2. Pour déprécier les œuvres achevées de Boileau, de Molière et de Racine, les partisans, alors nombreux, de la littérature facile ou plutôt négligée, prétendaient que leurs vers manquaient d'aisance et sentaient trop le travail.

PHILAMINTE.
J'aime *superbement* et *magnifiquement* :
Ces deux adverbes joints font admirablement.
BÉLISE.
Prêtons l'oreille au reste....
TRISSOTIN.

>Faites-la sortir, quoi qu'on die[1],
>De votre riche appartement,
>Où cette ingrate insolemment
>Attaque votre belle vie.

BÉLISE.
Ah! tout doux : laissez-moi, de grâce, respirer.
ARMANDE.
Donnez-nous, s'il vous plaît, le loisir d'admirer.
PHILAMINTE.
On se sent, à ces vers, jusques au fond de l'âme
Couler je ne sais quoi qui fait que l'on se pâme.
ARMANDE.

>Faites-la sortir, quoi qu'on die,
>De votre riche appartement.

Que *riche appartement* est là joliment dit!
Et que la métaphore est mise avec esprit!
PHILAMINTE.

>Faites-la sortir, quoi qu'on die....

Ah! que ce *quoi qu'on die* est d'un goût admirable!
C'est, à mon sentiment, un endroit impayable.
ARMANDE.
De *quoi qu'on die* aussi mon cœur est amoureux.
BÉLISE.
Je suis de votre avis, *quoi qu'on die* est heureux....
PHILAMINTE, *à Trissotin.*
Mais quand vous avez fait ce charmant *quoi qu'on die,*

---

1. Forme longtemps usitée, mais qui, à cette époque, cessait de l'être. C'est ce que remarquent les auteurs du *Dictionnaire de Trévoux* : « Il faut toujours écrire et prononcer *dise*, et jamais *die*, ni avec *quoique*, ni dans aucune autre phrase. » Toutefois Corneille s'était encore permis cette locution peu auparavant dans la *Suite du Menteur,* acte III, scène 1re :

>Il se rend familier avec tous mes amis,
>Mêle partout son mot, et jamais, *quoi qu'on die,*
>Pour donner son avis il n'attend qu'on l'en prie....

Avez-vous compris, vous, toute son énergie?
Songiez-vous bien vous-même à tout ce qu'il nous dit,
Et pensiez-vous alors y mettre tant d'esprit[1]?
TRISSOTIN.
Hai! hai!
ARMANDE. J'ai fort aussi l'*ingrate* dans la tête.
Cette ingrate de fièvre, injuste, malhonnête,
Qui traite mal les gens qui la logent chez eux.
PHILAMINTE.
Enfin les quatrains sont admirables tous deux.
Venons-en promptement aux tiercets[2], je vous prie.
ARMANDE.
Ah! s'il vous plaît, encore une fois *quoi qu'on die.*
TRISSOTIN.

Faites-la sortir, quoi qu'on die....

(*Continuant ensuite, après plusieurs interruptions :*)

Quoi! sans respecter votre rang,
Elle se prend à votre sang.....

PHILAMINTE, ARMANDE ET BÉLISE.

Ah!
TRISSOTIN.

Et nuit et jour vous fait outrage!

Si vous la conduisez aux bains,
Sans la marchander davantage,
Noyez-la de vos propres mains.

PHILAMINTE.
On n'en peut plus.
BÉLISE. On pâme.

1. Trait excellent, qui annonce que les éloges des précieuses sont loin d'être désintéressés: elles ne songent, en louant, qu'à faire parade de leur pénétration d'esprit et de la vivacité de leur goût. C'est bien là le travers de ces personnes, qu'on voit, dit La Bruyère, « au moindre mot qui échappe, le relever, y trouver un mystère, y chercher de la finesse et de la subtilité, seulement pour avoir l'occasion d'y placer la leur. » Ch. V, *de la Société et de la Conversation.* — Plusieurs autres passages de ce chapitre peuvent encore être rapprochés de la comédie des *Femmes savantes.*

2. On écrirait aujourd'hui *tercets* : stances ou couplets de trois vers. Le sonnet, poëme qui a joui de tant de vogue chez nos ancêtres, se compose, on le sait, de deux quatrains et de deux tercets.

ARMANDE. On se meurt de plaisir.
PHILAMINTE.
De mille doux frissons vous vous sentez saisir....
ARMANDE.
Chaque pas dans vos vers rencontre un trait charmant.
BÉLISE.
Partout on s'y promène avec ravissement.
PHILAMINTE.
On n'y saurait marcher que sur de belles choses.
ARMANDE.
Ce sont petits chemins tout parsemés de roses.
TRISSOTIN.
Le sonnet donc vous semble....
PHILAMINTE. Admirable, nouveau,
Et personne jamais n'a rien fait de si beau[1].
BÉLISE, *à Henriette*.
Quoi ! sans émotion pendant cette lecture !
Vous faites là, ma nièce, une étrange figure.
HENRIETTE.
Chacun fait ici-bas la figure qu'il peut,
Ma tante ; et bel esprit, il ne l'est pas qui veut[2].
TRISSOTIN.
Peut-être que mes vers importunent madame.
HENRIETTE.
Point. Je n'écoute pas[3].
PHILAMINTE. Ah ! voyons l'épigramme.
TRISSOTIN.

Sur un carrosse de couleur amarante donné à une de ses amies[4].

1. Voilà encore, pour revenir à ce que nous disions tout à l'heure, la manière de louer propre à la sottise. Un homme de sens respecte la valeur des mots, et, voyant au delà de ce qu'il approuve, ne tombe point dans un enthousiasme irréfléchi. La sottise ambitieuse croit se faire valoir elle-même en prodiguant à ce qu'elle comprend le moins les formules d'une admiration exagérée.

2. N'est pas bel esprit qui veut, dirait la prose. L'inversion de Molière, reçue de son temps, passerait aujourd'hui pour forcée, ou plutôt on effacerait *il*.

3. Agréable contraste que celui de cette spirituelle inattention avec le sot enthousiasme de nos savantes. Après tant de fades compliments, un trait de franchise, même un peu dure, est le bienvenu.

4. Ici, de nouveau, on pourra recourir aux *Œuvres* de Cotin, qui renferment le madrigal suivant. Ce fut, dit-on, Boileau, attaqué avec Molière par l'abbé Cotin, qui signala le sonnet et le madrigal à l'attention de son ami, en lui donnant l'idée de les insérer dans l'excellente scène que nous reproduisons.

PHILAMINTE.
Ses titres ont toujours quelque chose de rare.
ARMANDE.
A cent beaux traits d'esprit leur nouveauté prépare.
TRISSOTIN.

L'amour si chèrement m'a vendu son lien,

PHILAMINTE, ARMANDE ET BÉLISE.
Ah!
TRISSOTIN.

Qu'il m'en coûte déjà la moitié de mon bien;
Et, quand tu vois ce beau carrosse,
Où tant d'or se relève en bosse
Qu'il étonne tout le pays,
Et fait pompeusement triompher ma Laïs...

PHILAMINTE.
Ah! *ma Laïs!* voilà de l'érudition.
BÉLISE.
L'enveloppe[1] est jolie, et vaut un million.
TRISSOTIN.

Et quand tu vois ce beau carrosse,
Où tant d'or se relève en bosse
Qu'il étonne tout le pays,
Et fait pompeusement triompher ma Laïs,
Ne dis plus qu'il est amarante,
Dis plutôt qu'il est de ma rente.

ARMANDE.
Oh! oh! oh! celui-là ne s'attend point du tout.
PHILAMINTE.
On n'a que lui qui puisse écrire de ce goût.
BÉLISE.

Ne dis plus qu'il est amarante,
Dis plutôt qu'il est de ma rente.

Voilà qui se décline, *ma rente, de ma rente, à ma rente*[2].

---

1. Expression bizarre, bien placée ici : c'est, à notre sens, la forme dont la pensée est *enveloppée,* revêtue; en d'autres termes, le tour de la phrase. — Auger croit que le mot *enveloppe* fait allusion au nom de Laïs; explication qui nous paraît peu satisfaisante.

2. Ce singulier motif d'admiration rappelle le goût puéril, qui, malgré d'énergiques protestations, existait encore à cette époque

PHILAMINTE.

Je ne sais, du moment que je vous ai connu,
Si sur votre sujet j'eus l'esprit prévenu ;
Mais j'admire partout vos vers et votre prose.

TRISSOTIN, *à Philaminte.*

Si vous vouliez de vous nous montrer quelque chose,
A notre tour aussi nous pourrions admirer.

PHILAMINTE.

Je n'ai rien fait en vers ; mais j'ai lieu d'espérer
Que je pourrai bientôt vous montrer en amie
Huit chapitres du plan de notre académie.
Platon s'est au projet simplement arrêté,
Quand de sa République il a fait le traité ;
Mais à l'effet entier je veux pousser l'idée
Que j'ai sur le papier en prose accommodée :
Car enfin je me sens un étrange dépit
Du tort que l'on nous fait du côté de l'esprit ;
Et je veux nous venger, toutes tant que nous sommes,
De cette indigne classe où nous rangent les hommes,
De borner[1] nos talents à des futilités
Et nous fermer la porte aux sublimes clartés.

ARMANDE.

C'est faire à notre sexe une trop grande offense,
De n'étendre l'effort de notre intelligence
Qu'à juger d'une jupe, ou de l'air d'un manteau[2],
Ou des beautés d'un point[3], ou d'un brocart nouveau.

BÉLISE.

Il faut se relever de ce honteux partage
Et mettre hautement notre esprit hors de page[4].

PHILAMINTE.

.... Nous voulons montrer à de certains esprits,
Dont l'orgueilleux savoir nous traite avec mépris,
Que de science aussi les femmes sont meublées ;
Qu'on peut faire comme eux de doctes assemblées,

---

pour les assonances, les concetti et autres froids agréments de cette espèce, que l'imitation de l'Italie et de l'Espagne avait accrédités parmi nous.

1. La construction est un peu embarrassée ; on dirait en prose : *de cet indigne rang où (nous sommes forcées) de borner....*

2. Espèce de dentelle de fil, faite à l'aiguille.

3. Étoffe de soie brochée d'or ou d'argent.

4. Expression figurée, qui signifie *hors de la dépendance d'autrui*. Au propre et dans le principe, dire d'un jeune homme qu'il était *hors de page*, c'était marquer qu'il avait accompli le temps de son service dans les pages et qu'il était par conséquent maître de lui.

Conduites en cela par des ordres meilleurs[1]
Qu'on y veut réunir ce qu'on sépare ailleurs,
Mêler le beau langage et les hautes sciences,
Découvrir la nature en mille expériences,
Et, sur les questions qu'on pourra proposer,
Faire entrer chaque secte et n'en point épouser.
                TRISSOTIN.
Je m'attache pour l'ordre[2] au péripatétisme.
                PHILAMINTE.
Pour les abstractions j'aime le platonisme.
                TRISSOTIN.
Descartes, pour l'aimant, donne fort dans mon sens.
                ARMANDE.
J'aime ses tourbillons.
                PHILAMINTE. Moi, ses mondes tombants.
                ARMANDE.
Il me tarde de voir notre assemblée ouverte,
Et de nous signaler par quelque découverte.
                TRISSOTIN.
On en attend beaucoup de vos vives clartés,
Et pour vous la nature a peu d'obscurités.
                PHILAMINTE.
Pour moi, sans me flatter, j'en ai déjà fait une,
Et j'ai vu clairement des hommes dans la lune.
                BÉLISE.
Je n'ai point encor vu d'hommes, comme je crois ;
Mais j'ai vu des clochers tout comme je vous vois.
                ARMANDE.
Nous approfondirons, ainsi que la physique,
Grammaire, histoire, vers, morale et politique.
                PHILAMINTE.
La morale a des traits dont mon cœur est épris,
Et c'était autrefois l'amour des grands esprits :
Mais aux stoïciens je donne l'avantage,
Et je ne trouve rien de si beau que leur sage[3].

---

1. La plupart des éditions placent ici un point et virgule qu'il nous paraît préférable de supprimer pour le sens.

2. C'est l'enchaînement logique des propositions, qui caractérise en effet la philosophie d'Aristote.

3. Cf. Horace, ode III du livre III, v. 1 et suiv. :

> Justum et tenacem propositi virum
> Non civium ardor prava jubentium....

Pascal, dans son entretien avec de Sacy sur Épictète et Montaigne, rassemblant les traits sous lesquels les stoïciens peignent leur sage idéal, le montre « avec une mine sévère, un regard farouche, des

ARMANDE.
Pour la langue, on verra dans peu nos règlements,
Et nous y prétendons faire des remûments.
Par une antipathie, ou juste ou naturelle,
Nous avons pris chacune une haine mortelle
Pour un nombre de mots, soit ou verbes ou noms,
Que mutuellement nous nous abandonnons;
Contre eux nous préparons de mortelles sentences,
Et nous devons ouvrir nos doctes conférences
Par les proscriptions de tous ces mots divers
Dont nous voulons purger et la prose et les vers.

. . . .

TRISSOTIN.
Voilà certainement d'admirables projets.
BÉLISE.
Vous verrez nos statuts quand ils seront tous faits.
TRISSOTIN.
Ils ne sauraient manquer d'être tous beaux et sages.
ARMANDE.
Nous serons par nos lois les juges des ouvrages;
Par nos lois, prose et vers, tout nous sera soumis :
Nul n'aura de l'esprit, hors nous et nos amis[1].
Nous chercherons partout à trouver à redire,
Et ne verrons que nous qui sachent[2] bien écrire[3].

cheveux hérissés, le front ridé et en sueur, dans une posture pénible et tendue; loin des hommes, dans un morne silence et seul sur la pointe d'un rocher.... »

1. Vers devenu proverbe.
2. Il faudrait dire aujourd'hui : *qui sachions*.....
3. La Harpe remarquait que, de son temps, Molière n'attirait pas autant de monde que nos grands tragiques, « parce que, disait-il, on aime encore mieux être ému que d'être amusé. » Par un retour du goût public, dont il ne serait pas très-difficile de donner la raison, le contraire est arrivé de nos jours. Ajoutons qu'un mérite qui empêchera Molière de vieillir, quels que soient les changements qu'introduise l'avenir dans notre société, c'est qu'il ne cessera pas d'être vrai. En effet, il a peint ce qui est inhérent à la nature de l'homme; il a su refléter le monde et la vie : de là l'intérêt continu qui le rendra le contemporain de tous les âges.

BOILEAU.

(1636-1711.)

Boileau, né à Paris en 1636, avait commencé par se faire recevoir avocat, comme P. Corneille, et il se disait, à raison de l'état de ses pères, sorti *de la poudre du greffe*. Successeur de Régnier, mais plus réglé que lui dans sa marche, sans avoir moins de verve, il compléta l'œuvre de réforme entreprise par Malherbe, Balzac et Vaugelas. Son caractère, comme son talent, avait de l'autorité et de la vigueur : c'est ce qui explique son influence, qui, si grande de son vivant, a duré après lui, malgré les protestations et les révoltes. Les efforts de ses adversaires n'ont fait que sanctionner sa gloire. Nul, en effet, n'a su renfermer avec plus de netteté et de vigueur sa pensée dans un vers énergiquement frappé : encore ne s'est-il pas contenté de chercher et d'atteindre pour lui le degré suprême de la perfection ; il a enseigné aux habiles à se contenter difficilement pour être plus sûrs de contenter le lecteur. Dans la satire et dans l'épître, on a pu faire autrement, on n'a pas mieux fait que Boileau. Jamais les règles de la poésie n'ont trouvé un plus élégant et plus judicieux interprète. Quelques morceaux de lui attestent en outre qu'il était capable d'une haute inspiration héroïque : et, en se jouant dans une épopée badine, il a montré que l'originalité de l'invention ne manquait nullement à son sage esprit, et que son imagination flexible pouvait prendre au besoin les tons les plus divers [1].

1. Voltaire, qui dénigrait parfois Boileau, ne tardait pas à s'en repentir. Il a, dans son *Temple du goût*, rendu hommage à ce *maître en l'art d'écrire*, qui a donné avec tant d'éclat *le précepte et l'exemple*, car il possédait éminemment la poésie du style et le génie de l'expression. Marmontel a médit de lui : mais La Bruyère et Vauvenargues l'ont jugé avec élévation ; et, de son temps déjà, Saint-Evremond l'avait ainsi apprécié : « Il n'y a point d'auteur qui fasse plus d'honneur à notre siècle que Despréaux : en faire un éloge plus étendu, ce serait entreprendre sur ses ouvrages, qui le font eux-mêmes. » La Harpe lui a consacré l'un des meilleurs articles de son *Cours de littérature*. Daunou, Victorien Fabre, Auger (l'ouvrage de ce dernier a été couronné en 1805 par l'Académie française), plus récemment M. Nisard, dans son *Histoire de la littérature française*, et M. Geruzez ont dignement parlé de Boileau. On signalera, parmi ses éditeurs et commentateurs, Brossette, Saint-Marc, Amar et Berriat-Saint-Prix.

Épître IV (fragment).

Le passage du Rhin [1].

Au pied du mont Adule [2], entre mille roseaux,
Le Rhin, tranquille et fier du progrès de ses eaux,
Appuyé d'une main sur son urne penchante,
Dormait au bruit flatteur de son onde naissante [3],
Lorsqu'un cri tout à coup suivi de mille cris
Vient d'un calme si doux retirer ses esprits.
Il se trouble, il regarde, et partout sur ses rives
Il voit fuir à grands pas ses naïades craintives,
Qui toutes, accourant vers leur humide roi,
Par un récit affreux redoublent son effroi.
Il apprend qu'un héros, conduit par la victoire,
A de ses bords fameux flétri l'antique gloire;
Que Rheinberg et Wesel [4], terrassés en deux jours,
D'un joug déjà prochain menacent tout son cours.
« Nous l'avons vu, dit l'une, affronter la tempête
De cent foudres d'airain tournés contre sa tête.
Il marche vers Tholus, et tes flots en courroux,
Au prix de sa fureur, sont tranquilles et doux.
Il a de Jupiter la taille et le visage [5];
Et, depuis ce Romain [6] dont l'insolent passage
Sur un pont en deux jours trompa tous tes efforts,

---

1. L'arc de triomphe de la porte Saint-Denis est un monument de ce passage (12 juin 1672), « le prodige de la vie du grand roi, » a-t-on dit, et qui produisit un enthousiasme dont on peut voir une curieuse preuve dans l'*Histoire de Bossuet* par le cardinal de Bausset, t. I, p. 330. Ce fait militaire, fort exagéré d'ailleurs par l'admiration contemporaine, a été réduit à ses justes proportions par Voltaire, *Siècle de Louis XIV*, chap. x. Consulter à ce sujet les *Lettres* de Mme de Sévigné, du 27 avril 1672, des 17 et 20 juin et du 3 juillet de la même année. Le P. de La Rue a célébré également cet exploit dans de beaux vers latins qui ont été traduits par Corneille.
2. On appelait autrefois, dans les Alpes, *Mons Adulus* la masse de montagnes d'où sortent les sources du Rhin; c'est aujourd'hui le Saint-Gothard.
3. On sait que les anciens représentaient les fleuves sous la figure d'un dieu à longue barbe : tradition conservée par nos poëtes.
4. Villes du grand-duché du Bas-Rhin, auquel appartient aussi Tholus, cité plus bas.
5. C'est la traduction d'un vers d'Homère, *Il.*, II, 478 :

Ὄμματα καὶ κεφαλὴν ἴκελος Διὶ τερπικεραύνῳ.

6. *Ce Romain* est Jules César, qui franchit le Rhin pour aller

Jamais rien de si grand n'a paru sur les bords. »
　　　Le Rhin tremble et frémit à ces tristes nouvelles :
Le feu sort à travers ses humides prunelles.
« C'est donc trop peu, dit-il, que l'Escaut, en deux mois,
Ait appris à couler sous de nouvelles lois[1];
Et de mille remparts mon onde environnée
De ces fleuves sans nom suivra la destinée!
Ah! périssent mes eaux, ou par d'illustres coups
Montrons qui doit céder des mortels ou de nous. »
A ces mots, essuyant sa barbe limoneuse,
Il prend d'un vieux guerrier la figure poudreuse :
Son front cicatricé[2] rend son air furieux,
Et l'ardeur du combat étincelle en ses yeux.
En ce moment il part, et, couvert d'une nue,
Du fameux fort de Skink prend la route connue.
Là, contemplant son cours, il voit de toutes parts
Ses pâles défenseurs par la frayeur épars;
Il voit cent bataillons, qui, loin de se défendre,
Attendent sur des murs l'ennemi pour se rendre.
Confus, il les aborde, et, renforçant sa voix :
« Grands arbitres, dit-il, des querelles des rois,
Est-ce ainsi que votre âme, aux périls aguerrie,
Soutient sur ces remparts l'honneur et la patrie[3]?
Votre ennemi superbe, en cet instant fameux,
Du Rhin, près de Tholus, fend les flots écumeux :
Du moins, en vous montrant sur la rive opposée,
N'oseriez-vous saisir une victoire aisée?

porter la guerre en Germanie, 55 ans avant J. C. : voy. *de Bello gallico*, IV, 17.

1. Peu auparavant Louis XIV s'était, dans une très-courte campagne, emparé de la Flandre. Cette rapide conquête inspirait à Corneille ces beaux vers (*Poëmes sur les victoires du roi*) :

> Tu reviens, ô mon roi, tout couvert de lauriers;
> Les palmes à la main tu nous rends nos guerriers;
> Et les peuples, surpris et charmés de ta gloire,
> Mêlent un peu d'envie à leurs chants de victoire.
> Ils voudraient avoir vu comme eux, aux champs de Mars,
> Ton auguste fierté guider les étendards,
> Avoir dompté comme eux l'Espagne en sa milice,
> Réduit comme eux la Flandre à te rendre justice,
> Et su mieux prendre part à tant de murs forcés,
> Que par des feux de joie et des vœux exaucés.....

2. Au dix-septième siècle une nuance séparait ces deux adjectifs *cicatricé* et *cicatrisé* : le premier signifiait couvert de cicatrices, le second se disait d'une plaie qui s'est fermée. Cette distinction n'a pas subsisté, et l'adjectif *cicatrisé* est seul usité aujourd'hui dans les deux sens.

3. Allusion aux mots *Pro honore et patria*, inscrits sur les drapeaux hollandais.

Allez, vils combattants, inutiles soldats :
Laissez là ces mousquets trop pesants pour vos bras ;
Et, la faux à la main, parmi vos marécages[1],
Allez couper vos joncs et presser vos laitages ;
Ou, gardant les seuls bords qui vous peuvent couvrir,
Avec moi, de ce pas, venez vaincre ou mourir. »
   Ce discours d'un guerrier que la colère enflamme
Ressuscite l'honneur déjà mort en leur âme ;
Et, leurs cœurs s'allumant d'un reste de chaleur,
La honte fait en eux l'effet de la valeur.
Ils marchent droit au fleuve, où Louis en personne,
Déjà prêt à passer, instruit, dispose, ordonne.
Par son ordre Grammont le premier dans les flots
S'avance, soutenu des regards du héros :
Son coursier, écumant sous son maître intrépide,
Nage tout orgueilleux de la main qui le guide.
Revel le suit de près : sous ce chef redouté
Marche des cuirassiers l'escadron indompté.
Mais déjà devant eux une chaleur guerrière
Emporte loin du bord le bouillant Lesdiguière,
Vivonne, Nantouillet, et Coislin, et Salart ;
Chacun d'eux au péril veut la première part :
Vendôme, que soutient l'orgueil de sa naissance[2],
Au même instant dans l'onde impatient s'élance :
La Salle, Béringhen, Nogent, d'Ambre, Cavois,
Fendent les flots tremblants sous un si noble poids[3].
Louis, les animant du feu de son courage,
Se plaint de sa grandeur qui l'attache au rivage[4].
Par ses soins cependant trente légers vaisseaux
D'un tranchant aviron déjà coupent les eaux :
Cent guerriers s'y jetant signalent leur audace.

1. Ce vers, fort bon en lui-même, manque toutefois de justesse ou de netteté par rapport au vers qui le suit. Pour couper les joncs il convient sans doute d'avoir la faux à la main, mais non plus pour presser les laitages.
2. Il descendait de Henri IV : J. B. Rousseau a célébré aussi le courage de ce seigneur dans l'une de ses odes qui lui est adressée. III, 8.
3. On peut encore rapprocher de ces vers la pièce de Corneille, *Sur les victoires du roi*, imitée des vers latins du Père de La Rue :

    Grammont ouvre le fleuve à ces bouillants guerriers,
    Vendôme, d'un grand roi race tout héroïque,
    Vivonne, la terreur des galères d'Afrique, etc.

4. La malice n'a pas épargné ce vers : on a raillé le poëte d'avoir pris tant de peine

    Pour chanter que Louis n'a point passé le Rhin.

La réflexion est plus spirituelle que juste et le trait n'en conserve pas moins sa dignité et sa grandeur.

Le Rhin les voit d'un œil qui porte la menace ;
Il s'avance en courroux. Le plomb vole à l'instant,
Et pleut de toutes parts sur l'escadron flottant :
Du salpêtre en fureur l'air s'échauffe et s'allume[1],
Et des coups redoublés tout le rivage fume.
Déjà du plomb mortel plus d'un brave est atteint :
Sous les fougueux coursiers l'onde écume et se plaint.
De tant de coups affreux la tempête orageuse
Tient un temps sur les eaux la fortune douteuse ;
Mais Louis d'un regard sait bientôt la fixer :
Le destin à ses yeux n'oserait balancer.
Bientôt avec Grammont courent Mars et Bellone ;
Le Rhin à leur aspect d'épouvante frissonne :
Quand, pour nouvelle alarme à ses esprits glacés,
Un bruit s'épand qu'Enghien et Condé sont passés[2] ;
Condé, dont le seul nom fait tomber les murailles,
Force les escadrons, et gagne les batailles ;
Enghien, de son hymen le seul[3] et digne fruit,
Par lui dès son enfance à la victoire instruit.
L'ennemi renversé fuit et gagne la plaine :
Le dieu lui-même cède au torrent qui l'entraîne,
Et seul, désespéré, pleurant ses vains efforts,
Abandonne à Louis la victoire et ses bords[4].

1. Heureuse et énergique concision. C'est en effet le salpêtre qui fait que l'air s'échauffe et s'allume. Delille a dit avec moins de bonheur, dans les *Trois Règnes*, chant I, *le nitre irascible*, dépassant ainsi le point juste que Boileau avait touché. Corneille, dans la pièce déjà citée :

> Tout à coup il (*l'ennemi*) se montre, et de ses embuscades
> Il fait pleuvoir sur eux cent et cent mousquetades :
> Le plomb vole, l'air siffle, et les plus avancés
> Chancellent sous les coups dont ils sont traversés....

2. Si Boileau n'a parlé ni de la blessure que reçut Condé dans cette occasion, ni de la mort du neveu de ce prince, le jeune duc de Longueville (qu'il se proposait de célébrer ailleurs), c'est qu'il a voulu que toute l'attention, tout l'intérêt, fussent en quelque sorte concentrés sur la personne du roi.

3. Il y a une légère négligence dans la répétition de ce mot, déjà placé deux vers plus haut, et qui reparaîtra encore un peu plus bas.

4. On peut voir dans nos *Morceaux choisis* à l'usage de la classe de cinquième, p. 20, les mêmes faits rapportés par Pellisson. A la lecture de cette pièce, on se rappellera ce que nous dit ailleurs Boileau, qu'il était venu au monde deux ans avant Louis XIV pour célébrer la grandeur de son règne. De tels vers peuvent faire regretter qu'il n'ait pas exercé son mâle talent dans le genre de l'épopée. Aucune de celles que nous possédons n'offre, on osera l'affirmer, un épisode comparable à ce morceau pour la vivacité de l'invention, la force du coloris et du mouvement.

Épître VII.

A Racine. Sur l'utilité des ennemis [1].

Que tu sais bien, Racine, à l'aide d'un acteur,
Émouvoir, étonner, ravir un spectateur !
Jamais Iphigénie, en Aulide immolée [2],
N'a coûté tant de pleurs à la Grèce assemblée
Que, dans l'heureux spectacle à nos yeux étalé,
En a fait sous son nom verser la Champmeslé [3].
Ne crois pas toutefois par tes savants ouvrages,
Entraînant tous les cœurs, gagner tous les suffrages.
Sitôt que d'Apollon un génie inspiré
Trouve loin du vulgaire un chemin ignoré,
En cent lieux contre lui les cabales s'amassent ;
Ses rivaux obscurcis autour de lui croassent ;
Et son trop de lumière, importunant les yeux,
De ses propres amis lui fait des envieux.
La mort seule ici-bas, en terminant sa vie,
Peut calmer sur son nom l'injustice et l'envie,
Faire au poids du bon sens peser tous ses écrits
Et donner à ses vers leur légitime prix [4].
    Avant qu'un peu de terre, obtenu par prière,
Pour jamais sous la tombe eût enfermé Molière [5],

1. Les ennemis de Racine ne furent guère moins nombreux au dix-septième siècle que ses admirateurs. Les partisans exclusifs de Corneille croyaient de bonne foi peut-être rendre hommage à leur poète favori en rabaissant le génie de Racine, en contestant ses plus légitimes succès. A ceux-ci venait s'ajouter la foule ordinaire de ces obscurs envieux que toute supériorité blesse et irrite. On pourra consulter à ce sujet le livre de M. Deltour sur les *ennemis de Racine*. Cet ouvrage serait le meilleur comme le plus complet commentaire de la satire de Boileau.
2. Revoir la note 1 de la page 171 du même recueil.
3. Célèbre comédienne.
4. Cf. Horace, ode XVIII du livre III, v. 31 :

    Virtutem incolumem odimus,
  Sublatam ex oculis quærimus invidi.

La même pensée est développée par Lefranc de Pompignan dans son Ode sur la mort de J. B. Rousseau :

    Oui, la mort seule nous délivre
    Des ennemis de nos vertus ;
    Et notre gloire ne peut vivre
    Que lorsque nous ne vivons plus....

5. Molière, mort excommunié comme comédien, ne fut inhumé en terre sainte que grâce à la volonté expresse de Louis XIV.

Mille de ces beaux traits, aujourd'hui si vantés,
Furent des sots esprits à nos yeux rebutés.
L'ignorance et l'erreur à ses naissantes pièces,
En habits de marquis, en robes de comtesses,
Venaient pour diffamer son chef-d'œuvre nouveau,
Et secouaient la tête à l'endroit le plus beau.
Le commandeur voulait la scène plus exacte[1];
Le vicomte indigné sortait au second acte :
L'un, défenseur zélé des bigots mis en jeu,
Pour prix de ses bons mots le condamnait au feu ;
L'autre, fougueux marquis, lui déclarant la guerre,
Voulait venger la cour immolée au parterre.
Mais, sitôt que d'un trait de ses fatales mains
La Parque l'eut rayé du nombre des humains,
On reconnut le prix de sa muse éclipsée.
L'aimable comédie, avec lui terrassée,
En vain d'un coup si rude espéra revenir,
Et sur ses brodequins ne put plus se tenir [2].
Tel fut chez nous le sort du théâtre comique.

Toi donc qui, t'élevant sur la scène tragique,
Suis les pas de Sophocle, et, seul de tant d'esprits,
De Corneille vieilli sais consoler Paris,
Cesse de t'étonner si l'envie animée,
Attachant à ton nom sa rouille envenimée,
La calomnie en main quelquefois te poursuit.
En cela, comme en tout, le ciel qui nous conduit,
Racine, fait briller sa profonde sagesse.
Le mérite en repos s'endort dans la paresse ;
Mais par les envieux un génie excité
Au comble de son art est mille fois monté.
Plus on veut l'affaiblir, plus il croît et s'élance :
Au Cid persécuté Cinna doit sa naissance [3],
Et peut-être ta plume aux censeurs de Pyrrhus
Doit les plus nobles traits dont tu peignis Burrhus.

Moi-même, dont la gloire ici moins répandue
Des pâles envieux ne blesse point la vue,

---

1. Les clefs désignent le commandeur Souvré et le comte du Broussain, célèbres alors comme gastronomes. Singulier titre pour juger Molière !

2. On sait que dans l'antiquité le brodequin (*soccus*) était la chaussure propre aux acteurs comiques, et le cothurne la chaussure des acteurs tragiques. C'est ainsi que Martial (VIII, 3) emploie la même image pour désigner la comédie et la tragédie :

      An juvat ad tragicos soccum deferre cothurnos?

3. Allusion à la *Critique du Cid*, entreprise par l'Académie, à l'instigation de Richelieu, et rédigée par Scudéry.

8.

Mais qu'une humeur trop libre, un esprit peu soumis
De bonne heure a pourvu d'utiles ennemis,
Je dois plus à leur haine, il faut que je l'avoue,
Qu'au faible et vain talent dont la France me loue.
Leur venin, qui sur moi brûle de s'épancher,
Tous les jours en marchant m'empêche de broncher [1].
Je songe, à chaque trait que ma plume hasarde,
Que d'un œil dangereux leur troupe me regarde.
Je sais sur leurs avis corriger mes erreurs,
Et je mets à profit leurs malignes fureurs.
Sitôt que sur un vice ils pensent me confondre,
C'est en me guérissant que je sais leur répondre :
Et plus en criminel ils pensent m'ériger,
Plus, croissant en vertu, je songe à me venger.
Imite mon exemple; et lorsqu'une cabale,
Un flot de vains auteurs follement te ravale,
Profite de leur haine et de leur mauvais sens,
Ris du bruit passager de leurs cris impuissants.
Que peut contre tes vers une ignorance vaine?
Le Parnasse français, ennobli par ta veine,
Contre tous ces complots saura te maintenir
Et soulever pour toi l'équitable avenir [2].
Et qui, voyant un jour la douleur vertueuse
De Phèdre malgré soi perfide, incestueuse,
D'un si noble travail justement étonné,
Ne bénira d'abord le siècle fortuné
Qui, rendu plus fameux par tes illustres veilles,
Vit naître sous ta main ces pompeuses merveilles?
 Cependant laisse ici gronder quelques censeurs
Qu'aigrissent de tes vers les charmantes douceurs.
Et qu'importe à nos vers que Perrin les admire [3];
Que l'auteur du Jonas s'empresse pour les lire;
Qu'ils charment de Senlis le poëte idiot

1. Ces deux vers sont peu dignes de Boileau, parce qu'ils ne présentent à l'esprit qu'une image sans agrément, et dont les termes d'ailleurs n'ont ensemble aucune analogie.
2. J. B. Rousseau, dans l'ode au prince Eugène :

> Mais la déesse de mémoire,
> Favorable aux noms éclatants,
> Soulève l'équitable histoire
> Contre l'iniquité du temps.

3. Nous renvoyons pour les noms cités dans ce passage aux éditions spéciales de Boileau. Le mouvement est imité d'Horace (liv. I, sat. X, v. 78) :

> Men' moveat cimex Pantilius? aut crucier quod
> Vellicet absentem Demetrius; aut quod ineptus
> Fannius Hermogenis lædat conviva Tigelli?

Ou le sec traducteur du français d'Amyot :
Pourvu qu'avec éclat leurs rimes débitées
Soient du peuple, des grands, des provinces, goûtées;
Pourvu qu'ils sachent plaire au plus puissant des rois,
Qu'à Chantilly Condé les souffre quelquefois;
Qu'Enghien en soit touché; que Colbert et Vivonne,
Que La Rochefoucauld, Marsillac et Pomponne,
Et mille autres qu'ici je ne puis faire entrer,
A leurs traits délicats se laissent pénétrer?
Et plût au ciel encor, pour couronner l'ouvrage,
Que Montausier voulût leur donner son suffrage!
 C'est à de tels lecteurs que j'offre mes écrits;
Mais pour un tas grossier de frivoles esprits,
Admirateurs zélés de toute œuvre insipide,
Que, non loin de la place où Brioché préside,
Sans chercher dans les vers ni cadence ni son,
Il s'en aille admirer le savoir de Pradon[1] !

L'art poétique[2].

Chant I (fragment).

Préceptes aux auteurs[3].

Voulez-vous du public mériter les amours?
Sans cesse en écrivant variez vos discours :
Un style trop égal et toujours uniforme
En vain brille à nos yeux; il faut qu'il nous endorme.

---

1. Pradon avait composé une tragédie de *Phèdre* : elle fut applaudie par les ennemis de Racine. Quand on relit aujourd'hui cette triste production, on ne sait ce qui doit le plus étonner, ou de l'aveuglement de ceux qui l'exaltèrent, ou de la témérité naïve d'un poëte ignorant qui se croyait le rival de Racine.

2. 1669-1674. — Boileau avait acquis par ses productions le droit de donner des lois au Parnasse, lorsqu'il publia ce code du bon goût, ce modèle des poëmes didactiques : en y exposant, outre les règles des vers, les principes fondamentaux de l'art d'écrire, il a su être plus complet et plus approfondi qu'aucun de ses prédécesseurs. Néanmoins, il a fort profité de *l'épître aux Pisons*, et même trop fréquemment, pour qu'il nous paraisse à propos de signaler chacune de ces imitations, où il s'est souvent montré l'égal d'Horace, où quelquefois il lui a été supérieur. On les trouvera notées dans presque toutes les éditions de Boileau. Pope lui a beaucoup emprunté, à son tour, dans son *Essai sur la Critique*.

3. De ces préceptes il en faut rapprocher d'autres, non moins judi-

On lit peu ces auteurs, nés pour nous ennuyer,
Qui toujours sur un ton semblent psalmodier.
 Heureux qui, dans ses vers, sait, d'une voix légère,
Passer du grave au doux, du plaisant au sévère!
Son livre, aimé du ciel et chéri des lecteurs,
Est souvent chez Barbin entouré d'acheteurs.
 Quoi que vous écriviez, évitez la bassesse :
Le style le moins noble a pourtant sa noblesse.
Au mépris du bon sens, le burlesque effronté
Trompa les yeux d'abord, plut par sa nouveauté :
On ne vit plus en vers que pointes triviales;
Le Parnasse parla le langage des halles.
La licence à rimer alors n'eut plus de frein :
Apollon travesti devint un Tabarin[1].
Cette contagion infecta les provinces,
Du clerc et du bourgeois passa jusques aux princes;
Le plus mauvais plaisant eut ses approbateurs,
Et, jusqu'à d'Assoucy[2], tout trouva des lecteurs.
Mais de ce style enfin la cour désabusée
Dédaigna de ces vers l'extravagance aisée,
Distingua le naïf du plat et du bouffon
Et laissa la province admirer le Typhon[3].
Que ce style jamais ne souille votre ouvrage.
Imitons de Marot l'élégant badinage[4],
Et laissons le burlesque aux plaisants du Pont-Neuf.
 Mais n'allez pas aussi, sur les pas de Brébeuf,
Même en une Pharsale, entasser sur les rives
De morts et de mourants cent montagnes plaintives[5].
Prenez mieux votre ton. Soyez simple avec art,
Sublime sans orgueil, agréable sans fard.
 N'offrez rien au lecteur que ce qui peut lui plaire.
Ayez pour la cadence une oreille sévère :
Que toujours dans vos vers le sens, coupant les mots,

cieux et très-bien écrits, que renferme la préface en prose rédigée par Boileau pour la dernière édition qu'il donna de ses œuvres poétiques (1701). C'est un morceau dont on ne saurait trop recommander la lecture.

1. Espèce de paillasse qui eut beaucoup de vogue de 1620 à 1630, et qui s'était établi sur la place Dauphine. Sous son nom ont paru beaucoup de farces burlesques.

2. On l'appelait le *Singe de Scarron*.

3. Poëme par lequel Scarron avait débuté.

4. La Bruyère, au Ier chapitre de ses *Caractères*, n'a pas parlé avec moins d'estime de Marot, dont la lecture faisait, dit-on, les délices de Turenne.

5. Pascal a bien dit : « Je hais également le bouffon et l'enflé. »

Suspende l'hémistiche, en marque le repos[1].
Gardez qu'une voyelle, à courir trop hâtée,
Ne soit d'une voyelle en son chemin heurtée.
Il est un heureux choix de mots harmonieux :
Fuyez des mauvais sons le concours odieux.
Le vers le mieux rempli, la plus noble pensée,
Ne peut plaire à l'esprit quand l'oreille est blessée[2].
. . . .
Si le sens de vos vers tarde à se faire entendre,
Mon esprit aussitôt commence à se détendre,
Et, de vos vains discours prompt à se détacher,
Ne suit point un auteur qu'il faut toujours chercher[3].
Il est certains esprits dont les sombres pensées
Sont d'un nuage épais toujours embarrassées :
Le jour de la raison ne le saurait percer.
Avant donc que d'écrire, apprenez à penser[4].
Selon que notre idée est plus ou moins obscure,
L'expression la suit, ou moins nette, ou plus pure.
Ce que l'on conçoit bien s'énonce clairement,
Et les mots pour le dire arrivent aisément[5].
Surtout qu'en vos écrits la langue révérée,
Dans vos plus grands excès, vous soit toujours sacrée.
En vain vous me frappez d'un son mélodieux,
Si le terme est impropre ou le tour vicieux ;
Mon esprit n'admet point un pompeux barbarisme,
Ni d'un vers ampoulé l'orgueilleux solécisme :
Sans la langue en un mot, l'auteur le plus divin[6]

1. Voltaire, en faisant la même recommandation, que l'on a trop oubliée de nos jours, y ajoute un très-sage conseil :

> Observez l'hémistiche, et redoutez l'ennui
> Qu'un repos uniforme attache auprès de lui.

2. Cf. *Orator*, c. 44. — C'est que, pour le plus grand nombre, il faut le reconnaître, *l'oreille est le vestibule du cœur*. Vaugelas a même été jusqu'à dire dans la préface de ses Remarques, d'une manière il est vrai trop absolue, que « l'harmonie était la véritable marque de la perfection des langues. »

3. Vaugelas disait aussi, exigeant avant tout chez l'écrivain la clarté : « C'est aux paroles de faire entendre le sens, et non pas au sens de faire entendre les paroles. »

4. « Il existe en effet, suivant La Harpe, un rapport naturel et presque infaillible entre la manière de penser, de sentir, et celle de s'exprimer. » Pour le développement du sage précepte de Boileau, voyez le discours de Buffon sur le style, dans les *Morceaux choisis* de la classe de rhétorique.

5. De même Sénèque le père, parlant du rhéteur Albutius, *Controv.*, préf. du liv. III : « Quum rem animus occupavit, verba ambiunt. »

6. Sens ironique.

Est toujours, quoi qu'il fasse, un méchant écrivain.
    Travaillez à loisir, quelque ordre qui vous presse,
Et ne vous piquez point d'une folle vitesse :
Un style si rapide, et qui court en rimant,
Marque moins trop d'esprit que peu de jugement.
J'aime mieux un ruisseau, qui, sur la molle arène,
Dans un pré plein de fleurs lentement se promène,
Qu'un torrent débordé, qui d'un cours orageux,
Roule, plein de gravier, sur un terrain fangeux.
Hâtez-vous lentement[1] ; et, sans perdre courage,
Vingt fois sur le métier remettez votre ouvrage :
Polissez-le sans cesse et le repolissez[2].
Ajoutez quelquefois, et souvent effacez[3].
C'est peu qu'en un ouvrage où les fautes fourmillent
Des traits d'esprit semés de temps en temps pétillent.
Il faut que chaque chose y soit mise en son lieu ;
Que le début, la fin, répondent au milieu[4] ;
Que d'un art délicat les pièces assorties
N'y forment qu'un seul tout de diverses parties ;
Que jamais du sujet le discours s'écartant
N'aille chercher trop loin quelque mot éclatant[5].

1. Σπεῦδε βραδέως, disaient les Grecs ; et les Latins : *festina lente*. « Qui enim nimium properat, serius absolvit, » remarque Tite-Live, XXII, 39 ; et Sénèque, *Epît.* XLIV : « Ipsa se velocitas implicat. »
2. De là ce mot de Voltaire : « Tout homme qui veut bien écrire doit corriger ses ouvrages toute sa vie. »
3. Par-dessus tout, en effet, il faut se garder d'être trop long, et l'on doit partager l'avis de La Fontaine, qui a dit, *Fab.*, X, 15 :

    . . . . . . Je tiens qu'il faut laisser
  Dans les plus beaux sujets quelque chose à penser.

4. « Il faut, observe Joubert, que la fin d'un ouvrage fasse toujours souvenir du commencement. » *Pensées*, t. II, p. 115.
5. On doit regarder le premier chant de l'*Art poétique*, à l'exception du début, dont la versification est un peu pénible, comme l'une des plus heureuses inspirations de Boileau. Il est admirable surtout pour les préceptes qu'il renferme et la manière dont ils sont rendus. Dans le IIe et le IIIe chant, on parcourt sans effort, et au moyen de transitions insensibles, les différents genres de poésie que l'auteur a su caractériser par de justes définitions, où le style, le ton et le coloris sont parfaitement appropriés à leur objet. Pourquoi faut-il que Boileau, qui nous parle beaucoup du sonnet, ait omis l'apologue et La Fontaine, lorsque celui-ci avait déjà publié six livres de ses fables ? (Delille s'est appliqué, non sans bonheur, à réparer cet oubli dans son poëme de l'*Imagination*, chap. V.) Le IVe chant de l'*Art poétique* n'est pas tout à fait à la hauteur des précédents : néanmoins on y remarque, principalement à la fin, de nobles accents et de beaux vers.

J. RACINE.

(1639-1699.)

Si l'on voulait réaliser par un nom l'idée de la perfection absolue dans la versification et le style, il faudrait nommer Racine. Justesse, élégance soutenue, force, richesse et convenance, il a su réunir toutes les qualités disséminées chez les autres poëtes. De là une sorte d'égalité dans le bien, dont on s'est quelquefois prévalu contre lui pour attenter à sa réputation. Les plus beaux traits de Racine, ses plus sublimes pensées, sont amenés avec tant de naturel et si bien fondus en un ensemble achevé, que les yeux peu exercés ont souvent peine à les reconnaître. Nul n'a fait davantage éprouver au lecteur cette illusion dont parle Horace. A voir ces vers pleins d'aisance, qui n'ôtent à l'expression de l'idée rien de nécessaire et ne lui ajoutent rien de superflu, il s'imagine volontiers que lui-même il n'écrirait pas autrement que l'auteur, tandis qu'il conçoit bien, en prenant la plume, la vérité de ce mot du poëte :

>   ..... Sibi quivis
> Speret idem, sudet multum frustraque laboret
> Ausus idem : tantum series juncturaque pollet[1] !

Dans le petit nombre d'années où Racine travailla pour le théâtre, il composa douze tragédies, qui sont presque toutes demeurées l'honneur et le modèle de la scène française. Par elles il ouvrit à l'art des voies nouvelles, il le porta jusqu'à ses dernières limites, et, comme s'il n'eût cessé d'acquérir des forces, loin que son génie ait connu la décadence, sa dernière création fut son chef-d'œuvre, qu'une admiration unanime a proclamé avec Voltaire le chef-d'œuvre de l'esprit humain.

La famille de Jean Racine, anoblie récemment, avait un cygne dans ses armoiries : jamais, comme on voit, armes parlantes ne se trouvèrent mieux justifiées. Ajoutons que sa modestie et ses vertus privées égalaient ses talents. Au sein de sa famille, il enseignait par son exemple la pratique austère de tous les devoirs. Sa piété était rigide et fervente; sa charité était sans bornes. De plus, un noble patriotisme échauffait son âme. Favori de Louis XIV, il aimait le peuple comme Fénelon. On a même rapporté, mais sans preuve certaine, que, pour plaider auprès du grand roi la cause des sujets

---

1. Horace, *Art poétique*, v. 240 et suiv.

malheureux, il encourut une disgrâce qui hâta sa mort. Né à la Ferté-Milon le 21 décembre 1639, il s'éteignit à Paris le 22 avril 1699. Ses cendres reposent aujourd'hui dans l'église Saint-Étienne-du-Mont[1].

De jeunes israélites célèbrent les louanges d'un grand roi.

UNE ISRAÉLITE.
Que le peuple est heureux
Lorsqu'un roi généreux,
Craint dans tout l'univers, veut encore qu'on l'aime :
Heureux le peuple, heureux le roi lui-même !
TOUT LE CHOEUR.
O repos! ô tranquillité!
O d'un parfait bonheur assurance éternelle,
Quand la suprême autorité
Dans ses conseils a toujours auprès d'elle
La justice et la vérité !

UNE ISRAÉLITE.
Rois, chassez la calomnie :
Ses criminels attentats
Des plus paisibles Etats
Troublent l'heureuse harmonie.

1. Les comparaisons n'ont pas manqué entre Corneille et Racine. Ce qu'on peut dire avec vérité, c'est que généralement inférieur à Corneille pour la grandeur des idées et des caractères autant que pour la fécondité de l'invention, Racine lui est, en revanche, supérieur par la manière dont il traite la passion et par l'emploi des images dans le style, où il est, avec Boileau, notre modèle le plus soutenu. Quoique l'avis de Voltaire fût qu'on se bornât, pour l'apprécier, à ces mots placés au bas de toutes les pages : « beau, pathétique, harmonieux, admirable, sublime, » on a souvent éclairé son texte par des commentaires plus ou moins développés. Nous signalerons, dans le nombre, ceux de La Harpe, qui lui a consacré un excellent éloge, de Geoffroy, d'Aimé Martin et de M. Louandre, qui ont donné des éditions soignées et correctes de Racine. On regrettera d'ailleurs que ce grand homme, par un excès d'abnégation, n'ait jamais voulu lui-même rassembler et reviser ses œuvres. Parmi ceux qui l'ont bien jugé, il faut signaler encore Vauvenargues, Auger, Lemercier, Roger et M. Nisard. On lira aussi avec intérêt, sur la vie domestique et sur les travaux de ce poëte, des Mémoires que nous devons au second de ses fils, à Louis Racine, quoiqu'ils aient été rédigés avec plus de piété que d'exactitude. Un de nos contemporains a heureusement exprimé cette sensibilité profonde qui était un des traits de son caractère et qui est un des charmes de son talent : c'est M. Sainte-Beuve, dans l'ode intitulée *les Larmes de Racine.*

Sa fureur, de sang avide,
Poursuit partout l'innocent.
Rois, prenez soin de l'absent
Contre sa langue homicide.

De ce monstre si farouche
Craignez la feinte douceur :
La vengeance est dans son cœur,
Et la pitié dans sa bouche.

La fraude adroite et subtile
Sème de fleurs son chemin :
Mais sur ses pas vient enfin
Le repentir inutile[1].

UNE ISRAÉLITE, *seule*.

D'un souffle l'aquilon écarte les nuages
  Et chasse au loin la foudre et les orages :
Un roi sage, ennemi du langage menteur,
Écarte d'un regard le perfide imposteur.

UNE AUTRE.

J'admire un roi victorieux,
Que sa valeur conduit triomphant en tous lieux ;
  Mais un roi sage et qui hait l'injustice,
  Qui, sous la loi du riche impérieux
  Ne souffre point que le pauvre gémisse,
    Est le plus beau présent des cieux[2].

UNE AUTRE.

La veuve en sa défense espère ;

UNE AUTRE.

De l'orphelin il est le père ;

TOUTES ENSEMBLE.

Et les larmes du juste implorant son appui
  Sont précieuses devant lui[3].

---

1. Louis Racine nous apprend que son père « se félicitait de ces quatre stances, qui contiennent des vérités utiles aux rois. » Le grand poëte n'eût été que juste en s'applaudissant aussi de l'élégance gracieuse et de l'heureuse facilité de style qui y respirent. — On peut rapprocher de ces stances l'ode *contre les calomniateurs*, que J. B. Rousseau a tirée du psaume CXIX.

2. Ces vers sont dignes de l'homme généreux et sensible aux souffrances publiques qui composa vers la fin de sa carrière, et d'accord avec Mme de Maintenon, à ce qu'il paraît, un mémoire adressé au roi sur les moyens de remédier aux calamités dont la France, dès 1697, commençait à être assaillie par suite de guerres trop prolongées.

3. Rousseau a dit à peu près comme Racine, son maître, *Od.*, I, 6 :

    Et les larmes de l'innocence
    Sont précieuses devant lui.

UNE ISRAÉLITE, *seule*.

Détourne, roi puissant, détourne tes oreilles
De tout conseil barbare et mensonger.
   Il est temps que tu t'éveilles :
Dans le sang innocent ta main va se plonger,
   Pendant que tu sommeilles.
Détourne, roi puissant, détourne tes oreilles
De tout conseil barbare et mensonger.

UNE AUTRE.

Ainsi puisse sous toi trembler la terre entière!
Ainsi puisse à jamais contre tes ennemis
Le bruit de ta valeur te servir de barrière!
S'ils t'attaquent, qu'ils soient en un moment soumis ;
   Que de ton bras la force les renverse;
   Que de ton nom la terreur les disperse[1]!...

Esther, act. III, sc. III.

Britannicus[2].

(Extraits.)

Agrippine avait conçu l'espérance de régner sous le nom de son fils Néron, qu'elle avait fait empereur; mais son ambition a été trompée : le prince veut se dérober à son joug. Elle en a acquis la douloureuse certitude, et vient de s'en plaindre amèrement à sa confidente Albine. Pour ressaisir la puissance qui lui échappe, elle s'est rendue à la porte de l'appartement de Néron, prête à lui reprocher sa conduite et à le menacer de sa vengeance. Pendant qu'elle attend son réveil, elle voit sortir Burrhus de chez lui.

ACTE I, SCÈNE II.

Agrippine (mère de l'empereur Néron), *Burrhus* (gouverneur de Néron), *Albine* (confidente d'Agrippine).

BURRHUS. Madame,
Au nom de l'empereur j'allais vous informer
D'un ordre qui d'abord a pu vous alarmer,

---

1. « Quel lyrisme vrai, naturel, motivé, remarque M. Sainte-Beuve (article sur Lebrun), que celui de Racine dans *Esther*, quand il nous fait entendre ses chœurs mélodieux, si bien placés dans la bouche des jeunes filles de Saint-Cyr! » Quelle onction, peut-on ajouter, y tempère à tout moment l'éclat des traits sublimes, empruntés au langage des écrivains sacrés ou même à celui des prophètes! Il faudra, pour mieux comprendre et mieux apprécier Racine, recourir au texte des uns et des autres.

2. 1669. Ce fut la quatrième tragédie de Racine et sa cinquième

> Mais qui n'est que l'effet d'une sage conduite,
> Dont César a voulu que vous soyez instruite.
>
> AGRIPPINE.
>
> Puisqu'il le veut, entrons : il m'en instruira mieux.
>
> BURRHUS.
>
> César pour quelque temps s'est soustrait à nos yeux.
> Déjà, par une porte au public moins connue,
> L'un et l'autre consul vous avaient prévenue,
> Madame. Mais souffrez que je retourne exprès.
>
> AGRIPPINE.
>
> Non, je ne trouble point ses augustes secrets.
> Cependant voulez-vous qu'avec moins de contrainte
> L'un et l'autre une fois nous nous parlions sans feinte?
>
> BURRHUS.
>
> Burrhus pour le mensonge eut toujours trop d'horreur.

pièce, puisqu'elle fut précédée de l'excellente farce des *Plaideurs*. Depuis le début dramatique de ce poëte en 1664, quelle carrière n'avait-il point franchie ? Ces années si fécondes ne devaient pas cependant l'être plus que les suivantes, marquées par *Bérénice, Bajazet, Mithridate, Iphigénie, Phèdre,* que contient un espace de sept ans, et après lesquelles ce génie, dans toute sa force, se condamna pour si longtemps au repos.

Racine, dans une préface d'un ton un peu irrité, qui fut suivie d'une autre plus calme, a témoigné lui-même que, « de tous les ouvrages qu'il avait donnés au public, il n'en était aucun qui lui eût attiré plus d'applaudissements ni plus de censeurs que celui-là. » En réalité, quoi que ce fût la tragédie, ajoutait l'écrivain, « qu'il eût le plus travaillée, » elle eut d'abord auprès des spectateurs un très-faible succès. Son fils nous en donne la raison : pour apprécier la pureté énergique et sévère de cette œuvre, il fallait la méditer comme on médite Tacite. Aussi Voltaire a-t-il dit que c'était *la pièce des connaisseurs*. Boileau n'en avait pas moins compris l'excellence ; et, soutenant dès lors son ami contre les rigueurs de ses juges, il lui avait dit dans des vers pleins de verve, et, ce qui est plus rare chez lui, de sensibilité (épître VII) :

> . . . Peut-être ta plume aux censeurs de Pyrrhus
> Doit les plus nobles traits dont tu peignis Burrhus. . .

Ce qui fait l'intérêt moral de cette tragédie, c'est l'étude profonde de la lutte d'une nature perverse contre les soins et les espérances d'une éducation prudente; ce sont les débuts d'une scélératesse qui presque aussitôt devient extrême. L'éveil de l'âme de Néron aux passions qui la rendront atroce, tel est le véritable sujet que Racine, en s'appuyant sur Tacite, a retracé avec tant de coloris et de profondeur. A l'égard des nombreux endroits où l'auteur français a lutté contre les beautés de l'historien romain, qu'il s'est souvent appropriées, on recourra aux notes placées dans les meilleures éditions, et que nous avons cru, par ce motif même, superflu de reproduire. C'est dans les *Annales* « du plus grand peintre de l'antiquité, » liv. XII-XIV, que se trouvent la plupart des passages imités.

AGRIPPINE.

Prétendez-vous longtemps me cacher l'empereur?
Ne le verrai-je plus qu'à titre d'importune?
Ai-je donc élevé si haut votre fortune
Pour mettre une barrière entre mon fils et moi?
Ne l'osez-vous laisser un moment sur sa foi?
Entre Sénèque et vous disputez-vous la gloire
A qui[1] m'effacera plus tôt de sa mémoire?
Vous l'ai-je confié pour en faire un ingrat,
Pour être[2], sous son nom, les maîtres de l'État?
Certes, plus je médite, et moins je me figure
Que vous m'osiez compter pour votre créature,
Vous dont j'ai pu[3] laisser vieillir l'ambition
Dans les honneurs obscurs de quelque légion;
Et moi, qui sur le trône ai suivi mes ancêtres,
Moi, fille, femme, sœur et mère de vos maîtres[4].
Que prétendez-vous donc? Pensez-vous que ma voix
Ait fait un empereur pour m'en imposer trois?
Néron n'est plus enfant : n'est-il pas temps qu'il règne?
Jusqu'à quand voulez-vous que l'empereur vous craigne?
Ne saurait-il rien voir qu'il n'emprunte vos yeux?
Pour se conduire, enfin, n'a-t-il pas ses aïeux?
Qu'il choisisse, s'il veut, d'Auguste ou de Tibère;
Qu'il imite, s'il peut, Germanicus mon père.
Parmi tant de héros je n'ose me placer;
Mais il est des vertus que je lui puis tracer :
Je puis l'instruire au moins combien[5] sa confidence
Entre un sujet et lui doit laisser de distance.

1. Quelques grammairiens trop scrupuleux ont, bien à tort, critiqué ce tour, qui est d'une hardiesse d'autant plus heureuse que l'art de Racine la dérobe, et que la richesse de la pensée se trouve jointe à la parfaite clarté de l'expression.

2. La sévérité de la grammaire exigerait *pour que vous soyez;* mais on admettra sans peine cette construction, dont la brièveté rapide n'exclut nullement la netteté au point de vue du sens.

3. C'est-à-dire dont *j'aurais pu.* De même, en latin, nous trouvons *potui, debui, etc.,* pour *potuissem, debuissem.*

4. On se rappelle ici un passage célèbre de Virgile (*Én*, I, 50) : ce poète sera encore imité un peu plus loin. Agrippine, veuve de Claude, était sœur de Caligula : et quant au père de cette princesse, Germanicus, il avait été déclaré *imperator* par le sénat; mais ce titre, pris dans l'ancienne acception, était purement honorifique à son égard.

5. D'Olivet reproche à Racine cette construction, qui serait peut-être condamnable dans la prose; mais comme au mérite de la nouveauté elle joint l'avantage de ne choquer ni l'oreille ni le goût, on ne devra faire aucune difficulté de l'amnistier en poésie.

BURRHUS.

Je ne m'étais chargé, dans cette occasion,
Que d'excuser César d'une seule action ;
Mais puisque, sans vouloir que je le justifie,
Vous me rendez garant du reste de sa vie,
Je répondrai, madame, avec la liberté
D'un soldat qui sait mal farder la vérité[1].
   Vous m'avez de César confié la jeunesse :
Je l'avoue, et je dois m'en souvenir sans cesse.
Mais vous avais-je fait serment de le trahir,
D'en faire un empereur qui ne sût qu'obéir ?
Non. Ce n'est plus à vous qu'il faut que j'en réponde ;
Ce n'est plus votre fils, c'est le maître du monde.
J'en dois compte, madame, à l'empire romain,
Qui croit voir son salut ou sa perte en ma main.
Ah ! si dans l'ignorance il le fallait instruire[2],
N'avait-on que Sénèque et moi pour le séduire ?
Pourquoi de sa conduite éloigner les flatteurs ?
Fallait-il dans l'exil chercher des corrupteurs ?
La cour de Claudius, en esclaves fertile,
Pour deux que l'on cherchait en eût présenté mille,
Qui tous auraient brigué l'honneur de l'avilir :
Dans une longue enfance ils l'auraient fait vieillir.
De quoi vous plaignez-vous, madame ? on vous révère :
Ainsi que par César, on jure par sa mère[3].
L'empereur, il est vrai, ne vient plus chaque jour
Mettre à vos pieds l'empire et grossir votre cour ;
Mais le doit-il, madame ? et sa reconnaissance
Ne peut-elle éclater que dans sa dépendance ?
Toujours humble, toujours le timide Néron
N'ose-t-il être Auguste et César que de nom ?

---

1. Une des grandes beautés de cette scène, d'après Geoffroy, réside dans le contraste de la fougue insolente et des emportements d'Agrippine avec la gravité, la sage retenue et la fermeté noble de Burrhus, qui se respecte toujours lui-même en respectant Agrippine. Son discours est un modèle de raison et de convenance.

2. On notera ces alliances de mots, secret des grands écrivains, qui font ressortir les idées par l'opposition même des termes : déjà on a vu plus haut *obscurs honneurs;* plus bas on rencontrera *vieillir dans l'enfance,* l'honneur de l'avilir. Au reste, pour s'exprimer ainsi, observe La Harpe, il faut saisir les pensées dans tous leurs rapports et dans toute leur étendue : c'est la force des conceptions qui fait alors celle du style.

3. Cela ne veut pas dire, comme le prétendent quelques-uns, que l'on prêtait serment à la mère de l'empereur, mais simplement qu'on jurait *per genium Agrippinæ,* de la même manière que *per genium Cæsaris.*

Vous le dirai-je enfin? Rome le justifie.
Rome, à trois affranchis[1] si longtemps asservie,
A peine respirant du joug qu'elle a porté,
Du règne de Néron compte sa liberté.
Que dis-je? la vertu semble même renaître :
Tout l'empire n'est plus la dépouille d'un maître[2].
Le peuple au champ de Mars nomme ses magistrats ;
César nomme les chefs sur la foi des soldats;
Thraséas au sénat, Corbulon dans l'armée,
Sont encore innocents malgré leur renommée[3];
Les déserts, autrefois peuplés de sénateurs,
Ne sont plus habités que par leurs délateurs[4].
Qu'importe que César continue à nous croire,
Pourvu que nos conseils ne tendent qu'à sa gloire;
Pourvu que, dans le cours d'un règne florissant,
Rome soit toujours libre et César tout-puissant!
Mais, madame, Néron suffit pour se conduire.
J'obéis, sans prétendre à l'honneur de l'instruire :
Sur ses aïeux, sans doute, il n'a qu'à se régler;
Pour bien faire, Néron n'a qu'à se ressembler.
Heureux si ses vertus, l'une à l'autre enchaînées,
Ramènent tous les ans ses premières années !

AGRIPPINE.

Ainsi, sur l'avenir n'osant vous assurer,
Vous croyez que sans vous Néron va s'égarer.
Mais vous qui, jusqu'ici content de votre ouvrage,
Venez de ses vertus nous rendre témoignage,
Expliquez-nous pourquoi, devenu ravisseur,
Néron de Silanus fait enlever la sœur!
Ne tient-il qu'à marquer de cette ignominie
Le sang de mes aïeux qui brille dans Junie?
De quoi l'accuse-t-il? Et par quel attentat
Devient-elle en un jour criminelle d'Etat?
Elle qui, sans orgueil jusqu'alors élevée,
N'aurait point vu Néron, s'il ne l'eût enlevée,

---

1. Pallas, Calliste et Narcisse, qui avaient régné sous Claude.
2. C'est-à-dire *la dépouille possédée par un maître* : tour qui manque au moins de netteté.
3. Suivant la remarque de Geoffroy, ce vers, qui réunit l'énergie de Tacite à l'élégance et à l'harmonie de Racine, est ici d'un effet d'autant plus beau, que l'imagination se représente l'avenir peu éloigné où ces illustres Romains devaient expier par la proscription leur gloire et leurs vertus.
4. Nourri de la lecture des anciens, Racine s'est rappelé ce trait de Pline le jeune, dans son *Panégyrique de Trajan*, c. XXXV : « Quum insulas omnes, quas modo senatorum, jam delatorum turba compleret... »

Et qui même aurait mis au rang de ses bienfaits
L'heureuse liberté de ne le voir jamais!
BURRHUS.
Je sais que d'aucun crime elle n'est soupçonnée;
Mais jusqu'ici César ne l'a point condamnée,
Madame. Aucun objet ne blesse ici ses yeux :
Elle est dans un palais tout plein de ses aïeux.
Vous savez que les droits qu'elle porte avec elle
Peuvent de son époux faire un prince rebelle;
Que le sang de César ne se doit allier
Qu'à ceux à qui César le veut bien confier;
Et vous-même avouerez qu'il ne serait pas juste
Qu'on disposât sans lui de la nièce[1] d'Auguste.
AGRIPPINE.
Je vous entends : Néron m'apprend par votre voix
Qu'en vain Britannicus s'assure sur mon choix.
En vain, pour détourner ses yeux de sa misère,
J'ai flatté son amour d'un hymen qu'il espère :
A ma confusion, Néron veut faire voir
Qu'Agrippine promet par-delà son pouvoir[2].
Rome de ma faveur est trop préoccupée :
Il veut par cet affront qu'elle soit détrompée,
Et que tout l'univers apprenne avec terreur
A ne confondre plus mon fils et l'empereur.
Il le peut. Toutefois j'ose encore lui dire
Qu'il doit avant ce coup affermir son empire,
Et qu'en me réduisant à la nécessité
D'éprouver contre lui ma faible autorité,
Il expose la sienne, et que dans la balance
Mon nom peut-être aura plus de poids qu'il ne pense.
BURRHUS.
Quoi, madame! toujours soupçonner son respect!
Ne peut-il faire un pas qu'il ne vous soit suspect?
L'empereur vous croit-il du parti de Junie?
Avec Britannicus vous croit-il réunie?
Quoi! de vos ennemis devenez-vous l'appui
Pour trouver un prétexte à vous plaindre de lui?
Sur le moindre discours qu'on pourra vous redire
Serez-vous toujours prête à partager l'empire?

---

1. Forme poétique, ou plutôt imitée des Latins, pour signifier *petite-fille*, et même, ce qui est plus exact ici, *arrière-petite-fille*.

2. Son crédit ruiné, sa puissance abaissée, voilà, au fond, tout ce qui exaspère Agrippine : dans chacune des paroles qu'elle prononce se peint admirablement son caractère, odieux mélange de l'égoïsme avec l'orgueil, et si bien opposé à celui de Burrhus, où la probité se joint à l'amour du bien public.

Vous craindrez-vous sans cesse? et vos embrassements
Ne se passeront-ils qu'en éclaircissements?
Ah! quittez d'un censeur la triste diligence :
D'une mère facile affectez l'indulgence;
Souffrez quelques froideurs sans les faire éclater,
Et n'avertissez point la cour de vous quitter[1].

AGRIPPINE.

Et qui s'honorerait de l'appui d'Agrippine[2],
Lorsque Néron lui-même annonce ma ruine;
Lorsque de sa présence il semble me bannir;
Quand Burrhus à sa porte ose me retenir[3]?

BURRHUS.

Madame, je vois bien qu'il est temps de me taire,
Et que ma liberté commence à vous déplaire.
La douleur est injuste; et toutes les raisons
Qui ne la flattent point aigrissent ses soupçons.
Voici Britannicus. Je lui cède ma place :
Je vous laisse écouter et plaindre sa disgrâce,
Et peut-être, madame, en accuser les soins
De ceux que l'empereur a consultés le moins.

Agrippine offre en effet son appui à Britannicus, qui vient redemander Junie et aspire à sortir enfin de la sujétion où son enfance a été retenue. Déjà le caractère généreux du jeune prince l'avait voué aux soupçons et à la haine de Néron; l'empereur ne lui pardonnera ni son amour pour Junie, ni le souvenir qu'il a conservé des droits de sa naissance. Par l'affranchi Narcisse, qui s'est insinué dans la confiance de Britannicus, il connaît ses secrets : poussé par cet infâme conseiller, il va songer au moyen de se délivrer d'un rival. Mais la politique d'Agrippine l'engage à combattre les mauvaises passions de son fils, parce que, dans ces passions, elle voit une menace pour sa propre autorité.

ACTE III, SCÈNE III.

Agrippine, Burrhus, Albine.

AGRIPPINE.

Hé bien, je me trompais, Burrhus, dans mes soupçons!
Et vous vous signalez par d'illustres leçons[4]!

1. C'est là en effet ce qui devait arriver, comme nous l'apprend Tacite, *Ann.*, XIII, 19, dès qu'aurait éclaté la mésintelligence de la mère et du fils.
2. Cf. Virgile, *Én.*, 1, 52.
3. Il serait intéressant d'établir un rapprochement entre Agrippine et le personnage de Cléopâtre dans la tragédie de *Rodogune* de Corneille.
4. Remarquez l'ironie amère qui perce dès ces premières paroles,

On exile Pallas, dont le crime peut-être
Est d'avoir à l'empire élevé votre maître.
Vous le savez trop bien : jamais, sans ses avis,
Claude qu'il gouvernait n'eût adopté mon fils.
Que dis-je ? à son épouse¹ on donne une rivale ;
On affranchit Néron de la foi conjugale :
Digne emploi d'un ministre ennemi des flatteurs,
Choisi pour mettre un frein à ses jeunes ardeurs,
De les flatter lui-même, et nourrir dans son âme
Le mépris de sa mère et l'oubli de sa femme!
        BURRHUS.
Madame, jusqu'ici c'est trop tôt m'accuser :
L'empereur n'a rien fait qu'on ne puisse excuser.
N'imputez qu'à Pallas un exil nécessaire :
Son orgueil dès longtemps exigeait ce salaire ;
Et l'empereur ne fait qu'accomplir à regret
Ce que toute la cour demandait en secret.
Le reste est un malheur qui n'est point sans ressource :
Des larmes d'Octavie on peut tarir la source.
Mais calmez vos transports ; par un chemin plus doux,
Vous lui pourrez plutôt ramener son époux :
Les menaces, les cris, le rendront plus farouche.
        AGRIPPINE.
Ah! l'on s'efforce en vain de me fermer la bouche.
Je vois que mon silence irrite vos dédains ;
Et c'est trop respecter l'ouvrage de mes mains.
Pallas n'emporte pas tout l'appui d'Agrippine :
Le ciel m'en laisse assez pour venger ma ruine.
Le fils de Claudius commence à ressentir²
Des crimes dont je n'ai que le seul repentir :
J'irai, n'en doutez point, le montrer à l'armée,
Plaindre aux yeux des soldats son enfance opprimée,
Leur faire, à mon exemple, expier leur erreur.
On verra d'un côté le fils d'un empereur
Redemandant la foi jurée à sa famille,
Et de Germanicus on entendra la fille ;
De l'autre l'on verra le fils d'Enobarbus³,
Appuyé de Sénèque et du tribun Burrhus,
Qui, tous deux de l'exil rappelés par moi-même,

et qui, dans toute la scène, prêtera une force merveilleuse à l'éloquence d'Agrippine.

1. Octavie, fille de l'empereur Claude et sœur de Britannicus.
2. C'est-à-dire, Britannicus commence à concevoir le ressentiment des crimes, à s'y montrer sensible.....
3. Ou *Ahénobarbus* (à la barbe couleur d'airain ou rousse) ; surnom des Domitius : c'était par conséquent celui du père de Néron, premier mari d'Agrippine.

Partagent à mes yeux l'autorité suprême.
De nos crimes communs je veux qu'on soit instruit,
On saura les chemins par où je l'ai conduit :
Pour rendre sa puissance et la vôtre odieuses,
J'avouerai les rumeurs les plus injurieuses ;
Je confesserai tout, exil, assassinats,
Poison même[1]...

BURRHUS. Madame, ils ne vous croiront pas :
Ils sauront récuser l'injuste stratagème
D'un témoin irrité qui s'accuse lui-même.
Pour moi, qui le premier secondai vos desseins,
Qui fit même jurer l'armée entre ses mains,
Je ne me repens pas de ce zèle sincère :
Madame, c'est un fils qui succède à son père.
En adoptant Néron, Claudius par son choix
De son fils et du vôtre a confondu les droits :
Rome l'a pu choisir. Ainsi, sans être injuste,
Elle choisit Tibère adopté par Auguste ;
Et le jeune Agrippa, de son sang descendu,
Se vit exclu du rang vainement prétendu.
Sur tant de fondements sa puissance établie
Par vous-même aujourd'hui ne peut être affaiblie.
Et s'il m'écoute encor, madame, sa bonté
Vous en fera bientôt perdre la volonté.
J'ai commencé, je vais poursuivre mon ouvrage.

Quel que soit le dévouement de Burrhus pour Néron, il ne tardera pas à s'apercevoir qu'il est devenu, comme Agrippine, odieux à ce prince que révolte toute contrainte. Celui-ci s'est bientôt assuré de la personne de Britannicus, pour lequel il a surpris l'innocent amour de Junie ; il donne ordre d'arrêter sa mère elle-même. Puis, feignant de consentir à un rapprochement, il se rend auprès d'elle ; il l'écoute à loisir, pendant qu'elle lui rappelle tous les soins qu'elle a pris pour l'élever jusqu'au trône ; il paraît vouloir la satisfaire sur chacun des griefs qu'elle allègue.

Acte IV, scène III[2].

Néron, Burrhus.

BURRHUS.
Que cette paix, seigneur, et ces embrassements
Vont offrir à mes yeux de spectacles charmants !

1. Cette suspension et la réponse de Burrhus paraissent à La Harpe « des coups de l'art en fait de dialogue ». Burrhus interrompt et parle, non en courtisan curieux de flatter, mais en ministre vertueux qui veut sauver l'honneur de l'empire. En outre, quelle leçon morale dans ces accusations d'Agrippine contre elle-même, et dans ces remords de son ambition trompée !
2. Ce quatrième acte, on l'a souvent répété, est sans contredit un

Vous savez si jamais ma voix lui fut contraire,
Si de son amitié j'ai voulu vous distraire,
Et si j'ai mérité cet injuste courroux.
   NÉRON.
Je ne vous flatte point, je me plaignais de vous,
Burrhus : je vous ai crus tous deux d'intelligence ;
Mais son inimitié vous rend ma confiance.
Elle se hâte trop, Burrhus, de triompher :
J'embrasse mon rival, mais c'est pour l'étouffer[1].
   BURRHUS.
Quoi, seigneur !
      NÉRON. C'en est trop : il faut que sa ruine
Me délivre à jamais des fureurs d'Agrippine.
Tant qu'il respirera, je ne vis qu'à demi :
Elle m'a fatigué de ce nom ennemi ;
Et je ne prétends pas que sa coupable audace
Une seconde fois lui promette ma place.
   BURRHUS.
Elle va donc bientôt pleurer Britannicus ?
   NÉRON.
Avant la fin du jour je ne le craindrai plus[2].
   BURRHUS.
Et qui de ce dessein vous inspire l'envie[3] ?
   NÉRON.
Ma gloire, mon amour, ma sûreté, ma vie.

---

des plus beaux du théâtre français : il en est peu qui rassemblent des scènes de cette force et de cette variété. — Quant à celle que nous reproduisons ici, et qui mérite particulièrement les plus grands éloges, on a pensé que l'idée en avait pu être suggérée à Racine par une des scènes de l'*Octavie* de Sénèque, II, 2, où l'on reconnaît un certain nombre de traits que le poëte français paraît s'être appropriés. Mais quelle distance il y a entre son style si souple, si élevé et si naturel, et celui de l'auteur latin, toujours tendu, hérissé de sentences et visant à l'effet !

1. Ce beau vers est imité de Rotrou, qui avait dit, dans une de ses tragédies les plus obscures, *Crisante* :

  Et le traître m'embrasse afin de m'étouffer.

On lit aussi dans la tragédie de *Rodogune* (II, 4), qui a fourni encore d'autres imitations à Racine dans *Britannicus* :

  Nous ayant embrassés, elle nous assassine.

2. Dans ce seul mot se montre Néron, selon le jugement de La Harpe : il y a d'ailleurs dans toute cette peinture une effrayante vérité ; c'est un modèle unique du développement des caractères.

3. Ce vers a été condamné comme renfermant une grave impropriété de termes : car on ne saurait dire *l'envie d'un dessein*.

BURRHUS.
Non, quoi que vous disiez, cet horrible dessein
Ne fut jamais, seigneur, conçu dans votre sein.
　　　　NÉRON.
Burrhus!
BURRHUS. De votre bouche, ô ciel! puis-je l'apprendre?
Vous-même, sans frémir avez-vous pu l'entendre?
Songez-vous dans quel sang vous allez vous baigner?
Néron dans tous les cœurs est-il las de régner?
Que dira-t-on de vous? quelle est votre pensée?
　　　　NÉRON.
Quoi! toujours enchaîné de ma gloire passée[1],
J'aurai devant les yeux je ne sais quel amour
Que le hasard nous donne et nous ôte en un jour!
Soumis à tous leurs vœux, à mes désirs contraire,
Suis-je leur empereur seulement pour leur plaire[2]?
　　　　BURRHUS.
Et ne suffit-il pas, seigneur, à vos souhaits
Que le bonheur public soit un de vos bienfaits?
C'est à vous à choisir, vous êtes encor maître.
Vertueux jusqu'ici, vous pouvez toujours l'être :
Le chemin est tracé, rien ne vous retient plus;
Vous n'avez qu'à marcher de vertus en vertus.
Mais, si de vos flatteurs vous suivez la maxime,
Il vous faudra, seigneur, courir de crime en crime[3],
Soutenir vos rigueurs par d'autres cruautés,
Et laver dans le sang vos bras ensanglantés[4].
Britannicus mourant excitera le zèle
De ses amis, tout prêts à prendre sa querelle.
Ces vengeurs trouveront de nouveaux défenseurs,

1. L'exemple de nos bons poëtes, dit La Harpe, a prouvé que le *de* ablatif a plus de grâce en poésie que le *par*, toutes les fois qu'il n'est pas contraire à la syntaxe et au génie de la langue. — On lit notamment dans les poésies de Malherbe : « Je suis vaincu du temps. »

2. Corneille a dit un peu après, par la bouche de Bérénice, s'adressant à Titus :

　　N'êtes-vous dans ce trône, où tant de monde aspire,
　　Que pour assujettir l'empereur à l'empire?

3. Remarquez l'antithèse de ces deux expressions, *marcher de vertus en vertus* et *courir de crime en crime*. La seule opposition de ces deux termes est une leçon de morale : elle nous rappelle que la vertu s'acquiert et se développe par des efforts patients, continus et sans trouble ; que le crime au contraire, une seule fois consenti, jette le coupable sur cette pente fatale et irrésistible qui l'entraîne comme malgré lui jusqu'à l'abîme.

4 Voilà, comme parle Voltaire, la vigueur de Tacite exprimée

Qui même après leur mort auront des successeurs :
Vous allumez un feu qui ne pourra s'éteindre.
Craint de tout l'univers, il vous faudra tout craindre[1],
Toujours punir, toujours trembler dans vos projets,
Et pour vos ennemis compter tous vos sujets.
Ah! de vos premiers ans l'heureuse expérience
Vous fait-elle, seigneur, haïr votre innocence?
Songez-vous au bonheur qui les a signalés?
Dans quel repos, ô ciel, les avez-vous coulés!
Quel plaisir de penser et de dire en vous-même :
« Partout en ce moment, on me bénit, on m'aime;
On ne voit point le peuple à mon nom s'alarmer;
Le ciel dans tous leurs pleurs ne m'entend point nommer;
Leur sombre inimitié ne fuit point mon visage;
Je vois voler partout les cœurs à mon passage. »
Tels étaient vos plaisirs. Quel changement, ô dieux!
Le sang le plus abject vous était précieux :
Un jour, il m'en souvient, le sénat équitable
Vous pressait de souscrire à la mort d'un coupable;
Vous résistiez, seigneur, à leur sévérité;
Votre cœur s'accusait de trop de cruauté;
Et plaignant les malheurs attachés à l'empire,
« Je voudrais, disiez-vous, ne savoir pas écrire[2]. »
Non, ou vous me croirez, ou bien de ce malheur
Ma mort m'épargnera la vue et la douleur :
On ne me verra point survivre à votre gloire,

dans des vers dignes de Racine. Ici sont reproduites, avec une grande supériorité, les idées suivantes du *Venceslas* de Rotrou :

> Un crime pourrait bien être un essai de l'autre.
> Ainsi que les vertus, les crimes enchaînés
> Sont toujours ou souvent l'un par l'autre traînés.

1. Ainsi Corneille, dans la *Mort de Pompée*, I, 1 :

> Auteur des maux de tous, il est à tous en butte.

Au reste, la même pensée se retrouve souvent exprimée chez les anciens. Labérius, cité par Sénèque le philosophe, *de Ira*, II, 11, avait dit :

> Necesse est multos timeat quem multi timent;

et Sénèque le tragique, avec plus d'énergie, *OEdipus* :

> Qui sceptra duro sævus imperio regit,
> Timet timentes : metus in auctorem redit.

Cf. Cicéron, *de Officiis*, II.

2. Dans tout ce discours, Racine a imité de très-près Sénèque, *de Clementia*, I, 3, 8, 13; II, 1. On peut voir aussi Suétone, *in Nerone*, c. 10.

Si vous allez commettre une action si noire.
(*Se jetant aux pieds de Néron.*)
Me voilà prêt, seigneur : avant que de partir,
Faites percer ce cœur qui n'y peut consentir;
Appelez les cruels qui vous l'ont inspirée :
Qu'ils viennent essayer leur main mal assurée...
Mais je vois que mes pleurs touchent mon empereur;
Je vois que sa vertu frémit de leur fureur :
Ne perdez point de temps, nommez-moi les perfides
Qui vous osent donner ces conseils parricides;
Appelez votre frère, oubliez dans ses bras....

NÉRON.
Ah! que demandez-vous?
     BURRHUS. Non, il ne vous hait pas,
Seigneur; on le trahit : je sais son innocence;
Je vous réponds pour lui de son obéissance.
J'y cours. Je vais presser un entretien si doux[1].

NÉRON.
Dans mon appartement qu'il m'attende avec vous.

ACTE IV, SCÈNE IV.

Néron, Narcisse[2].

NARCISSE.
Seigneur, j'ai tout prévu pour une mort si juste :
Le poison est tout prêt. La fameuse Locuste[3]
A redoublé pour moi ses soins officieux :
Elle a fait expirer un esclave à mes yeux[4];

---

1. Le plus grand éloge de ces paroles de Burrhus, remarque La Harpe, c'est qu'elles parviennent à toucher Néron lui-même, et qu'on n'en soit pas surpris.

2. Il n'appartient qu'à un génie du premier ordre, a dit Fontenelle, de présenter sur la scène des caractères vils et méprisables : car ils sont toujours très-difficiles à manier. Pour celui de Narcisse, Voltaire l'a cité comme le modèle qu'il fallait suivre, quand on avait besoin de personnages de cette espèce; et la scène où il s'entretient avec Néron lui a semblé surtout digne d'admiration, à cause du contraste qu'elle offre avec la précédente et de la connaissance du cœur humain qui s'y révèle. On peut voir la comparaison que M. Villemain a faite du personnage de Narcisse avec l'Iago de Shakspeare dans *Othello : Tableau de la Littérature au XVIIIe siècle*.

3. Empoisonneuse qu'Agrippine avait arrachée au supplice pour se servir de ses talents, et que Néron avait depuis logée dans son palais : « Diu inter instrumenta regni habita, » dit Tacite.

4. Suétone raconte seulement que l'on fit l'épreuve du poison sur

Et le fer est moins prompt, pour trancher une vie,
Que le nouveau poison que sa main me confie.
   NÉRON.
Narcisse, c'est assez : je reconnais ce soin,
Et ne souhaite pas que vous alliez plus loin.
   NARCISSE.
Quoi! pour Britannicus votre haine affaiblie
Me défend....
   NÉRON. Oui, Narcisse : on nous réconcilie.
   NARCISSE.
Je me garderai bien de vous en détourner,
Seigneur. Mais il s'est vu tantôt emprisonner :
Cette offense en son cœur sera longtemps nouvelle.
Il n'est point de secrets que le temps ne révèle :
Il saura que ma main lui devait présenter
Un poison que votre ordre avait fait apprêter.
Les dieux de ce dessein puissent-ils le distraire!
Mais peut-être il fera ce que vous n'osez faire.
   NÉRON.
On répond de son cœur, et je vaincrai le mien.
   NARCISSE.
Et l'hymen de Junie en est-il le lien?
Seigneur, lui faites-vous encor ce sacrifice?
   NÉRON.
C'est prendre trop de soin. Quoi qu'il en soit, Narcisse,
Je ne le compte plus parmi mes ennemis.
   NARCISSE.
Agrippine, seigneur, se l'était bien promis :
Elle a repris sur vous son souverain empire.
   NÉRON.
Quoi donc? Qu'a-t-elle dit? et que voulez-vous dire?
   NARCISSE.
Elle s'en est vantée assez publiquement.
   NÉRON.
De quoi?
NARCISSE. Qu'elle n'avait qu'à vous voir un moment;
Qu'à tout ce grand éclat, à ce courroux funeste,
On verrait succéder un silence modeste;
Que vous-même à la paix souscririez le premier :

---

des animaux; mais si Racine n'a pas été tout à fait vrai dans ce détail, il a du moins bien observé la vrai-semblance tragique, en peignant la cour de Néron. De même quand Rodogune empêche Antiochus de prendre la coupe empoisonnée que lui présente Cléopâtre (*Rodogune*, act. V, sc. IV) :

  Donnez donc cette preuve; et, pour toute réplique,
  Faites faire un essai par quelque domestique.

Heureux que sa bonté daignât tout oublier.
NÉRON.
Mais, Narcisse, dis-moi, que veux-tu que je fasse[1] ?
Je n'ai que trop de pente à punir son audace :
Et, si je m'en croyais, ce triomphe indiscret
Serait bientôt suivi d'un éternel regret.
Mais de tout l'univers quel sera le langage ?
Sur les pas des tyrans veux-tu que je m'engage,
Et que Rome, effaçant tant de titres d'honneur,
Me laisse pour tous noms celui d'empoisonneur ?
Ils mettront ma vengeance au rang des parricides.
NARCISSE.
Et prenez-vous, seigneur, leurs caprices pour guides ?
Avez-vous prétendu qu'ils se tairaient toujours ?
Est-ce à vous de prêter l'oreille à leurs discours ?
De vos propres désirs perdrez-vous la mémoire ?
Et serez-vous le seul que vous n'oserez croire ?
Mais, seigneur, les Romains ne vous sont pas connus :
Non, non, dans leurs discours ils sont plus retenus.
Tant de précaution affaiblit votre règne :
Ils croiront, en effet, mériter qu'on les craigne.
Au joug depuis longtemps ils se sont façonnés ;
Ils adorent la main qui les tient enchaînés.
Vous les verrez toujours ardents à vous complaire :
Leur prompte servitude a fatigué Tibère[2].
Moi-même, revêtu d'un pouvoir emprunté,
Que je reçus de Claude avec la liberté,
J'ai cent fois, dans le cours de ma gloire passée,
Tenté leur patience, et ne l'ai point lassée.
D'un empoisonnement vous craignez la noirceur ?
Faites périr le frère, abandonnez la sœur ;
Rome, sur les autels prodiguant les victimes,
Fussent-ils innocents, leur trouvera des crimes :
Vous verrez mettre au rang des jours infortunés
Ceux où jadis la sœur et le frère sont nés.
NÉRON.
Narcisse, encore un coup[3], je ne puis l'entreprendre ;
J'ai promis à Burrhus, il a fallu me rendre.

1. Ce *tu*, qui remplace *vous*, annonce, à lui seul, que Néron commence à céder et à se rapprocher des intentions de Narcisse.

2. Pour exprimer la bassesse des Romains, celui-ci s'écriait souvent, au rapport de Tacite : « O homines ad servitutem paratos ! » L'historien ajoute : « Etiam illum qui libertatem publicam nollet tam projectæ servientium patientiæ tædebat. » *Annal.*, III, 65.

3. Cette locution, reçue dans le style tragique au dix-septième siècle, paraîtrait aujourd'hui manquer de noblesse.

Je ne veux point encore, en lui manquant de foi,
Donner à sa vertu des armes contre moi.
J'oppose à ses raisons un courage inutile :
Je ne l'écoute point avec un cœur tranquille.
                NARCISSE.
Burrhus ne pense pas, seigneur, tout ce qu'il dit[1] :
Son adroite vertu ménage son crédit;
Ou plutôt ils n'ont tous qu'une même pensée,
Ils verraient par ce coup leur puissance abaissée;
Vous seriez libre alors, seigneur; et, devant vous,
Ces maîtres orgueilleux fléchiraient comme nous.
Quoi donc! ignorez-vous tout ce qu'ils osent dire?
« Néron, s'ils en sont crus, n'est point né pour l'empire;
« Il ne dit, il ne fait que ce qu'on lui prescrit :
« Burrhus conduit son cœur, Sénèque son esprit.
« Pour toute ambition, pour vertu singulière,
« Il excelle à conduire un char dans la carrière,
« A disputer des prix indignes de ses mains,
« A se donner lui-même en spectacle aux Romains[2],
« A venir prodiguer sa voix sur un théâtre,
« A réciter des chants qu'il veut qu'on idolâtre ;
« Tandis que des soldats, de moments en moments,
« Vont arracher pour lui des applaudissements. »
Ah! ne voulez-vous pas les forcer à se taire?
                NÉRON.
Viens, Narcisse : allons voir ce que nous devons faire[3].

---

1. Tel est l'ascendant de la vertu, a remarqué La Harpe, que Narcisse ne croit pouvoir en triompher qu'en la niant.

2. On a prétendu que ces beaux vers, où la critique a signalé toutefois un léger anachronisme (ces goûts de Néron n'éclatèrent en effet qu'un peu plus tard), avaient détourné Louis XIV de figurer en personne, comme il l'avait fait jusqu'alors, dans les ballets et les fêtes qu'il donnait à la cour. Mais que d'autres leçons pour un roi n'y a-t-il pas encore à puiser dans cette admirable scène!

3. On devine assez que Narcisse a triomphé : désormais la carrière du crime, ouverte devant Néron, ne se refermera plus pour lui. Toute cette pièce a été supérieurement commentée par La Harpe : nous renverrons donc le lecteur, pour un examen plus complet, au *Cours de Littérature*, en rappelant que l'analyse du théâtre de Racine est sans aucun doute l'une des meilleures parties de cet ouvrage.

Signalons, en terminant, le jugement général que Geoffroy a porté sur le style de *Britannicus* : « Du rapprochement qui s'est fait, dit-il, entre le génie du plus profond des historiens et celui du plus éloquent des poëtes, est résulté un genre de perfection presque unique, qui n'a pu être surpassé que par un autre mélange, plus étonnant encore, du génie de Racine avec le sublime des livres saints. Au delà il n'y a rien. »

J. B. ROUSSEAU.

(1671-1741 [1].)

Né à Paris en 1671, J. B. Rousseau, qui étendit et agrandit parmi nous le genre que Malherbe avait créé, fut l'un de ceux qui payèrent le plus chèrement par le malheur le privilége de la renommée. Joints à ses talents, les torts de son caractère lui firent beaucoup d'ennemis, et il finit par être leur victime [2]. Frappé d'un arrêt de bannissement, il passa tout le reste de sa vie loin de la France dont il est demeuré l'une des gloires. L'élévation de la pensée, la magnificence des images, l'harmonie et la vigueur du style, lui assurent, malgré ses défauts, une place à côté de nos classiques. Bien moins châtié et soutenu que les modèles du dix-septième siècle (sa langue et son goût parurent, surtout au déclin de sa carrière, souffrir de son séjour à l'étranger), il a cependant conservé dans ses odes et dans ses cantates leur haute et saine inspiration. Il est l'intermédiaire qui unit la plus glorieuse époque des lettres françaises à une autre époque où leur éclat, moins pur, ne s'est pas encore obscurci. Rousseau excelle aussi à manier l'épigramme; il s'est pareillement essayé dans l'allégorie, à présent délaissée, ainsi que dans la comédie et l'épître, mais avec assez peu de succès. Au préjudice de la réputation de Rousseau, qu'on a parfois trop déprimée de nos jours, la poésie

---

1. Plusieurs biographes ont fait naître J. B. Rousseau en 1669, d'autres en 1670. La date de 1671 est la véritable; elle est fixée par une lettre même de Rousseau, du 2 juillet 1737. En outre, son acte de naissance a été retrouvé.

2. Quels soupçons pouvaient paraître injustes à l'égard de celui qui, rougissant de son père, honnête artisan, ne sut pas, comme Horace son maître, être un bon fils? En cela, J. B. Rousseau porta la peine des fautes où l'avait fait tomber son orgueil, bien plus qu'il ne fut victime de son *inflexible vertu*, comme il l'a dit dans son ode *à la Postérité* (IV, 10). Mais il paraît assez prouvé maintenant qu'il était innocent des imputations dirigées contre lui au sujet des couplets scandaleux qui motivèrent sa condamnation : elle eut lieu en 1712, l'année même où naissait à Genève un autre Rousseau, destiné à captiver avec tant de puissance l'imagination de ses contemporains. Pour défendre, au reste, la mémoire de Jean-Baptiste, on doit rappeler qu'il eut et conserva pour amis des hommes dignes de la plus haute estime, tels que Louis Racine, Rollin et Lefranc de Pompignan.

lyrique devait trouver, vers la fin du dernier siècle et au commencement du nôtre, une source nouvelle d'inspirations touchantes et sublimes [1].

Vanité du bonheur des méchants [2].

Béni soit le dieu des armées,
Qui donne la force à mon bras,
Et par qui mes mains sont formées
Dans l'art pénible des combats !
De sa clémence inépuisable
Le secours prompt et favorable
A fini mes oppressions :
En lui j'ai trouvé mon asile,
Et par lui d'un peuple indocile
J'ai dissipé les factions.

Qui suis-je, vile créature ?
Qui suis-je, Seigneur ? Et pourquoi
Le souverain de la nature
S'abaisse-t-il jusques à moi ?
L'homme, en sa course passagère,
N'est rien qu'une vapeur légère
Que le soleil fait dissiper :
Sa clarté [3] n'est qu'une nuit sombre ;
Et ses jours passent comme une ombre
Que l'œil suit et voit échapper [4].

Mais quoi ! les périls qui m'obsèdent
Ne sont point encore passés !

---

1. Outre le *Cours de littérature* de La Harpe, fort étendu au sujet de Rousseau (II⁰ part., liv. I⁰ʳ, ch. 9), il faut voir le *Tableau de la littérature au dix-septième siècle* par M. Villemain (2⁰ leç.). Didot, en 1790, a donné de Rousseau une édition magnifique. Peu de nos écrivains ont d'ailleurs été, en partie du moins, réimprimés plus souvent. Ecouchard-Lebrun, Fontanes, Amar, de Wailly, Geruzez, MM. Pessonneaux et Manuel l'ont apprécié et commenté. L'académicien Auger a rédigé sur lui un *Essai biographique et critique*; déjà Vauvenargues lui avait consacré un article dans ses *Réflexions sur quelques poètes*.

2. Cette ode, regardée avec raison comme l'une des plus parfaites de J. B. Rousseau, est imitée du psaume CXLIII.

3. La clarté dont il jouit...

4. Ces poétiques images empruntées au psalmiste, et prolongées avec art pour peindre la fragilité éphémère de la vie, font ressortir plus vivement la bonté de Dieu, qui ne dédaigne pas de s'abaisser jusqu'à une créature si faible.

De nouveaux ennemis succèdent
A mes ennemis terrassés !
Grand Dieu, c'est toi que je réclame :
Lève ton bras, lance ta flamme,
Abaisse la hauteur des cieux[1],
Et viens, sur leur voûte enflammée,
D'une main de foudres armée
Frapper ces monts audacieux.

Arrête cet affreux déluge
Dont les flots vont me submerger.
Sois mon vengeur, sois mon refuge
Contre les fils de l'étranger ;
Venge-toi d'un peuple infidèle
De qui la bouche criminelle
Ne s'ouvre qu'à l'impiété,
Et dont la main vouée au crime
Ne connaît rien de légitime
Que le meurtre et l'iniquité.

Ces hommes qui n'ont point encore
Eprouvé la main du Seigneur
Se flattent que Dieu les ignore,
Et s'enivrent de leur bonheur.
Leur postérité florissante,
Ainsi qu'une tige naissante,
Croît et s'élève sous leurs yeux ;
Leurs filles couronnent leurs têtes
De tout ce qu'en nos jours de fêtes
Nous portons de plus précieux.

De leurs grains les granges sont pleines ;
Leurs celliers regorgent de fruits ;
Leurs troupeaux, tout chargés de laines,
Sont incessamment reproduits ;
Pour eux la fertile rosée,
Tombant sur la terre embrasée,
Rafraîchit son sein altéré ;
Et pour eux le flambeau du monde
Nourrit d'une chaleur féconde
Le germe en ses flancs resserré.

Le calme règne dans leurs villes,
Nul bruit n'interrompt leur sommeil :

---

1. « Inclina cœlos tuos et descende. » (Psaume cité.) La belle image qui termine la strophe n'a pas toutefois la sublime rapidité du texte sacré : « Tange montes et fumigabunt. »

On ne voit point leurs toits fragiles
Ouverts aux rayons du soleil¹!
C'est ainsi qu'ils passent leur âge.
Heureux, disent-ils, le rivage
Où l'on jouit d'un tel bonheur!
Qu'ils restent dans leur rêverie!
Heureuse la seule patrie
Où l'on adore le Seigneur²!

Livre I, ode 13.

Au comte du Luc³.

Tel que le vieux pasteur des troupeaux de Neptune,
Protée, à qui le ciel, père de la Fortune,
   Ne cache aucuns secrets,
Sous diverse figure, arbre, flamme, fontaine⁴,

1. Ce qui revient à dire que leurs maisons ne menacent pas ruine, et que des murs épais les défendent contre les ardeurs de l'été : ce trait, en Orient surtout, garde toute sa valeur.

2. La chute de cette ode est admirable : après la peinture complaisante du bonheur des méchants, le sage termine par un vœu d'une attendrissante pitié :

   Qu'ils restent dans leur rêverie!

mais il sait bien que la justice de Dieu, patiente parce qu'elle a pour elle l'éternité, troublera bientôt cette confiante prospérité du méchant, et tout le tableau de ce bonheur passe devant ses yeux sans séduire son cœur. Cf. la strophe admirable de Malherbe :

   La gloire des méchants est pareille à cette herbe
   Qui, sans porter jamais ni javelle ni gerbe,
   Croît sur le toit pourri d'une vieille maison :
   On la voit sèche et morte aussitôt qu'elle est née,
      Et vivre une journée
   Est réputé pour elle une longue saison.

3. Rousseau s'étant retiré en Suisse, après son bannissement (1712), fut accueilli avec distinction par l'ambassadeur de France en ce pays, le comte du Luc, qui s'honora d'être son protecteur, et qu'il a récompensé en rendant son nom immortel. Ce seigneur fut un peu plus tard plénipotentiaire à la paix de Bade. Rousseau l'accompagna dans la suite à Vienne, où il s'attacha au prince Eugène. L'ode qui est adressée au comte du Luc est la plus célèbre des compositions de Rousseau, et La Harpe allait jusqu'à dire qu'il ne connaissait rien qui lui fût supérieur, dans notre langue, pour l'ensemble et pour le style. Elle a plus d'un point de ressemblance avec la troisième Pythique de Pindare, et l'on peut voir dans la IIe leçon citée de M. Villemain une comparaison piquante établie entre ces deux pièces.

4. Voy. Virgile, représentant, d'après l'*Odyssée* d'Homère, ch. IV, les métamorphoses de Protée, *Géorg.*, IV, 406 et suiv.

S'efforce d'échapper à la vue incertaine
  Des mortels indiscrets :

Ou, tel que d'Apollon le ministre terrible,
Impatient du dieu dont le souffle invincible
  Agite tous ses sens,
Le regard furieux, la tête échevelée,
Du temple fait mugir la demeure ébranlée,
  Par ses cris impuissants[1] :

Tel aux premiers accès d'une sainte manie,
Mon esprit alarmé redoute du génie
  L'assaut victorieux;
Il s'étonne, il combat l'ardeur qui le possède,
Et voudrait secouer du démon qui l'obsède
  Le joug impérieux.

Mais sitôt que, cédant à la fureur divine,
Il reconnaît enfin du dieu qui le domine
  Les souveraines lois;
Alors, tout pénétré de sa vertu suprême,
Ce n'est plus un mortel, c'est Apollon lui-même
  Qui parle par ma voix[2].

Je n'ai point l'heureux don de ces esprits faciles
Pour qui les doctes sœurs, caressantes, dociles,
  Ouvrent tous leurs trésors,
Et qui, dans la douceur d'un tranquille délire,
N'éprouvèrent jamais, en maniant la lyre,
  Ni fureurs ni transports[3].

Des veilles, des travaux, un faible cœur s'étonne ;
Apprenons toutefois que le fils de Latone,

---

1. Belle imitation de Virgile, *Én.*, VI, 47 et suiv. Cf. Ovide, *Mét.*, XIV, 3. Tout ce brusque début, si favorable au genre de l'ode et au sujet ici traité, est, on le voit, emprunté aux anciens. — Cet appareil mythologique qu'ils aimaient, et qui pour eux ne manquait pas de naturel, semble chez nous, par malheur, plutôt un jeu brillant d'esprit que l'expression d'un sentiment profond.

2. Un grand écrivain de nos jours a peint aussi cette lutte du poëte contre l'inspiration qu'il repousse vainement et qui fait couler de ses lèvres, en le domptant, *des torrents d'harmonie*. On peut lire, dans les *Premières Méditations poétiques*, l'Enthousiasme, et dans les *Nouvelles Méditations*, l'Esprit de Dieu.

3. Cette strophe a été ainsi imitée par M. de Lamartine :

> Heureux le poëte insensible !
> Son luth n'est point baigné de pleurs.
> Son enthousiasme paisible
> N'a point ces tragiques fureurs, etc.

Dont nous suivons la cour,
Ne nous vend qu'à ce prix ces traits de vive flamme
Et ces ailes de feu qui ravissent une âme
Au céleste séjour.

C'est par là qu'autrefois d'un prophète fidèle[1]
L'esprit, s'affranchissant de sa chaîne mortelle
Par un puissant effort,
S'élançait dans les airs comme un aigle intrépide,
Et jusque chez les dieux allait d'un vol rapide
Interroger le sort.

C'est par là qu'un mortel, forçant les rives sombres,
Au superbe tyran qui règne sur les ombres
Fit respecter sa voix :
Heureux si, trop épris d'une beauté rendue,
Par un excès d'amour il ne l'eût point perdue
Une seconde fois[2] !

Telle était de Phébus la vertu souveraine,
Tandis qu'il fréquentait les bords de l'Hippocrène
Et les sacrés vallons :
Mais ce n'est plus le temps, depuis que l'avarice,
Le mensonge flatteur, l'orgueil et le caprice
Sont nos seuls Apollons.

Ah! si ce dieu sublime, échauffant mon génie,
Ressuscitait pour moi de l'antique harmonie
Les magiques accords;
Si je pouvais du ciel franchir les vastes routes
Ou percer par mes chants les infernales voûtes
De l'empire des morts;

Je n'irais point, des dieux profanant la retraite,
Dérober au Destin, téméraire interprète,
Ses augustes secrets;
Je n'irais point chercher une amante ravie,
Et, la lyre à la main, redemander sa vie
Au gendre de Cérès.

Enflammé d'une ardeur plus noble et moins stérile,
J'irais, j'irais pour vous, ô mon illustre asile,

---

1. C'est le μάντις, le *vates* des anciens ; le mouvement est emprunté d'Horace, *Od.*, III, 3, 9.
2. Il faut voir l'aventure d'Orphée et d'Eurydice dans Virgile, liv. IV des *Géorg.*, et dans Ovide, *Métam.*, ch. X. On peut lire aussi l'ode célèbre de Pope *pour le jour de Sainte-Cécile*.

> O mon fidèle espoir[1],
> Implorer aux enfers ces trois fières déesses,
> Que jamais jusqu'ici nos vœux ni nos promesses
>   N'ont su l'art d'émouvoir[2].
>
> « Puissantes déités qui peuplez cette rive,
> Préparez, leur dirais-je, une oreille attentive
>   Au bruit de mes concerts :
> Puissent-ils amollir vos superbes courages[3]
> En faveur d'un héros digne des premiers âges
>   Du naissant univers !
>
> Non, jamais sous les yeux de l'auguste Cybèle
> La terre ne fit naître un plus parfait modèle
>   Entre les dieux mortels;
> Et jamais la vertu n'a, dans un siècle avare,
> D'un plus riche parfum ni d'un encens plus rare
>   Vu fumer ses autels.
>
> C'est lui, c'est le pouvoir de cet heureux génie,
> Qui soutient l'équité contre la tyrannie
>   D'un astre injurieux.
> L'aimable Vérité, fugitive, importune,
> N'a trouvé qu'en lui seul sa gloire, sa fortune,
>   Sa patrie et ses dieux.
>
> Corrigez donc pour lui vos rigoureux usages,
> Prenez tous les fuseaux qui pour les plus longs âges
>   Tournent entre vos mains.
> C'est à vous que du Styx les dieux inexorables
> Ont confié les jours, hélas! trop peu durables
>   Des fragiles humains.
>
> Si ces dieux, dont un jour tout doit être la proie,
> Se montrent trop jaloux de la fatale soie
>   Que vous leur redevez[4],

---

1. C'est ainsi qu'Horace s'adressait à Mécène, *Od.*, I, 1 :

    O et præsidium et dulce decus meum !

Quant à la hardiesse poétique d'*asile* appliqué, dans le vers précédent, à une personne, elle appartient à Racine, *Iphigénie*, acte III, sc. V :

    ..... Vous êtes en ces lieux
    Son père, son époux, son asile, ses dieux.

2.   Nesciaque humanis precibus mansuescere corda.
                       Virg., *Géorg.*, IV, 470.

3. Dans le sens ancien d'*esprits*, *cœurs*.

4. Cette manière de dire que la santé du comte du Luc était faible,

Ne délibérez plus ; tranchez mes destinées,
Et renouez leur fil à celui des années
  Que vous lui réservez.

Ainsi daigne le ciel, toujours pur et tranquille,
Verser sur tous les jours que votre main nous file
  Un regard amoureux[1] !
Et puissent les mortels, amis de l'innocence,
Mériter tous les soins que votre vigilance
  Daigne prendre pour eux ! »

C'est ainsi qu'au delà de la[2] fatale barque
Mes chants adouciraient de l'orgueilleuse Parque
  L'impitoyable loi :
Lachésis apprendrait à devenir sensible,
Et le double ciseau de sa sœur inflexible
  Tomberait devant moi[3].

Mais une dure loi, des dieux même suivie,
Ordonne que le cours de la plus belle vie
  Soit mêlé de travaux[4] ;
Un partage inégal ne leur fut jamais libre ;
Et leur main tient toujours dans un juste équilibre
  Tous nos biens et nos maux[5].
Le ciel nous vend toujours les biens qu'il nous prodigue[6];

ce qui faisait craindre pour ses jours, n'est pas exempte de recherche et d'embarras.

1. Horace commence à peu près ainsi l'une de ses odes (IV, 2) :

   Quem tu, Melpomene, semel
   Nascentem *placido lumine videris*....

2. Cacophonie à éviter : c'est un oubli.

3. « Il tomberait sans doute, s'écrie ici La Harpe, si l'oreille des divinités infernales était sensible au charme des beaux vers. » En réalité, comme l'indique un commentateur de Rousseau, les vœux du poëte furent accomplis : car le comte du Luc, quelle que fût la délicatesse de sa constitution, ne mourut qu'à l'âge de quatre-vingt-sept ans.

4. Pris dans le sens du latin *labor :* traverses, peines.

5. Pindare, dans sa Pythique citée, dit ici avec plus de vérité et de précision :

   Ἓν παρ' ἐσλὸν, πήματα σὺν
   Δύο δαίονται βροτοῖς
   Ἀθάνατοι.

« Les dieux, en accordant aux hommes un seul bien, l'accompagnent de deux maux. »

6. La Fontaine, dans *Philémon et Baucis*, nous dit aussi

  Que la fortune vend ce qu'on croit qu'elle donne.

Vainement un mortel se plaint et le fatigue
    De ses cris superflus :
L'âme d'un vrai héros, tranquille, courageuse,
Sait comme il faut souffrir d'une vie orageuse
    Le flux et le reflux.....
Liv. III, ode I.

Appel aux rois chrétiens contre les Turcs[1].

O honte! ô de l'Europe infamie éternelle!
Un peuple de brigands, sous un chef infidèle,
De ses plus saints remparts détruit la sûreté;
Et le mensonge impur tranquillement repose
    Où le grand Théodose
Fit régner si longtemps l'auguste vérité[2].

Jadis, dans leur fureur non encor ralentie,
Ces esclaves chassés des marais de Scythie
Portèrent chez le Parthe et la mort et l'effroi;
Et bientôt des Persans, ravisseurs moins barbares,
    Leurs conducteurs avares
Reçurent à la fois et le sceptre et la loi.

Dès lors, courant toujours de victoire en victoire,
Des califes déchus de leur antique gloire
Le redoutable empire entre eux fut partagé;
Des bords de l'Hellespont aux rives de l'Euphrate,
    Par cette race ingrate
Tout fut en même temps soumis ou ravagé.

Mais sitôt que leurs mains, en ruines fécondes,
Osèrent, du Jourdain souillant les saintes ondes,
Profaner le tombeau du fils de l'Eternel,
L'Occident, réveillé par ce coup de tonnerre[3],
    Arma toute la terre
Pour laver ce forfait dans leur sang criminel.

---

1. Les Turcs préparaient en 1715 une expédition contre la république de Venise.
2. Constantinople fut prise par Mahomet II en 1453. La marche victorieuse des Turcs est indiquée par Rousseau avec une poétique précision.
3. L'expression est belle, mais elle n'était pas préparée par les images que nous présentent les vers précédents. La première croisade est de 1095. A la voix d'Urbain II et de Pierre l'Ermite l'enthousiasme fut général.

Comme un torrent fougueux, qui, du haut des montagnes,
Précipitant ses eaux, traîne dans les campagnes
Arbres, rochers, troupeaux, par son cours emportés [1] :
Ainsi de Godefroy les légions guerrières
  Forcèrent les barrières
Que l'Asie opposait à leurs bras indomptés.

La Palestine enfin, après tant de ravages,
Vit fuir ses ennemis, comme on voit les nuages
Dans le vague des airs fuir devant l'aquilon ;
Et des vents du midi la dévorante haleine
  N'a consumé qu'à peine
Leurs ossements blanchis dans les champs d'Ascalon [2].

De ses temples détruits et cachés sous les herbes
Sion vit relever les portiques superbes,
De notre délivrance augustes monuments ;
Et d'un nouveau David la valeur noble et sainte
  Semblait dans leur enceinte
D'un royaume éternel jeter les fondements.

Mais chez ses successeurs la Discorde insolente,
Allumant le flambeau d'une guerre sanglante,
Enerva leur puissance en corrompant leurs mœurs
Et le ciel irrité, ressuscitant l'audace
  D'une coupable race,
Se servit des vaincus pour punir les vainqueurs.

Rois, symboles mortels de la grandeur céleste,
C'est à vous de prévoir dans leur chute funeste
De vos divisions les fruits infortunés :
Assez et trop longtemps, implacables Achilles,
  Vos discordes civiles
De morts ont assouvi les enfers étonnés.

Il est temps de venger votre commune injure ;
Eteignez dans le sang d'un ennemi parjure
Du nom que vous portez l'opprobre injurieux ;
Et, sous leurs braves chefs assemblant vos cohortes,
  Allez briser les portes
D'un empire usurpé sur vos faibles aïeux.

Liv. III, ode 4.

---

1. Cf. Virgile. *Énéide*, l. II, v. 496 et suiv.
2. Les chrétiens y remportèrent la victoire en 1176 sur le sultan Saladin.

DESTOUCHES.

(1680-1754.)

Le troisième rang dans la comédie a été, du moins jusqu'à notre siècle, mérité par Destouches. Bien loin de Molière sans doute, et à quelque distance de Regnard, il a su, par un coin d'originalité, se faire sur la scène une place honorable[1]. On est peu d'accord sur les débuts de cet ingénieux écrivain. Né à Tours en 1680, il se serait, s'il faut en croire quelques-uns, dérobé à la direction de ses parents pour embrasser la vie de théâtre, et l'acteur improvisé n'eût pas tardé à céder la place à l'auteur. Suivant d'autres, qui paraissent mieux instruits, à la suite d'études soignées et complètes, il aurait porté quelque temps les armes; puis un ambassadeur, le marquis de Puysieux, lui eût ouvert, en l'attachant à sa personne, la carrière de la diplomatie, qu'il parcourut en effet plusieurs années, et qu'il abandonna pour se livrer entièrement aux lettres. Quoi qu'il en soit, il a eu le rare mérite de respecter son talent, et de n'en faire jamais qu'un usage avoué par la morale. Ses pièces se recommandent, en général, non pas tant par la force comique et l'enjouement du dialogue que par leur sage régularité et les situations touchantes qu'elles présentent : cet art avec lequel, tout en charmant l'esprit, il réussit à émouvoir doucement et assainir le cœur, rappelle l'auteur de l'*Andrienne*. C'est ce qu'on remarque en particulier dans le *Glorieux*, qui est, avec le *Philosophe marié*, le chef-d'œuvre de Destouches[2]. Au reste, à l'âge de soixante ans, il cessa d'écrire pour le théâtre et sur le théâtre, et jusqu'à sa mort (1754) ne s'occupa plus que d'études théologiques. Sa vie avait été assez régulière et assez pure pour que ce changement ne fût pas de nature à beaucoup surprendre. Il appartenait à l'Académie française.

1. Il s'est appliqué surtout à poursuivre les défauts ou les vices qui sont le fléau de la société, comme l'indiquent assez les titres de ses ouvrages : l'*Irrésolu*, l'*Ambitieux*, l'*Archi-Menteur*, l'*Envieux*, l'*Indiscrète*, etc.
2. Un précieux travail de ce poëte, qui malheureusement paraît perdu, était un commentaire sur les ouvrages dramatiques anciens et modernes, auquel il avait consacré de nombreuses années. On trouvera un éloge de Destouches dans le recueil des *Éloges des Académiciens*, faits par d'Alembert. Il faut, en outre, consulter sur lui le *Cours de littérature* de La Harpe (IIIe part., liv. 1, ch. 5, sect. 2) et le *Tableau de la Littérature au dix-huitième siècle*, par M. Villemain (12e leçon). Une belle édition des *Œuvres* de Destouches a été donnée

Le Glorieux[1].

(Extraits.)

Le comte de Tufière et Philinte recherchent la main d'Isabelle, fille de Lisimon, riche bourgeois, fort commun quoique anobli. Philinte est timide au point de ne pas user des ressources de son esprit, et l'excès d'une bonne qualité rend sa société fort ennuyeuse. Le comte joint, au contraire, à des dehors distingués une suffisance ridicule : c'est le personnage du glorieux. Isabelle a auprès d'elle une jeune personne dont on ne connaît pas la famille, et que sa mauvaise fortune a presque réduite à l'état de domesticité, mais qui a de l'éducation, et qu'elle traite en amie : elles ont été, en effet, camarades de pension. Par un penchant instinctif dont elle ne se rend pas compte, Lisette, c'est le nom de cette jeune personne, est favorable au comte de Tufière, malgré son odieux défaut, et le protége auprès de sa maîtresse. Le caractère du comte de Tufière est, à quelques exagérations près, fort habilement traité, et ceux qui l'entourent le font très-bien ressortir : nous allons le voir en scène.

ACTE II, SCÈNE XI.

Le comte, Pasquin (son valet). (Le comte repasse ce qu'il a écrit, et Pasquin lit, par l'ordre de son maître, une autre lettre que celui-ci vient de recevoir.)

LE COMTE, *s'adressant à sa lettre.*
Tu ne partiras point, et c'est une bassesse,

---

par son fils à l'Imprimerie royale, en 1757. On signalera de plus celle qui a paru chez Lefèvre, 1811, précédée d'une notice sur la vie et les ouvrages de l'auteur (par M. de Senone); enfin celle de Crapelet, 1822, considérée même comme la meilleure, et un choix de ses pièces publié par Auger en 1810.

1. 1732. — On connaît le gracieux hommage que Voltaire a rendu à l'œuvre de Destouches dans ces vers qu'il lui adressait :

> Auteur solide, ingénieux,
> Qui du théâtre êtes le maître,
> Vous qui fîtes *le Glorieux*,
> Il ne tiendrait qu'à vous de l'être.

Ailleurs il rappelle encore le souvenir et le succès de ce remarquable ouvrage ; c'est dans le IIIe de ses *Discours sur l'homme*, où il parle à un envieux qu'offusque le mérite d'autrui :

> Le public applaudit aux vers du *Glorieux* :
> Est-ce un affront pour toi? courage, écris, fais mieux.

Et dans une de ses lettres (de 1747, au comte d'Argental), il va jus-

Dans les gens de mon rang, d'outrer la politesse.
Un homme tel que moi se ferait déshonneur,
Si sa plume à quelqu'un donnait du monseigneur.
Non, mon petit seigneur, vous n'aurez pas la gloire
De gagner sur la mienne une telle victoire.
Vous pourriez m'assurer un bonheur très-complet ;
Mais, si c'est à ce prix, je suis votre valet.
             (*Il déchire la lettre.*)
Ote-moi cette table. — Eh bien ! que dit l'épître ?
    PASQUIN.
Elle roule, monsieur, sur un certain chapitre
Qui ne vous plaira point.
            LE COMTE. Pourquoi donc ? Lis toujours.
    PASQUIN.
Vous me l'ordonnez ; mais.....
            LE COMTE. Oh ! trêve de discours !
    PASQUIN *lit*.
« Celui qui vous écrit.....
            LE COMTE. Qui vous écrit.... Le style
Est familier.
    PASQUIN. Il va vous échauffer la bile.
        (*Il lit.*)
« Celui qui vous écrit, s'intéressant à vous,
Monsieur, vous avertit, sans crainte et sans scrupule,
Que par vos procédés, dont il est en courroux,
    Vous vous rendez très-ridicule. »
    LE COMTE, *se levant brusquement*.
Si je tenais le fat qui m'ose écrire ainsi....
    PASQUIN.
Poursuivrai-je ?
    LE COMTE. Oui, voyons la fin de tout ceci.
    PASQUIN *lit*.
    « Vous ne manquez pas de mérite ;
Mais.... »
LE COMTE. Vous ne manquez pas ! Ah ! vraiment ! je le
Bel éloge, en parlant d'un homme tel que moi !   [crois !
    PASQUIN *lit*.
    « Vous ne manquez pas de mérite ;
Mais, bien loin de vous croire un prodige étonnant,

qu'à égaler cette comédie *aux meilleures de Molière*. C'était trop. En revanche, Geoffroy l'a dénigrée avec amertume et injustice. Une morale élevée, qui manque trop souvent à notre théâtre comique, est, comme on le verra, renfermée dans plusieurs situations et dans l'ensemble de cette pièce, sans exclure en aucune façon l'agrément. M. Saint-Marc Girardin lui a consacré une étude pleine d'intérêt dans le ch. 21 de son *Cours de littérature dramatique*.

Apprenez que chacun s'irrite
De votre orgueil impertinent. »
  LE COMTE, *donnant un soufflet à Pasquin.*
Comment, maraud!....
          PASQUIN. Fort bien; le trait est impayable!
De ce qu'on vous écrit suis-je donc responsable?
Au diable l'écrivain avec ses vérités!
    (*Il jette la lettre sur la table.*)
  LE COMTE.
Ah! je vous apprendrai....
          PASQUIN. Quoi! vous me maltraitez
Pour les fautes d'autrui? Si jamais je m'avise
D'être votre lecteur....
  LE COMTE, *lui donnant sa bourse.*
              Faut-il que je vous dise
Une seconde fois de serrer cet argent?
Tenez, voilà ma clef, et soyez diligent.
      PASQUIN *va et revient.*
Savez-vous à combien cette somme se monte?
  LE COMTE.
Non pas exactement.
          PASQUIN. Je vous en rendrai compte.
    (*A part.*)
Je m'en vais du soufflet me payer par mes mains....

ACTE II, SCÈNE XIV.

Le comte, Lisimon, Pasquin.

  LISIMON, *à Pasquin.*
Le comte de Tufière est-il ici, mon cœur[1]?
    PASQUIN.
Oui, monsieur, le voici.
    (*Le comte se lève nonchalamment et fait un pas au-
        devant de Lisimon, qui l'embrasse.*)
      LISIMON. Cher comte, serviteur.
  LE COMTE, *à Pasquin.*
Cher comte!... Nous voilà grands amis, ce me semble[2].

---

1. Excellent contraste que celui de ce caractère, sans façon jusqu'à la vulgarité, de ce Lisimon, traitant les valets en amis, avec l'outrecuidance du comte, qui eût voulu, à l'exemple de l'affranchi Pallas (voy. les *Annales* de Tacite, XIII, 23), ne donner des ordres à ses gens que par signes ou par écrit.

2. Dans cette scène, qui est, sauf peu de mots, d'un excellent comique, on rit de bon cœur, comme dit La Harpe, en voyant à

LISIMON.
Ma foi, je suis ravi que nous logions ensemble.
LE COMTE, *froidement.*
J'en suis fort aise aussi.
LISIMON. Parbleu! nous boirons bien.
Vous buvez sec, dit-on. Moi, je n'y laisse rien.
Je suis impatient de vous verser rasade,
Et ce sera bientôt. Mais, êtes-vous malade?
A votre mine froide, à votre sombre accueil....
LE COMTE, *à Pasquin qui lui offre un siége.*
Faites asseoir monsieur... Non, offrez le fauteuil.
Il ne le prendra pas[1]; mais...
LISIMON. Je vous fais excuse.
Puisque vous me l'offrez, trouvez bon que j'en use,
Que je m'étale aussi : car je suis sans façon,
Mon cher, et cela doit vous servir de leçon;
Et je veux qu'entre nous toute cérémonie
Dès ce même moment pour jamais soit bannie.
Oh çà, mon cher garçon, veux-tu venir chez moi?
Nous serons tous ravis de dîner avec toi.
LE COMTE.
Me parlez-vous, monsieur?
LISIMON. A qui donc, je te prie?
A Pasquin?
LE COMTE. Je l'ai cru.
LISIMON. Tout de bon? Je parie
Qu'un peu de vanité t'a fait croire cela.
LE COMTE.
Non; mais je suis peu fait à ces manières-là.
LISIMON.
Oh bien! tu t'y feras, mon enfant. Sur les tiennes,
A mon âge, crois-tu que je forme les miennes?
LE COMTE.
Vous aurez la bonté d'y faire vos efforts.
LISIMON.
Tiens, chez moi le dedans gouverne le dehors.
Je suis franc.
LE COMTE. Quant à moi, j'aime la politesse.
LISIMON.
Moi, je ne l'aime point, car c'est une traîtresse
Qui fait dire souvent ce qu'on ne pense pas.

quel point la familiarité commune de Lisimon déconcerte la morgue et la gravité du comte.

1. Ce trait manque de naturel, ainsi qu'on l'a remarqué avec raison : de là le reproche d'*un comique un peu forcé*, adressé à notre auteur.

Je hais, je fuis ces gens qui font les délicats,
Dont la fière grandeur d'un rien se formalise,
Et qui craint qu'avec elle on ne familiarise[1];
Et ma maxime à moi, c'est qu'entre bons amis
Certains petits écarts doivent être permis.

LE COMTE.

D'amis avec amis on fait la différence.

LISIMON.

Pour moi, je n'en fais point.

LE COMTE. Les gens de ma naissance
Sont un peu délicats sur les distinctions,
Et je ne suis ami qu'à ces conditions.

LISIMON.

Ouais! vous le prenez haut. Écoute, mon cher comte,
Si tu fais tant le fier, ce n'est pas là mon compte.
Ma fille te plaît fort, à ce que l'on m'a dit :
Elle est riche, elle est belle, elle a beaucoup d'esprit ;
Mais aussi, si tu veux que je sois ton beau-père,
Il faut baisser d'un cran et changer de manière :
Ou sinon, marché nul.

LE COMTE, *à Pasquin, se levant brusquement.*

Je vais le prendre au mot.

PASQUIN.

Vous en mordrez vos doigts, ou je ne suis qu'un sot.
Pour un faux point d'honneur perdre votre fortune ?

LE COMTE.

Mais si....

LISIMON. Toute contrainte, en un mot, m'importune.
L'heure du dîner presse : allons, veux-tu venir ?
Nous aurons le loisir de nous entretenir
Sur nos arrangements ; mais commençons par boire.
Grand'soif, bon appétit, et surtout point de gloire[2],
C'est ma devise. On est à son aise chez moi;
Et vivre comme on veut, c'est notre unique loi.
Viens, et sans te gourmer[3] avec moi de la sorte,
Laisse, en entrant chez nous, ta grandeur à la porte[4].

1. Il faudrait : on ne *se* familiarise. Le verbe *familiariser* est, d'ailleurs, très-peu susceptible d'entrer en vers : ajoutons même que d'autres ont compté dans *lia* deux syllabes, au lieu d'une seule comme Destouches.

2. Ce mot est pris ici, comme un peu plus loin, dans le sens de *prétention à la gloire*, de *vanité*.... *Gloire* ne s'emploie plus qu'en bonne part, tandis que, par un caprice de l'usage, *glorieux* a conservé la double acception, favorable et défavorable, qu'il possédait autrefois.

3. Même signification que *être gourmé* : c'est avoir un maintien affecté, faire le fier.

4. Destouches offre un assez grand nombre de ces traits justes et

ACTE II, SCÈNE XV.

Pasquin (seul).

Le comte de Tufière n'a pas seulement à regretter de n'avoir point amené Lisimon aux sentiments de déférence qu'il croit lui être dus; son arrogance l'expose à de nouveaux contre-temps. Il a de fâcheuses vérités à entendre d'Isabelle; mais une plus rude et dernière leçon l'attend : elle lui sera donnée par Lycandre, vieillard d'un extérieur pauvre, auteur de l'épître offensante qu'il a reçue, et qui, se découvrant au glorieux et à Lisette, a montré qu'il était leur père.

ACTE IV, SCÈNE VI.

Lycandre, le comte, Pasquin.

LE COMTE *entre furieux*. Quel est le téméraire,
Quel est l'audacieux qui m'ose[1]?... Ah! c'est mon père!
          LYCANDRE.
L'accueil est très-touchant; j'en suis édifié.
     PASQUIN, *à part*.
Comment donc! Le voilà comme pétrifié!
     LE COMTE, *ôtant son chapeau*.
Un premier mouvement quelquefois nous abuse.
Excusez-moi, monsieur.
          PASQUIN, *à part*. Il lui demande excuse!
     LE COMTE.
Je croyais....
(*A Pasquin.*) Sors, Pasquin.
               LYCANDRE. Pourquoi le chassez-vous?
Laissez-le ici[2], je veux....
     LE COMTE, *poussant Pasquin*.
                    Sors ou crains mon courroux.
     LYCANDRE, *retenant Pasquin*.
Reste.

---

vifs, de ces vers bien frappés, qui deviennent proverbes en naissant tels encore que ceux qui suivent :

> La critique est aisée et l'art est difficile....

> Quand on fait trop le grand, on paraît bien petit....

> Chassez le naturel, il revient au galop, etc.

Le dernier vers cité n'est guère, il est vrai, qu'une traduction d'Horace, *Epît.*, 1, 10, 24.

1. C'est que Lycandre s'est fait uniquement annoncer comme l'auteur de la lettre citée plus haut.
2. Élision dure, déjà condamnée à la page 218.

PASQUIN, *s'enfuyant.*
Il y fait trop chaud. Je fais ce qu'on m'ordonne.
LE COMTE.
Si quelqu'un vient me voir, je n'y suis pour personne.

ACTE IV, SCÈNE VII.

Lycandre, le comte.

LYCANDRE.
Que veut dire ceci?
LE COMTE. J'ai mes raisons.
LYCANDRE. Pourquoi
Marquez-vous tant d'ardeur à l'éloigner de moi?
LE COMTE.
Aux regards d'un valet dois-je exposer mon père?
LYCANDRE.
Vous craignez bien plutôt d'exposer ma misère.
Voilà votre motif. Et, loin d'être charmé
De me voir près de vous, votre orgueil alarmé
Rougit de ma présence. Il se sent au supplice.
De sa confusion votre cœur est complice;
Et, tout bouffi de gloire, il n'ose se prêter
Aux tendres mouvements qui devraient l'agiter.
Ah! je ne vois que trop, en cette conjoncture,
Qu'une mauvaise honte étouffe la nature.
C'est en vain qu'un billet vous avait prévenu;
Et je me suis trompé, croyant qu'un inconnu
Vous corrigerait mieux qu'un père misérable
Qu'à vos yeux la fortune a rendu méprisable.
LE COMTE.
Qui? moi, je vous méprise! osez-vous le penser?
Qu'un soupçon si cruel a droit de m'offenser!
Croyez que votre fils vous respecte, vous aime.
LYCANDRE.
Vous? Prouvez-le-moi donc, et dans ce moment même.
LE COMTE.
Vous pouvez disposer de tout ce que je puis.
Parlez; qu'exigez-vous?
LYCANDRE. Qu'en l'état où je suis,
Vous vous fassiez honneur de bannir tout mystère,
Et de me reconnaître en qualité de père,
Dans cette maison-ci. Voyons si vous l'osez.
LE COMTE.
Songez-vous au péril où vous vous exposez?
LYCANDRE.
Dois-je me défier d'une honnête famille?

Allons voir Lisimon. Menez-moi chez sa fille.
               LE COMTE.
De grâce, à vous montrer ne soyez pas si prompt :
Vous les exposeriez à vous faire un affront.
Vous ne savez donc pas jusqu'où va l'arrogance
D'un bourgeois anobli, fier de son opulence?
Si le faste et l'éclat ne soutiennent le rang,
Il traite avec dédain le plus illustre sang.
Mesurant ses égards aux dons de la fortune,
Le mérite indigent le choque, l'importune,
Et ne peut l'aborder qu'en faisant mille efforts
Pour cacher ses besoins sous un brillant dehors.
Depuis votre malheur, mon nom et mon courage
Font toute ma richesse; et ce seul avantage,
Rehaussé par l'éclat de quelques actions,
M'a tenu lieu de biens et de protections.
J'ai monté par degrés, et, riche en apparence,
Je fais une figure égale à ma naissance;
Et, sans ce faux relief, ni mon rang ni mon nom
N'auraient pu m'introduire auprès de Lisimon.
               LYCANDRE.
On me l'a peint tout autre; et j'ai peine à vous croire.
Tout ce discours ne tend qu'à cacher votre gloire;
Mais pour moi, qui ne suis ni superbe ni vain,
Je prétends me montrer, et j'irai mon chemin.
                              (*Il veut sortir.*)
          LE COMTE, *le retenant.*
Différez quelques jours : la faveur n'est pas grande!
Je me jette à vos pieds, et je vous la demande.
               LYCANDRE.
J'entends : la vanité me déclare à genoux
Qu'un père infortuné n'est pas digne de vous[1].
Oui, oui, j'ai tout perdu par l'orgueil de ta mère[2],
Et tu n'as hérité que de son caractère.

---

1. « La Harpe, qui a été souvent sévère pour Destouches, remarque M. Saint-Marc Girardin, admire comme sublimes ces deux vers. Il a raison : cette vanité qui s'humilie et qui s'agenouille, mais qui ne s'abjure pas; cette permission de rester orgueilleux et hautain, demandée à genoux; ce droit de cacher sa naissance et de désavouer son père, imploré de son père lui-même; tant d'orgueil pour le dehors, tant de petitesse pour le dedans : voilà ce que Destouches a exprimé de la manière la plus énergique dans cette scène admirable. »

2. Cette idée, qui explique par l'orgueil de sa mère la ruine de la maison du comte, est fort heureuse, en ce qu'elle nous montre dans la suffisance de celui-ci un vice pour ainsi dire transmis avec le sang, et contribue par là à excuser un personnage qui finalement ne doit être ni odieux ni sacrifié, mais bien corrigé et heureux.

LE COMTE.
Eh! compatissez donc à la noble fierté
Dont mon cœur, il est vrai, n'a que trop hérité.
Du reste, soyez sûr que ma plus forte envie
Serait de vous servir aux dépens de ma vie.
Mais du moins ménagez un honneur délicat :
Pour mon intérêt même évitons un éclat.
   LYCANDRE.
Vous me faites pitié. Je vois votre faiblesse,
Et veux, en m'y prêtant, vous prouver ma tendresse ;
Mais à condition que si votre hauteur
Éclate devant moi, dès l'instant....

ACTE IV, SCÈNE VIII.

Lycandre, le comte, Lisimon.

     LISIMON, *au comte*. Serviteur.
Je vous cherchais, mon cher : votre froideur m'étonne ;
Car il est temps d'agir. Je crois, Dieu me pardonne,
Que ma femme devient raisonnable.
     LE COMTE. Comment?
   LISIMON.
Elle n'a plus pour vous ce grand éloignement
Qu'elle a marqué d'abord. La bonne dame est sage ;
Car j'allais sans cela faire un joli tapage!
Je vais vous procurer un moment d'entretien
Avec ma digne épouse ; et puis tout ira bien,
Pourvu que vous vouliez lui faire politesse.
N'y manquez pas, au moins, car c'est une princesse
Aussi fière que vous, et dont les préjugés....
   LE COMTE.
Je suis ravi de voir que vous vous corrigez.
   LISIMON, *se couvrant*.
Tu le vois, mon enfant, je cherche à te complaire.
   LE COMTE.
Fort bien!
LISIMON, *se découvrant*.
   Enfin, monsieur, le succès de l'affaire
Est en votre pouvoir. Ainsi donc, croyez-moi,
De ce que je vous dis faites-vous une loi.
   LYCANDRE.
Monsieur vous parle juste, et pour votre avantage :
Que votre unique objet soit votre mariage ;
Et mettez à profit cet heureux incident.
   LISIMON, *au comte*.
Quel est cet homme-là?

LE COMTE, *tirant Lisimon à part.*
C'est.... c'est mon intendant[1].
LISIMON.
Il a l'air bien grêlé. Selon toute apparence,
Cet homme n'a pas fait fortune à l'intendance.
(*Au comte.*)
Ma femme vous attend. Venez, d'un air soumis,
Prévenant, la prier d'être de vos amis.
LYCANDRE.
Soumis, vous entendez?
LE COMTE, *d'un air piqué.* Oui, j'entends à merveille.
(*A part.*)
Ciel!
LISIMON. Vous approuvez donc ce que je lui conseille,
Bonhomme? Expliquez-vous.
LYCANDRE. Oui, je l'approuve fort;
Et, s'il ne s'y rend pas, il aura très-grand tort.

Le comte a fléchi, et a fait avec convenance sa demande, qui a été agréée. Le notaire a été aussitôt appelé pour rédiger le contrat. Nous passons à regret la scène fort plaisante où le comte énumère ses qualités et parle fastueusement de sa fortune, qui n'existe que dans son imagination. Il vient de dire que son père, retenu par la goutte, ne peut être présent au mariage, lorsque celui-ci paraît.

ACTE V, SCÈNE VI.

Lycandre, Lisimon, le comte, Valère (fils de Lisimon),
Isabelle, Lisette, M. Josse (notaire).

LE COMTE, *à part.*
Ah! le voici lui-même. O ciel! quel incident!
LISIMON, *à Lycandre.*
Que voulez-vous?... Parbleu! c'est monsieur l'intendant.
LYCANDRE, *au comte.*
Je viens savoir, mon fils....
VALÈRE *et* ISABELLE. Son fils!
LE COMTE, *à part.* Je meurs de honte.
LISIMON.
Vous m'aviez donc trompé[2]? Répondez, mon cher comte.

1. « Ce qu'il y a de mieux conçu dans le *Glorieux*, dit La Harpe, c'est de lui avoir donné un père dont la pauvreté désole son faste : de là cette scène excellente où il est obligé de faire passer ce vieillard pour son intendant : de là le coup de théâtre vraiment comique produit ensuite par un seul mot (dans la scène de la reconnaissance) : *Sa sœur, femme de chambre.* »
2. Quelle humiliation et quel châtiment pour l'orgueil, que de se voir pris en flagrant délit de mensonge!

LE COMTE, *à Lycandre*.

Eh quoi! dans cet état osez-vous vous montrer?

LYCANDRE.

Superbe, mon aspect ne peut que t'honorer.
Mon arrivée ici t'alarme et t'importune;
Mais apprends que mes droits vont devant[1] ta fortune.
Rends-leur hommage, ingrat, par un plus tendre accueil.

LE COMTE.

Eh! le puis-je au moment....

LISIMON. Baron de Montorgueil,
C'est donc là ce superbe et brillant équipage
Dont tu faisais tantôt un si bel étalage?

LYCANDRE, *à Lisimon*.

L'état où je parais, et sa confusion,
D'un excessif orgueil sont la punition.
Je la lui réservais.

(*Au comte*.) Je bénis ma misère,
Puisqu'elle t'humilie et qu'elle venge un père.
Ah! bien loin de rougir, adoucis mes malheurs.
Parle; reconnais-moi.

ISABELLE, *à Lisette*. Vous voilà tout en pleurs,
Lisette?

LISETTE, *à Isabelle*. Vous allez en apprendre la cause.

LYCANDRE, *au comte*.

Je vois qu'à ton penchant ta vanité s'oppose;
Mais je veux la dompter. Redoute mon courroux,
Ma malédiction, ou tombe à mes genoux.

LE COMTE.

Je ne puis résister à ce ton respectable.
Eh bien! vous le voulez? rendez-moi méprisable;
Jouissez du plaisir de me voir si confus:
Mon cœur, tout fier qu'il est, ne vous méconnaît plus.
Oui, je suis votre fils et vous êtes mon père.
Rendez votre tendresse à ce retour sincère[2].

(*Il se met aux genoux de Lycandre*.)

Il me coûte assez cher, pour avoir mérité
D'éprouver désormais toute votre bonté.

---

1. Pour *avant*, comme l'emploient à tout moment Pascal et Bossuet: ce qui, fort usité au dix-septième siècle, cessait néanmoins de l'être au dix-huitième.

2. Sans doute nous voulions que l'orgueilleux fût puni, et il ne laisse pas de l'être en effet; mais nous savons gré à l'auteur de ne pas le changer en fils sacrilége, maudit par son père: autrement la comédie finirait par une scène de tragédie. Nous aimons à voir la nature l'emporter sur la vanité dans l'âme du comte, et la voix paternelle le ramener à de meilleurs sentiments.

LISIMON, *à Lycandre.*
Il a, ma foi, raison. Par ce qu'il vient de faire
Je jugerais, morbleu! que vous êtes son père.
LYCANDRE *relève le comte et l'embrasse.*
En sondant votre cœur, j'ai frémi, j'ai tremblé;
Mais, malgré votre orgueil, la nature a parlé.
Qu'en ce moment pour moi ce triomphe a de charmes!
Je dois donc maintenant terminer vos alarmes,
Oublier vos écarts qui sont assez punis.
Mon fils, rassurez-vous : nos malheurs sont finis.
Le ciel, enfin pour nous devenu plus propice,
A de mes ennemis confondu la malice.
Notre auguste monarque, instruit de mes malheurs
Et des noirs attentats de mes persécuteurs,
Vient, par un juste arrêt, de finir ma misère.
Il me rend mon honneur; à vous il rend un père
Rétabli dans ses droits, dans ses biens, dans son rang,
Enfin dans tout l'éclat qui doit suivre mon sang.
J'en reçois la nouvelle; et ma joie est extrême
De pouvoir à présent vous l'annoncer moi-même.

LE COMTE.

Qu'entends-je! Juste ciel! Fortune, ta faveur
Au mérite, aux vertus, égale le bonheur :
Oui, tu me rends mes biens, mon rang et ma naissance;
Et j'en ai désormais la pleine jouissance.

LYCANDRE.

Devenez plus modeste, en devenant heureux.

LISIMON.

C'est bien dit. Je vous fais compliment à tous deux.
Je n'ai pas attendu ce que je viens d'apprendre
Pour choisir votre fils en qualité de gendre,
Parce qu'à l'orgueil près, il est joli garçon[1].
Voici notre contrat, signez-le sans façon.

LYCANDRE.

Quoique notre fortune ait bien changé de face,
De vos bontés pour lui je dois vous rendre grâce;
Et, pour m'en acquitter encor plus dignement,
Je prétends avec vous m'allier doublement.

LISIMON.

Comment?
LYCANDRE. Pour votre fils je vous offre ma fille.

---

1. On n'entendrait aujourd'hui, par cette expression familière, qu'un *garçon bien fait* : ici elle veut dire un *garçon aimable, digne d'affection.*

VALÈRE, *à Lisette.*
Je suis perdu[1].

LISIMON. L'honneur est grand pour ma famille :
Très-agréablement vous me voyez surpris.
J'accepte le projet. Mais est-elle à Paris,
Votre fille?

LYCANDRE. Sans doute; approchez-vous, Constance,
Et recevez l'époux....

LISIMON. Vous vous moquez, je pense?
C'est Lisette.

LYCANDRE. Ce nom a causé votre erreur.
Venez, ma fille; comte, embrassez votre sœur.

LISIMON.
Sa sœur, femme de chambre!

LYCANDRE, *au comte.* Une telle aventure
Des jeux de la fortune est une preuve sûre.
Grâce au ciel, votre sœur est digne de son sang :
Sa vertu, plus que moi, la remet dans son rang.

. . . .

LISIMON.
Bon! nous allons donc faire un double mariage.

ISABELLE, *au comte.*
Mon cœur parle pour vous; mais je crains vos hauteurs.

LE COMTE.
L'amour prendra le soin d'assortir nos humeurs.
Comptez sur son pouvoir : que faut-il pour vous plaire?
Vos goûts, vos sentiments, feront mon caractère.

LYCANDRE.
Mon fils est glorieux; mais il a le cœur bon :
Cela répare tout.

LISIMON. Oui, vous avez raison;
Et, s'il reste entiché d'un peu de vaine gloire,
Avec tant de mérite on peut s'en faire accroire.

LE COMTE.
Non; je n'aspire plus qu'à triompher de moi;
Du respect, de l'amour, je veux suivre la loi :
Ils m'ont ouvert les yeux; qu'ils m'aident à me vaincre.
Il faut se faire aimer : on vient de m'en convaincre;
Et je sens que la gloire et la présomption
N'attirent que la haine et l'indignation[2].

---

1. Valère aime Lisette, et il tremble à la pensée d'un mariage étranger qui l'enlèverait à cette affection.

2. La Harpe signale avec éloge l'intérêt peu commun de ce dénoûment, qui ne lui semble pas trop romanesque. On est bien aise, dit-il, que le père, rétabli dans ses biens, l'apprenne à son fils, qui a vaincu son orgueil, et que sa fille soit récompensée ainsi de la conduite honnête, sage et courageuse dont elle ne s'est jamais écartée.

VOLTAIRE.

(1694-1778.)

Déjà nous avons inscrit le nom de Voltaire parmi ceux de nos plus grands prosateurs : un rang ne lui est pas moins dû entre nos premiers poëtes. S'il n'eut pas, comme quelques autres, cette patience scrupuleuse qui poursuit dans un genre et atteint la perfection, il fut dans presque tous également supérieur ; il réunit en lui une prodigieuse variété de talents qui, disséminés, auraient suffi à l'illustration de plusieurs hommes. Parfois digne émule de Corneille et de Racine dans la tragédie, il a tenté seul avec un certain succès de donner une épopée à la France. Excellent aussi dans le poëme didactique, l'un de ses principaux mérites fut de revêtir des couleurs d'une imagination inspirée les plus hautes idées de la science, et, pendant que Fontenelle en propageait l'intelligence par la clarté de sa prose facile, de la populariser également par le prestige des beaux vers. En même temps, par un singulier contraste, c'est lui qui a le mieux réussi dans la poésie légère, heureux si l'enjouement et la malice, qu'il prodigue en badinant, n'eussent pas offensé trop souvent la religion, la morale et la vertu.

Doué de tous les genres d'esprit, de celui des affaires presque autant que de celui des lettres, Voltaire acquit par des spéculations heureuses non moins que par ses travaux une fortune considérable qui augmenta sa puissance. Cette puissance, la plus grande de celles qui ont jamais eu leur fondement dans l'opinion, l'accompagna jusqu'à ses derniers moments, où il se vit salué par l'enthousiasme d'une foule enivrée, qui applaudissait en lui au triomphe des idées nouvelles. Quelques années après, ses cendres devaient être transportées au Panthéon, avec celles de J. J. Rousseau. Sans doute il aima l'humanité : mais il aima encore davantage la gloire, ou plutôt la vogue, c'est-à-dire ce qu'il y a dans la gloire de moins estimable et de moins solide. On avait dit longtemps qu'il était né dans le petit village de Châtenay, peu distant de Paris : il est établi maintenant qu'il naquit à Paris même, le 20 février 1694, dont il demeura éloigné plus de vingt années de suite, et où il revint cependant pour mourir le 20 mai 1778 [1].

---

1. M. Villemain, en traçant le tableau du dix-huitième siècle, s'est naturellement beaucoup occupé de Voltaire, car aucun homme n'a exercé, en bien comme en mal, plus d'influence sur l'esprit français : on peut voir surtout ses 4e, 7e, 8e, 9e, 10e et 25e leçons. Outre cet auteur et quelques autres que nous avons indiqués dans nos ex-

Épître à Horace[1].

...Tout passe, tout périt, hors ta gloire et ton nom[2].
C'est là le sort heureux des vrais fils d'Apollon :
Tes vers en tout pays sont cités d'âge en âge.
    Hélas ! je n'aurai point un pareil avantage.
Notre langue un peu sèche et sans inversions
Peut-elle subjuguer les autres nations ?
Nous avons la clarté, l'agrément, la justesse[3] ;
Mais égalerons-nous l'Italie et la Grèce ?
Est-ce assez, en effet, d'une heureuse clarté,
Et ne pêchons-nous pas par l'uniformité[4] ?
Je vois de tes rivaux l'importune phalange
  Sous tes traits redoublés enterrés dans la fange.
Que pouvaient contre toi ces serpents ténébreux ?
Mécène et Pollion te défendaient contre eux.
    Il n'en est pas ainsi chez nos Welches[5] modernes.

traits de prose comme devant être consultés sur lui, nous signalerons La Harpe dans différentes parties de son *Cours de littérature ;* Ducis, discours de réception à l'Académie française (il y fut le successeur de Voltaire) ; Fontanes, discours préliminaire, celui qui précède sa traduction de l'*Essai sur l'homme* de Pope, etc. Sa vie a été écrite plusieurs fois, et notamment par Condorcet : néanmoins ce travail est encore à faire. Le Brun lui a consacré une de ses premières odes, où la noblesse des sentiments se joint souvent à l'éclat des vers.

1. 1771. « C'est dans son épître à Horace et dans ses stances à Mme du Deffand, dit M. Villemain, que Voltaire a été poëte original. » — Peu auparavant, Voltaire avait composé une épître adressée à Boileau, où il avait moins bien traité le satirique français qu'il ne traite ici le satirique latin.

2. Ce vers semble une allusion à un trait de l'auteur italien Algarotti, dont Voltaire a fait souvent l'éloge : « Le Capitole est détruit et la voix du temps chante encore les vers d'Horace. »

3. Ces trois avantages ont justement répandu dans l'Europe entière l'usage de notre idiome et fondé sa prééminence, comme on peut le voir dans le brillant discours de Rivarol sur l'universalité de la langue française (1784).

4. Voltaire lui-même, dans les meilleures parties de ses œuvres, ou plutôt tous nos grands écrivains ont pris soin, par leurs ouvrages, de réfuter cette accusation. D'une langue que l'on a dite peu féconde en ressources, ils ont su tirer l'expression variée des nuances les plus délicates de la pensée et du sentiment. Ces critiques contre la rigueur de la langue française avaient déjà été formulées par Fénelon dans sa *Lettre à l'Académie* (*Projet de poétique*). Est-il juste de demander à une langue des qualités contraires ?

5. Mot corrompu qui provient, dit-on, de celui de *Gaels*, par lequel on désignait primitivement les plus anciens habitants de notre

Un vil tas de grimauds, de rimeurs subalternes,
A la cour quelquefois a trouvé des prôneurs
Et fait dans l'antichambre entendre ses clameurs.
Chassons loin de chez moi tous ces rats du Parnasse :
Jouissons, écrivons, vivons, mon cher Horace.
J'ai déjà passé l'âge où ton grand protecteur,
Ayant joué son rôle en excellent acteur,
En songeant que la mort assiégeait sa vieillesse,
Voulut qu'on l'applaudît lorsqu'il finit sa pièce[1].
J'ai vécu plus que toi[2] : mes vers dureront moins;
Mais au bord du tombeau je mettrai tous mes soins
A suivre les leçons de ta philosophie,
A mépriser la mort en savourant la vie,
A lire tes écrits pleins de grâce et de sens,
Comme on boit d'un vin vieux qui rajeunit les sens.
   Avec toi l'on apprend à souffrir l'indigence,
A jouir sagement d'une honnête opulence,
A vivre avec soi-même, à servir ses amis,
A se moquer un peu de ses sots ennemis,
A sortir d'une vie ou triste ou fortunée
En rendant grâce aux dieux de nous l'avoir donnée[3].

contrée, les Celtes. La trace de ce nom subsiste encore dans le pays de Galles, dont les habitants, également originaires des Celtes, s'appellent *Welsh*. Ce terme a signifié dans la suite des hommes grossiers et ignorants, des barbares; et Voltaire, par ironie, l'a souvent appliqué aux Français. Déjà, dans un recueil de propos attribués à Joseph Scaliger, on lit, au sujet des habitants de Bâle : « Oderunt Gallos et vocant *Welsh*. » *Scaligerana* II, p. 25 (Groningæ, in-8°, 1669).

1. « Le jour de sa mort, il se fit apporter un miroir et fit peigner ses cheveux pour avoir l'air moins défait. Ses amis entrèrent : Eh bien! leur dit-il, trouvez-vous que j'aie assez bien joué cette farce de la vie? Et il ajouta en grec : Si vous êtes contents, battez donc des mains et applaudissez. » (Suétone, *Vie d'Auguste*, ch. 99.) C'était le compliment adressé au public à la fin des pièces de théâtre.

2. Voltaire avait alors soixante-dix-huit ans; et Horace n'en avait que cinquante-sept au moment où il termina sa carrière. Quant à Auguste, il mourut dans sa soixante-seizième année.

3. Voy. Horace à la fin de la première de ses *Satires*, liv. I, v. 117 :

    Inde fit ut raro, qui se vixisse beatum
    Dicat, et exacto contentus tempore vitæ
    Cedat, uti conviva satur, reperire queamus.

Cf. La Fontaine dans la fable *La Mort et le mourant* (liv. VIII fab. 1) :

    . . , . . Je voudrais qu'à cet âge
    On sortît de la vie ainsi que d'un banquet,
    Remerciant son hôte, et qu'on fît son paquet...

Aussi, lorsque mon pouls inégal et pressé
Faisait peur à Tronchin[1], près de mon lit placé,
Quand la vieille Atropos, aux humains si sévère,
Approchait ses ciseaux de ma trame légère,
Il a vu de quel air je prenais mon congé :
Il sait si mon esprit, mon cœur était changé.
    Profitons bien du temps[2] ; ce sont là tes maximes.
Cher Horace, plains-moi de les tracer en rimes :
La rime est nécessaire à nos jargons nouveaux,
Enfants demi-polis des Normands et des Goths;
Elle flatte l'oreille, et souvent la césure
Plaît, je ne sais comment, en rompant la mesure.
Des beaux vers pleins de sens le lecteur est charmé :
Corneille, Despréaux et Racine ont rimé.
Mais j'apprends qu'aujourd'hui Melpomène propose
D'abaisser son cothurne et de parler en prose[3].

                         CXXI^e épitre[4] (édit. Beuchot).

1. Célèbre médecin de cette époque : il était de Genève et avait eu le titre de premier médecin du régent.

2. Voy. Horace, *Od.*, I, 8 et 10 :

    Quem fors dierum cumque dabit, lucro
    Appone....

Cf. l'ode à Dellius, II, 3, etc.

3. Allusion aux réformes tentées par La Motte, qui imagina de faire des tragédies en prose. Voltaire dit du même auteur, dans son *Temple du goût* :

    Parmi les flots de la foule insensée,
    De ce parvis obstinément chassée,
    Tout doucement venait La Motte-Houdard,
    Lequel disait d'un ton de papelard :
    « Ouvrez, messieurs, c'est mon OEdipe en prose ;
    Mes vers sont durs, d'accord, mais forts de chose ;
    De grâce, ouvrez ; je veux à Despréaux
    Contre les vers dire avec goût deux mots. »

4. « Voltaire, écrivait récemment M. Sainte-Beuve dans un article sur La Harpe, avait adressé une *Epitre à Horace* dont tout le monde sait les derniers vers délicieux : La Harpe fit la *Réponse d'Horace*; mais, en faisant parler l'aimable Romain, il se souvient trop de Linguet, de Maupertuis, de Fréron, de tous ces importuns du jour : il n'a que des idées de métier et de tracasserie littéraire, et le rayon qu'avait eu Voltaire en finissant lui a manqué. »

Mérope [1].

(Extraits.)

Mérope, veuve de Cresphonte, roi de Messène, tout entière au regret de son fils Égisthe, dont le sort lui est inconnu, et à son affection maternelle, a bien révélé, dès la scène d'exposition et par le premier vers qu'elle prononce, sa situation et son caractère :

> Quoi! Narbas ne vient point? Reverrai-je mon fils?

Ce qui ajoute à sa douleur, c'est que Polyphonte, qui, après la mort de son époux, est devenu le maître de Messène, veut la contraindre à lui donner sa main. Or, c'est ce tyran qui a tué Cresphonte en secret, avec deux de ses fils, dans une sédition qu'il avait perfidement fomentée. Le seul Égisthe a été arraché aux coups des assassins par sa mère, qui l'a confié aux soins d'un vieux serviteur, de ce Narbas qui a dû l'élever loin de sa patrie. Polyphonte a vainement cherché, par des émissaires envoyés de tous côtés, à faire périr cet héritier du trône, qui alarme son ambition ; mais, du moins, il a empêché que depuis longtemps aucune nouvelle d'Égisthe ne parvînt jusqu'à Mérope.

---

1. Chez les anciens, Euripide avait traité ce même sujet, et sa tragédie, qui portait le nom de *Cresphonte*, a été signalée par Aristote, dans sa *Poétique*, ch. XIV, comme un modèle de la manière dont il faut exciter la terreur et la pitié. — Quant à la *Mérope* de Voltaire, qui ne fut jouée qu'en 1743, quoiqu'elle eût été terminée dès 1737, le P. de Tournemine a eu raison de dire, en l'adressant au P. Brumoy, le traducteur du Théâtre des Grecs, « qu'elle parviendrait jusqu'à la postérité comme une des tragédies les plus parfaites. » De toutes les pièces de Voltaire, c'est la composition qui passe, en effet, pour la plus achevée : elle est sans aucun doute celle qui lui a coûté le plus de temps et de travail. Sur cette tragédie voy. la 35e leçon de M. Villemain dans son *Tableau de la Littérature au dix-huitième siècle;* on peut consulter aussi le *Cours de littérature dramatique* de Geoffroy, mais en se tenant en garde contre la passion qui a rendu ce critique trop rarement juste pour Voltaire. Surtout il faut lire le chapitre (c'est le XVe) que, dans son *Cours de littérature dramatique*, M. Saint-Marc Girardin a consacré, sous le titre de l'*Amour maternel*, aux *Méropes* de Torelli, Maffei, Voltaire et Alfieri.

La première édition de la *Mérope* de Voltaire, imprimée en 1744, parut avec cette épigraphe :

> Hoc legito, austeri : crimen amoris abest;

et le poëte y joignit une dédicace adressée au marquis Scipion Maffei, « auteur de la *Mérope* italienne. » Celle-ci, représentée trente ans auparavant, avait marqué avec éclat le retour du théâtre italien aux traditions classiques. Depuis Voltaire, le sujet de Mérope a été encore abordé parmi nous, sans nécessité comme sans succès.

Acte II, scène I.

Mérope, Euryclès, Isménie (le confident et la confidente de Mérope).

MÉROPE.

Quoi! l'univers se tait sur le destin d'Égisthe[1]!
Je n'entends que trop bien ce silence si triste.
Aux frontières d'Elide enfin n'a-t-on rien su?

EURYCLÈS.

On n'a rien découvert; et tout ce qu'on a vu,
C'est un jeune étranger, de qui la main sanglante
D'un meurtre encor récent paraissait dégouttante :
Enchaîné par mon ordre, on l'amène au palais.

MÉROPE.

Un meurtre! un inconnu! Qu'a-t-il fait, Euryclès?
Quel sang a-t-il versé? Vous me glacez de crainte.

EURYCLÈS.

Triste effet de l'amour dont votre âme est atteinte[2]!
Le moindre événement vous porte un coup mortel :
Tout sert à déchirer ce cœur trop maternel[3],
Tout fait parler en vous la voix de la nature.
Mais de ce meurtrier la commune aventure
N'a rien dont vos esprits doivent être agités;
De crimes, de brigands, ces bords sont infestés....
Ecartez des terreurs dont le poids vous afflige[4].

MÉROPE.

Quel est cet inconnu? Répondez-moi, vous dis-je.

---

1 Vers un peu solennel pour la place qu'il occupe et aussi pour la personne qui le prononce : un ton sans faste sied mieux à la douleur.

2. Le malheur, l'isolement de Mérope, expliquent et légitiment l'emploi de ce terme; mais, dans une autre situation, il ne serait point d'une parfaite justesse, l'amour maternel ne pouvant d'ordinaire être considéré comme une *blessure* pour les cœurs qui l'éprouvent.

3. La rime est rarement riche dans Voltaire, qui ne se donne pas assez de peine pour la chercher.

4. Un poids *afflige* moins qu'il n'*accable*. Voltaire, qui travaillait trop vite, n'observe pas toujours avec le scrupule nécessaire, en particulier dans les métaphores, les justes rapports qui doivent exister entre les mots. Sa versification et son style laissent voir trop fréquemment qu'il n'éprouvait pas, comme Racine, le besoin de se corriger et de s'amender sans cesse.

EURYCLÈS.
C'est un de ces mortels du sort abandonnés[1],
Nourri dans la bassesse[2], aux travaux condamnés ;
Un malheureux sans nom, si l'on croit l'apparence.
MÉROPE.
N'importe, quel qu'il soit, qu'il vienne en ma présence ;
Le témoin le plus vil et les moindres clartés
Nous montrent quelquefois de grandes vérités[3]....

ACTE II, SCÈNE II.

Mérope, Euryclès, Égisthe (enchaîné), *Isménie, gardes.*

ÉGISTHE, *dans le fond du théâtre, à Isménie.*
Est-ce là cette reine auguste et malheureuse,
Celle de qui la gloire et l'infortune affreuse
Retentit jusqu'à moi dans le fond des déserts[4] ?
ISMÉNIE.
Rassurez-vous, c'est elle. (*Elle sort.*)
ÉGISTHE. O Dieu de l'univers !

1. Cette prétention de relever par l'emploi de mots ambitieux des idées réputées communes, fort goûtée au temps de Voltaire, le serait beaucoup moins de nos jours, où l'on croit, et avec raison, que le style tragique peut très-bien s'accommoder d'expressions simples et familières. Le dix-huitième siècle n'a pas assez connu la vérité dans la poésie : il a été, tout à la fois, moins naturel que le dix-septième et plus prosaïque.

2. Le mot propre, aujourd'hui, serait *misère: bassesse*, pris absolument, n'a plus qu'une acception morale et ne se prendrait point pour une *condition basse*.

3. Les légères imperfections que nous avons signalées ne nous empêcheront pas de louer cette scène avec La Harpe : « Voilà, dit-il, une scène qui motive et prépare la suivante : c'est ainsi que les alarmes d'une mère justifient ce qu'il peut y avoir d'extraordinaire à faire paraître un meurtrier devant une reine. »

4. Notons également ici quelque apprêt théâtral dans le langage : c'était le défaut du temps. A cette remarque nous ajouterons une observation grammaticale de La Harpe : « Il fallait le pluriel *ont retenti*. Quand la conjonctive *et* se trouve entre deux substantifs, ils exigent le pluriel du verbe dont ils sont le nominatif, à moins qu'il n'y ait entre eux une sorte de conformité d'idées qui ressemble à l'identité ; et la *gloire* et l'*infortune* n'ont rien de commun. — L'élégance, ajoute le critique, exigeait de plus que l'*infortune* n'eût pas d'épithète, puisque la *gloire* n'en avait pas. La phrase en aurait eu bien plus de précision et de grâce : *affreuse* a trop l'air d'être donné à la rime. »

Dieu qui formas ses traits, veille sur ton image!
La vertu sur le trône est ton plus digne ouvrage [1].
MÉROPE.
C'est là ce meurtrier! Se peut-il qu'un mortel
Sous des dehors si doux ait un cœur si cruel?
Approche, malheureux, et dissipe tes craintes.
Réponds-moi : de quel sang tes mains sont-elles teintes?
ÉGISTHE.
O reine, pardonnez : le trouble, le respect,
Glacent ma triste voix tremblante à votre aspect.
 (*A Euryclès.*)
Mon âme, en sa présence, étonnée, attendrie....
MÉROPE.
Parle. De qui ton bras a-t-il tranché la vie?
ÉGISTHE.
D'un jeune audacieux, que les arrêts du sort
Et ses propres fureurs ont conduit à la mort.
MÉROPE.
D'un jeune homme! Mon sang s'est glacé dans mes veines.
Ah!... T'était-il connu?
                    ÉGISTHE. Non : les champs de Messènes [2],
Ses murs, leurs citoyens, tout est nouveau pour moi.
MÉROPE.
Quoi! ce jeune inconnu s'est armé contre toi?
Tu n'aurais employé qu'une juste défense?
ÉGISTHE.
J'en atteste le ciel : il sait mon innocence.
Aux bords de la Pamise, en un temple sacré,
Où l'un de vos aïeux, Hercule, est adoré,
J'osais prier pour vous ce dieu vengeur des crimes :
Je ne pouvais offrir ni présents ni victimes:
Né dans la pauvreté, j'offrais de simples vœux,
Un cœur pur et soumis, présent des malheureux.
Il semblait que le dieu, touché de mon hommage,
Au-dessus de moi-même élevât mon courage.
Deux inconnus armés m'ont abordé soudain,
L'un dans la fleur des ans, l'autre vers son déclin.

---

1. On aimait beaucoup alors ces pensées générales formulées en axiomes, ces sentences philosophiques exprimées, avec plus ou moins d'à-propos, dans des vers pompeux. On sait même que Voltaire en abusait : il a très-souvent préféré aux véritables beautés de sentiment les fausses beautés de déclamation. D'après son propre mot, il voulait frapper fort plutôt que juste.

2. Ici une s est ajoutée à Messène pour le besoin de la rime : changement qu'il eût mieux valu s'interdire ; bien que, dans les mots dont l'orthographe n'est pas absolument fixée, ces licences poétiques passent pour excusables.

« Quel est donc, m'ont-ils dit, le dessein qui te guide?
Et quels vœux formes-tu pour la race d'Alcide? »
L'un et l'autre à ces mots ont levé le poignard.
Le ciel m'a secouru dans ce triste hasard :
Cette main du plus jeune a puni la furie ;
Percé de coups, madame, il est tombé sans vie :
L'autre a fui lâchement tel qu'un vil assassin.
Et moi, je l'avoûrai, de mon sort incertain[1],
Ignorant de quel sang j'avais rougi la terre,
Craignant d'être puni d'un meurtre involontaire,
J'ai traîné dans les flots ce corps ensanglanté.
Je fuyais ; vos soldats m'ont bientôt arrêté :
Ils ont nommé Mérope, et j'ai rendu les armes[2].

EURYCLÈS.
Eh! madame, d'où vient que vous versez des larmes?
MÉROPE.
Te le dirai-je? hélas! tandis qu'il m'a parlé,
Sa voix m'attendrissait, tout mon cœur s'est troublé.
Cresphonte, ô ciel!... j'ai cru... Que j'en rougis de honte !
Oui, j'ai cru démêler quelques traits de Cresphonte....

Jointes à cette ressemblance, les paroles ingénues du jeune homme intéressent de plus en plus Mérope à son sort ; mais bientôt on lui dit que son fils a péri et que ce jeune étranger a été son assassin. Furieuse, elle veut le punir elle-même, en lui *portant le coup mortel*. Que Polyphonte le remette donc en son pouvoir : à ce prix, elle accordera sa main au tyran. Polyphonte se hâte de la satisfaire.

ACTE III, SCÈNE IV.

Mérope, Isménie, Euryclès, Égisthe (enchaîné), *gardes, sacrificateurs ;* ensuite, *Narbas.*

MÉROPE.
Qu'on amène à mes yeux cette horrible victime.
Inventons des tourments qui soient égaux au crime :
Ils ne pourront jamais égaler ma douleur.

1. Encore une rime faible, comme tout à l'heure *soudain* et *déclin* : de là, en partie, ces reproches, exagérés sans doute, que Gilbert adresse, dans sa satire contre le dix-huitième siècle, aux vers de Voltaire qu'il représente

> D'une moitié de rime habillés au hasard,
> Seuls, et jetés par ligne exactement pareille,
> De leur chute uniforme importunant l'oreille....

2. « La candeur la plus aimable, dit La Harpe, donne à ce rôle d'Égisthe une couleur qui lui est particulière et qui est unique au théâtre. »

ÉGISTHE.
On m'a vendu bien cher un moment de faveur.
Secourez-moi, grands dieux à l'innocent propices !
EURYCLÈS.
Avant que d'expirer, qu'il nomme ses complices.
MÉROPE, *avançant*.
Oui ; sans doute, il le faut. Monstre ! qui t'a porté
A ce comble de crime, à tant de cruauté ?
Que t'ai-je fait ?
ÉGISTHE. Les dieux qui vengent le parjure
Sont témoins si ma bouche a connu l'imposture.
J'avais dit à vos pieds la simple vérité,
J'avais déjà fléchi votre cœur irrité ;
Vous étendiez sur moi votre main protectrice :
Qui peut avoir sitôt lassé votre justice ?
Et quel est donc ce sang qu'a versé mon erreur ?
Quel nouvel intérêt vous parle en sa faveur ?
MÉROPE.
Quel intérêt ? barbare !
ÉGISTHE. Hélas ! sur son visage
J'entrevois de la mort la douloureuse image :
Que j'en suis attendri ? j'aurais voulu cent fois
Racheter de mon sang l'état où je la vois.
MÉROPE.
Le cruel ! à quel point on l'instruisit à feindre !
Il m'arrache la vie, et semble encor me plaindre !
(*Elle se jette dans les bras d'Isménie.*)
EURYCLÈS.
Madame, vengez-vous ; et vengez à la fois[1]
Les lois et la nature, et le sang de nos rois.
ÉGISTHE.
A la cour de ces rois telle est donc la justice !
On m'accueille, on me flatte ; on résout mon supplice !
Quel destin m'arrachait à mes tristes forêts ?
Vieillard infortuné, quels seront vos regrets !
Mère trop malheureuse, et dont la voix si chère
M'avait prédit....
MÉROPE. Barbare, il te reste une mère !
Je serais mère encor sans toi, sans ta fureur.
Tu m'as ravi mon fils.
ÉGISTHE. Si tel est mon malheur,
S'il était votre fils, je suis trop condamnable.
Mon cœur est innocent, mais ma main est coupable.

1. Il y a une nouvelle négligence dans cette rime, qui rappelle, par la similitude des sons et même des mots, la rime masculine précédente.

Que je suis malheureux! Le ciel sait qu'aujourd'hui
J'aurais donné ma vie et pour vous et pour lui.
  MÉROPE.
Quoi, traître! quand ta main lui ravit cette armure.....
  ÉGISTHE.
Elle est à moi.
    MÉROPE. Comment? Que dis-tu?
           ÉGISTHE. Je vous jure
Par vous, par ce cher fils, par vos divins aïeux,
Que mon père en mes mains mit ce don précieux.
  MÉROPE.
Qui, ton père? en Élide? En quel trouble il me jette!
Son nom? parle, réponds.
     ÉGISTHE. Son nom est Polyclète:
Je vous l'ai déjà dit.
     MÉROPE. Tu m'arraches le cœur.
Quelle indigne pitié suspendait ma fureur!
C'en est trop: secondez la rage qui me guide;
Qu'on traîne à ce tombeau ce monstre, ce perfide.
  (*Levant le poignard.*)
Mânes de mon cher fils! mes bras ensanglantés...
  NARBAS, *paraissant avec précipitation.*
Qu'allez-vous faire, ô dieux!
    MÉROPE. Qui m'appelle?
        NARBAS. Arrêtez!
Hélas! il est perdu, si je nomme sa mère,
S'il est connu.
   MÉROPE. Meurs, traître!
     NARBAS. Arrêtez!
ÉGISTHE, *tournant les yeux vers Narbas.* O mon père!
  MÉROPE.
Son père!
  ÉGISTHE, *à Narbas.*
    Hélas! que vois-je? où portez-vous vos pas?
Venez-vous être ici témoin de mon trépas!
  NARBAS.
Ah! madame, empêchez qu'on achève le crime.
Euryclès, écoutez; écartez la victime:
Que je vous parle.
EURYCLÈS *emmène Égisthe et ferme le fond du théâtre.*
    O ciel!
  MÉROPE, *s'avançant.* Vous me faites trembler:
J'allais venger mon fils.
NARBAS, *se jetant à genoux.* Vous alliez l'immoler.
Égisthe....
  MÉROPE, *laissant tomber le poignard.*
    Eh bien! Egisthe!

NARBAS. O reine infortunée!
Celui dont votre main tranchait la destinée,
C'est Égisthe....
MÉROPE. Il vivrait!
NARBAS. C'est lui, c'est votre fils.
MÉROPE, *tombant dans les bras d'Isménie.*
Je me meurs!
ISMÉNIE. Dieux puissants!
NARBAS, *à Isménie.* Rappelez ses esprits.
Hélas! ce juste excès de joie et de tendresse,
Ce trouble si soudain, ce remords qui la presse,
Vont consumer ses jours usés par la douleur.
MÉROPE, *revenant à elle.*
Ah! Narbas, est-ce vous? est-ce un songe trompeur?
Quoi! c'est vous! c'est mon fils! qu'il vienne, qu'il pa-
NARBAS. [raisse.
Redoutez, renfermez cette juste tendresse.
(*A Isménie.*)
Vous, cachez à jamais ce secret important:
Le salut de la reine et d'Égisthe en dépend.
MÉROPE.
Ah! quel nouveau danger empoisonne ma joie!
Cher Égisthe! quel Dieu défend que je te voie?
Ne m'est-il donc rendu que pour mieux m'affliger?
NARBAS.
Ne le connaissant pas, vous alliez l'égorger;
Et si son arrivée est ici découverte,
En le reconnaissant vous assurez sa perte.
Malgré la voix du sang, feignez, dissimulez:
Le crime est sur le trône, on vous poursuit: tremblez.

Narbas a révélé à la reine tous les crimes de Polyphonte, que celui-ci avait réussi à cacher jusqu'alors; il lui a dévoilé tous les dangers qui menacent son fils. Qu'elle s'arme de dissimulation: par là seulement elle pourra les conjurer. Mais bientôt Polyphonte lui-même trouve trop lente la mort du jeune captif, qui lui inspire des soupçons.

ACTE IV, SCÈNE II.

Polyphonte, Érox, Égisthe, Euryclès, Mérope, Isménie, gardes.

MÉROPE.
Remplissez vos serments; songez à me venger:
Qu'à mes mains, à moi seule, on laisse la victime.
POLYPHONTE.
La voici devant vous. Votre intérêt m'anime.

Vengez-vous, baignez-vous au sang du criminel ;
Et sur son corps sanglant je vous mène à l'autel.
   MÉROPE.
Ah, dieux!
   ÉGISTHE, *à Polyphonte.*
    Tu vends mon sang à l'hymen de la reine ;
Ma vie est peu de chose, et je mourrai sans peine[1] :
Mais je suis malheureux, innocent, étranger ;
Si le ciel t'a fait roi, c'est pour me protéger.
J'ai tué justement un injuste adversaire.
Mérope veut ma mort ; je l'excuse, elle est mère ;
Je bénirai ses coups prêts à tomber sur moi :
Et je n'accuse ici qu'un tyran tel que toi.
   POLYPHONTE.
Malheureux! oses-tu dans ta rage insolente....
   MÉROPE.
Eh! seigneur, excusez sa jeunesse imprudente :
Élevé loin des cours, et nourri dans les bois,
Il ne sait pas encor ce qu'on doit à des rois[2].
   POLYPHONTE.
Qu'entends-je? quel discours! quelle surprise extrême!
Vous, le justifier!
   MÉROPE. Qui? moi, seigneur?
     POLYPHONTE. Vous-même[3].

1. Voltaire s'est rappelé le vers qu'il avait placé dans la bouche de Coligny, *Henr.*, II, 214 :

  Ma vie est peu de chose, et je vous l'abandonne....

2. « Ce mouvement involontaire, observe La Harpe, cette imprudence maternelle qui révèle ce qu'elle veut cacher et qui expose le fils qu'elle veut défendre, est d'une vérité sublime. »

3. Péripétie frappante : à peine la mère d'Égisthe vient-elle d'échapper au péril d'être la meurtrière de son propre fils, qu'elle se voit sur le point de le perdre par les coups de Polyphonte, au moment même où elle l'a retrouvé. — Cette situation, qui n'est point dans l'original italien, est empruntée non pas, comme on l'a dit, à l'*Amasis* de La Grange-Chancel, pièce jouée trente-sept ans auparavant, mais au *Gustave Wasa* de Piron (1733). Quoi qu'il en soit, Maffei admirait lui-même l'habile exécution et l'intérêt pathétique de cette scène.

 La Harpe a pu dire, en se rappelant cette situation et quelques autres semblables que présentent les tragédies de Voltaire : « Par l'effet théâtral il a balancé la supériorité que s'est acquise Racine par la perfection des plans et du style. » Le spectacle et l'action qui sont le côté supérieur du talent dramatique de Voltaire font pardonner bien des négligences de détail. On ne saurait non plus, sans injustice, lui refuser beaucoup de charme et de vigueur dans la peinture des passions.

De cet égarement sortirez-vous enfin ?
De votre fils, madame, est-ce ici l'assassin ?
MÉROPE.
Mon fils, de tant de rois le déplorable reste,
Mon fils, enveloppé dans un piége funeste,
Sous les coups d'un barbare....
ISMÉNIE. O ciel ! que faites-vous ?
POLYPHONTE.
Quoi ! vos regards sur lui se tournent sans courroux ?
Vous tremblez à sa vue, et vos yeux s'attendrissent !
Vous voulez me cacher les pleurs qui les remplissent !
MÉROPE.
Je ne les cache point, ils paraissent assez :
La cause en est trop juste, et vous la connaissez.
POLYPHONTE.
Pour en tarir la source, il est temps qu'il expire.
Qu'on l'immole, soldats !
MÉROPE, *s'avançant*. Cruel ! qu'osez-vous dire !
ÉGISTHE.
Quoi ! de pitié pour moi tous vos sens sont saisis !
POLYPHONTE.
Qu'il meure !
MÉROPE. Il est....
POLYPHONTE. Frappez.
MÉROPE, *se jetant entre Égisthe et les soldats*.
Barbare ! il est mon fils[1].
ÉGISTHE.
Moi ! votre fils ?
MÉROPE, *en l'embrassant*.
Tu l'es : et ce ciel que j'atteste,
Ce ciel qui t'a formé dans un sein si funeste,
Et qui trop tard, hélas ! a dessillé mes yeux,
Te remet dans mes bras pour nous perdre tous deux.
ÉGISTHE.
Quel miracle, grands dieux, que je ne puis comprendre !
POLYPHONTE.
Une telle imposture a de quoi me surprendre.
Vous, sa mère ! qui ? vous, qui demandiez sa mort ?
ÉGISTHE[2].
Ah ! si je meurs son fils, je rends grâce à mon sort.

---

1. « On n'a pas besoin, remarque ici M. Geruzez, de faire admirer la beauté de ce dialogue, où il n'y a pas un mouvement qui ne soit naturel, ni un mot qui ne soit le mot nécessaire, et tout cela pour aboutir à un coup de théâtre d'un effet saisissant. »

2. « Dès qu'Égisthe, observe M. Saint-Marc Girardin, sait sa naissance et son rang, il en prend les sentiments ; il avait la fierté d'un

MÉROPE.

Je suis sa mère. Hélas! mon amour m'a trahie.
Oui, tu tiens dans tes mains le secret de ma vie;
Tu tiens le fils des dieux enchaîné devant toi,
L'héritier de Cresphonte, et ton maître, et ton roi.
Tu peux, si tu le veux, m'accuser d'imposture.
Ce n'est pas aux tyrans à sentir la nature;
Ton cœur, nourri de sang, n'en peut être frappé :
Oui, c'est mon fils, te dis-je, au carnage échappé.

POLYPHONTE.

Que prétendez-vous dire? et sur quelles alarmes?...

ÉGISTHE.

Va, je me crois son fils : mes preuves sont ses larmes,
Mes sentiments, mon cœur par la gloire animé,
Mon bras qui t'eût puni, s'il n'était désarmé.

POLYPHONTE.

Ta rage auparavant sera seule punie.
C'est trop.

MÉROPE, *se jetant à ses genoux.*

Commencez donc par m'arracher la vie;
Ayez pitié des pleurs dont mes yeux sont noyés.
Que vous faut-il de plus? Mérope est à vos pieds;
Mérope les embrasse, et craint votre colère[1].
A cet effort affreux jugez si je suis mère.
Jugez de mes tourments : ma détestable erreur,
Ce matin, de mon fils allait percer le cœur.
Je pleure à vos genoux mon crime involontaire.
Cruel, vous qui vouliez lui tenir lieu de père,
Qui deviez protéger ses jours infortunés,
Le voilà devant vous, et vous l'assassinez!
Son père est mort, hélas! par un crime funeste;
Sauvez le fils : je puis oublier tout le reste ;
Sauvez le sang des dieux et de vos souverains;
Il est seul, sans défense, il est entre vos mains.

homme de cœur, il a facilement la dignité d'un roi. Aussi, dès ce moment, c'est lui qui prend le premier rôle; Mérope n'a plus que le second. »

1. Voy. le *Thyeste* de Sénèque le tragique, III, 2 :

. . . . Supplicem primus vides.
Hæ te precantur pedibus intactæ manus.

Cf. l'*Andromaque* de Racine, III, 4. — Voltaire, on peut le remarquer, quoique très-riche de son propre fonds, a beaucoup puisé soit chez les anciens, soit chez les modernes ses prédécesseurs. Il a particulièrement trouvé dans l'étude intelligente des étrangers, qu'il a dénigrés parfois, le principe de plus d'une beauté

Qu'il vive, et c'est assez. Heureuse en mes misères,
Lui seul il me rendra mon époux et ses frères[1].
Vous voyez avec moi ses aïeux à genoux,
Votre roi dans les fers.

ÉGISTHE. O reine! levez-vous,
Et daignez me prouver que Cresphonte est mon père,
En cessant d'avilir et sa veuve et ma mère.
Je sais peu de mes droits quelle est la dignité;
Mais le ciel m'a fait naître avec trop de fierté,
Avec un cœur trop haut, pour qu'un tyran l'abaisse.
De mon premier état j'ai bravé la bassesse,
Et mes yeux du présent ne sont point éblouis :
Je me sens né des rois, je me sens votre fils.
Hercule ainsi que moi commença sa carrière :
Il sentit l'infortune en ouvrant la paupière;
Et les dieux l'ont conduit à l'immortalité,
Pour avoir, comme moi, vaincu l'adversité.
S'il m'a transmis son sang, j'en aurai le courage :
Mourir digne de vous, voilà mon héritage.
Cessez de le prier, cessez de démentir
Le sang des demi-dieux dont on me fait sortir.

La reine n'a qu'un moyen de sauver Égisthe : c'est d'accepter Polyphonte pour époux. Il faut que ce jeune homme soit le fils ou la victime du tyran. La cérémonie nuptiale va donc s'accomplir. Déjà l'on s'est rendu au temple, lorsque tout change de face : un bruit se fait entendre. Isménie accourt éperdue.

ACTE V, SCÈNE VI.

Narbas, Isménie, peuple.

NARBAS.
Mon fils est-il vivant? Que devient notre reine?
ISMÉNIE.
De mon saisissement je reviens avec peine :
Par les flots de ce peuple entraînée en ces lieux....
NARBAS.
Que fait Egisthe?

---

1. Ainsi, chez Euripide, Hécube, dans la tragédie de ce nom, demande, agenouillée aux pieds d'Ulysse, la vie de Polyxène : « Elle est, dit-elle, la consolation qui me tient lieu de beaucoup d'autres; elle est ma patrie, ma nourrice, mon guide, l'appui de ma vieillesse : » voy. v. 280 et 281, édit. Tauchnitz. Cf. Homère, *Iliade*, VI, 429, 430 ; et Racine, qui l'a imité, lorsqu'il place ce vers dans la bouche d'Andromaque, parlant de son fils, 1, 4 :

Il m'aurait tenu lieu d'un père et d'un époux.

ISMÉNIE. Il est.... le digne fils des dieux ;
Égisthe! il a frappé le coup le plus terrible.
Non, d'Alcide jamais la valeur invincible
N'a d'un exploit si rare étonné les humains.
NARBAS.
O mon fils! ô mon roi, qu'ont élevé mes mains!
ISMÉNIE.
La victime était prête, et de fleurs couronnée;
L'autel étincelait des flambeaux d'hyménée;
Polyphonte, l'œil fixe et d'un front inhumain,
Présentait à Mérope une odieuse main;
Le prêtre prononçait les paroles sacrées;
Et la reine, au milieu des femmes éplorées,
S'avançant tristement, tremblante entre mes bras,
Au lieu de l'hyménée invoquait le trépas :
Le peuple observait tout dans un profond silence.
Dans l'enceinte sacrée en ce moment s'avance
Un jeune homme, un héros, semblable aux immortels :
Il court, c'était Egisthe, il s'élance aux autels;
Il monte, il y saisit d'une main assurée
Pour les fêtes des dieux la hache préparée.
Les éclairs sont moins prompts : je l'ai vu de mes yeux,
Je l'ai vu qui frappait ce monstre audacieux.
« Meurs, tyran, disait-il; dieux, prenez vos victimes. »
Erox, qui de son maître a servi tous les crimes,
Erox, qui dans son sang voit ce monstre nager,
Lève une main hardie et pense le venger.
Egisthe se retourne, enflammé de furie;
A côté de son maître il le jette sans vie.
Le tyran se relève : il blesse le héros;
De leur sang confondu j'ai vu couler les flots.
Déjà la garde accourt avec des cris de rage.
Sa mère.... Ah ! que l'amour inspire de courage!
Quel transport animait ses efforts et ses pas !
Sa mère.... Elle s'élance au milieu des soldats.
« C'est mon fils ! arrêtez, cessez, troupe inhumaine!
C'est mon fils! déchirez sa mère et votre reine,
Ce sein qui l'a nourri, ces flancs qui l'ont porté! »
A ces cris douloureux, le peuple est agité :
Une foule d'amis, que son danger excite,
Entre elle et ses soldats vole et se précipite.
Vous eussiez vu soudain les autels renversés,
Dans des ruisseaux de sang leurs débris dispersés;
Les enfants écrasés dans les bras de leurs mères,
Les frères méconnus, immolés par leurs frères:
Soldats, prêtres, amis, l'un sur l'autre expirants :
On marche, on est porté sur les corps des mourants.

On veut fuir, on revient; et la foule pressée
D'un bout du temple à l'autre est vingt fois repoussée.
De ces flots confondus le flux impétueux
Roule et dérobe Egisthe et la reine à mes yeux.
Venez. J'ignore encor si la reine est sauvée,
Si de son digne fils la vie est conservée,
Si le tyran n'est plus. Le trouble, la terreur,
Tout ce désordre horrible est encor dans mon cœur![1]....

Acte V, scène VII.

Mérope, Isménie, Narbas, peuple, soldats. (On voit dans le fond du théâtre le corps de Polyphonte couvert d'une robe sanglante.)

MÉROPE.

Guerriers, prêtres, amis, citoyens de Messène,
Au nom des dieux vengeurs, peuples, écoutez-moi :
Je vous le jure encore, Egisthe est votre roi.
Il a puni le crime, il a vengé son père.
Celui que vous voyez traîné sur la poussière,
C'est un monstre ennemi des dieux et des humains :
Dans le sein de Cresphonte il enfonça ses mains.
Cresphonte mon époux, mon appui, votre maître;
Mes deux fils, sont tombés sous les coups de ce traître.
Il opprimait Messène, il usurpait mon rang;
Il m'offrait une main fumante de mon sang.
(*En courant vers Egisthe, qui arrive la hache à la main.*)
Celui que vous voyez, vainqueur de Polyphonte,
C'est le fils de vos rois, c'est le sang de Cresphonte,
C'est le mien, c'est le seul qui reste à ma douleur.
Quels témoins voulez-vous plus certains que mon cœur?
Regardez ce vieillard : c'est lui dont la prudence
Aux mains de Polyphonte arracha son enfance.
Les dieux ont fait le reste.
    NARBAS. Oui, j'atteste ces dieux
Que c'est là votre roi qui combattait pour eux.
    ÉGISTHE.
Amis, pouvez-vous bien méconnaître une mère?
Un fils qu'elle défend? un fils qui venge un père?
Un roi vengeur du crime?
    MÉROPE. Et si vous en doutez.

---

1. Cette narration, dit La Harpe, « par le choix des circonstances, la vérité des détails et des expressions, met sous les yeux la chose elle-même. »

Reconnaissez mon fils aux coups qu'il a portés,
A votre délivrance, à son âme intrépide.
Eh! quel autre jamais qu'un descendant d'Alcide,
Nourri dans la misère, à peine en son printemps,
Eût pu venger Messène et punir les tyrans?
Il soutiendra son peuple, il vengera la terre.
Ecoutez, le ciel parle; entendez son tonnerre :
Sa voix qui se déclare et se joint à mes cris,
Sa voix rend témoignage et dit qu'il est mon fils¹....

1. Vauvenargues a jugé *Mérope* dans ses *Réflexions critiques sur quelques poëtes* : « J'admire, dit-il, les grands caractères qui y sont décrits, le vrai qui règne dans les sentiments et les expressions, la simplicité sublime et tout à fait neuve sur notre théâtre du rôle d'Egisthe, la tendresse impétueuse de Mérope, ses discours coupés, véhéments, et tantôt remplis de violence, tantôt de hauteur. La pièce me serre le cœur dès le commencement et me mène jusqu'à la catastrophe sans me laisser la liberté de respirer. » — On a dû regretter pour Voltaire, comme pour le grand Corneille, qu'après avoir partagé avec lui l'honneur d'ouvrir à notre théâtre des voies nouvelles il n'ait pas su quitter à temps la carrière dramatique. Depuis *Tancrède*, qu'il composait à soixante-quatre ans, et où l'originalité et l'émotion du spectacle ne sauraient fermer les yeux à la faiblesse du style, se succédèrent encore beaucoup de pièces dont le nom seul et quelques vers ont survécu. Il est triste de voir l'auteur de *Zaïre*, de *Mérope* et d'*Alzire* aboutir aux *Guèbres*, aux *Lois de Minos* et à *Irène*.

A. CHÉNIER.

(1762-1794.)

A. Chénier, qui devait le jour à une mère d'origine grecque et qui naquit à Constantinople, en 1762, d'un père qui y représentait la France comme consul, fit d'excellentes études au collége de Navarre, où avaient été élevés jadis H. de Guise, Henri IV, Richelieu et Bossuet. Puis il porta les armes; mais il ne tarda pas à se livrer aux lettres et même aux luttes de la politique. En soutenant les sages principes qui ont été la conquête de la révolution de 1789, il se déclara l'ennemi des excès qui compromirent et souillèrent cette belle cause. Il s'offrit, de plus, à plaider pour Louis XVI, et il écrivit du moins en sa faveur : c'est assez expliquer la condamnation capitale qui le frappa. On sait que Roucher, l'auteur des *Mois*, périt avec lui, et que tous deux, allant au supplice, consolèrent leurs derniers moments en récitant la première scène de l'*Andromaque* de Racine.

Aucun talent moissonné dans sa fleur n'a dû laisser de plus longs souvenirs et de plus vifs regrets que celui d'André Chénier. Ce fils de la Grèce et de la France, qui à une haute inspiration joignait une raison parfaite, trouva notre poésie comme épuisée par deux siècles de gloire et entreprit de la régénérer. Quelle grâce naïve colore ses idylles et ses élégies, qui semblent un souvenir et un écho de l'antiquité classique! Quel enthousiasme éclate dans ses odes, qui rompent avec la convention et substituent à une mythologie usée la vérité et l'ardeur de la passion! Trop ignoré de son temps et presque retrouvé dans le nôtre, A. Chénier ouvrit, prudent novateur, ces sources fécondes où s'est retrempée l'imagination du dix-neuvième siècle. De lui ont reçu leur initiation tous ceux de notre époque que la postérité proclamera les plus dignes du nom de poëtes. Ce ne sont pas là, toutefois, ses seuls titres de gloire. Dans ce généreux ami d'une liberté réglée par les lois, qui, aux jours de la captivité, trouva de si fiers et de si tendres accents, on ne saurait dire si le talent ou le courage a le plus de droits à nos hommages. La mort de ce jeune cygne, étouffé, comme l'a dit Châteaubriand, par les révolutions, demeurera l'un des plus douloureux épisodes de nos discordes civiles[1].

---

1. Moins célèbre de son temps que son frère Marie-Joseph, l'auteur de *Fénelon* et de *Tibère*, André, bien plus poëte que lui cependant, a laissé, entre autres travaux, un morceau inachevé sur l'*Invention*, où ses idées sur les réformes que pouvait recevoir notre

La jeune captive[1].

« L'épi naissant mûrit de la faux respecté;
Sans crainte du pressoir, le pampre tout l'été
  Boit les doux présents de l'aurore;
Et moi, comme lui belle, et jeune comme lui,
Quoi que l'heure présente ait de trouble et d'ennui,
  Je ne veux pas mourir encore[2].

« Qu'un stoïque aux yeux secs vole embrasser la mort :
Moi je pleure et j'espère[3]; au noir souffle du nord
  Je plie et relève ma tête.
S'il est des jours amers, il en est de si doux!
Hélas! quel miel jamais n'a laissé de dégoûts?
  Quelle mer n'a point de tempête?

poésie sont consignées. Ses vers, demeurés pour la plupart inédits, parurent pour la première fois, en 1819, chez Foulon et Baudouin, par les soins d'un littérateur distingué, M. de La Touche, qui eut la bonne fortune d'associer son nom à celui d'A. Chénier. Ils furent ensuite joints aux *Œuvres* de Marie-Joseph, 12 vol. in-8°, Guillaume, 1826 ; mais une réimpression meilleure et plus complète en a été donnée dans la bibliothèque Charpentier en 1840. Ses écrits en prose ont été publiés, la même année, par le libraire Gosselin. Une vive sympathie a généralement accueilli les productions de ce noble jeune homme, dont il n'était presque resté qu'un touchant souvenir. On l'a célébré à l'envi, et parmi ses panégyristes on peut citer, outre Châteaubriand (*Génie du Christianisme*, t. II, p. 153 et 386 de l'édit. in-8° de 1822), nos critiques les plus accrédités, MM. Villemain, Sainte-Beuve (qui s'est occupé de lui plusieurs fois : il a apprécié non-seulement le poëte, mais aussi le prosateur), Gust. Planche, etc. Voyez particulièrement la 5e leçon du *Tableau de la littérature au dix-huitième siècle*, et la *Revue des deux Mondes*, 15 janvier 1838, 1er février 1839, 1er juin 1844.

 1. Cette jeune captive, que Chénier fait parler en vers si touchants, était Mlle de Coigny (depuis duchesse de Fleury), alors enfermée comme le poëte à Saint-Lazare. Rendue par le 9 thermidor à la liberté, elle est morte en janvier 1820, dans un âge par conséquent peu avancé. Le charme naturel et la culture distinguée de son esprit la rendaient digne de l'hommage qui l'immortalise. Chénier lui avait encore adressé une autre pièce.

 2. On remarquera avec quel art et quel bonheur le poëte varie, dans les strophes suivantes, l'expression de cette pensée. Elle y va paraître en effet, toujours renouvelée par des images qui la rendent plus vive et plus frappante.

 3. C'est à peu près ainsi que Tibulle commence la 7e élégie du livre II :

    . . . . Credula vitam
  Spes fovet, et melius cras fore semper ait.

« L'illusion féconde habite dans mon sein :
D'une prison sur moi les murs pèsent en vain ;
  J'ai les ailes de l'espérance.
Échappée aux réseaux de l'oiseleur cruel,
Plus vive, plus heureuse, aux campagnes du ciel
  Philomèle chante et s'élance.

« Est-ce à moi de mourir? Tranquille je m'endors,
Et tranquille je veille ; et ma veille aux remords
  Ni mon sommeil ne sont en proie.
Ma bienvenue au jour me rit dans tous les yeux :
Sur des fronts abattus, mon aspect dans ces lieux
  Ranime presque de la joie.

« Mon beau voyage encore est si loin de sa fin !
Je pars, et des ormeaux qui bordent le chemin
  J'ai passé les premiers à peine.
Au banquet de la vie à peine commencé[1],
Un instant seulement mes lèvres ont pressé
  La coupe en mes mains encor pleine.

« Je ne suis qu'au printemps, je veux voir la moisson ;
Et comme le soleil, de saison en saison,
  Je veux achever mon année.
Brillante sur ma tige et l'honneur du jardin,
Je n'ai vu luire encor que les feux du matin :
  Je veux achever ma journée.

« O mort ! tu peux attendre, éloigne, éloigne-toi ;
Va consoler les cœurs que la honte, l'effroi,
  Le pâle désespoir dévore.
Pour moi Palès encore a des asiles verts,
L'avenir du bonheur, les Muses des concerts :
  Je ne veux pas mourir encore. »

Ainsi, triste et captif, ma lyre toutefois
S'éveillait, écoutant ces plaintes, cette voix,
  Ces vœux d'une jeune captive ;
Et secouant le joug de mes jours languissants,
Aux douces lois des vers je pliais les accents
  De sa bouche aimable et naïve.

Ces chants, de ma prison témoins harmonieux,
Feront à quelque amant des loisirs studieux
  Chercher quelle fut cette belle :

---

1. Revoir, au sujet de cette expression, la p. 298 des *Morceaux choisis* pour la classe de troisième.

La grâce décorait son front et ses discours,
Et, comme elle, craindront de voir finir leurs jours
Ceux qui les passeront près d'elle[1].

Odes, XI.

Hermès[2] (fragment).

Les Législateurs.

Voyez ces hommes saints, ces sublimes courages,
Héros dont les vertus, les travaux bienfaisants,
Ont éclairé la terre et mérité l'encens ;
Qui, dépouillés d'eux-même[3] et vivant pour leurs frères,
Les ont soumis au frein des règles salutaires,
Au joug de leur bonheur ; les ont faits citoyens ;
En leur donnant des lois leur ont donné des biens,
Des forces, des parents, la liberté, la vie ;
Enfin qui d'un pays ont fait une patrie.
Et que de fois pourtant leurs frères envieux

---

1. « Louer la *jeune Captive*, a dit M. Gustave Planche, est une tâche qui paraîtra sans doute bien inutile aux admirateurs d'André Chénier. Les sentiments exprimés par Mlle de Coigny sont si vrais et se succèdent dans un ordre si logique, les images qui servent de vêtement aux pensées de la jeune captive ont tant de grâce et de pureté, qu'il semble superflu d'appeler l'attention sur cet ensemble harmonieux. Cependant je crois devoir signaler dans cette ode si justement populaire un mérite qui jusqu'ici a passé inaperçu. Le germe de cette pièce, qui défie la louange et qui échappe à toute analyse, tant le poète s'est identifié avec son personnage, se trouve dans une élégie de Tibulle ; mais quel autre qu'André Chénier aurait su tirer de ce germe la moisson dorée qui s'appelle la *jeune Captive?* Avec deux vers de Tibulle, André Chénier a composé une œuvre dont personne ne voudra ni ne pourra contester l'originalité. C'est là, si je ne m'abuse, un des secrets du génie. Je ne crois pas qu'il y ait dans notre langue un morceau d'une mélancolie plus touchante, d'une chasteté plus gracieuse que la *jeune Captive*. » — Ces vers de Tibulle, que le critique a le tort de ne pas indiquer plus nettement, sont sans doute ceux qu'on lit dans l'élégie 5 du livre III :

> Quid fraudare juvat vitem crescentibus uvis,
> Et modo nata mala vellere poma manu?

2. Il ne subsiste que des morceaux, inachevés en général, de ce poème où A. Chénier, à l'exemple de Lucrèce, et comme Le Brun vers la même époque, voulait expliquer la nature des choses : œuvre que le premier grand maître de l'Université, M. de Fontanes, avait aussi abordée.

3. Cette suppression de l's est tolérée en vers.

Ont d'affronts insensés, de mépris odieux,
Accueilli les bienfaits de ces illustres guides,
Comme dans leurs maisons ces animaux stupides
Dont la dent méfiante ose outrager la main
Qui se tendait vers eux pour apaiser leur faim !
Mais n'importe ; un grand homme au milieu des supplices
Goûte de la vertu les augustes délices :
Il le sait, les humains sont injustes, ingrats.
Que leurs yeux un moment ne le connaissent pas,
Qu'un jour entre eux et lui s'élève avec murmure
D'insectes ennemis une nuée obscure,
N'importe ; il les instruit, il les aime pour eux.
Même ingrats, il est doux d'avoir fait des heureux.
Il sait que leur vertu, leur bonté, leur prudence,
Doit être son ouvrage et non sa récompense,
Et que leur repentir, pleurant sur son tombeau,
De ses soins, de sa vie, est un prix assez beau.
Au loin dans l'avenir sa grande âme contemple
Les sages opprimés que soutient son exemple ;
Des méchants dans soi-même il brave la noirceur :
C'est là qu'il sait les fuir ; son asile est son cœur.
De ce faîte serein, son olympe sublime[1],
Il voit, juge, connaît. Un démon magnanime
Agite ses pensers, vit dans son cœur brûlant,
Travaille son sommeil actif et vigilant,
Arrache au long repos sa nuit laborieuse,
Allume avant le jour sa lampe studieuse,
Lui montre un peuple entier, par ses nobles bienfaits,
Indompté dans la guerre, opulent dans la paix ;
Son beau nom remplissant leur cœur et leur histoire,
Les siècles prosternés au pied de sa mémoire.

Poëmes.

Vœux du poëte.

Oh ! oui ; je veux un jour, en des bords retirés,
Sur un riche coteau ceint de bois et de prés,
Avoir un humble toit, une source d'eau vive
Qui parle, et dans sa fuite et féconde et plaintive

---

[1]. Imitation de Lucrèce, début de son IIe liv., v. 7 et suiv.

   Nil dulcius est bene quam munita tenere
   Edita doctrina sapientum templa serena....

Nourrisse mon verger, abreuve mes troupeaux[1].
Là, je veux, ignorant le monde et ses travaux,
Loin du superbe ennui que l'éclat environne,
Vivre comme jadis, aux champs de Babylone,
Ont vécu, nous dit-on, ces pères des humains,
Dont le nom aux autels remplit nos fastes saints ;
Avoir amis, enfants, épouse belle et sage ;
Errer, un livre en main, de bocage en bocage ;
Savourer sans remords, sans crainte, sans désirs,
Une paix dont nul bien n'égale les plaisirs.
Douce mélancolie ! aimable mensongère,
Des antres des forêts déesse tutélaire,
Qui viens d'une insensible et charmante langueur
Saisir l'ami des champs et pénétrer son cœur,
Quand, sorti vers le soir des grottes reculées,
Il s'égare à pas lents au penchant des vallées,
Et voit des derniers feux le ciel se colorer,
Et sur les monts lointains un beau jour expirer.
Dans sa volupté sage, et pensive et muette,
Il s'assied, sur son sein laisse tomber sa tête.
Il regarde à ses pieds, dans le liquide azur
Du fleuve qui s'étend comme lui calme et pur,
Se peindre les coteaux, les toits et les feuillages,
Et la pourpre en festons couronnant les nuages[2] !

Élégies, XIVe.

La dernière prière du poëte à ses amis[3].

L'espoir que des amis pleureront notre sort
Charme l'instant suprême et console la mort.
Vous-mêmes choisirez à mes jeunes reliques

---

1. Cf. le début de la VIe *satire* (liv. II) d'Horace.
2. Voilà dans la poésie française un accent tout nouveau qui annonce le tour d'idées poétiques propre à notre temps. Le dix-huitième siècle en effet, si l'on excepte Rousseau et Bernardin de Saint-Pierre, n'avait pas su élargir ainsi le cadre du genre descriptif : il n'avait pas deviné ces sources nouvelles d'une poésie qui tout ensemble descriptive, lyrique et philosophique, a de nos jours enrichi d'œuvres remarquables la littérature française. Il faut il est vrai apporter à ce jugement une réserve ; de ce mouvement d'idées, qui a rajeuni notre poésie en l'agrandissant, datent aussi ces vagues et complaisantes tristesses, ces attendrissements excessifs et trop étudiés, cette recherche continuelle du *moi* qui ont parfois, en énervant la pensée, altéré la netteté de la langue.
3. Cette élégie composée avant 1789 était adressée aux frères du

Quelque bord fréquenté des pénates rustiques,
Des regards d'un beau ciel doucement animé,
Des fleurs et de l'ombrage, et tout ce que j'aimai.
C'est là, près d'une eau pure, au coin d'un bois tran-
Qu'à mes mânes éteints je demande un asile : [quille,
Afin que votre ami soit présent à vos yeux,
Afin qu'au voyageur amené dans ces lieux,
La pierre, par vos mains de ma fortune instruite,
Raconte en ce tombeau quel malheureux habite;
Quels maux ont abrégé ses rapides instants;
Qu'il fut bon, qu'il aima, qu'il dut vivre longtemps.
Ah! le meurtre jamais n'a souillé mon courage.
Ma bouche du mensonge ignora le langage;
Et jamais, prodiguant un serment faux et vain,
Ne trahit le secret recélé dans mon sein.
Nul forfait odieux, nul remords implacable
Ne déchire mon âme inquiète et coupable.
Vos regrets la verront pure et digne de pleurs;
Oui, vous plaindrez sans doute en mes longues douleurs
Et ce brillant midi qu'annonçait mon aurore,
Et ces fruits dans leur germe éteints avant d'éclore,
Que mes naissantes fleurs auront en vain promis.
Oui, je vais vivre encore au sein de mes amis.
Souvent à vos festins qu'égaya ma jeunesse,
Au milieu des éclats d'une vive allégresse,
Frappés d'un souvenir, hélas! amer et doux,
Sans doute vous direz : « Que n'est-il avec nous! »
Je meurs. Avant le soir j'ai fini ma journée.
A peine ouverte au jour, ma rose s'est fanée.
La vie eut bien pour moi de volages douceurs:
Je les goûtais à peine, et voilà que je meurs!

Élégies, VII.

Pange qui avec Le Brun, Roucher et les frères Trudaine, formaient la société habituelle du poëte. A. Chénier venait à peine d'échapper à une grave maladie dont les suites altérèrent pour toujours sa santé. En lisant cet adieu à la vie d'une mélancolie résignée, il semble que le poëte ait deviné l'avenir et pressenti qu'une mort prématurée devait étouffer les promesses de son rare génie.

FIN.

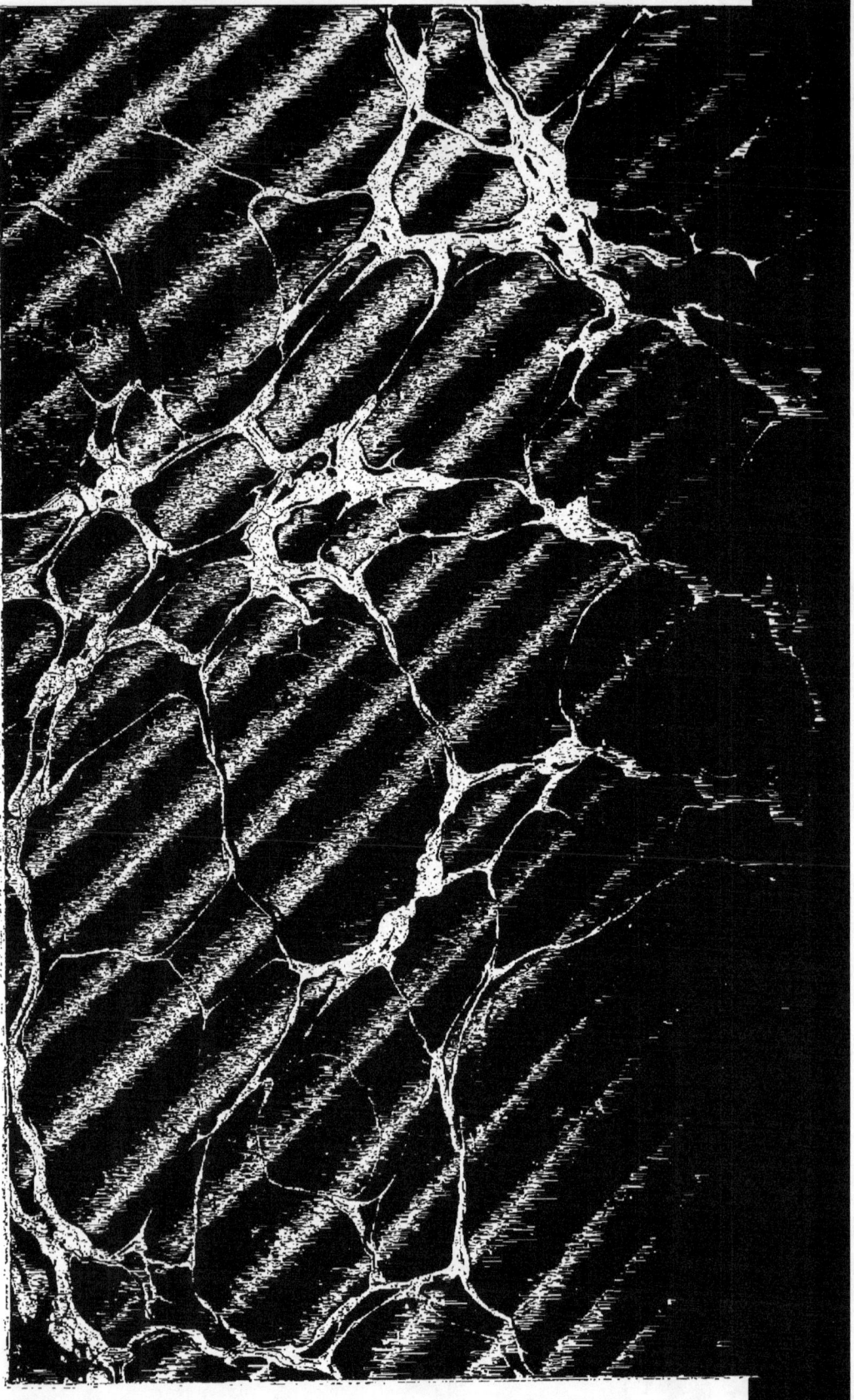

www.ingramcontent.com/pod-product-compliance
Lightning Source LLC
Chambersburg PA
CBHW060323170426
43202CB00014B/2653